"十三五"国家重点图书出版规划项目

城市安全风险管理丛书

编委会主任：王德学　总主编：钟志华　执行总主编：孙建平

自动驾驶道路测试风险管理
Risk Management of
Autonomous Vehicles Road Testing

涂辉招　著

同济大学出版社
TONGJI UNIVERSITY PRESS

图书在版编目(CIP)数据

自动驾驶道路测试风险管理 / 涂辉招著. —上海：同济大学出版社, 2021.12
(城市安全风险管理丛书 / 钟志华总主编)
"十三五"国家重点图书出版规划项目
ISBN 978-7-5765-0094-3

Ⅰ.①自… Ⅱ.①涂… Ⅲ.①汽车驾驶—自动驾驶系统—测试—风险管理—研究 Ⅳ.①U463.61

中国版本图书馆CIP数据核字(2021)第277145号

"十三五"国家重点图书出版规划项目
国家出版基金资助
上海市促进文化创意产业发展财政扶持资金资助
城市安全风险管理丛书

自动驾驶道路测试风险管理
Risk Management of Autonomous Vehicles Road Testing
涂辉招　著

出　品　人：华春荣
策划编辑：高晓辉　吕　炜　马继兰
责任编辑：陆克丽霞　胡晗欣
责任校对：徐春莲
装帧设计：唐思雯

出版发行	同济大学出版社　www.tongjipress.com.cn (地址：上海市四平路1239号　邮编：200092　电话：021-65985622)
经　　销	全国各地新华书店、建筑书店、网络书店
排版制作	南京文脉图文设计制作有限公司
印　　刷	上海安枫印务有限公司
开　　本	787mm×1092mm　1/16
印　　张	18.25
字　　数	456 000
版　　次	2021年12月第1版
印　　次	2021年12月第1次印刷
书　　号	ISBN 978-7-5765-0094-3
定　　价	90.00元

版权所有　侵权必究　印装问题　负责调换

内容简介

本书系统梳理了自动驾驶道路测试风险的基本概念并构建起其风险评估与管理体系,以自动驾驶道路测试的"态势研判—风险辨析—风险评估—风险管控"为主体脉络展开论述。全书共 11 章,研判了道路交通系统、自动驾驶及道路测试的国内外发展动态与趋势,全面归纳和阐述了道路测试的五大类风险(交通事故、交通拥堵、交通能耗与污染、法律法规和新兴技术),概述了自动驾驶道路测试风险评估方法,深度评估了道路测试的六方面风险(开放测试道路环境复杂度、道路测试运行安全风险、道路测试法规与人工智能风险、险态场景开放测试风险、车路协同技术风险和新兴交通模式风险态度),并提出了基于智能车载设备的风险预警技术和基于 V2X 的风险防控技术,建立了针对道路测试风险预警防控效果评估方法。

本书将理论与实践紧密结合,既是一本自动驾驶道路测试风险知识普及读物,也是管理决策者、研究人员及技术人员了解、学习、掌握自动驾驶道路测试风险管理的推荐读物,适合作为高校自动驾驶相关课程和相关行业职业培训的教材使用。

作者简介

涂辉招

男,福建长汀人,同济大学城市风险管理研究院副院长,交通运输工程学院教授、博士生导师;交通运输部"交通青年科技英才"和同济大学"同济青年五四奖章"获得者;兼任上海市智能交通标准化技术委员会副主任委员、上海市智能网联汽车及应用标准化技术委员会委员、中国公路学会交通投融资分会理事等。主要从事交通风险管理、自动驾驶与智慧交通、交通行为分析和交通规划的基础及前沿课题研究工作,已出版专著3部、发表高水平学术论文112篇、获授权发明专利10项和软件著作权8项,主持编写上海市地方标准1部、参编行业标准3部。近年来,主持国家自然科学基金项目3项、教育部课题2项、交通运输部课题1项、上海市科委和交通委重点课题10项;主要参与国家重点研发计划、教育部创新团队和国家自然科学基金中荷国际合作等课题8项;获山东省科技进步奖一等奖1项,上海市科技进步奖二等奖1项、三等奖1项,中国公路学会科学技术奖二等奖1项,中国智能交通协会科技进步奖三等奖2项。

"城市安全风险管理丛书"编委会

编委会主任　王德学

总　主　编　钟志华

编委会副主任　徐祖远　周延礼　李逸平　方守恩　沈　骏　李东序
　　　　　　　陈兰华　吴慧娟　王晋中

执行总主编　孙建平

编委会成员　（按姓氏笔画排序）
　　　　　　于福林　马　骏　马坚泓　王文杰　王以中　王安石
　　　　　　白廷辉　乔延军　伍爱群　任纪善　刘　军　刘　坚
　　　　　　刘　斌　刘铁民　江小龙　李　垣　李　超　李伟民
　　　　　　李寿祥　杨　韬　杨引明　杨晓东　吴　兵　何品伟
　　　　　　张永刚　张燕平　陆文军　陈　辰　陈丽蓉　陈振林
　　　　　　武　浩　武景林　范　军　金福安　周　淮　周　嵘
　　　　　　单耀晓　胡芳亮　钟　杰　侯建设　秦宝华　顾　越
　　　　　　柴志坤　徐　斌　凌建明　高　欣　郭海鹏　涂辉招
　　　　　　黄　涛　崔明华　盖博华　鲍荣清　蔡义鸿

总序

浩荡40载,悠悠城市梦。一部改革开放砥砺奋进的历史,一段中国波澜壮阔的城市化历程。40年风雨兼程,40载沧桑巨变,中国城镇化率从1978年的17.9%提高到2017年的58.52%,城市数量由193个增加到661个(截至2017年末),城镇人口增长近4倍,目前户籍人口超过100万的城市已经超过150个,大型、特大型城市的数量仍在不断增加,正加速形成的城市群、都市圈成为带动中国经济快速增长和参与国际经济合作与竞争的主要平台。但城市风险与城市化相伴而生,城市规模的不断扩大、人口数量的不断增长使得越来越多的城市已经或者正在成为一个庞大且复杂的运行系统,城市问题或城市危机逐渐演变成了城市风险,特别是我国用40年时间完成了西方发达国家一二百年的城市化进程,史上规模最大、速度最快的城市化基本特征,决定了我国城市安全风险更大、更集聚,一系列安全事故令人触目惊心。北京大兴区西红门镇的大火、天津港的"8·12"爆炸事故、上海"12·31"外滩踩踏事故、深圳"12·20"滑坡灾害事故,等等,昭示着我们国家面临着从安全管理1.0向应急管理2.0乃至城市风险管理3.0的方向迈进的时代选择,有效防控城市中的安全风险已经成为城市发展的重要任务。

为此,党的十九大报告提出,要"坚持总体国家安全观"的基本方略,强调"统筹发展和安全,增强忧患意识,做到居安思危,是我们党治国理政的一个重大原则",要"更加自觉地防范各种风险,坚决战胜一切在政治、经济、文化、社会等领域和自然界出现的困难和挑战"。中共中央办公厅、国务院办公厅印发的《关于推进城市安全发展的意见》,明确了城市安全发展总目标的时间表:到2020年,城市安全发展取得明显进展,建成一批与全面建成小康社会目标相适应的安全发展示范城市;在深入推进示范创建的基础上,到2035年,城市安全发展体系更加完善,安全文明程度显著提升,建成与基本实现社会主义现代化相适应的安全发展城市。

然而,受制于一直以来的习惯性思维,当前我国城市公共安全管理的重点还停留在发生事故的应急处置上,突出表现为"重应急、轻预防",导致对风险防控的重要性认识不足,没有从城市公共安全管理战略高度对城市风险防控进行统一谋划和系统化设计。新时代要有新思路,城市安全管理迫切需要由"强化安全生产管理和监督,有效遏制重特大安全事故,完善突发事件应急管理体制"向"健全公共安全体系,完善安全生产责任制,坚决遏制重特大安全事故,提升防灾减灾救灾能力"转变,城市风险管理已经成为城市快速转型阶段的新课题、新挑战。

理论指导实践,"城市安全风险管理丛书"(以下简称"丛书")应运而生。"丛书"结合城市安全管理应急救援与城市风险管理的具体实践,重点围绕城市运行中的传统和非传统风险等热点、痛点,对城市风险管理理论与实践进行系统化阐述,涉及城市风险管理的各个领域,涵盖城市建设、城市水资源、城市生态环境、城市地下空间、城市社会风险、城市地下管线、城市气象灾害以及城市高铁运营与维护等各个方面。"丛书"提出了城市管理新思路、新举措,虽然还未能穷尽城市风险的所有方面,但比较重要的领域基本上都有所涵盖,相信能够解城市风险管理人士之所需,对城市风险管理实践工作也具有重要的指南指引与参考借鉴作用。

"丛书"编撰汇集了行业内一批长期从事风险管理、应急救援、安全管理等领域工作或研究的业界专家、高校学者,依托同济大学丰富的教学和科研资源,完成了若干以此为指南的课题研究和实践探索。"丛书"已获批"十三五"国家重点图书出版规划项目并入选上海市文教结合"高校服务国家重大战略出版工程"项目,是一部拥有完整理论体系的教科书和有技术性、操作性的工具书。"丛书"的出版填补了城市风险管理作为新兴学科、交叉学科在系统教材上的空白,对提高城市管理理论研究、丰富城市管理内容,对提升城市风险管理水平和推进国家治理体系建设均有着重要意义。

中国工程院院士

2018 年 9 月

前言

以人工智能、大数据、5G 等为代表的新一轮信息技术革命和产业变革正深入推进，大力推动了运载工具与智能交通系统的深度演化与变革。为此，全球纷纷布局智能交通领域，我国的《交通强国建设纲要》、美国的《智能交通系统战略规划 2020—2025》、欧盟的《可持续与智能交通战略》等战略性文件相继发布，旨在抢占自动驾驶科技制高点。随着世界各国大规模地推进自动驾驶道路测试与示范，如何积极开展自动驾驶道路测试风险评估与管理工作，进而有效防控测试风险，对于对加快促进自动驾驶技术迭代成熟和助力智能交通体系建设具有重要意义。

本书共 11 章。第 1 章重点介绍国内外自动驾驶政策，总结国内道路交通现状与挑战，梳理研判道路交通发展新趋势。第 2 章分析自动驾驶道路测试国内外发展动态，归纳道路测试管理流程与方法，研判道路测试趋势。第 3 章在介绍风险基本概念的基础上，归纳和阐述了道路测试五类风险的定义、类别和致因。第 4 章梳理总结常用技术类风险评估和风险态度评价方法。第 5 章辨析道路测试风险致因因素，提出自动驾驶开放测试道路安全风险评估（road Safety Risk Assessment for Autonomous Vehicles，SRAAV）模型框架，并概述自动驾驶测试道路环境分级规范。第 6 章归纳总结道路测试运行安全风险的静态要素和动态要素，提出道路测试运行安全风险评估指标体系。第 7 章概述自动驾驶道路测试法律法规和人工智能风险，并给出法规风险管控建议。第 8 章提出构建险态场景的方法，搭建道路测试险态场景仿真平台，并开展险态场景模拟推演工作。第 9 章介绍道路测试安全风险短临预测技术，提出基于智能车载设备的风险预警技术和基于 V2X 的风险防控技术，建立针对道路测试风险预警防控效果评估方法。第 10 章总结单车智能道路测试挑战，介绍车路协同技术概念、系统架构和风险要素，提出针对车端设备、通信环境、路侧设施和云控平台等的风险管控建议。第 11 章从安全、效率、舒适、社会、环境五个维度梳理自动驾驶接驳出行过程中的风险要素，提出自动驾驶接驳出行风险态度表征方法，解析新兴交通出行模式风险态度对出行者行为决策的影响。全书由涂辉招教授主写和统稿，李浩教授主审。另外，张韬略副教授和陆淼嘉助理教授以及鹿畅、刘芳丽、师浩峰、崔航、俞璐、汪敏、遇泽洋、王万锦、郑叶明、崔皓然、金志成、陈迪、杨逸彬、赵雁南等研究生对本书的撰写工作也给予了帮助。书中的研究内容得到了科技部国家重点研发计划项目"智能网联汽车道路测试安全风险评估与防控技术"（2019YFE0108300）以及上海市交通委员会、上海市科学技术委员会、上海市智能网联汽车测试与示范推进工作小组等众多单位的支持，在此一并致谢。

本书有幸列入"城市安全风险管理丛书"("十三五"国家重点图书出版规划项目),且在出版过程中得到了同济大学城市风险管理研究院和同济大学出版社的大力支持,在此特别表示感谢。

人工智能、自动驾驶等先进技术日新月异,加之时间匆忙以及作者水平有限,书中难免有疏漏、不当之处,敬请同行、专家和广大读者批评指正!

涂辉招

2021 年 11 月于同济大学

目　录

总序
前言

1 自动驾驶与道路交通系统 ··· 1
　1.1 国内外自动驾驶政策 ··· 1
　　1.1.1 国际政策 ·· 1
　　1.1.2 国内政策 ·· 4
　1.2 道路交通现状与挑战 ··· 6
　　1.2.1 道路交通系统要素分析 ·· 6
　　1.2.2 道路交通现状 ··· 7
　　1.2.3 道路交通挑战 ··· 7
　1.3 道路交通发展趋势 ··· 11
　　1.3.1 新兴先进技术 ··· 11
　　1.3.2 智慧城市与智慧交通 ·· 14
　　1.3.3 自动驾驶技术 ··· 16
　参考文献 ··· 19

2 自动驾驶道路测试动态与趋势 ·· 21
　2.1 道路测试动态 ··· 21
　　2.1.1 美国 ·· 22
　　2.1.2 欧洲 ·· 26
　　2.1.3 亚洲 ·· 31
　　2.1.4 中国 ·· 34
　2.2 道路测试管理 ··· 44
　　2.2.1 测试流程 ··· 44
　　2.2.2 车辆要求 ··· 45
　　2.2.3 安全员 ··· 45

  2.2.4 道路类型及路段 ················· 46
  2.2.5 载人测试 ··················· 47
  2.2.6 数据管理 ··················· 47
 2.3 道路测试趋势研判 ················· 48
  2.3.1 发展制约因素 ················· 48
  2.3.2 相关发展趋势 ················· 49
 参考文献 ······················· 51

3 自动驾驶道路测试风险辨识 ················ 58
 3.1 风险基本概念 ··················· 58
 3.2 交通事故风险 ··················· 58
  3.2.1 交通事故风险定义 ··············· 58
  3.2.2 交通事故风险类别 ··············· 59
  3.2.3 交通事故风险致因 ··············· 59
 3.3 交通拥堵风险 ··················· 60
  3.3.1 交通拥堵风险定义 ··············· 60
  3.3.2 交通拥堵风险类别 ··············· 60
  3.3.3 交通拥堵风险致因 ··············· 61
 3.4 交通能耗与污染风险 ················ 61
  3.4.1 交通能耗与污染风险定义 ············ 61
  3.4.2 交通能耗与污染风险类别 ············ 62
 3.5 法律法规风险 ··················· 62
  3.5.1 法律法规风险定义 ··············· 62
  3.5.2 法律法规风险类别 ··············· 63
 3.6 新兴技术风险 ··················· 63
  3.6.1 新兴技术风险定义 ··············· 63
  3.6.2 新兴技术风险类别 ··············· 64
 参考文献 ······················· 65

4 风险评估方法 ······················ 68
 4.1 风险评估概念 ··················· 68

4.2 常用技术类风险评估方法 ·········· 69
4.2.1 风险矩阵法 ·········· 69
4.2.2 专家调查法 ·········· 70
4.2.3 概率类统计法 ·········· 71
4.2.4 层次分析法 ·········· 71
4.2.5 贝叶斯网络 ·········· 72
4.2.6 机器学习 ·········· 74
4.3 风险态度评价方法 ·········· 77
4.3.1 风险态度与风险偏好概念 ·········· 77
4.3.2 风险态度的获取与表征方法 ·········· 78
4.3.3 风险态度的影响因素建模分析 ·········· 79
4.3.4 风险态度对行为决策的影响建模 ·········· 82
4.3.5 风险偏好调查方法 ·········· 84
4.3.6 风险偏好调查分析 ·········· 86

参考文献 ·········· 89

5 测试道路环境复杂度评估 ·········· 93
5.1 道路测试风险致因因素 ·········· 93
5.1.1 道路设施因素 ·········· 94
5.1.2 交通流因素 ·········· 94
5.1.3 气候环境因素 ·········· 95
5.1.4 交通参与者因素 ·········· 95
5.2 SRAAV 评估方法 ·········· 96
5.2.1 评估框架 ·········· 96
5.2.2 事故类型及影响因素确定 ·········· 97
5.2.3 静态因素调查及路段划分 ·········· 98
5.2.4 动态因素调查 ·········· 98
5.2.5 安全风险度计算 ·········· 98
5.2.6 道路环境风险等级划分 ·········· 105
5.3 安全风险度计算模型优化 ·········· 106
5.3.1 基于贝叶斯网络的安全风险度优化计算 ·········· 106

	5.3.2 机器视觉下新型车道线检测率优化分析	114
5.4	测试道路环境复杂度分级标准	122
	5.4.1 一般规定	123
	5.4.2 道路环境分级	123
	5.4.3 道路措施改善要求	124
	5.4.4 道路环境分级表	124
5.5	测试道路环境评估分级案例	127
参考文献		128

6 道路测试运行安全风险评估 … 130

6.1	道路测试运行安全风险要素	130
	6.1.1 静态要素	130
	6.1.2 动态要素	131
6.2	数据质量分析	132
	6.2.1 道路测试数据概述	132
	6.2.2 道路测试数据驾驶模式问题	133
	6.2.3 自动驾驶模式辨别方法	133
6.3	评估指标体系	138
	6.3.1 安全度指标	138
	6.3.2 舒适度指标	140
	6.3.3 融合度指标	141
6.4	避险脱离率模型	143
	6.4.1 名词定义	143
	6.4.2 基本假设	144
	6.4.3 构建方法	144
6.5	典型案例评估分析	147
	6.5.1 上海自动驾驶道路测试数据基本情况	147
	6.5.2 道路测试评估情况	147
	6.5.3 车路协同技术探索	152
参考文献		154

7 道路测试法规与人工智能风险管理 ··· 156
7.1 法规与人工智能风险概述 ··· 156
7.2 测试场景风险 ··· 158
7.2.1 高快速路场景 ··· 158
7.2.2 交通标志标线 ··· 158
7.2.3 高精度地图 ··· 159
7.3 测试车辆风险 ··· 161
7.3.1 交强险 ··· 161
7.3.2 车辆改装 ··· 162
7.3.3 车辆产品 ··· 163
7.4 测试人员风险 ··· 163
7.4.1 安全员 ··· 163
7.4.2 驾驶人 ··· 164
7.5 营运许可风险 ··· 164
7.5.1 运输许可 ··· 164
7.5.2 违约责任 ··· 165
7.5.3 平台垄断性 ··· 166
7.6 法律责任风险 ··· 167
7.6.1 刑事责任 ··· 167
7.6.2 侵权责任 ··· 168
7.6.3 产品责任 ··· 170
7.7 面向智能驾驶的人工智能风险 ··· 172
7.7.1 算法风险 ··· 172
7.7.2 数据风险 ··· 175
7.7.3 风险治理优先级评估方法 ··· 178
7.8 法规风险管控 ··· 182
参考文献 ··· 184

8 道路测试险态场景模拟推演 ··· 186
8.1 测试场景概述 ··· 186
8.1.1 测试场景介绍 ··· 186

		8.1.2 险态场景概述 ································· 188
		8.2 险态场景 ····································· 188
		8.2.1 险态场景研究现状 ························ 188
		8.2.2 险态场景构建方法 ························ 189
		8.3 模拟推演建模 ································· 190
		8.3.1 车辆仿真模型构建 ························ 191
		8.3.2 模型参数标定及仿真运行评价 ················ 192
		8.4 道路测试仿真平台 ····························· 192
		8.5 险态场景模拟推演案例 ························· 196
		8.5.1 险态场景构建 ··························· 196
		8.5.2 模拟推演 ······························ 204
		参考文献 ·· 209

9 道路测试安全风险防控 ································ 214

9.1 道路测试安全风险短临预测技术 ···················· 214

9.2 基于智能车载设备的风险预警技术 ·················· 215

9.3 基于V2X的风险防控技术 ·························· 216
  9.3.1 C-V2X概述 ·································· 217
  9.3.2 C-V2X系统组成 ······························ 217
  9.3.3 C-V2X典型交通安全应用 ······················ 219
  9.3.4 基于C-V2X的风险防控技术研究 ················ 220

9.4 风险预警防控效果评估案例分析 ···················· 222
  9.4.1 仿真场景介绍 ······························ 222
  9.4.2 仿真模型参数设置 ·························· 222
  9.4.3 评估结果分析 ······························ 223

参考文献 ·· 227

10 车路协同环境下道路测试风险管控 ···················· 230

10.1 单车智能道路测试挑战 ·························· 230

10.2 车路协同技术 ································· 232
  10.2.1 车路协同技术概念 ························ 232

10.2.2　车路协同技术系统架构 ·········· 235
　　10.2.3　车路协同技术风险概述 ·········· 237
10.3　车载设备风险管控 ·········· 238
10.4　路侧设施风险管控 ·········· 239
10.5　云控平台风险管控 ·········· 240
10.6　通信环境风险管控 ·········· 242
参考文献 ·········· 243

11　自动驾驶交通新模式出行风险管理 ·········· 245
11.1　交通新模式概述 ·········· 245
11.2　交通新模式出行风险要素 ·········· 246
　　11.2.1　安全风险要素 ·········· 246
　　11.2.2　效率风险要素 ·········· 248
　　11.2.3　舒适风险要素 ·········· 249
　　11.2.4　社会风险要素 ·········· 250
　　11.2.5　环境风险要素 ·········· 251
11.3　交通新模式出行风险态度表征方法 ·········· 252
　　11.3.1　表征方法构建总体流程 ·········· 252
　　11.3.2　风险态度问卷设计 ·········· 252
　　11.3.3　数据采集与预处理 ·········· 254
　　11.3.4　效度与信度分析 ·········· 255
　　11.3.5　风险态度表征方法确定与内涵解析 ·········· 256
11.4　交通新模式出行选择行为建模分析方法 ·········· 257
　　11.4.1　出行行为数据获取方法 ·········· 257
　　11.4.2　风险态度分析方法 ·········· 259
　　11.4.3　风险态度对出行行为的影响分析与建模 ·········· 264
　　11.4.4　小结 ·········· 267
参考文献 ·········· 268

1 自动驾驶与道路交通系统

当今世界正经历百年未有之大变局,新一轮科技革命和产业变革方兴未艾,自动驾驶汽车已成为全球汽车产业发展的战略方向。通常,自动驾驶汽车又称为智能网联汽车、智能汽车等,是指搭载了先进的传感器等装置,并运用了人工智能等新技术,具有自动驾驶功能的一类汽车,其已逐步成为智能移动空间和应用终端的新一代汽车[1]。自动驾驶技术是当前全球汽车以及交通出行领域智能化、网联化发展的主要方向,被认为是催生未来交通系统变革的重要引擎,也是破解道路交通问题的重要手段,且已成为世界各国争抢的战略制高点。本章重点介绍国内外自动驾驶政策,总结国内道路交通现状与挑战,梳理研判道路交通发展新趋势。

1.1 国内外自动驾驶政策

目前,自动驾驶还处于大规模商用的初级阶段,政策的支持与引导、法律法规的创新与出台对于加速自动驾驶技术的演进、推动产业快速发展起到了至关重要的作用。全球主要国家均认为自动驾驶对科技创新、产业繁荣、经济发展、社会进步有推动作用,于是纷纷将其上升到国家战略高度。近年来,世界各国通过出台政策、法规等举措来积极构建良好的社会环境,以促进自动驾驶产业健康发展[2]。

1.1.1 国际政策

1. 美国

美国早在 1992 年就发布了《智能车-高速路系统战略计划》,阐述了智能车-路的相关功能。2016 年 9 月,美国交通部发布了第一版《联邦自动驾驶政策:加速道路安全变革》(*Federal Automated Vehicles Policy: Accelerating the Next Revolution in Roadway Safety*)(简称 AV 1.0),阐述了美国发展自动驾驶的初衷在于交通安全。2017 年 9 月,美国国家公路交通安全管理局(National Highway Traffic Safety Administration,NHTSA)发布了《自动驾驶系统2.0：安全愿景》(Automated Driving Systems 2.0: A Vision for Safety)（简称AV 2.0），公布了一套调整后的、宽松的自愿安全指导方针。2018年10月，美国交通部发布了《自动驾驶汽车3.0：为未来交通做准备》(Automated Vehicles 3.0: Preparing for the Future of Transportation)（简称AV 3.0），旨在推动自动驾驶技术与地面交通系统多种运输模式的安全融合，并明确了自动驾驶的六大原则。2020年1月，美国交通部发布了最新的《自动驾驶汽车4.0：确保美国自动驾驶汽车技术的领导地位》(Automated Vehicles 4.0: Ensuring American Leadership in Automated Vehicle Technologies)（简称AV 4.0），强调要保持美国在自动驾驶行业的领先地位，并详细列举了美国在促进自动驾驶创新方面所具备的基础、政府部门在自动驾驶领域所做的投资以及与自动驾驶相关领域的主管部门的职责、联邦政府的创新资源等。

在立法方面，随着美国内华达州在2011年率先允许自动驾驶汽车在公共道路上测试运行，许多州开启了与自动驾驶相关的立法活动。截至2020年2月，美国至少有41个州以及华盛顿哥伦比亚特区审议了与自动驾驶汽车相关的立法，而美国政府希望制定统一的法规，一方面为自动驾驶汽车上路的合法性提供保障，另一方面结束各州立法碎片化、不统一的局面，以此为基础形成创新政策和监管体系，出台全球首份自动驾驶政策性文件。2017年7月，美国众议院通过了《自动驾驶法案》(Self Drive Act，H.R.3388)，首次对自动驾驶汽车的生产、测试和发布进行管理。

在实践方面，据美国加利福尼亚州车辆管理局发布的2019路测报告，目前在"配备安全员"的情况下，64家公司在公共道路上进行了自动驾驶测试，但仅Waymo可以在"不配备安全员"的情况下测试"全无人"自动驾驶。截至2020年10月，Nuro、AutoX和Zoox也被允许开展无人驾驶测试。

2. 欧盟

2011年11月，欧盟在所发布的《Horizon 2020》战略中提到要推进智能网联汽车的研发。2014年，欧洲道路运输研究咨询委员会(European Road Transport Research Advisory Council，ERTRAC)成立专家组来制订自动驾驶技术路线图（Automated Driving Roadmap）；2015年5月发布了第1版自动驾驶技术路线图(Roadmap 1.0)；2017年5月发布了第2版自动驾驶技术路线图(Roadmap 2.0)，并提出分别在2020年、2023年、2025年实现L3级、L4级和L5级自动驾驶；最新版自动驾驶技术路线图(Roadmp 3.0)于2019年3月发布，针对乘用车、货车、城市出行车这三种车型制订细分特定场景的技术路线图，另外，提出乘用车、货车、城市出行车分别在2020年、2020年、2022年左右实现L3级自动驾驶。

2018年5月，欧盟委员会发布《通往自动化出行之路：欧盟未来出行战略》(On the Road

to Automated Mobility：An EU Strategy for Mobility of the Future），提出了2030年步入完全自动驾驶社会的远景目标。该战略认为自动驾驶是欧洲的新机遇，当自动驾驶的部署完全融入整个运输系统后，将为实现2050年"零愿景"（即到2050年10月，欧洲道路交通事故死伤人数为零）做出重大贡献。

当前，欧洲允许在开放道路测试自动驾驶的国家有奥地利、比利时、德国、荷兰、西班牙和瑞典等。德国以车企和零部件厂商为主导，采取稳扎稳打的模式推进自动驾驶。2016年3月，联合国修订并生效了《维也纳道路交通公约》(Vienna Convention on Road Traffic)，对原来的第八条进行了补充，即允许"自动驾驶系统在符合要求且驾驶人能随时接管车辆的情况下控制车辆行驶"，如此一来德国汽车企业才具备了自动驾驶本土化测试的条件。2017年6月，德国颁布了全球首部关于自动驾驶的法律——《道路交通法第八修正案》，旨在推行L3级自动驾驶在德国的运营，其中允许自动驾驶系统在特定条件下代替人类驾驶汽车，开放部分路段进行道路测试，并与法国一起开展跨境测试。此外，德国还发布了全球首部针对自动驾驶的伦理准则——《自动化和网联化车辆交通伦理准则》。该准则为自动驾驶系统设计、伦理道德研究提供了有力支撑。

法国通过全面立法框架助力自动驾驶发展。2014年，法国就公布了自动驾驶汽车路线图，政府投资1亿欧元在接下来的三年内开展自动驾驶汽车测试。2016年8月，法国通过了允许自动驾驶汽车道路测试的相关法令，其中对于测试路段和测试等级做出了明确要求。2018年年初，法国将自动驾驶先后纳入"人工智能发展计划"和"促进增长和企业变革行动方案"中，以全面推动自动驾驶技术的发展。2019年2月，法国计划在2021年之前启动基于自动驾驶的交通服务运营。

毕马威会计师事务所(KPMG)2020年发布的《自动驾驶汽车成熟度指数》(Autonomous Vehicles Readiness Index)排名中荷兰位列第二。荷兰作为全球自动驾驶活跃度较高的国家之一，它在2015年批准了自动驾驶测试，并率先签署了《阿姆斯特丹宣言"互联和自动驾驶领域的合作"》(Declaration of Amsterdam "Cooperation in the field of connected and automated driving")，欧盟各国同意通过该宣言来加快自动驾驶汽车的发展。2017年2月，荷兰政府更新了法案，允许在没有人类驾驶员随行的情况下进行自动驾驶测试。

3. 亚洲

日本政府于2013年6月公布了《创建最尖端IT国家宣言》，为实现这一目标，于2014年6月发布了《官民ITS构想·路线图2014》，提出利用自动驾驶将2018年全国交通事故死亡人数降至2 800人以下，到2020年成为世界上交通最安全的国家。之后，日本官民ITS Roadmaps（Roadmaps意为"路线图"）每年更新一版，最新版于2020年6月发布。《官民ITS

构想·路线图 2020》中提出私家车在 2020 年实现 L3 级自动驾驶,2025 年实现 L4 级自动驾驶。此外,日本于 2015 年 2 月由经济产业省制造业局和国土交通省汽车局主推,汽车制造商、供应商及行业有识之士等参加并成立了"自动驾驶商务化研讨会",以制定自动驾驶的详细发展规划,之后于 2017 年 3 月发布了《实现自动驾驶的行动报告与方针 1.0 版》,且每年更新。最新版于 2021 年 3 月发布,即《面向实现和普及自动驾驶的措施报告与方针》,其中提出了 2021 年至 2025 年 5 月应致力于解决的 4 个课题:①仅通过远程监视(L4 级)实现自动驾驶服务的措施;②进一步扩大对象、区域、车辆的同时,为了提高商业性而采取的措施;③面向包括在高速公路上编队行驶在内的高性能卡车的实用化措施;④为了推广混合交通条件下 L4 级应用的基础设施协调、车辆与车辆之间及车辆与行人之间的协调等措施。

韩国以法规和战略目标为导向,积极构建产业环境,目标是到 2030 年成为未来汽车的领先国家,并力争在世界范围内率先实现无人驾驶商业化。2019 年 4 月,韩国出台了《促进和支持自动驾驶汽车商业化法》,允许自动驾驶开展商业化示范。2019 年 10 月,韩国发布了《未来汽车产业发展战略》,计划在 2024 年完成全国主要道路自动驾驶所需的通信、高精度地图、道路建筑等基础设施建设。2020 年 1 月,韩国国土交通部发布了《自动驾驶汽车安全标准》(修订版),针对自动驾驶汽车的部分功能提出有条件自动驾驶车(L3 级)安全标准,韩国由此成为全球首个为 L3 级自动驾驶制定安全标准与商业化标准的国家。

新加坡将自己定位为部署模拟城市试验台和无人驾驶公交车计划的自动驾驶发展中心。为此,新加坡成立了管理自动驾驶汽车的专门的政府机构,从而有助于与自动驾驶汽车相关的各项工作协调有序进行。2014 年,新加坡政府公布了"智慧国家 2025"的十年计划,新加坡资讯通信发展管理局表示新加坡将建设成为全球首个智慧国。2017 年,新加坡修订了《道路交通法》,允许自动驾驶汽车在公共道路上进行测试。2019 年 1 月,新加坡发布了世界上首部关于高级别自动驾驶汽车应用的国家准则——《自动驾驶汽车技术参考准则》(Autonomous Vehicles Technical Reference,TR68),为自动驾驶汽车生产企业和技术开发商提供了指导规范。同年 10 月,新加坡将测试区域扩展至覆盖新加坡西部的所有公共道路,长度约 1 000 km,占新加坡道路总长度的十分之一。

1.1.2 国内政策

自动驾驶作为跨制造业、交通运输业、服务业等的新兴产业,具有极强的经济带动作用。中国作为全球第一的汽车产销大国,发展自动驾驶就有了重要的战略意义和社会经济价值。交通运输部始终把自动驾驶作为科技创新支撑加快建设交通强国的重点领域积极推进,以"鼓励创新、包容失败、确保安全、反对垄断"为总原则,积极推动自动驾驶技术研发试点和应用相关工作。近年来,多个政府部门积极开展协作,通过促进技术进步、构建标准体系、加强基础设施建设、完善监管服务、打造产业生态、探索法规修订等一系列举措,助力自动驾驶驶入创新深水区。

2019年9月,中共中央、国务院印发了《交通强国建设纲要》(以下简称《纲要》)。该文件是全面建成社会主义现代化强国的重要支撑,也是新时代做好交通工作的总抓手。《纲要》明确提出,到20世纪中叶,全面建成人民满意、保障有力、世界前列的交通强国,特别提出要"加强智能网联汽车(智能汽车、自动驾驶、车路协同)研发,形成自主可控完整的产业链"。

2020年2月,国家发展和改革委员会(以下简称"国家发展改革委")、工业和信息化部(以下简称"工信部")等11个部门联合印发了《智能汽车创新发展战略》(以下简称《战略》)。《战略》指出,智能汽车已成为全球汽车产业发展的战略方向,发展智能汽车对我国具有重要的战略意义,我国拥有智能汽车发展的战略优势。《战略》在总体要求方面指出,要以发展中国标准智能汽车为方向,以建设智能汽车强国为目标,以推动产业融合发展为途径,开创新模式,培育新业态,提升产业基础能力和产业链水平,满足人民日益增长的美好生活需要。到2025年,中国标准智能汽车的技术创新、产业生态、基础设施、法规标准、产品监管和网络安全体系基本形成,实现有条件自动驾驶的智能汽车达到规模化生产,实现高度自动驾驶的智能汽车在特定环境下的市场化应用。智能交通系统和智慧城市相关设施建设取得积极进展,基于4G的车用无线通信网络(LTE-V2X等)实现区域覆盖,新一代基于5G设计的车用无线通信网络(5G-V2X)在部分城市、高速公路逐步开展应用,高精度时空基准服务网络实现全覆盖。展望2035—2050年,中国标准智能汽车体系将全面建成且更加完善,安全、高效、绿色、文明的智能汽车强国愿景逐步实现,智能汽车充分满足人民日益增长的美好生活需要。

2020年12月30日,交通运输部发布了《关于促进道路交通自动驾驶技术发展和应用的指导意见》,贯彻中央创新驱动发展战略,以关键技术研发为支撑,以典型场景应用示范为先导,以政策和标准为保障,坚持"鼓励创新、多元发展、试点先行、确保安全"的原则,坚持问题导向,提出加强自动驾驶技术研发、提升道路基础设施智能化水平、推动自动驾驶技术试点和示范应用以及健全适应自动驾驶的支撑体系四个方面的主要任务。

2021年1月22日,交通运输部发布了《关于服务构建新发展格局的指导意见》,在第四点"坚持创新驱动发展,增强循环动能"中明确强调,要推进新型交通基础设施建设,推进自动驾驶、智能航运、高速磁悬浮技术研发与试点示范工作。

2021年,中共中央、国务院印发了《国家综合立体交通网规划纲要》。该纲要强调在智慧交通、车联网等方面要求推进交通基础设施数字化、网联化,提升交通运输智慧发展水平;加强交通基础设施与信息基础设施统筹布局、协同建设,推动车联网部署和应用,强化与新型基础设施建设统筹,加强载运工具、通信、智能交通、交通管理相关标准跨行业协同。

1.2 道路交通现状与挑战

1.2.1 道路交通系统要素分析

道路交通系统是由人、财、物、车辆、道路、运输基础设施、信息以及组织与管理组成的复杂系统[3]。传统意义上的道路交通系统包含四要素：人、车、路和环境。围绕这四要素，国内外学者开展了大量的科学研究，包括道路行车安全、道路安全评价、道路交通管理、车辆智能控制、人机情感交互、道路交通节能减排等。智慧交通是未来交通系统的发展方向，在"互联网＋交通"时代背景下，道路交通系统四要素模型存在一定的局限性，主要表现为：道路交通系统要素自身的内涵已经发生变化；信息要素对道路交通系统的影响日益明显，而传统模型关于这块是缺失的；不能仅仅强调道路交通系统的规划和管理，更要重视面向公众和相关企业的道路交通系统服务；信息不对称使得道路交通管理的主动式管理与个性化服务存在很大困难[4]。

在"互联网＋交通"时代背景下，传统交通工程学基本理论的局限性日益凸显。所谓"互联网＋交通"是指借助车联网、云计算、移动互联网、大数据、宽带无线移动通信、下一代互联网等高新技术，将互联网产业与传统交通运输业进行有效地渗透与融合，形成具有"线上资源合理分配，线下高效优质运行"的新业态和新模式，从而满足公众更便捷出行、企业更高效运营和行业更科学决策的需求，加速推进交通运输业由传统产业向现代服务业的转型升级。因此，基于"互联网＋交通"的"化学反应"，道路交通系统正发生着以下演变[4]。

（1）要素"人"。驾驶者和出行者更加注重道路交通系统服务的体验度，对个性化、精细化、多元化、专业化、泛在化、智能化的交通信息服务需求激增。工信部发布的《2020年通信业统计公报》显示，截至2020年年底，全国移动电话用户总数达15.94亿户，普及率为113.9部/百人。信息给人们的出行习惯和出行行为带来了显著改变，例如：人们每天出门前的第一件事就是通过移动智能终端了解道路交通状况，并选择一种最为快捷的出行方式。当前，从打车、租车、专车、拼车及车载动态信息服务到代驾、停车、泊车、修车等，"互联网＋交通"正在不断地改变人们的出行方式，同时也提高了人们的出行效率。

（2）要素"车"。人工驾驶汽车正在向基于车用无线通信技术（V2X代表Vehicle to Everything，即"连接车辆与一切事物"）的半自动驾驶汽车、全自动驾驶汽车过渡和发展，载运工具更加智能化、安全化和环保化。2020年，国家发展改革委等11个部门联合印发了《智能汽车创新发展战略》，提出将发展中国特色的智能汽车产业列为未来战略方向，2020年智能网联汽车新车占比达50%。

（3）要素"路"。道路更加"智能化"，尤其是智能路侧终端（Road Side Unit，RSU）能够和智能车载终端(On Board Unit，OBU)"对话"，并提供主动安全预警、道路状况提示等服务。道路安全水平以及道路通行能力均将显著提升。

（4）要素"环境"。通过车联网技术可以分析车辆尾气排放的浓度及其时空分布，从而精确评估车辆尾气排放对大气环境的影响，并有助于采取更有效的管控措施来实现道路交通系统的节能减排。

信息对道路交通系统的巨大影响正在逐步显现，由此构建的道路交通系统"人－车－路－环境－信息"五要素模型，其与四要素模型的主要差异在于：人、车、路、环境四要素本身的内涵已经发生了显著变化；在道路交通系统中引入信息要素，并通过信息要素将人、车、路、环境这四要素有机地串联起来，构成"互联网＋交通"时代的五要素道路交通系统；将道路交通系统的规划、管理和服务放在同等重要的地位并更加依赖信息要素的支撑作用；实现人、车、路、环境的互联互通，解决交通信息的不对称性问题[4]。

1.2.2 道路交通现状

根据我国交通运输部发布的《2019年交通运输行业发展统计公报》[5]，截至2019年年底，全国公路总里程为501.25万km，公路密度为52.21 km/100 km^2；公路养护里程为495.31万km，占公路总里程的98.8%。2019年年末，全国四级及以上等级公路里程为469.87万km，占公路总里程的93.7%。二级及以上等级公路里程为67.20万km，占公路总里程的13.4%。高速公路里程为14.96万km，高速公路车道里程为66.94万km，国家高速公路里程为10.86万km。2019年年末，国道里程为36.61万km，省道里程为37.48万km，农村公路里程为420.05万km，其中县道里程为58.03万km，乡道里程为119.82万km，村道里程为242.20万km。2019年年末，全国公路桥梁87.83万座、总长度为6 063.46万m，其中特大桥梁5 716座、总长度为1 033.23万m，大桥108 344座、总长度为2 923.75万m。全国公路隧道19 067处、总长度为1 896.66万m，其中特长隧道1 175处、总长度为521.75万m，长隧道4 784处、总长度为826.31万m。

2019年，就公路而言，全年完成营业性客运量130.12亿人，完成旅客周转量8 857.08亿人公里，完成营业性货运量343.55亿吨，完成货物周转量59 636.39亿吨公里。2019年，全年完成公路建设投资21 895亿元，其中高速公路建设完成投资11 504亿元，普通国省道建设完成投资4 924亿元，农村公路建设完成投资4 663亿元。截至2019年年底，全国民用汽车保有量为26 150万辆，其中私人汽车保有量为22 635万辆。

1.2.3 道路交通挑战

随着经济飞速增长，我国物流、人流及信息流的流量已达到了前所未有的高潮，大城市尤为明显,并且呈现出不断向周边地区扩散的趋势。如今,我国城市化进程已明显加快,与此同时也面临着许多挑战。城市人口不断集中,导致交通需求不断增加,而交通运输压力不断增大,城市道路负荷也就日益加剧,由此不可避免地会出现大量的交通事故、交通拥堵以及行车混乱现象,随之而来的是更多的交通能耗和交通污染。这些现象的发生给我国城市居民的出行、生活等带来诸多不便。当前道路交通主要面临交通事故、交通拥堵、交通能耗和交通污染四大挑战。

1. 交通事故

道路交通安全在社会发展中占据着重要地位。交通事故不仅严重破坏了交通秩序,还造成了经济损失及人员伤亡,影响人民的正常生活。世界卫生组织(World Health Organization,WHO)发布的《2018年全球道路安全现状报告》(*Global Status Report on Road Safety* 2018)显示,道路交通死亡人数继续攀升,每年死亡135万人。该报告强调,如今道路交通伤害是5~29岁儿童和年轻人的首要死亡原因。2017年、2018年和2019年我国的交通事故发生数均超过20.3万起,死亡人数均超过6.2万人,受伤人数均超过20万人,直接财产损失均超过12亿元。由此可见,交通事故造成的人身伤亡和财产损失不仅给肇事者自身、受害者家庭带来了巨大的伤害,也给社会带来了难以承受的巨大负担[6]。

道路交通事故是随机事件,每起事故的发生都伴随着很大的偶然性。然而,由大量交通事故所组成的系统,又存在一定的规律和必然性[7]。总体来说,它是由人、车、道路和交通环境四个因素所组成,并由于某个部分失调而引起的。通常,这些因素当中包含了驾驶员疲劳驾驶、精力分散、超速行驶、车距不足等人为因素。与此同时,一部分交通事故则是由不协调的、危险的道路条件所致。

2. 交通拥堵

交通拥堵是指某一时段道路交通系统局部产生的车辆排队和延误等现象。交通拥堵产生的原因主要有三类:①土地使用不合理所导致的道路功能及路网结构与交通需求不匹配;②偶发性交通事故等非常态事件导致的道路通行能力突然下降;③大型活动或节假日出行等引起的交通需求随机波动[8]。根据1991年美国提出的《综合陆上交通运输效率化法案》(Intermodal Surface Transportation Efficiency Act,ISTEA)[9]中的定义,交通拥堵是指由交通冲突导致系统性能处于不可接受的水平。从交通供需角度来看,交通拥堵的本质是交通需求大于交通供给。时至今日,交通拥堵问题仍普遍存在,且对城市运行和居民生活造成了严重影响:机动车被迫低速行驶,这不仅造成了能源浪费,而且增加了尾气排放量;居民出行时间增加,由此降低了生活便捷度;交通运行效率的下降,严重影响了城市的运行效率。根据相关统计资料,2018年由于交通拥堵导致的间接经济损失,美国纽约高达90多亿美元,英国伦敦将近50亿英镑,德国柏林约为20亿欧元,而我国北京则高达数千亿元,约占北京市生产总值的5%[10]。交通拥堵及其伴生的环境污染与安全等问题已成为我国首要待解决的问题之一。随着智慧交通体系的不断建设,借助大数据、云计算等科技信息化手段来预测、分析和管控交通从而缓解交通拥堵已逐渐成为研究重点[11]。

3. 交通能耗

改革开放以来,随着我国交通基础设施的极大改善和居民交通需求的大幅提升,客/货运输量和周转量持续增加,交通运输行业能源消费快速增长,占能源消费总量的比例也在显著上升。交通运输行业的能耗问题已引起社会各界的广泛关注。2014年,环境保护部对我国9大重点城市空气中$PM_{2.5}$的来源进行解析后发现,机动车尾气是其首要来源,北京地区雾霾颗粒的来源中机动车尾气占22.2%。根据美国能源信息署(U.S. Energy Information Administration,EIA)的统计[12],中国是全球运输能源使用量增长最快的国家,在2012—2040年预测期内的能耗预计增加14.3万亿BTU(1 BTU=1 055.056 J)。2012—2040年,中国交通运输燃料消费量平均每年增长2.7%,其中重型汽车燃料消费量的年均增长率为3.0%,占全国运输业燃料消费量总增长的34%。交通运输业一直是中国石油最大的用户,据国际能源署(International Energy Agency,IEA)的统计[13],2017年中国交通的石油消费为570百万吨标准油,占当年全国终端石油消费的52%,这无疑加剧了中国石油供应紧张、依赖进口的局面。

中国交通运输能源消费的快速增长也导致交通二氧化碳(CO_2)排放量的增加。按照政府间气候变化专门委员会(Intergovernmental Panel on Climate Change,IPCC)公布的《国家温室气体排放清单指南》中碳排放的计算方法,汽油、煤油、柴油的碳排放系数分别为0.553 8、0.571 4和0.592 1,而这三种能源品种分别是汽车、飞机和火车的主要用能来源。生态环境部发布的《中国移动源环境管理年报(2020)》显示,2014年交通运输温室气体排放量约为8.2亿吨二氧化碳当量,其中二氧化碳排放占99.0%。IEA的数据显示,中国交通领域碳排放量由1990年的94百万吨增至2018年的917百万吨,增幅达875.53%,在总的碳排放量中的占比由4.50%升至9.63%,呈持续增长态势。交通运输温室气体排放约占全国温室气体排放总量的6.7%。从交通运输方式来看,交通运输温室气体排放主要集中在道路运输,排放量为6.9亿吨二氧化碳当量,约占交通运输温室气体排放的84.1%。因此,推进结构性节能减排是我国现阶段发展环保绿色交通的关键。从能源安全和温室气体排放两方面考虑,减少交通能耗具有十分重要的现实意义[14]。

4. 交通污染

交通污染是指道路交通污染,主要包括废气污染和噪声污染。其中,废气污染是指车辆排放出的烟、尘和有害气体的数量、浓度和持续时间都超过大气的自然净化能力和允许标准,从而使人类和其他生物蒙受其害。近年来,随着我国机动车数量的迅速增长,交通尾气排放已成为城市大气污染的最大污染源。城市大气污染类型由煤烟型污染向混合型或机动车型污染转化。汽车尾气污染加重的原因有两个:一是机动车总量增加;二是交通堵塞和低速行驶加剧了汽车尾气超标排放。噪声污染主要指机动车、飞机、火车和轮船等交通工具在运行时发出的噪声影响了居民的正常生活。

1) 废气污染

交通运输过程中产生的废气是主要的交通污染物,特别是城市中的汽车,量大而集中,其排放的污染物已成为城市空气的主要污染源之一。汽车排放的废气主要有一氧化碳(CO)、二氧化硫(SO_2)、氮氧化物(NO_x)和碳氢化合物(HC)等,前三种物质危害性很大。中国已连续十年成为世界机动车产销第一大国,而机动车等移动源污染也已成为大气污染的重要来源。生态环境部发布的《中国移动源环境管理年报(2020)》显示,2019年全国机动车四项污染物排放总量为1 603.8万吨。汽车是污染物排放总量的主要贡献者,其排放的一氧化碳(CO)、碳氢化合物(HC)、氮氧化物(NO_x)和颗粒物(PM)超过90%。按车型分类,货车的氮氧化物和颗粒物排放量明显高于客车,其中重型货车是主要贡献者;客车的一氧化碳和碳氢化合物排放量明显高于货车。按燃料分类,2019年柴油车的氮氧化物排放量占汽车排放总量的88.9%,颗粒物排放量占汽车排放总量的99%以上;汽油车一氧化碳和碳氢化合物的排放量较高,一氧化碳排放量占汽车排放总量的80.3%,碳氢化合物占77.5%。2019年,柴油货车的氮氧化物和颗粒物的排放量分别占汽车排放总量的78.0%和89.9%,是机动车污染防治的重中之重。

自2013年以来,中国推行机动车排放标准升级,加速淘汰高排放车辆,大力发展新能源车,推动车用燃料清洁化,积极倡导"绿色出行"理念,机动车污染防治工作取得了积极成效。2013—2018年,我国机动车保有量增加了32.7%,年均增长5.8%,但污染物排放量却下降了11.1%。其中,汽车保有量增长83.9%,年均增长13.0%,但污染物排放量却下降了4%。

2) 噪声污染

城市交通噪声是市区声环境的主要污染源,交通噪声主要指机动车辆、飞机、火车和轮船等交通工具在运行时发出的噪声。这些噪声的噪声源是流动的且干扰范围大,严重影响到居民的正常生活。

根据生态环境部发布的《2018中国生态环境状况公报》,2018年324个地级及以上城市开展了昼间道路交通声环境监测,平均等效声级为67.0 dB。其中,215个城市的昼间道路交通声环境质量为一级,占66.4%;93个城市为二级,占28.7%;13个城市为三级,占4.0%;3个城市为四级,占0.9%。321个地级及以上城市开展了夜间道路交通声环境监测,平均等效声级为 58.1 dB。其中,151 个城市的夜间道路交通声环境质量为一级,占 47.0%;56 个城市为二级,占 17.4%;37 个城市为三级,占 11.5%;44 个城市为四级,占 13.7%;33 个城市为五级,占 10.3%。因此,道路交通噪声污染防控形势依然严峻。道路交通噪声可归因为以下三点。

(1) 汽车鸣笛。汽车噪声是城市道路交通噪声的主要来源,而在汽车噪声源中汽车鸣笛产生的噪声最大。即便在同一路段、时间和车况条件下,汽车喇叭的鸣笛声要比汽车正常行驶时所产生的噪声高出 2~3 倍,汽车鸣笛占汽车超标噪声的 70% 左右。

(2) 车辆行驶产生的噪声。不同车型由于其自重、车况等不同,产生的噪声大小也不同,其中城市公交大客车和大货车在行驶过程中产生的噪声是主要的噪声源之一。在无鸣笛的情况下,汽车发动机排气噪声由发动机排气阀周期性开闭所产生的压力脉冲激发气流振动而产生。轮胎噪声则是轮胎与路面的接触噪声,又称轮胎-路面噪声,由轮胎直接辐射的噪声和由轮胎激振车体振动产生的噪声组成。由于公交大客车和大货车的自重以及载客量和载货量大等原因,这两种车辆也是城市道路交通的主要噪声源贡献者。

(3) 路况原因。路况好坏会对交通噪声产生重要影响。车辆产生的噪声值会随着其行驶速度的增大而呈线性增大[15]。在车流量基本相同的情况下,交通噪声值和路面宽度呈负相关,即路面越宽,交通噪声值越小。目前,由于规划等原因,城市道路交通路口平面交叉多、立体交叉少,交通拥挤堵塞增加了交通噪声。此外,公路隔声屏及绿化带建设的滞后也是导致城市道路噪声形势不容乐观的一个重要原因。

1.3 道路交通发展趋势

1.3.1 新兴先进技术

1. 大数据

大数据是指需要新处理模式才能具有更强的决策力、洞察发现力和流程优化能力来适应海量、高增长率和多样化的信息资产[16]。大数据的来源囊括了各个渠道,涵盖各个方面,大数据的特点是量大、高速、多样和精准。通过对海量交通实时数据的分析和预测,人们可以实现交通服务创新,因其实时、精准的特点,已在多个领域被广泛应用。例如,电子地图有着较高的精准度,能够实时为居民出行提供精准服务。在大数据技术迅猛发展的时代背景下,智能交通所涉及的数据关系越来越复杂,运用大数据技术不仅可以在有限的时间内提高对交通海量数据的分析效率,而且可以更快地获取、更新信息,以捕获和筛选更有价值的信息。

2. 云计算

云计算是互联网时代信息基础设施与应用服务模式的重要形态,也是新一代信息技术集约化发展的必然趋势[17]。2015年,维基百科将云计算描述为:"云计算技术是一种基于互联网的计算方式,通过这种方式,按需将共享的硬件资源和信息提供给计算机和其他设备,如同日常生活中的水电一样。"云计算技术继承了分布式计算、并行计算、网格计算和虚拟化技术的优点,并在此基础上进行了延伸和发展,其主要目的是对软/硬件、网络及存储资源等进行整合,从而为用户提供更好的服务。用户只需联入互联网,就可以随时随地享受云计算提供的便捷服务。

云计算是互联网时代信息基础设施与应用服务模式的重要形态,也是新一代信息技术集约化发展的必然趋势。大数据则是以互联网为核心的信息化建设达到一定规模的自然产物,具有数据规模大、来源丰富、类型复杂、变化迅速等诸多特征。基于二者的特点,云计算成了大数据处理的主要基础设施。

3. 人工智能

人工智能又称机器智能,是指基于人类智能理论进行研究,以相关理论为前提进行新技术的模拟、扩张和延伸。该技术将计算机技术、信息学、语言学及统计学等科学融合在一起,其主要研究内容旨在研制出能够模拟人类活动的智能系统或机器人。当前,人工智能研究领域以计算机视觉、机器学习和语音识别等为主。

1)计算机视觉

基于图像处理的计算机视觉技术通过摄像机获取外界景物的图像,并利用计算机对图像进行处理,以模拟人的视觉功能[18]。作为人工智能领域中的一项基本技术,计算机视觉被广泛应用于人工智能交通领域,其主要包含计算机视觉道路检测和前方车辆识别等技术、雷达以及超声波探测技术。该视觉技术包含丰富的信息量且成本较低,因而是一种应用广泛的有效技术。例如,自动驾驶汽车利用载体传感系统获得环境信息后可对车速与转向进行调整,以确保车辆安全平稳运行。

2)机器学习

机器学习是人工智能领域中一项非常重要的研究技术。神经网络从20世纪50年代的"连接主义"到现在的机器学习,其发展速度是非常快的。这一技术的应用推动了自动驾驶领域的研究发展。如今道路状况日益复杂,传统计算机识别存在很大的局限性。深度机器学习却能有效解决此类问题,通过对数据进行训练与学习,从而高效识别场景状况。现阶段,大量样本输入有效地提高了准确度,但因实际路况较为复杂,且存在很多无法预测的情况,要想实现完全识别,还需要更多的技术进步与时间积累。因此,机器学习对自动驾驶技术的发展起着重要作用。此外,机器自我学习也为人工智能技术不断发展创造了条件[19]。

3) 语音识别

语音识别技术是让机器通过识别和理解过程把人类的语音信号转变为相应的文本或命令的一项技术,属于多维模式识别和智能计算机接口的范畴[20]。语音识别将成为人机交互的新范式,为自动驾驶提供另一种维度的交互方式,是自动驾驶发展的助推器。成熟的语音识别技术能够让乘客通过语音来操纵智能车辆,这也符合自动驾驶汽车这一快速移动空间的应用体验。

4. 物联网

物联网(Internet of Things,IoT)是指通过有线或无线网络通信技术,将传感器采集到的信息和相关数据传输至远程运算中心进行数据对比分析,以实现显示、报警及自动控制等功能,进而实现"管理、控制、运维"一体化[21]。自 1999 年物联网首次被提出以后,其在世界范围内得到了迅速发展,被称为继计算机、互联网之后世界信息产业发展的第三次浪潮。物联网感知层常用的检测技术有射频识别(Radio Frequency Identification,RFID)、卫星定位、传感器和图像识别等,各种技术在智能交通各子系统中均有着广泛的应用。2005 年提出的车联网(Internet of Vehicles,IoV)将是物联网非常重要的应用领域与发展方向。车联网是汽车技术与互联网技术的高度融合,是实现智能交通的重要途径,也是未来智慧城市的重要环节。

车联网的网络体系结构分为感知层(端系统)、网络层(管系统)和应用层(云系统)。

1) 端系统

端系统即终端设备,其功能是采集与获取车辆信息,感知行车状态与环境,同时让汽车具备寻址和网络标识等能力。物理设备主要有 RFID 标签、读写器、传感器、GPS 和摄像头等。

2) 管系统

管系统主要解决车-车、车-路、车-网、车-人等的互联互通,以实现车辆自组网及多种异构网络之间的通信。它是公共网络与专用网络的统一体。

3) 云系统

云系统包括应用程序层和人机交互界面。车联网的应用系统围绕车辆的数据汇聚、计算、调度、监控、管理与应用,因此需要虚拟化、安全认证、实时交互、海量存储等云计算功能。

车联网的核心部件包括车载终端、路边单元、车联网服务平台、局域网、因特网等。随着传感技术、射频识别技术、普适计算与云计算、实时系统等信息科技的飞速发展,应用于车联网的关键技术也在不断更新。

5. 通信

第五代移动通信技术（简称"5G"或"5G 技术"）是目前最新一代的蜂窝移动通信技术，也是继 4G（LTE-A，WiMax）、3G（UMTS，LTE）和 2G（GSM）系统之后的延伸。5G 的性能目标是高数据速率、减少延迟、节省能源、降低成本、提高系统容量和大规模设备连接[22]。智能交通系统的实现离不开大规模的数据获取、传输和处理。5G 技术在智能交通系统中的应用将会使得道路环境信息的获取更加便捷、信息处理更加迅速、信息传输更加高效。通过部署在路侧或道路上的信息感知 5G 系统，可以实现车与路之间的信息互通，同时把道路进行分级，以此实现更丰富、更全面且具有感知信息能力的智能网联道路，从而实现全面通信网联覆盖道路。

当自动驾驶技术实现信息互通时，需要多种无线通信技术的支持，主要包括车内通信、车外通信、车路通信及车间通信等。目前，在汽车定位、通信及收费领域应用较多的是专用短距离通信（Dedicated Short Range Communication，DSRC）和车辆定位系统（Vehicle Positioning System，VPS）技术[23]。其中，DSRC 是一种高效的无线通信技术，可以实现在特定小区域内对高速运动状态下的移动目标的识别和双向通信，目前主要应用在道路电子收费方面；VPS 则是一种"GPS＋GSM"技术，可以实现车辆定位、行车路线查询回放、远程断油断电等功能，在汽车导航、求助及语音通信方面有着较为广泛的应用。GPS 未来主要应用于车辆导航、车辆防盗、紧急救援等汽车安防服务方面。

6. 北斗定位

2020 年 7 月 31 日，北斗三号全球卫星导航系统正式开通，标志着北斗卫星导航系统"三步走"发展战略圆满完成。北斗卫星导航系统可以为智慧城市的建设和应用提供定位、测速、授时和位置跟踪功能。北斗卫星导航系统与 5G、云计算、物联网等技术相融合，通过对车辆位置、路面信息和交通信号灯配时状况等进行实时定位和监控，从而为自动驾驶提供基础数据支撑。交通运输部将继续在交通行业更多领域推广应用北斗卫星导航系统，以实现该系统在交通行业的全覆盖。

1.3.2 智慧城市与智慧交通

新兴技术的发展应用为城市交通整体解决方案升级和精细化管理提供了基础性技术支撑，同时也推动了智慧城市、智慧交通的快速发展，为现代化交通治理、自动驾驶技术和交通强国建设奠定了良好的基础。

智慧城市为人们带来更加便捷舒适的生活，为城市管理者的工作提供了强大的辅助功能。所谓智慧城市建设，即通过运用新一代信息技术来破解"城市病"难题，创新城市管理模式,为居民提供高效、便捷的服务,提高居民的幸福感和获得感。随着科学技术的发展,智慧城市的建设也逐渐活跃起来。2008 年,IBM 首次提出"智慧地球"概念,从此"智慧"概念在全球悄然兴起。智慧化是世界科技革命的又一次突破,利用大数据、物联网、云计算、地理空间信息等新一代信息技术建设智慧城市是当今城市发展的趋势和潮流。2016 年,日本政府在《第五期科学基本计划》中提出了"社会 5.0(Society 5.0)"的概念,又称为超智能社会。该计划称,人类社会相继经历了狩猎社会、农耕社会、工业社会和信息社会,未来将进入新一代社会形态——Society 5.0。其特点是最大限度地应用信息化技术,通过网络空间与物理空间(现实世界)的融合,构建一个多元、富裕、充满活力的"超智能社会"。美国、欧盟、韩国、新加坡等国家和地区先后开展智慧城市建设工作,实现了深度互联、全面感知[24]。

2019 年 3 月 5 日,国务院总理李克强在政府工作报告中提出,促进区域协调发展,提高新型城镇化质量。而智慧城市建设正是推进我国新型城镇化建设、提高新型城镇化质量的一条有效途径。《中华人民共和国国民经济和社会发展第十四个五年规划和 2035 年远景目标纲要》(简称"十四五"规划)中提到,要加快推进以人为核心的新型城镇化,敬畏城市、善待城市,加强全生命周期管理,加快建设智慧城市。《2016—2017 中国物联网发展年度报告》在无锡发布。该报告显示,截至 2017 年 4 月 ,我国 100% 的副省级城市、87% 的地级以上城市,总计超过 500 个城市,均已明确提出或正在建设智慧城市。

智慧城市的建设是一个复杂的系统工程,《中国智慧城市标准化白皮书》[25]中将智慧城市从技术层面分为四个层次:物联感知层、网络通信层、数据及服务支撑层和智慧应用层。物联感知层通过遥感、芯片、传感器、摄像头、RFID 标签以及其他感知设备等对基础设施、环境、建筑等实施监测和信息采集;网络通信层在"三网融合"的基础上,为城市居民提供高带宽的网络和全覆盖的无线网络;数据及服务支撑层是智慧城市的核心建设内容,以实现多源信息的融合,为智慧应用层提供服务;智慧应用层则主要为城市居民、企业以及政府管理决策提供服务,促进各行各业信息化与智慧化的发展。

城市建设,交通先行,交通是城市经济发展的动脉。智慧交通,即借助新一代信息技术的集成应用来改善路网交通流的分布,以提高现有路网的通行能力,现已成为治理城市交通拥堵和降低交通事故的重要途径之一,它也是智慧城市建设的重要构成部分。2019 年 9 月,中共中央、国务院印发的《交通强国建设纲要》中明确提出要大力发展智慧交通。推动大数据、互联网、人工智能、区块链、超级计算等新技术与交通行业的深度融合;推进数据资源赋能交通发展,加速交通基础设施网、运输服务网、能源网与信息网络融合发展,构建泛在先进的交通信息基础设施;构建综合交通大数据中心体系,深化交通公共服务和电子政务发展;推进北斗卫星导航系统的应用。2020 年 12 月 22 日,国务院新闻办公室发布了《中国交通的可持续发展》白皮书,提出未来中国交通发展的政策主张,要以智慧交通建设来推进数字经济、共享型经济产业的发展,推动模式、业态、产品、服务等联动创新,提高综合交通运输网络效率,构筑新型交通生态系统。

1.3.3 自动驾驶技术

自动驾驶技术是助力智慧交通体系建设的新引擎。自动驾驶汽车是指搭载先进的车载传感器、控制器、执行器等装置,并融合现代通信与网络技术,实现车与X(人、车、路、云端等)智能信息交换、共享,具备复杂环境感知、智能决策、协同控制等功能,可实现"安全、高效、舒适、节能"行驶,并最终实现替代人来操作的新一代汽车[26]。自动驾驶汽车是当前世界汽车产业发展的主要方向,已成为各国竞争的战略制高点。随着相关产业基础与信息技术的完善以及车辆整体稳定性的提升,自动驾驶汽车将逐渐被公众接受,并成为解决道路交通问题的重要工具。

国际汽车工程学会(Society of Automotive Engineers,SAE)2014年发布、2018年修订的《标准道路机动车驾驶自动化系统分类与定义》(SAE J3016™)将驾驶自动化分为六级,即从L0级的无驾驶自动化到L5级的完全驾驶自动化,具体来说:L0级指驾驶员完全掌控车辆;L1级指自动系统有时能够辅助驾驶员完成某些驾驶任务;L2级指自动系统能够完成某些驾驶任务,但驾驶员需要监控驾驶环境,完成剩余部分,同时保证出现问题时可以随时进行接管;L3级指自动系统既能完成某些驾驶任务,又能在某些情况下监控驾驶环境,但驾驶员必须准备好重新取得驾驶控制权(当自动系统发出请求时);L4级指自动系统在某些环境和特定条件下能够完成驾驶任务并监控驾驶环境;L5级指自动系统在所有条件下都能完成所有驾驶任务。2021年8月20日,由工信部提出、全国汽车标准化技术委员会归口的《汽车驾驶自动化分级》(GB/T 40429—2021)正式发布,其中将驾驶自动化分为0级至5级共6个等级。具体来说:0级驾驶自动化(应急辅助)指系统具备持续执行部分目标和事件探测与响应的能力,当驾驶员请求驾驶自动化系统退出时,能够立即解除系统控制权;1级驾驶自动化(部分驾驶辅助)指系统具备与车辆横向或纵向运动控制相适应的部分目标和事件探测与响应的能力,能够持续地执行动态驾驶任务中的车辆横向或纵向运动控制;2级驾驶自动化(组合驾驶辅助)指系统具备与车辆横向和纵向运动控制相适应的部分目标和事件探测与响应的能力,能够持续地执行动态驾驶任务中的车辆横向和纵向运动控制;3级驾驶自动化(有条件自动驾驶)指系统在其设计运行条件内能够持续地执行全部动态驾驶任务;4级驾驶自动化(高度自动驾驶)指系统在其设计运行条件内能够持续地执行全部动态驾驶任务和执行动态驾驶任务接管;5级驾驶自动化(完全自动驾驶)指系统在任何可行驶条件下持续地执行全部动态驾驶任务和执行动态驾驶任务接管。

自动驾驶主要有六大关键技术:感知、定位、规划决策、控制执行、高精度地图和V2X

技术。

1. 感知

感知环节主要是采集周围环境的基本信息,它是自动驾驶的基础。自动驾驶汽车通过传感器来感知环境,所用到的传感器主要包括摄像头、毫米波雷达和激光雷达。不同的传感器各有优劣,由于很难在使用单传感器的情况下实现对无人驾驶功能性与安全性的全面覆盖,因此,在感知系统中采用多传感器融合技术是必要的[27]。环境感知主要包括对路面、静态物体和动态物体三方面的感知,感知数据的融合包括对多个传感器获取的动/静态物体的检测识别定位信息、跟踪预测信息等的融合处理与反馈。其中,对行人、非机动车辆和其他机动车等动态物体的运动行为做出预测,并能根据当前的运动速度计算出安全空间,这对于自动驾驶汽车的自主决策极其重要。

多传感器信息融合技术主要有贝叶斯信息融合方法、卡尔曼滤波方法和神经网络方法。其中,贝叶斯信息融合方法是基于概率统计的推理方法;卡尔曼滤波方法可以从有限的、有噪声的观察序列中预测、纠正,进而推算出物体的位置等信息;神经网络方法则是通过大量的学习训练来消除多传感器协同工作中产生的交叉影响。

2. 定位

车辆定位是使无人驾驶汽车获取自身确切位置的一项技术,在自动驾驶过程中,定位起着相当重要的作用[27]。车辆获取自身定位信息的方式多种多样,涉及多种传感器类型与相关技术,主要有卫星定位、差分定位、惯性导航定位及多传感器融合定位等。

3. 规划决策

规划决策技术主要包括全局路径规划、局部行为决策和驾驶动作决策[28]。其中,全局路径规划是依赖于高精度地图的目的地之间可选路径的规划过程;局部行为决策主要是依据当前行车环境下的感知信息和定位信息等做出巡航、换道、转弯、掉头等决策;驾驶动作决策主要根据局部行为决策信息将当前规划路径分为多个小范围路径,并生成多个短距离路径的中间路径点,具体包含到达这些路径点时汽车自动驾驶应当具备的速度、加速度、车轮转向等指标信息。规划决策技术的核心是人工智能算法与计算平台,数据导入计算平台后由不同的芯片进行计算。

4. 控制执行

控制执行技术主要借助车载控制平台实现汽车自动驾驶的横纵向控制[28]。其核心任务是通过控制器局域网络(Controller Area Network,CAN)获取规划决策层输出的多个中间路径点轨迹信息,之后经过一系列结合车身属性和外界物理因素的动力学计算,转换成对车辆线控的油门、刹车的纵向控制命令和转向的横向控制命令来完成轨迹信息的执行。车载控制平台是车辆的核心控制部件,主要包括电子控制单元(Electronic Control Unit,ECU)和通信总线两部分。其中,ECU 主要实现算法控制,而通信总线完成 ECU 和机械部件之间的通信功能。汽车自动驾驶的车载控制平台与传统汽车的不同之处在于可根据需要改写 ECU,主要有直接改变 ECU 运算器硬件的改装和改变内部程序的改装两类。后者主要是通过原 ECU 程序改变处理问题的算法和运行法则来改变发动机的运行。

5. 高精度地图

高精度地图作为自动驾驶技术发展成熟的重要支撑,在横向和纵向精确定位、障碍物检测与避撞、转向与引导等方面发挥着重要作用,是自动驾驶的核心技术之一。精准的地图对于无人车的定位、导航与控制,以及自动驾驶的安全性而言至关重要[27]。高精度地图是有别于传统电子地图的包含大量三维表征行车辅助信息的汽车自动驾驶专用地图[28]。行车辅助信息主要包括路面几何结构,周边道路环境的点云模型,车道的几何结构、坡度、曲率及限速等属性信息。不同于人类在成长后可以具备独立的视觉识别能力和逻辑分析能力,机器必须借助高精度地图来扩展车辆的静态环境感知能力,从而为汽车自动驾驶提供全局视野。高精度地图的构建是一个多传感器融合的过程,主要设备包含了激光雷达(LiDAR)、全球定位系统(GPS)、陀螺仪 IMU 和轮距传感器。其中,陀螺仪和轮距传感器可以高频率但稍有偏差地给出自动驾驶汽车的位置预测,再融合 GPS 和 LiDAR 的数据算出当前车辆的准确位置,最后根据当前的准确位置与激光雷达的扫描数据,把新数据加入地图中,以此逐步构建高精度地图。高精度定位技术依赖于高精度地图信息,自动驾驶系统可以通过动态实时对比当前位置的传感器来获取行车环境信息和高精度地图,从而精确地确认位置,同时确认当前位置一段距离内的行车环境,以便进行下一步轨迹规划和决策。

6. V2X 技术

V2X 是将车辆与一切事物相连接的新一代信息通信技术,其中 V 代表车辆,X 代表任何与车交互信息的对象,当前 X 主要包含车、人、交通路侧基础设施和网络[27]。V2X 概述交互的信息模式包括:车与车之间(Vehicle to Vehicle,V2V)、车与路之间(Vehicle to Road,V2R)、车与路侧基础设施(如红绿灯、交通摄像头、路侧单元等)之间(Vehicle to Infrastructure,V2I)、车与人之间(Vehicle to Pedestrian,V2P)的交互。V2X 是一种网状网络,网络中的节点(如汽车、智能交通灯等)可以发射、捕获并转发信号。利用 V2X 技术,车辆可以获取周围环境的未知参数及附近车辆的运行状态,这些状态包括速度、位置、行驶方向、刹车等基本安全信息。之后,车载端主动安全算法将处理所获取的信息,并按照优先级对信息进行分类,对可能发生的危险情景进行预警,紧急情况下可以利用车辆执行端对车辆进行控制从而规避风险。V2X 技术开启了对车辆四周威胁的 360°智能感知,这一技术能够在各种危险情况下提醒驾驶者,从而大大减少汽车碰撞事故的发生并缓解交通拥堵。

目前,全球各大汽车制造商纷纷加入自动驾驶汽车的投资和研发浪潮中,自动驾驶汽车产业已进入实用化的竞争发展阶段。而开放道路测试是自动驾驶汽车技术研发和应用必不可少的环节,它能够为自动驾驶汽车的测试提供真实的道路交通环境。现有智能驾驶技术经过仿真及封闭场的测试,能够实现在简单环境或有限范围内的智能驾驶。然而,封闭测试场始终无法代替实际复杂的开放测试道路交通场景,因此,开放道路测试所获得的数据具有更高的价值,对自动驾驶汽车算法的更新迭代有着重要作用。在投入市场实际应用之前,自动驾驶汽车必须在开放道路的真实场景中进行充分测试以验证其自动驾驶功能的稳定性。

参考文献

[1] 中华人民共和国国家发展和改革委员会.关于印发《智能汽车创新发展战略》的通知[EB/OL].[2020-02-24]. https://www.ndrc.gov.cn/xxgk/zcfb/tz/202002/t20200224_1221077.html?code=&state=123.

[2] 中国信通院.全球自动驾驶战略与政策观察(2020)[EB/OL].[2021-02-15].http://www.caict.ac.cn/kxyj/qwfb/ztbg/202012/t20201229_367256.htm.

[3] 马贺真.道路交通系统安全分析[J].汽车实用技术,2016(7):1-3,7.

[4] 王少飞,陈新海,李敏,等.论道路交通系统五要素[J].公路,2016(2):133-137.

[5] 中华人民共和国交通运输部综合规划司.2019年交通概况[EB/OL].[2021-05-20]. https://www.mot.gov.cn/jiaotonggaikuang/201804/t20180404_3006639.html.

[6] 樊朋光.基于交通分析区的交通事故与交通违法空间特征分析及影响关系研究[D].南京:东南大学,2019.

[7] 何松柏,郑智,安雅琴,等.道路交通事故时间分布规律[J].军事交通学院学报,2015,17(1):83-86.

[8] CHRIS W, PENINA R. The conceptual structure of traffic jams[J]. Transport Policy,1998,5(1):23-35.

[9] U C. Intermodal Surface Transportation Efficiency Act of 1991[EB/OL].[2021-04-15]. https://afdc.energy.gov/files/pdfs/2457.pdf.

[10] 吴兵,涂辉招,王俊骅,等.城市交通拥堵风险防控[M].上海:同济大学出版社,2020.

[11] 杨斌.城市道路交通拥堵状态可靠性预测及判别方法研究[D].扬州:扬州大学,2019.

[12] U.S. Engergy Information Administration. International Energy Outlook 2016[EB/OL].[2021-04-20]. https://www.eia.gov/outlooks/ieo/pdf/0484(2016).pdf.

[13] ZHOU Nan，LU Hongyu，KHANNA N，et al. China Energy Outlook：Understanding China's Energy and Emissions Trends 2020［R］. Berkeley CA：Lawrence Berkeley National Laboratory，2020.

[14] 柴建,邢丽敏,卢全莹,等.中国交通能耗核心影响因素提取及预测[J].管理评论,2018,30(3)：201-214.

[15] 刘涛.城市道路交通噪声影响因素与传播规律分析[D].西安:长安大学,2009.

[16] Garther. Definition of Big Data-IT Glossary［EB/OL］.［2021-03-12］.https：//www.gartner.com/en/information-technology/glossary/big-data.

[17] 中华人民共和国科学技术部.科技部关于印发中国云科技发展"十二五"专项规划的通知［EB/OL］.［2012-09-18］.http：//www.most.gov.cn/xxgk/xinxifenlei/fdzdgknr/fgzc/gfxwj/gfxwj2012/201211/t20121101_97536.html.

[18] 郁梅,蒋刚毅,郁伯康.智能交通系统中的计算机视觉技术应用[J].计算机工程与应用,2001(10)：101-103,121.

[19] 吴世旺.研究人工智能在交通领域的主要技术及应用前景[J].通讯世界,2019(12)：132-133.

[20] 詹新明,黄南山,杨灿.语音识别技术研究进展[J].现代计算机,2008(9)：43-45.

[21] 许彪,张耀洲.城市道路智能交通中物联网技术应用探讨[J].智能建筑电气技术,2020(3):25-27.

[22] 中商产业研究院. 2021年中国5G行业市场现状分析:5G终端连接数超2亿［EB/OL］.［2021-04-26］.https：//xw.qq.com/amphtml/20210426A01S3S00.

[23] 蔺宏良,黄晓鹏.车联网技术研究综述[J].机电工程,2014,31(9):1235-1238.

[24] 高凯.智慧城市信息安全风险评估指标体系构建研究[D].湘潭:湘潭大学,2019.

[25] 中国电子技术标准化研究院.中国智慧城市标准化白皮书［EB/OL］.［2014-09-28］.http：//www.cac.gov.cn/2014-09/28/c_1112661626.htm.

[26] 北京市经济和信息化局. 北京市智能网联汽车产业白皮书(2018年)[EB/OL].[2014-09-28].http：//mzone.site/index.php/index/index/cid/2.html,2018.

[27] 王建,徐国艳,陈竞凯,等.自动驾驶技术概论[M].北京：清华大学出版社,2019.

[28] 王羽,张美芳,张凯帆.汽车自动驾驶的关键技术研究[J].汽车制造业,2018(18)：44-46.

2 自动驾驶道路测试动态与趋势

目前,自动驾驶技术尚处于不断迭代、逐渐成熟的阶段,其中道路测试是自动驾驶技术规模化应用和商业化落地的必经环节。为此,世界主要国家正在开展大规模道路测试。本章总结了国内外自动驾驶道路测试动态,归纳了道路测试管理流程与方法,研判了道路测试趋势。

2.1 道路测试动态

自动驾驶并非一个全新的理念,早在1925年就诞生了人类历史上第一辆"自动驾驶汽车",至今已近百年。近年来,随着云计算、人工智能和区块链等新兴技术在交通领域的广泛应用,国内外自动驾驶汽车产业正逐步进入高速发展时期。诸多传统整车企业、互联网企业及新兴创业企业等都意识到了自动驾驶汽车测试及商业示范的必要性,因此通过强强联合、优势互补等方式,支持自动驾驶汽车进行公开道路测试,并开展相关商业化应用示范。自动驾驶道路测试的目的在于积累数据并完善系统功能,同时为自动驾驶汽车相关技术标准和法规体系的建立提供必要的支持。美国、中国、瑞典、荷兰、日本、新加坡等国纷纷发布相关政策,准许自动驾驶汽车在公开道路上进行测试,并加大力量布局自动驾驶汽车测试示范区的建设。

虽然,各国在不断加速测试复杂的多类交通场景,自动驾驶技术近年来得到了飞速发展,但是道路测试安全风险仍未完全得到有效防控。例如,Uber无人驾驶汽车曾发生严重的交通事故;谷歌无人车在硅谷与一辆公共巴士发生碰撞。为了有效管控自动驾驶道路测试可能带来的安全风险,世界各国纷纷制定了道路测试规范,规范的内容主要聚焦在测试申请、测试车辆、测试人员、测试数据的记录以及测试事故处理等方面。现有自动驾驶技术经过测试场的测试,能够实现相对简单环境或限定范围的智能驾驶。然而,自动驾驶面临的最大难题是复杂交通路况,而在封闭测试场中无法测试实际上路时可能会遇到的复杂问题。相比封闭测试场的测试,真实驾驶环境测试所获得的数据价值更高,对自动驾驶算法的更新迭代益处更大。世界各国在国家战略牵引和顶层设计引导下,汽车与信息、通信等融合创新,技术和产品推陈出新,急速向前发展,正逐步进入大规模道路测试验证阶段。

2.1.1 美国

美国是率先开展自动驾驶道路测试的国家,并且最早对自动驾驶道路测试进行立法,且在相关法案中规定了道路测试所需的条件,包括自动驾驶汽车公司条件、驾驶人条件及自动驾驶汽车条件等。

在联邦层面,2013年5月30日,美国国家公路交通安全管理局(NHTSA)发布了指导性文件《关于自动驾驶汽车法规的意见》,对各州自动驾驶汽车立法提出了建议,明确自动驾驶汽车在道路行驶时必须有相应驾驶人监管、自动驾驶汽车在道路行驶只能用于试验目的等[1]。2016年9月20日,美国交通部颁布了《联邦自动驾驶汽车政策》(Federal Automated Vehicles Policy),强调以安全性为第一准则,针对自动驾驶汽车的设计和研发提出了15项安全规范,包括自动驾驶系统如何检测障碍物、如何将道路信息展示给驾驶人、如何应对技术失灵等紧急情况、如何保证联网系统的网络安全等[2]。2017年9月,美国国家公路交通安全管理局发布了《自动驾驶系统2.0:安全愿景》(Automated Driving System 2.0: A Vision for Safety),不仅被行业视为自动驾驶汽车研发的规则手册,也代表了美国联邦政府对自动驾驶的态度。2018年10月,美国交通部发布了《自动驾驶汽车3.0:为未来交通做准备》(Automated Vehicle 3.0: Preparing for the Future of Transportation),明确将对自动驾驶汽车的发展在联邦层面给予大力支持[3]。2020年1月,美国交通部发布了《自动驾驶汽车4.0:确保美国自动驾驶汽车技术的领导地位》(Automated Vehicles 4.0: Ensuring American Leadership in Automated Vehicle Technologies),进一步完善了自动驾驶领域的政策,确立了三个层面的原则,提出要促进形成一致的标准和政策、确保一致的联邦方针、提高整个运输系统的水平[4]。2021年1月,美国交通部发布了《自动驾驶汽车综合计划》(Automated Vehicles Comprehensive Plan),进一步指明了美国自动驾驶的发展方向。该综合计划制定了美国交通部的多式联运战略,以促进合作和透明度,使监管环境更加现代化,为自动化车辆的安全集成打造智慧运输系统。同时,该计划对目前主流的自动驾驶汽车场景应用进行了定义,比如低速无人物流车、无人巴士、无人物流卡车、RoboTaxi等[5]。

1. 内华达州

内华达州是美国第一个开放自动驾驶汽车道路测试的地区。2011年6月,内华达州通过了美国首部允许自动驾驶汽车上路行驶的法律,并于2012年3月正式生效[2]。2016年,内华达州颁发了首批自动驾驶标准生产汽车的牌照,牌照授予对象是3辆奔驰E级车[6]。

2017年,内华达大学的Living Lab Coalition得到了内华达州瓦肖县地区交通委员会的支持,它们可以在雷诺市、斯巴克斯市和卡尔森市的街道上测试自动驾驶电动巴士,内华达州开始部署自动驾驶公共交通系统[7]。2020年,自动驾驶公司Motional获得内华达州的许可,可在拉斯维加斯开放道路上部署自动驾驶汽车,并且可在不配备安全员的情况下进行道路测试[8]。

2. 加利福尼亚州

2012年,加利福尼亚州(以下简称"加州")开始允许自动驾驶汽车在指定的公共道路上进行测试。位于加州北部的硅谷汇集了苹果(Apple)、谷歌母公司Alphabet、脸书(Facebook)、优步(Uber)、特斯拉(Tesla)等前沿科技公司,故成为自动驾驶道路测试的不二之选。为促进自动驾驶技术持续发展,2015年12月,加州公布了试用阶段规范草案,拟允许制造商从测试阶段进入试用阶段,但要求必须由拥有相应资格的驾驶员操纵,且制造商应当通过第三方机构的安全测试认证,取得为期3年的临时试用许可[9]。2018年4月,加州准许开展真正意义上的无人驾驶测试,即车内安全员不是必需的,但要按规定进行远程监控,当发生意外情况时能对车辆进行接管。2018年10月,Waymo发布声明,美国加州的机动车辆管理局(Department of Motor Vehicles,DMV)已核发许可,允许Waymo在城市内外的公共道路及高速公路上开展自动驾驶道路测试,且无须在测试车辆上配置安全员,Waymo获得了全球首张真正意义上的无人驾驶道路测试牌照,由此掀开了自动驾驶汽车发展的新篇章[10]。2019年年底,美国加州机动车辆管理局宣布,将允许更多种类的自动驾驶汽车在该州的公共道路上进行测试,其中包括轻卡种类(如中小型卡车或货车)[11]。2020年4月,自动驾驶初创企业Nuro获得美国加州机动车辆管理局颁发的许可证,可在旧金山湾区的部分地区的开放道路上测试不配备安全员的自动驾驶配送车[12]。同期,加州公共事业委员会(California Public Utilities Commission,CPUC)发布许可证,在配备安全员的条件下,允许Voyage在加州公共道路上利用自动驾驶汽车运送乘客[12]。2020年10月,通用汽车旗下的自动驾驶企业Cruise获准在加州旧金山湾区的部分公共道路上进行不配备安全员的全自动驾驶汽车测试。依据公布的信息,Cruise此次获准进行全自动驾驶测试的车辆共有5辆,在白天和夜间均可进行测试[13],但测试时车辆时速不能超过30 mile(1 mile=1 609.347 m),在大雾或大雨期间也不能进行测试。同期,Zoox获准在不配备安全员的情况下在开放道路上对自动驾驶汽车进行测试,Zoox可在San Mateo County的Foster市的指定街道上测试两辆自动驾驶汽车,无须配备安全员,且仅能在天气良好(包括小雨和有雾天气)时进行测试,车辆行驶速度不能超过45 mile/h(约76 km/h)[13]。2020年11月,加州公共事业委员会(CPUC)批准了新项目,通过加州政府审批程序的自动驾驶出租车(RoboTaxi)服务公司将能提供共享无人驾驶乘车服务并收取费用[14]。截至2020年年底,共有63家企业持有加州自动驾驶道路测试牌照[15]。

为了评价自动驾驶道路测试情况,美国加州机动车辆管理局要求测试企业按规定上传测试数据及报告,并持续发布自动驾驶道路测试年度脱离报告。2021年2月,美国加州机动车辆管理局发布了2020年度自动驾驶道路测试脱离报告,在加州63家自动驾驶牌照持有企业中,共有29家企业上传了测试报告,其余34家企业未在加州开展道路测试,且其中7家企业未更新许可证。在递交的测试报告中包含了测试企业名称、测试里程、脱离次数、单次脱离行驶里程(Mile per Disengagement,MPD)等信息,如表2-1所列[15]。

测试报告中,MPD是自动驾驶核心衡量指标之一,综合反映了全年测试里程及脱离次数。从MPD指标来看,Waymo以29 944.69 mile的结果排名第一,连续五年处于领先位置;初创企业Cruise以28 520.34 mile的结果排名第二,其测试路况相对复杂;排名前五的企业的MPD值均超过10 000 mile,与2019年测试结果相比有了明显提升;排名前三的Waymo、Cruise和AutoX在2020年的测试中均展示了不配备安全员的自动驾驶能力,其中Waymo和AutoX均推出了面向公众开放的、不配备安全员的自动驾驶RoboTaxi试运营。从测试里程来看,排名前五的企业分别为Cruise、Waymo、Pony.AI、Zoox和Nuro。

中国自动驾驶企业的测试表现较好。从MPD指标来看,AutoX(裹动智驾)和Pony.AI(小马智行)两家企业跻身前五,WeRide(文远知行)、DiDi(滴滴出行)紧随其后,分别位列第六和第七;从测试里程来看,Pony.AI跻身前五。

表2-1　　　　　　　　2020年美国加州自动驾驶道路测试脱离情况

企业	测试里程/mile	脱离次数/次	MPD/mile
Waymo	628 839	21	29 944.69
Cruise	770 049	27	28 520.34
AutoX	40 734	2	20 367.00
Pony.AI	225 496	21	10 737.90
Argo.AI	21 037	2	10 518.59
WeRide	13 014	2	6 507.00
DiDi	10 401	2	5 200.75
Nuro	55 370	11	5 033.62
Deeproute.AI	10 018	3	3 339.33
Zoox	102 521	63	1 627.32
QCraft	7 582	16	473.88
Aurora	12 208	37	329.93

(续表)

企业	测试里程/mile	脱离次数/次	MPD/mile
Lyft	32 731	123	266.11
Gatik.AI	2 352	11	213.82
Apple	18 805	130	144.66
Nissan	395	4	98.63
BMW	122	3	40.67
Aimotive	2 987	113	26.43
Mercedes	29 984	1 167	25.69
NVIDIA	3 033	125	24.26
Qualcomm	1 727	90	19.19
SF Motors	875	61	14.34
Atlas R.	47	10	4.74
EasyMile	424	128	3.31
Toyota	2 875	1 215	2.37
Telenav	4	2	2.00
Udelv	66	49	1.35
Ridecell	148	189	0.78
Valeo	49	99	0.49
合计	1 955 208	3 695	529.15

注：1 mile＝1 609.347 m。

3. 密歇根州

密歇根州位于美国五大湖地区，是老牌的工业重镇，"汽车城"底特律是密歇根州最大的边缘城市。在第二产业快速衰退时期，密歇根州结合底特律在汽车发展史上的丰富经验，对接正如火如荼发展的自动驾驶技术，且在立法方面的表现十分抢眼，抢先加利福尼亚州一步完成了立法[16]。

自动驾驶汽车可在密歇根州包括高速公路、州际公路在内的任何路段上进行测试。2018年4月，美国移动中心（American Center for Mobility，ACM）在密歇根州创立了自动驾驶高速公路测试部门。作为世界首条自动驾驶测试使用的高速公路，全长4 km，允许企业以至少105 km/h的行驶速度在其上测试自动驾驶汽车。同时，该试验场提供了斜坡和非斜坡路段以及213 m长的弯曲隧道，用以测试自动驾驶汽车在失去与卫星信号连接情况下的表现[17]。2019年，Waymo在密歇根州建造了自动驾驶汽车工厂，致力于大规模生产L4级自动驾驶汽车。密歇根州的测试车型主要是各个公司的小汽车，并且开始挑战雨、雪等不良天气下的自动驾驶道路测试[18]。2020年8月,密歇根州宣布将在底特律和安阿伯市之间打造一条联网自动驾驶车辆专用车道以供测试使用,该车道在加速自动驾驶汽车部署的同时配备了使其能安全行驶的基础设施[19]。同期,底特律宣布将在汽车城(Motor City)部署辅助客运系统——Navya的自动驾驶接驳车,其最高时速为15 mile/h,主要目的是帮助运送老年人[19]。

4. 亚利桑那州

亚利桑那州是自动驾驶汽车测试的热点地区之一。2015年,该州开始允许自动驾驶汽车开展道路测试,测试企业包括Waymo和Uber等。2018年,亚利桑那州允许在遵守交通法规的前提下,车内不配备安全员的自动驾驶汽车可以在开放道路上进行测试[20]。亚利桑那州拥有宽阔平坦的道路、良好的天气以及对企业友好的监管政策,因而它被认为是理想的自动驾驶道路测试地区[21]。测试车型包括小汽车及Waymo公司的小货车[13, 22, 23]。

2018年3月18日,一辆Uber自动驾驶汽车在亚利桑那州与一名行人相撞并致其死亡,该事件成为全球首例自动驾驶致行人死亡事故。在巨大的市场前景和行业热度情况下,行业内不少企业的行为偏向激进,然而在测试过程中出现的致死事故也为行业敲响了警钟,促使企业开展道路测试时更为谨慎[24]。2018年12月,Waymo在亚利桑那州的凤凰城及周边地区推出了自动驾驶出租车服务"Waymo One",率先开启了自动驾驶技术的商业化进程。2019年年初,谷歌母公司Alphabet将其自动驾驶汽车测试扩展到亚利桑那州的凤凰城,主要测试车辆在极端高温下的表现;2019年5月,Waymo再次扩大在公共道路上对自动驾驶半挂车的测试规模,开始在凤凰城运营卡车车队[23]。2020年10月,Waymo宣布在凤凰城50 $mile^2$(约129 km^2)范围内,为公众提供不配备安全员的自动驾驶出租车服务,服务车的数量在300~400辆,这也是自动驾驶企业首次向公众开放无人驾驶出租车业务[13, 22]。

5. 华盛顿州

为了在不同测试环境、交通模式和路面状况方面获得经验,华盛顿州主要集中在西北部城市柯克兰开展自动驾驶道路测试。柯克兰的气候较为温和,拥有季节性潮湿天气和风雨天,因而适合开展潮湿天气测试。此外,该市多山丘,因此可以利用不同的角度和高度来测试感应器。测试车辆也多为小汽车[25]。

除上述地区以外,美国的得克萨斯州、纽约州、俄亥俄州、匹兹堡市等地区正积极推进自动驾驶道路测试,且不同地区的测试目的与道路范围存在一定的差异。

2.1.2 欧洲

欧洲由于缺乏自动驾驶道路测试相关的立法支持及政策保障,因此其自动驾驶道路测试开展相对缓慢。相较于美国而言,影响欧洲自动驾驶道路测试发展的主要问题之一在于联合国欧洲经济委员会(the United Nations Economic Commission for Europe,UNECE),其主要负责法律批准及机动车使用等事务。在部署自动驾驶汽车方面,45个欧洲国家尚未达成一致意见;同时,几乎整个欧洲受到《维也纳道路交通公约》管辖,故限制了自动驾驶汽车在开放道路上的使用,自动驾驶测试仅限于部分测试道路,因而要实现自动驾驶的商业化应用仍遥遥无期[26]。

欧盟层面认为,自动驾驶汽车是未来交通的发展趋势,应当通过立法来鼓励其应用,但也应当允许各国根据国情自行决定应用的时间和范围。2016年4月,《联合国道路交通公约》关于自动驾驶汽车的修正案正式生效,规定在全面符合《联合国车辆管理条例》或者驾驶员可以人工选择关闭自动驾驶功能的情况下,可以将驾驶职责移交给车辆自动驾驶系统[1]。2018年5月,欧盟委员会发布了《通往自动化出行之路:欧盟未来出行战略》,提出2030年步入完全自动驾驶社会的远景目标。当前,欧洲开放道路测试自动驾驶的国家有英国、德国、荷兰、瑞典、芬兰和法国等,欧洲各国正积极推动自动驾驶相关立法及道路测试[27]。

1. 英国

2015年2月,英国交通部公布了《无人驾驶汽车路线图》,称驾驶员将可以选择是否要自主控制车辆,人们有机会在不产生安全问题的前提下将驾驶时间用在诸如读书、上网等其他活动上,并宣布自动驾驶汽车可以合法地在道路上进行测试。同年7月,英国交通部又发布了《无人驾驶汽车发展道路:道路测试指南》,准许自动驾驶汽车正式上路测试,并对测试车辆、测试人员等提出了明确要求,即要求所有系统软件必须先经过广泛的模拟测试,再进行封闭道路或专用场地测试,最后才能进行开放道路测试;同时,上路测试的自动驾驶汽车必须有驾驶员监管,并且可以随时切换到人工驾驶模式[1,28]。

2016年3月,英国财政部大臣宣布,英国政府计划于2017年开始在高速公路上测试自动驾驶汽车[2,28]。同年7月,英国商务部和交通部大臣公开表示,英国将清除束缚自动驾驶行业发展的相关政策法规,以确保先进的驾驶辅助系统能够被安全使用,并支持谷歌、捷豹、沃尔沃、日产等自动驾驶汽车制造厂商在英国进行开放道路测试[2,28]。2017年2月,日产公司在伦敦对自动驾驶电动车Leaf进行了开放道路测试,并在测试前向伦敦交通监管机构进行报告且提供了开放道路测试路线及采用规则,这也是日产公司首次在欧洲进行自动驾驶道路测试[2]。同年8月,英国政府公布了《联网和自动驾驶汽车网络安全关键原则》(*The Key Principles of Cyber Security for Connected and Automated Vehicles*),明确了联网和自动驾驶汽车上路必须遵循的网络安全原则[27]。2018年10月,英国AutoDube项目在考文垂和米尔顿凯恩斯开展了为期三天的自动驾驶测试与试验,揽胜运动版首次完成了英国最具挑战性的道路布局之一的自驾道路,并成功地处理了复杂的环路,改变车道并以 40 mile/h(约 64 km/h)的速度限制离开交叉路口。另外,与英国 Autodrive 研究相结合,揽胜运动版现在可以在复杂的道路上自动处理环形交叉路口、交通信号灯、行人、骑自行车的人和其他车辆[29]。2019 年年初,英国首个独立 5G 智能网联、自动驾驶车辆(CAV)基础设施启动了,将帮助英国实现无人驾驶计划。该试验场能够实时监控、收集和发布视频与远程信息,并跟踪车辆测试数据[30]。2019 年 7 月,由英国交通研究实验室(Transport Research Laboratory,TRL)领导的智能出行生活实验室(Smart Mobility Living Lab,SMLL)建立了伦敦首条自动驾驶汽车测试路线,可使自动驾驶汽车在真实的城市环境开放道路上进行测试;英国的自动驾驶道路测试主要面向小汽车与卡车,道路类型为城市道路和部分高速公路,但卡车只能在高速公路上进行测试[31]。2020 年 10 月,由英国政府智能交通基金主导的自动驾驶项目——Project Endeavor 即将展开首次道路测试,该项目包括一支由 6 辆 L4 级福特蒙迪欧组成的自动驾驶车队,每天行驶 9 km,往返于牛津地区[32]。同年 11 月,由英国政府和汽车行业共同支持的自动驾驶汽车发展中心 Zenzic 发布了《面向 2030:英国智能网联汽车路线图》(第二版),表明英国在自动驾驶汽车安全和法律框架发展方面已经完成了首个自动驾驶汽车测试安全标准里程碑(发布了两个公开可用的标准 PAS 1880 和 PAS 1881)。

2. 德国

2013 年,德国率先开放了自动驾驶道路测试权限,允许博世、奔驰等公司的自动驾驶汽车进行道路测试,即可以在德国高速公路、城市交通和乡间道路等多种环境下开展自动驾驶汽车的实地测试[2]。2017 年 2 月,为进一步满足自动驾驶汽车在测试方面的需求,德国联合法国决定在跨境公路开放一处特定区域供自动驾驶汽车进行测试,该路段连接了德国西部萨尔州的梅尔齐希市与法国东部的梅斯,总长度为 70 km,旨在测试真正跨边境的自动驾驶[28]。2017 年 6 月,德国通过了《道路交通法第八修正案》,从法律层面承认了自动驾驶汽车在公开道路上行驶的合法性,并准许自动驾驶汽车在开放道路上进行测试[2, 27, 28]。此外,德国还发布了全球首部针对自动驾驶的伦理准则——《自动化和网联化车辆交通伦理准则》,其中包含了自动驾驶系统要永远保证比人类驾驶员造成的事故少、人类的安全必须始终优先于动物或者其他财产等 20 条准则。该准则为自动驾驶系统设计、伦理道德研究提供了有力支撑[27]。2019 年,大众公司宣布在德国汉堡启动自动驾驶道路测试,使用 5 辆 e-Golf 电动车在开放道路上进行 3 km 路程的测试。测试过程中配备车内安全员,始终保持对车辆的监控,以便在紧急状况下人工采取控制措施[33]。2020 年年初,德国下萨克森州正式启动自动驾驶道路测试,测试道路选择了境内多条不同等级的道路,将分段投入测试,预计建成后总长度超过 280 km;测试车辆为小汽车和公交车[34]。同年 7 月,英特尔自动驾驶部门 Mobileye 宣布获得在德国进行自动驾驶道路测试的许可,包括城市、农村地区的道路以及限速 130 km/h 的高速公路,测试将先在慕尼黑及其周边地区进行,随后扩展至其他地区[35]。2021 年 2 月,德国正式通过自动驾驶的法案,即《道路交通法和强制保险法——自动驾驶法》,该法案是世界上首部关于自动驾驶的法律,但该项法律仅适用于 L4 级驾驶辅助系统,且车内须配备能采取紧急措施的驾驶员[5]。

3. 荷兰

2014 年,荷兰修订了相关政策法规以便在公路上开展大规模自动驾驶卡车测试,以期五年内实现自动驾驶卡车在荷兰的投入使用。2016 年 1 月,全球首辆自动驾驶卡车在荷兰上路,这使得荷兰成为了首个自动驾驶卡车上路的国家。2016 年 7 月,奔驰自动驾驶卡车在荷兰进行了上路测试,行驶了约 20 km。荷兰政府公告称,只有汽车制造商、大学和一些获得授权的研究机构才能获得自动驾驶汽车测试许可,且测试时需要进行额外的控制(并非完全放权进行自动驾驶),同时需提交详细的申请报告与相关程序代码[2]。

2020 年 7 月,毕马威会计师事务所(KPMG)从政策和立法、技术和创新、基础设施以及消费者接受度四个方面对全球 30 个国家及地区进行了排名,荷兰以总分 25.22 排名第二(在欧洲国家中位列第一),仅次于新加坡,其各项成熟度指数排名如图 2-1 所示[36]。

图 2-1 荷兰各项成熟度指数的排名情况[36]

荷兰在政策法规指标以及政府资助的测试点方面排名较为领先。在基础设施指标方面,荷兰拥有电动汽车充电桩的情况为 3 个/千人。荷兰的道路质量仅次于新加坡,而良好的道路状况是引入自动驾驶汽车的先决条件。在数字基础设施方面,荷兰于 2019 年将交通灯等智能道路设备的使用范围扩展到 60 个新地区,但其尚未大规模实施不同频率的 5G 网络。由于超过了欧盟对氮污染的限制,荷兰政府在 2020 年 3 月降低了车辆限速,并促使人们改用电力车辆以减少污染和碳排放,这在一定程度上也会增加自动驾驶汽车的普及率[36,37]。

然而,荷兰在推进自动驾驶技术过程中遇到了诸多挑战:一是在进行卡车列队行驶测试时无法使车辆间始终保持连接;二是政府尚未签发自动驾驶测试执照。今后,荷兰如果想从自动驾驶解决方案中受益,可以考虑在封闭区域使用车辆或使用专用道路,但是在人口密度较高的地区仍然难以引入[36,37]。

4. 瑞典

2016年,瑞典国会启动了自动驾驶相关政策法律的分析工作。2016年3月,《自动驾驶公共道路测试规范》完成初稿,适用于高等级自动驾驶水平的汽车,包括部分自动驾驶汽车、高度自动驾驶汽车和完全自动驾驶汽车。2017年7月,《自动驾驶公共道路测试规范》正式生效,准许汽车制造商可以申请开展自动驾驶道路测试,测试许可的审查及授予工作由瑞典运输机构负责,要求测试车辆外部必须安装摄像机和麦克风,且对数据进行永久保存[2,28]。自2018年以来,瑞典开展了大规模道路测试,测试车型包括小汽车、电动巴士、卡车等。2018年年初,斯德哥尔摩部署了自动驾驶电动巴士道路测试,该巴士最多可容纳11名乘客,极速可达24 km/h[38]。2019年年初,沃尔沃汽车合作伙伴维宁尔(Veoneer)表示,与沃尔沃汽车合资的一家公司已获准在瑞典高速公路上开始对其自动驾驶汽车的软件进行测试,而且车上的驾驶员可以不将手放在方向盘上[39]。2021年2月,瑞典货车及巴士制造商斯堪尼亚(Scania)汽车公司表示其已获得瑞典运输署的许可,将在南泰利耶和延雪平之间的E4高速公路上测试自动驾驶卡车。对于此次测试,斯堪尼亚将与图森未来(TuSimple)合作进行,测试内容包括自动驾驶车辆5度SAE级别的4级技术,出于安全考虑,测试过程将由驾驶员全程监控[40]。

5. 芬兰

2016年7月,芬兰交通安全局批准了自动驾驶公交车进行开放道路测试,政策法规方面并无特别要求机动车必须配备驾驶员。同年9月,由芬兰政府及欧盟支持的自动驾驶公交车项目Sohjoa在赫尔辛基进行开放道路测试,自动驾驶公交车行驶了约400 m路程,并在道路两端完成了180°转弯[2]。2017年,荷兰公司VTT在芬兰北部进行了自动驾驶车辆测试,测试环境为3 in(1 in=25.44 mm)厚度的积雪路面,行驶速度约为25 mile/h(约40 km/h)[41]。目前,芬兰正促使欧盟修改法规,例如将自动驾驶汽车纳入"驾驶员"范畴;同时,芬兰侧重于发展自动驾驶小巴,埃斯波市的自动驾驶公交车之前曾计划2021年投入永久使用[37]。

6. 法国

2014年2月,法国公布了《无人驾驶汽车发展路线图》,计划在接下来的三年内投资1亿欧元进行自动驾驶汽车实地测试。法国政府表示,将实现全国数千公里道路的联网,并推动道路交通法律法规的修订,以满足自动驾驶汽车上路的要求,并且向全球汽车厂商开放测试道路以供他们进行自动驾驶汽车的相关试验[2]。2016年8月,法国通过了允许自动驾驶汽车道路测试的法令,并对测试路段和测试等级做了明确要求,同时,法国政府正式批准国外汽车厂商在公路上测试自动驾驶汽车[2,27]。2018年,法国先后将自动驾驶纳入"人工智能发展计划"和"促进增长和企业变革行动方案"以全面推动自动驾驶技术的发展[27]。2019年2月,法国总统马克龙在国际汽车制造商组织的演讲中提出,法国计划在2021年之前启动基于自动驾驶的交通服务运营,法国议会于2019年5月和11月分别通过了一项法律,以帮助实现这一目标[27]。2021年1月,由中车时代电动汽车股份有限公司生产的12 m自动驾驶客车在法国巴黎通过了道路测试,这是法国首辆12 m自动驾驶客车获得开放道路运行许可,也是中国自动驾驶客车首次进入法国[5]。

除上述国家以外,丹麦、挪威、奥地利等欧洲国家也都在积极推进自动驾驶道路测试。在发展自动驾驶的过程中,各国在政策、技术、基础设施与消费者等方面特点鲜明,同时,道路测试的目的与商业应用布局均各有侧重。

2.1.3 亚洲

1. 日本

2015年,日本经济产业省与国土交通省组建了自动驾驶研究工作组,通过定期开展研讨会来研究和制定日本的自动驾驶技术路线图,讨论自动驾驶测试验证方式,推动与相关国际标准的协调工作[27]。2016年5月,日本警察厅颁布了《自动驾驶汽车道路测试指南》,允许自动驾驶汽车进行道路测试,同时,明确了驾驶员应当坐在驾驶位上,测试车辆与驾驶员应符合并遵守现行的法律法规[42]。2017年6月,日本警察厅发布了《远程自动驾驶系统道路测试许可处理基准》,允许自动驾驶汽车在驾驶座位无人的状态下进行道路测试[27]。通过上述两项已颁布的标准,日本对自动驾驶道路测试的安全保障措施、测试流程、自动驾驶系统、测试数据记录和交通事故处理等方面提出了明确要求,并准许企业申请无人在车内的远程测试。2017年,自动驾驶研究工作组发布了《日本自动驾驶政策方针1.0版》,随后每年对其进行更新修订,从而对自动驾驶商用推进计划以及相关技术测试验证提出新的要求[27]。2018年9月,日本国土交通省正式发布了《自动驾驶汽车安全技术指南》,明确规定了L3级和L4级自动驾驶汽车必须满足的安全条件。2019年5月,日本通过《道路运输车辆法》修正案(2020年4月正式实施),在内容上追加了"自动运行装置",明确汽车电子检查的必要技术信息管理工作并由汽车技术综合机构(NALTEC)负责,将智能传感器纳入车辆的检查和整修[27]。

为鼓励和规范在开放道路上进行自动驾驶汽车测试,日本内阁府从2017年9月到2019年3月在日本国内部分高速公路、专用测试道路上进行了自动驾驶汽车测试[42]。2018年,日产在日本开放道路上测试了其最先进的自动驾驶技术——ProPILOT系统,该原型车的人工智能依靠来自12个传感器、12个摄像机、9个毫米波雷达、6个激光传感器和高清晰度地图的数据,以实时分析复杂场景,从而使自动驾驶汽车在具有挑战性的城市路况下行驶。这些硬件的升级和软件的改进确保了自动驾驶汽车在路上遇到障碍物时可顺利绕行[43]。2019年2月,日本爱知县政府利用5G移动通信技术远程控制车辆,顺利开展自动驾驶道路测试[44]。同年6月,日本福井县永平寺町和产业技术综合研究所在永平寺町约6 km长的公路上启动了用自动驾驶汽车运载居民和游客的实证试验,计划持续到12月20日,为期约6个月,此乃当时日本国内持续时间最长的自动驾驶公路测试。该测试中使用的车辆有两种,均由高尔夫球车改装而成,可运载6～7人,最高速度为12 km/h。为确保安全,车上配有安全员,但加减速和方向盘操作等原则上是自动进行的[45]。2020年12月,日本产业技术综合研究所在茨城县日立市开展的中型客车自动驾驶实证试验中发生了冲撞事故,该事故最后分析判定为由定位系统故障引起[46]。同时期,由日本水陆两用汽车协会、ITbook Holdings、埼玉工业大学、ABITCorporation和群马县组成的联盟开始试验全球首款自动驾驶水陆两用巴士[47]。2021年2月,日本全日空航空公司联合BOLDLY公司、Advanced Mobility株式会社和比亚迪日本分社,在羽田机场部分区域开展L3级自动驾驶巴士验证工作,主要应用于飞机引导、货物运输和地面服务等机场常规工作场景[5]。同年3月,WILLER在东京池袋地区进行了自动驾驶客车道路测试,该测试是让自动驾驶客车围绕公园进行环形行驶,从而为试乘者提供游览服务[48]。总体而言,日本自动驾驶汽车所采用的测试车型为小汽车和公交车,测试道路为部分高速公路、专用测试道路和车流量少的城市道路。

2. 韩国

2015年,韩国政府就已经为自动驾驶汽车划定了试运行特别区域[2]。2016年11月,韩国政府启动道路交通政策法规修订工作,修订后的《机动车管理法》允许自动驾驶汽车进行道路测试,同时对测试公司、测试车辆及测试驾驶员等提出了严格的条件要求[28]。2017年5月,韩国国土交通部(Ministry of Land,Infrastructure and Transport)向三星发放许可,允许三星在开放道路上测试改装后的现代汽车[28]。2018年8月,现代汽车完成了在韩国的首辆自动驾驶半挂卡车道路测试,现代Xcient卡车在高速公路上行驶了约40 km,同时拖载着大型半挂车来模拟货物运输[49]。2019年3月,韩国通信运营商LGU+与汉阳大学合作,在首尔拥挤的交通环境下完成了约8 km的5G自动驾驶汽车道路测试,车辆在变道方面表现良好[50]。2019年4月,韩国发布了《促进和支持自动驾驶汽车商业化法施行规则》(2020年5月1日起正式实施),允许L3级自动驾驶开展商业化示范,并明确了相应的监管和保障措施,构建了一个系统性的自动驾驶汽车商用化推进机制[27]。2019年10月,韩国发布了《未来汽车产业发展战略》,韩国政府计划在2024年完成全国主要道路自动驾驶所需的通信设施、高精度地图、交通管制、道路建筑等基础设施建设,制定了包括无人驾驶、电动汽车等在内的汽车产业发展规划,并提出了立法程序、投资和基础设施建设等的具体时间表[27]。2020年11月,韩国国土交通部表示,将首尔、忠清北道、世宗、光州、大邱和济州这6个地区指定为自动驾驶试点区域,支持企业在上述地区开展自动驾驶服务验证项目,包括自动驾驶区间车、自动驾驶快速公交车、自动驾驶路面清扫车和废物回收车、自动驾驶出租车和机场大巴的道路测试与示范运营[14]。

3. 新加坡

自2014年起,新加坡开始进行面向交通驾驶的公共政策研究[51]。2015年6月,新加坡在纬壹科技城进行了第一次自动驾驶试验,随后又陆续在周边增加了新加坡国立大学、新加坡科技公园等5处自动驾驶示范区域[51]。2016年8月,世界首个无人驾驶出租车NuTonomy在新加坡正式开始营运载客[2]。2017年,新加坡通过了道路交通法修正案,允许自动驾驶汽车进行开放道路测试[51]。2017年5月,标致雪铁龙集团(PSA)宣布与自动驾驶技术创业公司NuTonomy合作,并于同年9月在新加坡开展了3008车型的自动驾驶道路测试[2]。2017年11月,新加坡南洋理工大学开设了自动驾驶测试与研究卓越中心,其中包括公共汽车站、交通灯、摩天大楼、洒雨机等用于模拟现实测试的各种设施[51]。2019年3月,新加坡南洋理工大学和沃尔沃联合发布了世界首辆全尺寸自动驾驶电动公交车,该车的车身长度为12 m,车内配备了36个座位,最多可容纳近80名乘客,在校园内进行测试与运行[52]。

在毕马威会计师事务所(KPMG)发布的《2020年自动驾驶汽车成熟度指数》报告中,新加坡以总分25.45在全球30个国家及地区中排名第一,其各项成熟度指数排名如图2-2所示[36]。

图2-2 新加坡各项成熟度指数的排名情况[36]

在政策法规、消费者接受度方面新加坡排名较高。新加坡将自动驾驶汽车纳入陆路交通总体规划,到2040年,新加坡将打造"45分钟城市"的愿景。一方面,新加坡完善了自动驾驶车辆的相关标准,发布了全球首部为自动驾驶提供全面标准的国家准则《自动驾驶汽车技术参考准则》(TR68),以及人工智能(AI)治理框架模型。另一方面,新加坡扩大了自动驾驶车辆的测试区域,测试里程约占城市总里程的十分之一,并同时大力推广自动驾驶巴士。尽管新加坡的市场规模较小,导致其难以吸引汽车制造业,但消费者接受度却处于领先地位,这便能促进自动驾驶道路测试与商业化应用的推进[36,37]。

4. 其他

以色列在自动驾驶领域的企业实力处于业内领先,但在政策、立法和基础设施方面相对落后。阿联酋在技术基础架构的变更成熟度、移动数据速度和个人准备方面都处于领先水平[36,37]。亚洲各国也都在积极推进自动驾驶道路测试。

2.1.4 中国

与欧美国家相比,中国的自动驾驶道路测试起步相对较晚,但发展势头迅猛。2018年4月,工信部、公安部、交通运输部联合发布了《智能网联汽车道路测试管理规范(试行)》,为推动自动驾驶发展起到了积极作用。在2020年世界智能网联汽车大会期间,工信部装备工业一司联合公安部、交通运输部相关司局组织召开了智能网联汽车道路测试与示范应用讨论会,会议介绍了《智能网联汽车道路测试与示范应用管理规范》修订进展情况,并讨论形成了《智能网联汽车道路测试共享互认实施路线图》[27]。

自2018年以来,国内对自动驾驶道路测试的重视程度与规范化更胜以往。2018年3月,上海率先发放了中国首批智能网联汽车开放道路测试牌照,由此拉开了国内自动驾驶道路测试的帷幕。截至2020年年底,已有30余个城市开放自动驾驶测试道路。

1. 上海

2018年3月,上海市经济和信息化委员会、市公安局和市交通委联合发布了《上海市智能网联汽车道路测试管理办法(试行)》,为上海在全国率先实施开放道路测试奠定了基础[27]。2019年9月,《上海市智能网联汽车道路测试和示范应用管理办法(试行)》的发布加快推动了自动驾驶从研发测试向示范应用和商业化推广的转变。2020年5月,为加快上海市自动驾驶技术的发展应用,推进本市智慧交通体系建设,《上海市道路交通自动驾驶开放测试场景管理办法(试行)》发布并进入征询公众意见阶段。2020年6月,上海智能网联汽车规模化载人示范应用启动,滴滴出行首次面向公众开放自动驾驶服务[53]。2020年8月,AutoX正式面向上海用户推出RoboTaxi服务,用户可在指定的自动驾驶示范区域内通过高德地图App呼叫AutoX自动驾驶出租车,且无须付费[19]。2020年11月,交通运输部在发布的《交通运输部关于上海市开展推进长三角交通一体化等交通强国建设试点工作的意见》中提出"通过3~5年时间,洋山港区铁公水一体化自动驾驶集疏运体系基本建成并投入运营,在集装箱卡车自动驾驶技术研发应用方面取得典型经验,并形成技术标准、意见指南等政策成果。"[27] 2020年12月,由上海自贸试验区临港新片区管委会牵头编制出台的《智能网联汽车产业专项规划(2020—2025)》正式发布,标志着临港新片区在自动驾驶、车联网等产业发展和改革创新上又迈出了坚实的一步。该规划提出"发挥临港新片区制度创新优势,推动高度自动驾驶(L3级别以上)先行示范,推动有条件开放高度自动驾驶车辆上高速、高架道路进行测试及示范应用,在特定区域率先试点无安全员的自动驾驶载人、载货商业化应用。"[46] 2021年1月,上海发布了《上海市国民经济和社会发展第十四个五年规划和二〇三五年远景目标纲要》,提出打造国家智能汽车创新发展平台,推进引领全国的智能汽车示范应用和试点运营,实现自动驾驶特定场景商业化运营试点[5]。2021年2月,上海市人民政府出台了《上海市加快新能源汽车产业发展实施计划(2021—2025年)》(以下简称《实施计划》)。《实施计划》提出,到2025年,车规级芯片、车用操作系统、新型电子电气架构等网联化与智能化核心技术取得重大进展,形成完整供应链;有条件自动驾驶的智能汽车实现规模化生产,高度自动驾驶的智能汽车实现限定区域和特定场景商业化应用;智能汽车测试、示范应用、商业运营相关标准体系建设取得重大进展[48]。

2018年3月,上海市经济和信息化委员会、市公安局和市交通委共同成立了上海市智能网联汽车道路测试推进工作小组,按照"统筹规划、安全有序、分级推进"的指导原则,准许开放各类复杂度道路测试场景,服务车企不断迭代智驾技术,稳步开展载人载物示范应用,积极推动法规和技术标准创新[54]。2021年,上海市交通委发布了《上海市智能网联汽车开放道路测试报告(2020年)》,对上海市3年来自动驾驶道路测试进程进行了总结,并研判了未来的发展趋势[54]。

从测试示范区的建设布局来看,截至2020年年底,上海已在国内领先打造了国际一流、错位互补的四大创新示范区:嘉定区聚焦"先",定位打造"L3+高度自动驾驶创新示范区";临港新片区聚焦"新",定位打造"未来交通新模式创新示范区";奉贤区聚焦"全",定位打造"全出行链智能驾驶创新示范区";浦东金桥区域聚焦"智",定位打造"融合交通基础设施创新示范区"[54]。

从测试道路场景丰富度来看,上海自2018年3月道路测试以来,创新形成了"全车型、全出行链、全风险类别、全测试环节和融合新基建基础设施"的"四全一融合"测试场景布局。截至2020年年底,上海累计开放243条、559.87 km测试道路,包括嘉定区315.0 km、临港新片区118.2 km(含东海大桥34.0 km)、奉贤区97.37 km和浦东金桥区域29.3 km,测试道路里程数位居全国前列。实现四类复杂度(低风险、一般风险、较高风险和高风险)测试道路全覆盖:Ⅰ类低风险道路80条,193.42 km;Ⅱ类一般风险道路53条,131.75 km;Ⅲ类较高风险道路68条,154.2 km;Ⅳ类高风险道路42条,80.5 km。涵盖城市主干道、次干道和支路、产业园区道路、城市商圈、高校、港口码头、交通枢纽、特定高速公路等多类应用场景,由点到线最终形成片状测试区域,提供可测场景超过5 000个。

从测试企业的类别及规模来看,截至2020年年底,上海累计向22家企业(上汽红岩、蔚来、宝马、图森未来、华为、仙途智能、上汽大众、滴滴、深兰科技、中智行、百度、AutoX、丰田汽车、阿利昂斯、商汤、吉利、上汽大通、初速度、上汽通用、通用中国、中车时代、上汽乘用车)、152辆车颁发了道路测试和示范应用资质,企业数量和牌照数量均位居全国首位,涉及乘用车、商用车、专项作业车等车型,其中,新能源/清洁能源车129辆,占84.9%;传统燃油车23辆,占15.1%。另外,在152辆车中已有105辆车开展了示范应用,占69.1%[54]。

从道路测试里程与时长来看,2020年测试企业在第三方机构数据平台上传了逾1.68亿条数据,上传有效数据量为3987万条,数据显示开展有效道路测试里程总计39.6万km,具体包括安亭城市道路测试里程16.1万km,临港城市道路测试里程2.7万km,深水港物流园区测试里程1.1万km,东海大桥测试里程18.9万km,洋山港测试里程0.8万km。其中,自动驾驶模式测试里程为27.7万km,占69.9%。有效测试时长为1.17万h,其中自动驾驶模式有效测试时长为0.79万h,占67.5%[54]。

从道路测试评估体系建设来看,上海建设了市级道路测试数据采集监控平台,接入所有测试的智能网联汽车开放道路测试数据,是国内首个道路测试与示范应用数据采集和发布系统。建立了道路测试安全风险评估技术体系,定期编制相关道路测试与评估报告。同步建设了上海市智能网联汽车公共数据中心,具备道路测试日常管理和安全监管能力。积极开展测试数据的应用服务与分析评估工作,推动智能网联汽车产业的数据汇集与研究应用,确保道路测试安全有序可控。2020年测试评估分析结果显示,智能网联汽车避险脱离率低排名前三的企业为图森未来、上汽红岩、AutoX;自动驾驶模式累计里程排名前三的企业为上汽红岩、滴滴、图森未来;自动驾驶模式里程占比排名前三的企业为华为、中智行、丰田汽车,如图2-3所示[54]。

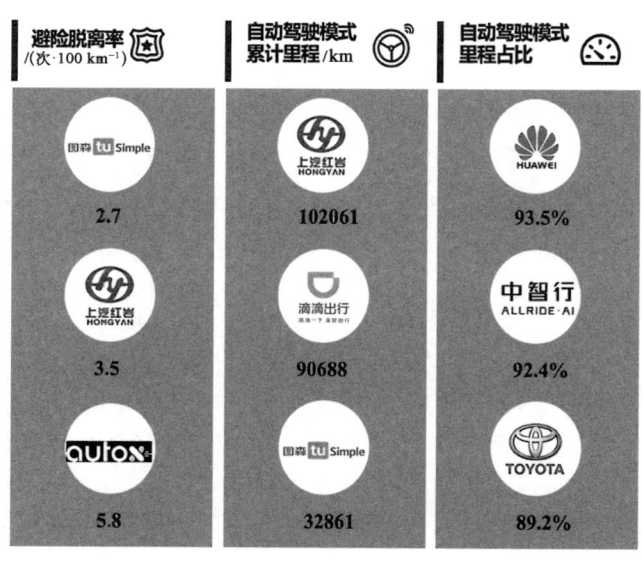

图2-3 测试企业开放道路测试前三名情况[54]

从车路协同技术探索应用来看,截至2020年年底,临港新片区建设了环湖一路长度为8.6 km的智能测试道路,完成了路端系统的智能化升级改造;在嘉定安亭长度为53.6 km的开放测试道路实现了"5G通信+高精度地图"的全覆盖;在奉贤新城32.6 km² 测试区内建设了基于智慧全出行链"最后一公里"的特定场景[54]。

2. 北京

北京作为国内首个出台道路测试相关规范的城市,于2017年年底颁布了《北京市关于加快推进自动驾驶车辆道路测试有关工作的指导意见(试行)》和《北京市自动驾驶汽车道路测试管理实施细则(试行)》两个文件,公布了测试管理机构,详细规定了测试主体、测试驾驶员、测试车辆等条件,并规范了测试申请流程及事故处理办法,具有里程碑意义[55]。2019年12月,工信部、自然资源部和北京市共同签署了国家智能网联汽车创新中心建设启动会暨车联网(智能网联汽车)和自动驾驶地图应用试点项目,主要攻克智能网联汽车的关键共性技术和成果转化,从而支撑我国智能网联汽车行业的发展[27]。2020年4月,《服务型电动自动行驶轮式车道路测试能力评估内容与方法》(T/CMAX 21001—2020)作为全国首部针对服务型电动自动行驶轮式车测试评估工作而推进制定的团体标准,通过评审正式立项,标志着北京以自动行驶轮式车为代表的自动驾驶产业应用落地工作迈出了关键而坚实的一步[12]。2020年5月,北京经济技术开发区发布了《北京经济技术开发区高质量发展行动计划(2020年—2022年)》,开启自动驾驶载人应用场景,计划开展网络约车、定点接驳测试[56];同时期,中关村科学城发布了《中关村科学城北区发展行动计划》,其中"圆梦无人驾驶"项目将通过"车-路-云-网-图"的整体建设,聚焦实现L4级自动驾驶,从而更好地支持高级别自动驾驶车辆在城市复杂道路场景下的测试及示范[56]。2020年9月,"2020中关村论坛北京市高级别自动驾驶示范区发布会"上宣布,全球首个网联云控式高级别自动驾驶示范区将在北京经济技术开发区于2020年年底正式建成[47]。2020年11月,北京市交通委员会、北京市公安局公安交通管理局和北京市经济和信息化局共同印发了新版《北京市自动驾驶车辆道路测试管理实施细则(试行)》,开放了多种专项技术测试包括无人化测试、特殊天气测试、高速公路测试、编队行驶测试等;持续支持试运营测试,尤其是载人测试门槛大幅降低;此外,测试有效期由1年延长至2年[14]。2020年12月,北京市自动驾驶测试管理联席工作小组向百度Apollo颁发了首批5张无人化路测(第一阶段)通知书。这是北京市首次允许测试主体在开放道路上进行无人化自动驾驶测试[46]。2021年,北京市提出"十四五"时期将构建"数字基建、数字交易、数字平台、数字场景"于一体的数字经济新生态,积极推进高级别自动驾驶示范区建设[5]。

2021年2月,《北京市自动驾驶车辆道路测试报告(2020年)》正式发布。这标志着北京的自动驾驶工作已经从"研发和道路测试阶段"迈向"特定区域的示范运营阶段"[5, 57]。

从测试道路分布与企业规模来看,截至 2020 年年底,北京已累计开放了 4 个区县的自动驾驶测试道路 200 条,长度共计 699.58 km,覆盖京津冀地区城市、乡村、高速 85% 的交通场景;陆续开放亦庄和海淀 2 个自动驾驶测试区域,总面积约 140 km²;开放了全国首个车联网和自动驾驶地图应用试点区域;累计为 14 家企业(包括 7 家互联网企业、6 家主机厂和 1 家地图厂商)共计 87 辆车发放一般性道路测试牌照,其中 43 辆百度无人车获批允许开展载人第三阶段测试,5 辆百度无人车获批开展无人化第一阶段测试[46, 48, 57]。

从测试里程与道路等级来看,截至 2020 年年底,北京市自动驾驶车辆道路测试安全行驶里程已累计超过 2 213 436 km,平均每月测试里程 9.8 万 km。北京市道路测试总里程处于全国领先地位,且测试过程安全可控,未对周边交通环境产生不良影响。2020 年,共有 7 家测试主体(百度、戴姆勒、小马智行、奥迪、丰田、美团、北京沃芽科技)开展了道路测试,测试道路覆盖情况如表 2-2 所列[57]。

表 2-2　　　　2020 年北京市测试主体测试区域覆盖及道路等级覆盖统计[57]

测试主体名称	北京经济技术开发区				海淀区			顺义区		
	R1	R2	R3	R4	R2	R3	R4	R1	R2	R3
百度	100%	100%	100%	100%	33%	24%	17%	40%	29%	33%
戴姆勒								40%	4%	
小马智行	50%	50%	70%		29%					
奥迪						8%		40%		
丰田	100%	75%	71%							
美团								40%	29%	25%
沃芽					40%					

北京从交通密度、车道类型、交叉路口形态、交通设施种类、区域特征、交通参与者特征、交通流组织模式等维度将城市交通复杂度划分为五大类场景,并依据这五大类场景对自动驾驶道路测试的路段道路进行分级,具体分为 R1~R5 级。2020 年,R3 级开放道路累计测试里程占全部测试里程的 79%,R2 级开放道路累计测试里程占全部测试里程的 17.5%,R1 级和 R4 级开放道路累计测试里程最少,分别占 3.2% 和 0.3%。2020 年,新增 R3 级开放道路 129.2 km,符合测试主体对开放道路的测试需求;同时,新增了 35.1 km 的 R4 级开放道路和 28.2 km 的 R5 级开放道路,以保证未来测试主体对更高等级道路的测试需求[57]。

从试运营载人测试情况来看,截至 2020 年年底,北京市自动驾驶车辆载人道路测试安全行驶里程已超过 102 万 km,除内部人员测试外,累计运载社会志愿者超过 1.5 万人次,先后在北京经济技术开发区、海淀区、顺义区开放载人接驳站点,测试安全有序,未对周边交通环境产生不良影响[57]。

从测试脱离表现来看,脱离类别包括四类:系统故障、策略缺陷、人工安全防御和人为接管。总体而言,2020年度部分企业单次脱离行驶里程提升了2~4倍,某测试主体在路口左转场景下脱离频率由上半年的平均每72次左转发生一次脱离减少为下半年的平均每200次左转发生一次脱离。基于主车驾驶行为,将场景分为九类:起步场景、跟车场景、变道场景、路口直行场景、左转场景、右转场景、会车场景、掉头场景和停车场景。报告结果显示,直行类脱离场景占47%,路口类脱离场景占42%,其他场景共占11%。对脱离原因进行分析,目标占用车道(25%)、道路施工(22%)和路口博弈(17%)是造成自动驾驶脱离的主要原因,其他如交通参与者逆行、横穿、切入、过于贴近等原因造成的脱离共占36%[57]。

3. 其他城市

1) 重庆

2018年3月,重庆市经济和信息化委员会、重庆市公安局、重庆市交通委员会、重庆市城市管理委员会联合印发了《重庆市自动驾驶道路测试管理实施细则(试行)》,相较于北京和上海,重庆没有对自动驾驶道路测试项目设限[58]。重庆的道路测试拥有覆盖全球85%以上的交通场景及环境,除了高速环路、长隧道、坡道、弯道、桥梁、林荫道等,还有"3D城市""5D立交"这样的独特资源,堪称自动驾驶道路测试的"全能型考场",测试结果无疑更具权威性。2018年,重庆将测试道路范围划定为12.5 km的城市道路——礼嘉环线,全路段包括19个测试项目,可满足城市高速道路测试、弯道及山区测试等不同需求[59]。2019年年初,5G-V2X自动驾驶基地及创新平台签约仪式暨"重庆市自动驾驶道路(九龙坡区)测试启动仪式"在重庆市九龙坡区国家质检基地举行,并正式启动了位于九龙坡区金凤园区的5.5 km自动驾驶测试道路[60]。2019年3月,在中华人民共和国科学技术部的支持下,重庆宣布将依托长安汽车公司建设国家智能网联汽车技术创新中心,引导智能网联汽车的跨界创新,协同突破智能网联汽车基础与共性技术[27]。2019年7月,长安汽车与中汽研、中国大唐电信等联合打造的国内首个5G自动驾驶公共服务平台暨5G自动驾驶开放道路场景示范运营基地正式启用。该基地可进行L4级自动驾驶示范运营,运营长度为4.3 km,全程设置9个站点[61]。2020年10月,重庆出台了《重庆市自动驾驶道路测试管理办法(试行)》,明确了道路类型、升级了测试种类、开启了互认模式,助力重庆打造国内自动驾驶道路测试高地。依托重庆山地城市的道路特征,《重庆市自动驾驶道路测试管理办法(试行)》提出了自动驾驶测试道路的不同类型,可分为普通道路、山地道路和城市快速路;并顺应自动驾驶技术测试验证需求,丰富了自动驾驶测试类型,具体分为四种类型:一般测试、载人测试、载物测试和编队行驶测试,可满足不同企业、不同车型在不同测试阶段的差异化需求[13]。

2) 平潭

2018年3月,平潭综合实验区党工委管委会出台了《平潭综合实验区无人驾驶汽车道路测试管理办法(试行)》,随后发放了福建省首批自动驾驶测试车辆牌照,选定平潭岛中西部的麒麟大道西段为首期测试道路,全长超过6 km,测试车辆为国内首款无方向盘的自动驾驶汽车——"阿波龙"[62]。2020年8月,福建省人民政府办公厅发布了《福建省新型基础设施建设三年行动计划(2020—2022年)》,同时将建设智能网联汽车云控平台,推进平潭综合实验区、福州马尾区、福州滨海新城、莆田湄洲岛等地"5G+车联网"的建设[19]。

3) 无锡

2018年9月,江苏省经济和信息化委员会、省公安厅、省交通运输厅联合印发了《江苏省智能网联汽车道路测试管理细则(试行)》[63],这标志着江苏省进入了自动驾驶时代。当月,在无锡召开的2018年世界物联网博览会"智能交通与车联网产业发展高峰论坛"上,公安部交通管理科学研究所举行了国家智能交通综合测试基地自动驾驶公共道路测试环境开放仪式,发放了首批江苏省自动驾驶道路测试临时行驶车号牌,开放了约6 km的自动驾驶测试道路,涵盖了城市道路和景区公路[64]。2019年5月,工信部复函江苏省工信厅,支持创建江苏(无锡)车联网先导区。该车联网先导区成为我国第一个国家级车联网先导区。目前,无锡已成为全球最大规模的城市级C-V2X应用示范区,赋能智慧城市建设与汽车行业升级,积极推进自动驾驶发展[65]。

4) 长沙

2018年10月,长沙市政府发放了长沙首批智能网联汽车开放道路测试牌,并公布了首期开放的道路测试路段。发放牌照涵盖智能驾驶公交车、自动驾驶乘用车、自动驾驶环卫作业车和自动驾驶重卡四种类型,牌照分别发放给了4家企业,其中湖南中车时代电动汽车股份有限公司的智能驾驶公交车是全国首个获得自动驾驶开放道路测试牌照的自动驾驶公交车。首期开放的测试道路的具体路线为湖南湘江新区智能系统测试区—学士路—莲坪路—含浦大道,全线约7.8 km。该测试道路在智能化系统设计方面重点建设了定制化智能驾驶网联系统、定制化智能监管网联系统、定制化智能网联数据管理软件平台、道路视频监控系统、电子警察及交警视频监控系统和网络通信及安全系统,并布局了基于5G的V2X系统,完全满足自动驾驶开放道路的测试需求;同时,该测试道路也将作为国内首条开放道路自动驾驶公交示范运营线[66]。2018年10月,百度与长沙市人民政府、湖南湘江新区管委会基于Apollo开放平台达成了全面合作,携手共建"自动驾驶与车路协同创新示范城市",而国内首批自动驾驶出租车将在长沙规模化落地测试运营[67]。2019年8月,由百度联合中国一汽红旗生产的国内首批量产L4级自动驾驶出租车——RoboTaxi红旗E·界,正式亮相国家智能网联汽车(长沙)测试区,将在长沙开展大规模开放道路载人测试[68]。2020年4月,在湖南运营的 Apollo RoboTaxi 服务上线百度地图及百度 App 智能小程序,成为国内首个通过国民级应用向公众开放的自动驾驶出租车服务[12]。2020 年 6 月,长沙市工业和信息化局、长沙市公安局、长沙市交通运输局、长沙市城市管理和综合执法局、湖南湘江新区管理委员会产业促进局联合印发了《长沙市智能网联汽车道路测试管理实施细则(试行)V3.0》,指出长沙认可在全国 16 家国家级智能网联测试区共同签署《智能网联汽车测试示范区(场)共享互认倡议》的互认机制范畴内已拿牌测试车辆技术方面相关材料,企业提出申请即可办理长沙市内的测试通知书和牌照事宜[35]。2020 年 8 月,自动驾驶出租车 RoboTaxi 正式开放洋湖新城试乘站点[19]。2020 年 9 月,长沙市发布了《长沙市关于推进智能网联汽车应用示范的指导意见(试行)》《长沙市智能网联汽车测试及示范区域拓展方案》《长沙市智能网联汽车无驾驶人自动驾驶功能测试规程——乘用车版》《长沙市智能网联汽车无驾驶人测试道路选线方案》等 4 个文件,并基于严格的技术评估和专家论证,向湖南阿波罗智行科技有限公司发放了试运营示范通知书和无驾驶人测试通知书[47]。2020 年 10 月,在长沙举办的城市级大规模智能网联汽车示范应用发布会上,长沙市、株洲市、湘潭市、岳阳市的工业和信息化局共同签署了《城市级大规模智能网联汽车道路测试及示范应用共建倡议书》,明确了四市将在智能网联汽车产业测试体系、应用场景、技术标准、商用示范、品牌活动等领域合作共建,并建立四市智能网联汽车联席会议机制[13]。2020 年 11 月,长沙市工业和信息化局等五部门联合制定了《长沙市关于推进智能网联汽车应用示范的指导意见(试行)》,明确了长沙市推动智能网联汽车发展已经由测试向应用迈进,该指导意见详细介绍了载人示范项目、载物示范项目、智能环卫示范项目三类场景的示范应用与示范运营[27]。2021 年 2 月,5G 智慧物流项目在长沙正式签约,该项目将构建覆盖长沙、宁乡等重点区域常态化运营城际智慧物流运输网络,投放不少于 10 辆智能驾驶重卡开展示范运营工作[5]。

5)深圳

2018 年 9 月,深圳市交通运输委员会等部门联合制定了《深圳市智能网联汽车道路测试开放道路技术要求(试行)》,有效地指导了相关企业开展自动驾驶道路测试[27]。2018 年 10 月,深圳市交通运输委员会发布了深圳市智能网联汽车道路测试首批开放道路,包括 9 个行政区内共 19 条道路,测试道路长度总计约 124 km。测试道路涵盖了工业区、旅游区、商务办公区和商业金融区等;涉及场景包括信号交叉口、无信号交叉口、十字交叉口和 T 形交叉口,以及直线、曲线和坡度等不同道路地形条件,涵盖了单行道、警示、指路等多种交通标志;测试条件为白天且无雨、雪、雾等情况,及工作日非早、晚高峰时段[69]。2020 年 3 月,深圳市拟出台推进智能网联汽车应用示范的指导意见,支持在半封闭独立功能区进行智能网联汽车的应用示范,包括无人驾驶汽车载人载货和特种行业应用[70]。2020 年 8 月,深圳市交通运输局等多部门联合印发了《深圳市关于推进智能网联汽车应用示范的指导意见》,鼓励在载人、城市环卫作业、载货及其他作业场景开展应用示范,推动深圳市智能网联汽车进入创新发展快车道。2020年9月,深圳市交通运输局印发了《深圳市智能网联汽车道路测试第二批开放道路目录》[27]。2020年10月,深圳市坪山区首辆智能网联无人驾驶巴士——"熊猫公交"正式上路[13]。2020年12月,国内Robobus领跑者轻舟智航在深圳启动了Robobus常态化运营,并推出国内首张无人公交月卡[5]。2021年1月,自动驾驶公司AutoX正式在深圳坪山区建设国内首个全无人驾驶运营中心,开展L5级全无人驾驶RoboTaxi车队示范应用,探索商业化运营模式[5]。2022年6月,深圳市人民代表大会常务委员会发布了《深圳经济特区智能网联汽车管理条例》,主要针对有条件自动驾驶、高度自动驾驶和完全自动驾驶三个技术等级制定了新的条例。深圳市人大常委会表示新的条例基于两方面考量:一方面,将进一步放宽智能网联汽车道路测试和示范应用的相关条件,并完善道路测试和示范应用规范;另一方面,基于目前末端配送、自动清扫、港区无人集卡等应用场景的技术已相对成熟,而无人巴士、出租车等应用场景的技术可能在未来3~5年迎来爆发式发展的行业态势研判,对智能网联汽车管理进行全链条规范,为技术相对成熟的应用场景的商业化发展提供法律支撑[48]。

6) 杭州

2018年8月,杭州市经济和信息化委员会、市公安局、市交通运输局联合印发了《杭州市智能网联车辆道路测试管理实施细则(试行)》,明确了智能网联汽车道路测试的范围和管理规范等内容[71]。在2018年9月20日的云栖大会上,杭州市政府向阿里巴巴人工智能实验室颁发了杭州首张智能网联车辆道路测试牌照[72]。2019年5月,杭州市公布了位于杭州未来科技城内的自动驾驶测试道路名单,并向华为、飞步科技、零跑科技、杭州博信智联科技、英伟达半导体科技(上海)有限公司等5家企业颁发了道路测试牌照;同时,规定许可测试的时间为10:00—16:00和21:00—00:00,且无暴雨、暴雪、能见度低于100 m的大雾等极端天气情况[73]。2020年8月,深圳元戎启行科技有限公司与吉利旗下的曹操出行联合宣布,双方合作在杭州展开自动驾驶车辆道路测试,2022年亚运会期间部署数百辆自动驾驶网约车为公众提供出行服务[19]。

7) 长春

2018年4月,长春市工业和信息化局、市公安局、市交通运输局联合发布了《长春市智能网联汽车道路测试管理办法(试行)》[74];同月,长春市对一汽集团红旗H7轿车、奔腾X80多用途乘用车、解放J7牵引车等自动驾驶测试车辆颁发了临时行驶车号牌[75]。2020年8月,长春市工业和信息化局、市公安局、市交通运输局联合印发了《关于新红旗大街部分路段开放智能网联汽车测试通知》,选取长春汽车经济技术开发区内相应路段作为测试道路,长春市已在净月区、汽开区开放了自动驾驶测试道路,测试场景包括城市核心区、旅游景区、工业园区、乡村道路等,涵盖自动驾驶测试研发、示范应用需要的重要场景[19]。

长春市国家智能网联汽车应用(北方)示范区,作为国内东北部唯一的国家示范区,在启明公司承建过程中突出三方面特色、实现三方面功能、构建七方面能力。特色方面:①依托中国第一汽车集团;②涵盖北方冰雪寒区的四季气候环境;③满足重型卡车等商用车的试验、测试需求。功能方面:①满足自动驾驶开发试验需求;②成为有资质的第三方检测机构;③为开放道路测试提供服务的第三方机构。能力方面:①联合一汽试验场地及东北地区现有资源,形成"1+4"完整场地条件(启明核心试验区+卡车试验区+高环等特殊场景试验区+海南热带试验区+东北冰雪寒带试验区);②具备基本齐全的试验场景;③基于5G环境的能够满足自动驾驶汽车试验、检测的智慧交通设施;④封闭场地及开放道路的高精地图;⑤融合数据集成、试验和检测、评价评估、车辆管控、运营管理和对外宣传的信息化管理平台;⑥具有支撑试验和检测的标准体系;⑦具备完善的服务运营能力。[75]

8)苏州

2019年4月,长三角G60科创走廊智能驾驶产业联盟成立大会在苏州高铁新城举行,会议公布了苏州自动驾驶道路测试区域,并颁发了首批测试牌照[76]。2020年6月,高深智图与京东达成合作,将提供基于激光雷达等多传感器的定制化高精度地图与定位解决方案,共同推进运营自动驾驶无人配送服务;当月,苏州向Momenta颁发了首个RoboTaxi项目示范应用牌照[53]。2020年7月,《苏州高铁新城关于支持智能网联汽车产业集聚发展的实施细则(试行)》发布[35];同时,苏州城市微循环无人小巴正式投入运行。该无人小巴由轻舟智航部署,运行速度为20~50 km/h,车内设9个座位,保留司机驾驶座[35]。2020年11月,蘑菇车联"车路云一体化"自动驾驶落地苏州高铁新城,自动驾驶车辆可完成交叉路口碰撞预警、闯红灯预警、弱势交通参与者碰撞预警和绿波车速引导等日常高频场景[14]。

9)德清

2019年10月,德清县开放自动驾驶测试道路近950 km,包括城市主干道、次干道、支路、其他城镇道路和农村道路,覆盖了多样化的道路类型以及城市交通场景,开放道路里程在全国处于领先,基本实现全县域开放[77]。在2019全球未来出行大会期间,浙江德清智能网联汽车封闭测试场正式发布启用。同时,德清县共颁发了7张自动驾驶开放道路测试牌照,2张智能网联(物流)汽车道路运输经营许可证[78]。

德清自动驾驶测试场为全国首个全县域开放的城市级自动驾驶测试区,其封闭测试区的面积达172亩(约114 666 m²),配备LTE-V网络和5G全覆盖,满足各种电动汽车的充电需求和测试车辆的规模化充电需求。测试区内提供真实的道路、交通、通信、社区、用户等场景,并开展了智能公交、智慧停车、无人物流、L4级自动驾驶网约车等10种以上特定场景下的示范应用[78]。

10) 广州

2018年12月,广东省工业和信息化厅、公安厅、交通运输厅联合发布了《广东省智能网联汽车道路测试管理规范实施细则(试行)》,为开展自动驾驶道路测试提供指导[35]。2019年6月,广州市以粤港澳大湾区建设为契机,创新开展广州智能网联汽车道路测试工作,成立了广州市智能网联汽车示范区运营中心,并为首批道路测试车辆授牌[27]。2020年7月,文远知行WeRide获得全国首个智能网联汽车远程测试许可,正式进行开放道路的全无人驾驶路测[35];同时,广州市智能网联汽车示范区运营中心公布了第二批智能网联汽车开放测试道路,加上第一批开放测试道路总里程达135.3 km[35]。2020年8月,广州市交通运输局发布了《广州市智能网联汽车道路测试管理办公室关于开展智能网联汽车道路测试先行试点工作的通知》,提出要在广州首批选择1~2个区作为智能网联汽车道路测试先行试点区,并授予部分市级智能网联汽车道路测试权限;同时,提出推动先行试点区进行车路协同V2X道路测试改造示范建设,力争在2021年前完成100 km以上道路改造[19]。2020年12月,自动驾驶初创公司小马智行获得由广州市颁发的首张自动驾驶卡车测试牌照,获准开展公开道路测试,这也是广东省、粤港澳大湾区颁布的第一张自动驾驶卡车牌照[46]。2021年3月,广州黄埔区、广州开发区与百度联手打造的Apollo Park(广州)开园,该园区面积达3万m^2,可承载多车型的智能网联应用测试,具备远程大数据云控、营运指挥、车辆维修与标定和产品展出等功能[48]。

截至2020年年底,在全国范围内有30余座城市开展了自动驾驶汽车道路测试。从封闭测试走向开放道路测试,既标志着我国自动驾驶汽车技术的不断成熟,又表明我国在相关的配套政策、法规、措施等方面迈出了坚实的一步,这将大大加速我国自动驾驶的产业化进程。

2.2 道路测试管理

2.2.1 测试流程

国内外自动驾驶汽车道路测试流程基本分为两类:考试制和申请制,相较而言,国内道路测试流程相对复杂。

在欧洲,德国、英国和荷兰按申请制进行自动驾驶汽车道路测试,测试主体只需将相关材料提交给当地主管部门即可,此外英国规定需要在封闭场地进行充分测试。在美国,各州的自动驾驶汽车道路测试主要执行申请制,但也有考试制。例如,美国加利福尼亚州规定申请企业只需提供车辆以及司机的基本信息、车辆保险证明和公司证书即可,申请费仅为3 600美元[79]。美国内华达州的自动驾驶汽车道路测试执行的是考试制,首先,测试主体要提供 10 000 mile(即 16 093.44 km)的封闭测试场测试证明[80];其次,测试主体须通过封闭测试场考试,政府人员随车进行打分。在日本,《自动驾驶汽车道路测试指南》规定,测试主体向主管机构提交测试申请并上报测试计划,审批通过后即可开展道路测试[81]。

在我国,自动驾驶汽车需要经过封闭测试场的严格测试后方可申请道路测试,根据《智能网联汽车道路测试管理规范(试行)》的规定,测试主体需提交测试车辆在封闭道路、场地等特定区域进行实车测试的证明材料,同时需提交获得国家或省市认可的从事汽车相关业务的第三方检测机构出具的自动驾驶功能委托检验报告;省、市级政府相关主管部门负责组织受理、审核测试申请,并为审核通过的测试车辆逐一出具自动驾驶汽车道路测试通知书,由公安机关交通管理部门负责发放试验用机动车临时行驶车号牌。具体到各地的自动驾驶道路测试牌照申请流程则存在一定的差别。例如,《长沙市智能网联汽车无驾驶人自动驾驶功能测试规程——乘用车版》中明确规定,符合条件的测试主体需要在封闭测试场内测试满 5 000 km,且考试通过后才可以申请智能网联汽车道路测试牌照;《北京市自动驾驶车辆道路测试管理实施细则(试行)》中规定,提出申请的测试车辆应在封闭测试场内完成累计不少于 5 000 km 的自动驾驶测试,其中每车不少于 100 km 且至少有 1 辆车完成不少于 1 000 km 的自动驾驶测试,同时由已认定的封闭测试场按相关要求出具测试报告,报告应包括在指定自动驾驶测试场景下自动驾驶系统的运行情况与测试评价[81, 82]。

2.2.2　车辆要求

欧洲、日本和中国在自动驾驶汽车道路测试中对车辆的要求相对较为严格,均对保险、生产商、安全检查、稳定安全性、模式、数据记录等方面有详细要求[81, 82]。相反,美国对道路测试车辆几乎无要求,只需登记车辆基本信息和配备数据记录装置。2018 年,美国交通部发布了《自动驾驶汽车 3.0:为未来交通做准备》(*Automated Vehicles 3.0: Preparing for the Future of Transportation*),鼓励自动驾驶汽车技术创新,允许自动驾驶汽车在创新性设计中去掉方向盘、踏板或者后视镜[83],这就使得自动驾驶相关企业拥有了更大的自主权[81]。

2.2.3　安全员

鉴于自动驾驶汽车技术的不成熟性,大部分国家要求自动驾驶汽车在进行道路测试时必须配备安全员以应对突发状况。安全员是指经测试主体授权,在出现紧急情况时对测试车辆采取应急措施或者接管测试车辆的驾驶员。

在欧洲,德国和英国要求自动驾驶汽车在开展道路测试时必须配备安全员,荷兰于 2018 年 4 月出台的《自动驾驶汽车测试法(草案)》允许道路测试时可以不配备安全员。在美国,加利福尼亚州、亚利桑那州、佛罗里达州和佐治亚州等允许道路测试时可以不配备安全员,并且加利福尼亚州有超过 62 家企业已开展了无安全员的道路测试,但仍然有诸多州要求在测试过程中必须配备安全员,例如印第安纳州、伊利诺伊州和肯塔基州等。在日本,日本政府已允许远程自动驾驶测试,驾驶位上可不再配备安全员,但在测试过程中副驾驶位上仍要配备测试驾驶员[82]。

在我国,自动驾驶汽车道路测试要求必须配备安全员,并且《智能网联汽车道路测试管理规范(试行)》明确规定了安全员须满足"取得相应准驾车型驾驶证并具有 3 年以上驾驶经历""最近连续 3 个记分周期内无满分记录""经测试主体自动驾驶培训,熟悉自动驾驶测试规程,掌握自动驾驶测试操作方法,具备紧急状态下应急处置能力"等八项条款[82]。《北京市自动驾驶车辆道路测试管理实施细则(试行)》针对无人化测试申请提出了要求,测试主体申请的测试车辆已在封闭测试场通过了通用技术测试评估且测试能力评估为 T3 及以上级别,取得了试验用临时行驶车号牌,同时还需满足申请测试车辆的自动驾驶道路测试累计里程应超过 30 000 km、未发生重大违规、未发生主体责任交通事故及失控状况、在封闭测试场内完成无人化测试并通过评估等多项规定[82]。

2.2.4　道路类型及路段

国内外允许自动驾驶汽车道路测试的道路类型存在差异,目前我国尚未真正开放高速公路自动驾驶道路测试。

在欧洲,德国、英国和荷兰的道路测试均已覆盖本国内的全部道路类型,但仍需要在特定路段开展。在美国,首先,已允许所有类型的道路开展测试;其次,各州在允许自动驾驶汽车道路测试的路段上仍存在一定差别,其中大部分州允许自动驾驶汽车在所有路段进行测试,例如加利福尼亚州、亚利桑那州、密歇根州、华盛顿州、俄亥俄州和弗吉尼亚州等,但企业需要到政府备案测试的路段和道路类型;另外,少部分州(如内华达州等)规定测试只能在特定路段开展。在日本,《自动驾驶汽车道路测试指南》允许企业在日本所有区域进行自动驾驶道路测试,但测试计划需提前上报给相关主管机构[81]。

《中华人民共和国道路交通安全法实施条例》第八十二条第五点规定机动车在高速公路上行驶,不得"试车或者学习驾驶机动车"[84],如此便使得相关机构无法在开放的高速公路上开展自动驾驶汽车道路测试,而北京、无锡开展的高速公路自动驾驶测试采用了事前封闭的方式;此外,允许道路测试的城市都划定了供自动驾驶汽车道路测试使用的特定路段,并且大部分测试路段的交通环境相对简单[81]。《北京市自动驾驶车辆道路测试管理实施细则(试行)》对特殊天气测试、高速公路测试均提出了严格的申请要求[82]。上海市在自动驾驶道路测试过程中遵循"规范有序、分级推进、安全可控"的指导原则[54]。

2.2.5 载人测试

各国在自动驾驶汽车载人道路测试方面要求较低。在欧洲,德国的自动驾驶汽车道路载人测试只需相关技术专家给出指导性意见即可,英国和荷兰则无特殊要求。在美国,允许载人测试并已开展无人驾驶出租车的运营。2017 年,Waymo 在亚利桑那州凤凰城开始示范运营无人驾驶出租车,但对乘客、线路等有一定的限制。2019 年,Waymo 在加州获得无人驾驶出租车运营许可[85]。在日本,《自动驾驶汽车道路测试指南》和《远程自动驾驶系统道路测试许可处理基准》中都未在载人测试方面提出禁止规定[81]。

我国的《智能网联汽车道路测试管理规范(试行)》仅规定测试车辆不得搭载与测试无关的人员或货物,各地方的实施细则开始探索载人测试流程。2019 年 7 月 1 日,长沙市工业和信息化局等多部门联合发布了《长沙市智能网联汽车道路测试管理实施细则(试行)V2.0》,其中列出了开展自动驾驶汽车道路载人测试的具体流程,即申请载人测试的车辆在第一级测试区按照相应测试规程测试验证,获取测试牌照后,在第二级测试区测试并累计空载测试里程超过 20 000 km,且未发生责任交通事故及失控状况,可向第三方机构申请开展载人测试工作,载人测试仅能在固定区域、限定时段开展,测试车辆数原则上不超过 30 辆。此外,上海已发布载人测试要求并发放载人测试牌照[81]。《北京市自动驾驶车辆道路测试管理实施细则(试行)》对载人测试提出了严格的申请要求,同时对于车辆座位数、测试志愿者、商业保险购买等也给出了规定[82]。

2.2.6 数据管理

国内外都要求测试车辆安装数据记录装置,并将道路测试数据上报到相关主管机构。在欧洲,德国、英国都要求测试车辆安装数据记录装置,并将数据上报主管部门。美国的自动驾驶汽车测试许可由各州的机动车管理局负责发放,数据由企业自行核验,测试企业每年提交测试报告即可。日本政府规定测试企业需要向警方、市政部门、交通部门提交测试数据。我国政府规定,测试主体应每 6 个月向出具测试通知书的省、市级政府相关主管部门提交阶段性测试报告,并在测试结束后 1 个月内提交测试总结报告,省、市级政府相关主管部门于每年的 6 月、12 月向工信部、公安部和交通运输部报告辖区内自动驾驶汽车道路测试情况[81]。

上海加强和规范了智能网联汽车道路测试与示范的网络和数据安全管理、保障网络和数据安全可控,促进智能网联汽车产业健康可持续发展,更好地支撑国家安全、社会经济可持续发展及科技创新,推动网络和数据安全责任落实,构建智能网联汽车道路测试与示范网络和数据安全监管体系,以安全大脑为核心,建立了相应的网络安全监测平台和智能网联汽车安全大数据平台,形成智能网联汽车安全能力体系,建立覆盖智能网联汽车整车和关键零部件全生命周期的网络安全防护体系,对软件升级进行全流程管理,依法保护个人信息和数据安全。上海也开展了网络安全攻防演练,推进互联网安全认证体系建设示范应用,构建协同、统一的互联网安全标准。2021年,上海市出台了《上海市数据条例》,进一步规范数据处理活动,促进数据依法有序自由流动,从而保障数据安全,加快数据要素市场培育,并推动数字经济更好地服务和融入新发展格局。

2.3 道路测试趋势研判

2.3.1 发展制约因素

(1) 法规标准体系不够完备。自动驾驶技术是一种颠覆性科技,但在测试和商业化过程中却面临着相关法律法规体系缺失的挑战。尤其在高快速路路测、自动驾驶高精地图、自动驾驶保险定责、自动驾驶伦理准则、人工智能治理体系等方面都面临着巨大的法律法规挑战,从而制约了自动驾驶技术向纵深推进。同时,目前自动驾驶等级划分和评估标准、运行安全与能力测试标准、封闭场地与公共道路测试方法等尚不完备。另外,在区域一体化过程中,跨区域测试准入与互认机制推进不足。

(2) 自动驾驶技术不够成熟。近年来,我国自动驾驶技术不仅快速迭代,而且得到了显著提升,但由于受到交通行为与道路技术规范等道路交通场景要素的限制,导致我国自动驾驶技术的成熟度与欧洲、美国、日本等有着显著差距。我国复杂的道路交通场景延滞了自动驾驶技术的迭代成熟速度,同时也制约了自动驾驶向更加复杂的道路场景开展测试和示范应用。

(3) 协同创新机制不够健全。自动驾驶汽车涉及多个管理部门。2020年2月国家发改委联合11部委印发的《智能汽车创新发展战略》指出,要加强部门协同、行业协作、上下联动,形成跨部门、跨行业、跨领域协调发展合力,打破行业分割,加强产业融合。目前,国家顶层规划对智能汽车的定义内涵、技术路线和参与主体等方面仍存在分歧,这便使其在国家层面呈现出少有的多重概念(如智能汽车、智能网联汽车、自动驾驶、车路协同等)认定的情况。

(4) 应用场景方案不够明晰。自动驾驶出租车、自动驾驶集卡物流、自动驾驶无人配送、自动驾驶无人环卫、自动驾驶智能巴士、自动驾驶封闭园区物流、自动驾驶自主代客泊车等是国内外普遍认为最可能落地应用的场景,但落地应用的顶层设计、技术方案、运维保障、网络安全等应用场景方案尚不明晰,这便严重制约了自动驾驶技术的商业化应用。

(5) 车路协同路径不够清晰。信号灯100%识别困境、定位导航信号缺失等长尾场景都反映了高度自动驾驶需要依靠车路协同技术。但车路协同需要协同什么、怎么协同、谁来协同、协同的效果如何等一系列问题与挑战都还没有清晰化,从而影响了车路协同对自动驾驶技术的促进效应。另外,车端和路端分别在研究测试标准与分级体系,但缺乏匹配协同;虽然在加大道路测试布局,但车路协同感知验证规模偏小,跨区域测试准入与互认机制推进不足。

(6) 测试安全风险不够乐观。自动驾驶道路测试面临着复杂道路交通环境下的常态安全风险考验,同时也耦合了诸如"鬼探头"等突发安全风险,并涌现出网络安全与新型路怒等新兴安全风险。这三类安全风险交织叠加,必然造成自动驾驶道路测试安全风险隐患重重,目前已引发了特斯拉、优步等多起自动驾驶道路测试致死事故。

(7) 新基建融合应用不够充分。国家"新基建"战略,以新发展理念为引领,以技术创新为驱动,以信息网络为基础,明确提出重点推进以智能交通为代表的融合基础设施建设,但上海市尚未形成传统基础设施强适应自动驾驶技术发展的机制与方法,传统基础设施和新型基础设施的融合应用也不够充分,未能发挥新型基础设施提质增效作用,且融合基础设施驱动的自动驾驶技术发展路径也不清晰。

(8) 智慧道路牵引效应不够充足。《公路工程适应自动驾驶附属设施总体技术规范(征求意见稿)》规定了公路工程适应自动驾驶附属设施的总体技术要求,为公路附属设施的规划与建设提供了指导,可有效支撑车辆在公路上进行部分或完全自动化驾驶。但涵盖道路交通结构物智能化的智慧道路体系尚未形成,智慧道路对自动驾驶技术研发和落地应用的整体牵引效应不够充足。

2.3.2 相关发展趋势

(1) 完善法规标准体系。尽快制定国家层面的自动驾驶车辆发展战略或政策,建立自动驾驶多部门协同推进管理机制,加强科学研究协同保险相关企业支撑自动驾驶保险工作,落实数据所有权和使用权的相关规定,正视自动驾驶交通事故侵权责任制度,坚持保护交通事故受害人的价值取向,遵循人工智能治理体系八大原则。同时,完善测评体系,率先探索包括仿真测试、封闭测试、公开道路测试、示范运营在内的全链条测试评价体系,强化测试技术迭代要求、封闭测试与公开道路测试的准入关系及后期示范运营指导与技术验证。

(2) 扩大道路测试规模。按照"全车种、全出行链、全风险类别、全测试环节;融合基础设施"的"四全一融合"测试场景布局,遵循分级、分类推出自动驾驶道路测试场景,科学合理地提出不同类别道路场景复杂度测试里程和测试时长需求,聚焦重点场景,优化测试布局,通过提升自动驾驶测试场景的复杂度、增加测试里程和测试时长等来加快自动驾驶技术的迭代成熟速度。依据技术成熟度与市场需求,进一步明确自动驾驶测试与示范应用近中期道路分级与场景分类需求,重点聚焦自动驾驶接驳场景、商用车货运场景、港口园区车辆编队场景、特种作业场景和城区自主停车场景等优先级应用场景,寻求对高快速路测试场景的突破,优化开放道路测试规划布局,大力提升车路协同感知的测试路段规模,加强测试场在道路类型、车辆类型和气候环境等测试功能上的逐级拓展,尽快形成城市级自动驾驶汽车大规模、综合性应用试点和准商业化、规模化运营。

(3) 创新协同协作机制。明确统一概念,完善顶层设计。依托《智能汽车创新发展战略》内涵要义,加快明确涵盖车、路、网、云多要素的智能汽车统一概念、主流技术路径及跨界市场主体;完善工作机制,形成发展合力;创新上海市智能汽车产业联动推进机制,进一步落实交通、经信委、公安、发改、规划等相关部门的职责定位,落实工作任务,提升协作力度。围绕自动驾驶汽车所新建设的智能基础设施和新出现的智慧交通生态,组织相关企业、科研机构与政府部门协力合作,进一步建设完善自动驾驶汽车与相关供应链企业的行业生态,加速提升交通行业生态创新能力。

(4) 制定应用场景方案。遵循创新驱动、产业融合、安全可控的发展思路,支持开展特定区域高速高架路测试和无人驾驶/无安全员测试。升级现有交通基础设施,支持建设智慧道路,支持自动驾驶汽车在特定区域的高快速路开展测试和智能公交、无人物流等商业化试点应用。支持开展特定场景驾驶位无安全员测试,逐步推进从封闭区域到测试道路开展驾驶位无安全员测试,促进企业自动驾驶核心技术研发,提升系统可靠性,从而形成完备的风险预防、风险管控和应急处置安全管理制度。制定长期发展规划,研究制定自动驾驶汽车新业态的管理办法。面对城市数字化转型新机遇、新挑战,通过"交通+自动驾驶"政企数据融合机制和揭榜挂帅等新模式,联合行业龙头企业、人工智能企业和互联网头部企业,共同探索区块链等先进技术应用和开展科技创新应用试点。建设汇聚"交通+自动驾驶"政企数据资源的自动驾驶全链条测试数据资产管理平台和涵盖政府、企业等多主体的大数据生态圈,实现整合资源、强强联合、优势互补。全周期管理自动驾驶汽车测试数据,引领行业实现高水平的数字化转型。

(5) 明晰车路协同路径。聚焦车路协同,突破关键技术。围绕车联网所涉及的通信芯片、通信模组、算法算力、终端设备、基础设施、运营服务等主要环节,聚焦车路协同关键技术领域,积极引导汽车、基础设施等行业突破单线推进惯性,尽快实现车端智能网联化(V2X)和路端智能网联化(I2X)技术路线的融合互促,创新协同研发模式,促进开源开放合作,拓展交通基础设施智能化覆盖率及复杂传感与深度预测功能,通过与车辆系统进行信息交互,有效支持较高空间和时间解析度的自动化驾驶辅助和交通管理。积极促进交通应用场景不断突破,交通行业商业模式不断创新,推动自动驾驶与智慧城市的融合发展。

(6) 构建安全保障体系。防范新兴风险,适时调整监管模式,严格落实国家网络安全法律法规和等级保护,提升网络安全和信息安全防护能力,完善自动驾驶道路测试安全管理制度,建立人工智能治理体系、全链条全过程的风险评估体系、多层级的风险预警监测和通报机制,创新多部门协同监管模式,完善数据安全管理制度,加强监督检查。

(7) 加大新基建融合示范应用。以破解自动驾驶感知难题和决策困境为切入点、提升交通效率和交通安全为目标,大力推动传统交通基础设施、公共信息基础设施和新型交通基础设施的协调建设,提升北斗系统高精度导航与位置服务能力,结合 5G 通信设备部署,统筹利用物联网、车联网、光纤网等,加大新型交通基础设施和传统基础设施融合示范应用,创新搭建传统与新型交通数据融合的"自动驾驶+交通"政企数据融合平台,创新打造智慧道路货运通道,全面提升自动驾驶智慧出行服务和智能物流应用的能力,增加智慧交通系统建设的新能级、新动能。

(8) 发挥智慧道路牵引效应。研判国内外智慧道路和自动驾驶的需求和发展态势,明晰智慧道路的驱动模式,建立包括道路结构物和道路附属设施的智慧道路分级的维度和标准,明确智慧道路智能化功能分级的基本要求,提出智慧道路分级的定位和发展目标,充分发挥智慧道路在自动驾驶技术和智慧交通体系建设的牵引效应,通过推进智慧高速和智慧公路等智慧道路的示范建设,明确智慧道路建设发展路径和发展目标。

参考文献

[1] 交通言究社. 科普:各国关于自动驾驶的法规是怎样的[EB/OL].[2017-12-19]. http://www.cheyun.com/content/19705.

[2] 道路交通集成优化与安全分析技术国家工程实验室自动驾驶测试技术研究组. 自动驾驶技术解读:世界各国及组织现行法规政策[J]. 汽车与安全,2018(3):34-39.

[3] 王霁霞,符大卿. 自动驾驶汽车道路测试的法律规制[J]. 行政管理改革,2019(8):37-43.

[4] 南都科创工作室. 美国倡议自动驾驶路测数据共享公开,首批已有 9 家公司参与[EB/OL].[2020-06-17]. https://www.sohu.com/a/402507678_161795.

[5] 北京智能车联产业创新中心. 智能网联产业研究分析月度报告第十一期[EB/OL].[2021-04-15] http://mzone.site/Uploads/Download/2021-03-05/6041d61cb0312.pdf.

[6] 内华达州发放首个自动驾驶标准生产汽车牌照[EB/OL].[2016-01-07]. https://www.163.com/digi/article/BCOSO4QT00162OUT.html.

[7] Mashable 中文站. 自动驾驶公交系统提上日程公交司机也要失业了吗?[EB/OL].[2017-05-03]. https://tech.qq.com/a/20170503/024516.htm.

[8] 新浪科技. 现代汽车支持的 Motional 获准在内华达测试全无人驾驶汽车[EB/OL].

[2020-10-18]. https://finance.sina.com.cn/tech/2020-11-18/doc-iiznezxs2410952.shtml.

[9] 钛媒体.加州如何成了自动驾驶汽车测试的大本营？[EB/OL].[2017-02-08].http://www.autor.com.cn/index/technology/smartcar/3600.html.

[10] 搜狐.无需安全驾驶员就可测试Waymo成加州首例[EB/OL].[2018-11-28].https://www.sohu.com/a/278226043_167405.

[11] EV知道.加州放宽自动驾驶测试范围 多种车辆可在公路测试[EB/OL].[2019-12-19].https://www.d1ev.com/news/jishu/106297.

[12] 北京智能车联产业创新中心政策研究与产业推进部.智能网联产业研究分析月度报告第二期[EB/OL].[2021-03-20].http://mzone.site/Uploads/Download/2020-12-21/5fdff6394e8d0.pdf.

[13] 北京智能车联产业创新中心政策研究与产业推进部.智能网联产业研究分析月度报告第八期[EB/OL].[2021-03-20].http://mzone.site/Uploads/Download/2020-12-21/5fdff72eb7e89.pdf.

[14] 北京智能车联产业创新中心政策研究与产业推进部.智能网联产业研究分析月度报告第九期[EB/OL].[2021-03-20].http://mzone.site/Uploads/Download/2020-12-21/5fdff74bc3517.pdf.

[15] Herger M.2020 Disengagement Reports from California[EB/OL].[2021-02-09].https://thelastdriverlicenseholder.com/2021/02/09/2020-disengagement-reports-from-california.

[16] 汽车预言家.为什么美国第一个让自动驾驶合法上路的是密歇根[EB/OL].[2016-12-14].https://www.163.com/dy/article/C8812KCT05279FR4.html.

[17] IT业界.世界首个自动驾驶汽车专用测试高速公路在密歇根州开放[EB/OL].[2018-04-11].https://tech.qq.com/a/20180411/024294.htm.

[18] 新浪科技.Waymo将在密歇根州建造自动驾驶汽车工厂[EB/OL].[2019-01-23].http://finance.sina.com.cn/stock/usstock/c/2019-01-23/doc-ihrfqzka0158601.shtml?cre＝tianyi&mod＝pcpager_focus&loc＝6&r＝9&rfunc＝100&tj＝none&tr＝9.

[19] 北京智能车联产业创新中心政策研究与产业推进部.智能网联产业研究分析月度报告第六期[EB/OL].[2021-03-20].http://mzone.site/Uploads/Download/2020-12-21/5fdff6c451d62.pdf.

[20] 彭君韬.无人车是怎样上路的？这里有一份自动驾驶车辆监管制度全球性调查[EB/

OL].[2018-03-27].https://zhuanlan.zhihu.com/p/34988632.

[21] 澎湃新闻.优步暂停亚利桑那州自动驾驶测试,300名参与员工被解雇[EB/OL].[2018-05-24].https://www.sohu.com/a/232730963_260616.

[22] 界面新闻.谷歌Waymo宣布将在凤凰城地区向公众开放完全无人驾驶出租车业务[EB/OL].[2020-10-09].https://finance.sina.com.cn/stock/usstock/c/2020-10-09/doc-iivhvpwz1085053.shtml.

[23] 雷锋网.Waymo CEO:要在卡车行业将自家自动驾驶技术变现[EB/OL].[2019-09-14].https://finance.sina.com.cn/stock/usstock/c/2019-09-14/doc-iicezzrq5721924.shtml.

[24] 海外网.优步自动驾驶汽车撞死一女子系全球首例致死事故[EB/OL].[2018-03-20].http://world.people.com.cn/n1/2018/0320/c1002-29877140.html.

[25] 腾讯科技.谷歌自动驾驶汽车将挑战山路雨路恶劣路况[EB/OL].[2019-02-04].https://tech.qq.com/a/20160204/012088.htm.

[26] 网易汽车.缺乏立法保障 欧洲正失去自动驾驶车领先优势[EB/OL].[2018-08-08].https://www.d1ev.com/news/jishu/74170.

[27] 中国信息通信研究院和人工智能与经济社会研究中心.全球自动驾驶战略与政策观察(2020)[EB/OL].[2021-04-08].http://www.caict.ac.cn/kxyj/qwfb/ztbg/202012/t20201229_367256.htm.

[28] 盖世汽车.全球自动驾驶测试与商业化应用报告(四):自动驾驶公开道路测试分析[EB/OL].[2019-03-04].https://ishare.ifeng.com/c/s/7klOJWx889H.

[29] 搜狐.英国Autodrive项目完成复杂的自动驾驶道路测试[EB/OL].[2018-10-05].http://www.myjizhi.com/1000000000657906.

[30] 盖世汽车.英国首个独立5G智能网联自动驾驶车辆(CAV)基础设施已经启动[EB/OL].[2019-02-20].http://www.autoweekly.com.cn/jc/2019/0220/2014790.html.

[31] TechWeb.SMLL建伦敦首条真实城市环境自动驾驶汽车测试路线[EB/OL].[2019-07-26].https://finance.sina.com.cn/roll/2019-07-26/doc-ihytcitm4826939.shtml.

[32] 潮流汽车志.L4级车上路 英国自动驾驶启动道路测试[EB/OL].[2020-10-26].https://www.163.com/dy/article/FPTCG32Q0527L5BU.html.

[33] 搜狐.大众启动小范围自动驾驶公共道路测试[EB/OL].[2019-04-08].https://www.sohu.com/a/306488384_434529.

[34] 上海淞泓智能.智能网联汽车产业月报[EB/OL].[2020-02-25].https://mp.weixin.qq.com/s/_zLHcBiJSntHUnUNd8pRZg.

[35] 北京智能车联产业创新中心政策研究与产业推进部.智能网联产业研究分析月度报告第五期[EB/OL].[2021-03-20].http://mzone.site/Uploads/Download/2020-12-21/5fdff690996c0.pdf.

[36] KPMG. 2020 Autonomous Vehicles Readiness Index[EB/OL].[2021-03-04]. https://assets.kpmg/content/dam/kpmg/xx/pdf/2020/07/2020-autonomous-vehicles-readiness-index.pdf.

[37] 赛迪智库、国际处.《2020年自动驾驶汽车成熟度指数》摘译[EB/OL].[2020-12-09].https://www.ccidgroup.com/info/1105/32080.htm.

[38] 新闻菌.爱立信在瑞典测试自动驾驶电动巴士[EB/OL].[2018-01-26].http://www.cheyun.com/content/20241.

[39] 盖世汽车.沃尔沃合资公司获准瑞典路测自动驾驶汽车沃尔沃2021年后推自动驾驶汽车[EB/OL].[2019-01-29].http://auto.sina.com.cn/news/hy/2019-01-29/detail-ihrfqzka2060004.shtml.

[40] 驻瑞典王国大使馆经济商务处.斯堪尼亚将在瑞典高速公路测试自动驾驶卡车[EB/OL].[2021-02-19].http://www.mofcom.gov.cn/article/i/jyjl/m/202102/20210203039488.shtml.

[41] 雷锋网.芬兰自动驾驶车在雪地上路或可挑战Waymo[EB/OL].[2017-12-31].https://tech.huanqiu.com/article/9CaKrnK6ciC.

[42] Sohu.日本自动驾驶汽车道路测试规范[EB/OL].[2020-09-23].https://tbt.sist.org.cn/cslm/wyk2/202009/t20200923_2306575.html.

[43] 汽车测试网.日产在东京测试ProPILOT自动驾驶技术[EB/OL].[2018-03-23].https://baijiahao.baidu.com/s?id=1595699497364147519&wfr=spider&for=pc.

[44] 爱卡汽车.丰田首次在日本进行5G网络自动驾驶测试[EB/OL].[2019-02-15].https://baijiahao.baidu.com/s?id=1625499276064491390&wfr=spider&for=pc.

[45] 环京津网.日本启动长达6个月的自动驾驶汽车载客公路测试[EB/OL].[2019-06-25].https://baijiahao.baidu.com/s?id=1637286864542051349&wfr=spider&for=pc.

[46] 北京智能车联产业创新中心政策研究与产业推进部.智能网联产业研究分析月度报告第十期[EB/OL].[2021-03-20].http://mzone.site/Uploads/Download/2021-01-27/60112c6c8189d.pdf.

[47] 北京智能车联产业创新中心政策研究与产业推进部.智能网联产业研究分析月度报告第七期[EB/OL].[2021-03-20].http://mzone.site/Uploads/Download/2020-12-21/5fdff70251d43.pdf.

[48] 北京智能车联产业创新中心.智能网联产业研究分析月度报告第十二期[EB/OL].[2021-03-20].http：mzone.site/Uploads/Download/2021-04-21/607fd841a9dd5.pdf.

[49] 搜狐.现代汽车自动驾驶卡车完成韩国首次高速公路之旅[EB/OL].[2018-08-26].https：//www.sohu.com/a/250104264_100127117.

[50] 搜狐.LGU＋联合汉阳大学首次在真实交通中测试5G自动驾驶汽车[EB/OL].[2019-03-12].https：//www.sohu.com/a/300676938_180520.

[51] 詹姆士.新加坡的自动驾驶发展之路[EB/OL].[2020-07-18].https://zhuanlan.zhihu.com/p/161565794.

[52] 中国汽车质量网.世界首辆全尺寸自动驾驶公交车上路测试[EB/OL].[2019-03-19].https：//www.sohu.com/a/302380968_560097.

[53] 北京智能车联产业创新中心政策研究与产业推进部.智能网联产业研究分析月度报告第四期[EB/OL].[2021-03-20].http：mzone.site/Uploads/Download/2020-12-21/5fdff679667eb.pdf.

[54] 上海市交通委员会.上海市智能网联汽车开放道路测试报告（2020年）[EB/OL].[2021-03-11].http://jtw.sh.gov.cn/tzgg/20210311/c01c4178110447ca9cceecac8e244d7d.html.

[55] 北京市交通委员会.北京市交通委员会 北京市公安局公安交通管理局 北京市经济和信息化委员会关于印发《北京市关于加快推进自动驾驶车辆道路测试有关工作的指导意见（试行）》和《北京市自动驾驶车辆道路测试管理实施细则（试行）》的通知[EB/OL].[2017-12-19].http：www.beijing.gov.cn/zhengce/zhengcefagui/201905/t20190522_60679.html.

[56] 北京智能车联产业创新中心政策研究与产业推进部.智能网联产业研究分析月度报告第三期[EB/OL].[2021-03-20].http：mzone.site/Uploads/Download/2020-12-21/5fdff65cb0886.pdf.

[57] 红点小编.北京智能车联：2020年北京市自动驾驶车辆道路测试报告（2020年）[EB/OL].[2021-02-16].http：www.hdshuju.cn/archives/13410.html.

[58] 重庆市经济和信息化委员会.重庆市经济和信息化委员会、重庆市公安局、重庆市城市管理局、重庆市交通局关于印发《重庆市自动驾驶道路测试管理办法（试行）》的通知[EB/OL].[2020-09-03].https://jjxxw.cq.gov.cn/zwgk_213/zcwj/xzgfxwj/202009/t20200903_7844971.html.

[59] 上游新闻.重庆路况是一个"天然考场"礼嘉道路符合所有测试需求[EB/OL].[2018-04-19].https://baijiahao.baidu.com/s?id=1598129352779910551&wfr=spider&for=pc.

[60] 搜狐.厉害喽！5G-V2X自动驾驶基地及创新平台签约仪式在九龙坡区举行[EB/OL].[2019-01-17].https://www.sohu.com/a/289507575_120044973.

[61] 搜狐.国内首个5G自动驾驶公共服务平台投用[EB/OL].[2019-07-29].https://www.sohu.com/a/329966082_99986045.

[62] 废话江湖.百度获福建自动驾驶路测牌照无人驾驶汽车阿波龙上路测试[EB/OL].[2018-03-31].https://baijiahao.baidu.com/s?id=15964406270948 53772&wfr=spider&for=pc.

[63] 江苏省工业和信息化厅.关于印发《江苏省智能网联汽车道路测试管理细则（试行）》的通知[EB/OL].[2018-09-11].http://gxt.jiangsu.gov.cn/art/2018/9/11/art_6278_7812212.html.

[64] 公安部交通安全微发布.智能交通与车联网产业发展高峰论坛在无锡召开[EB/OL].[2018-09-16].https://www.163.com/dy/article/DRS22SC505148TFP.html.

[65] 中国金融信息网.无锡：从示范到先导 引领车联网突破先行[EB/OL].[2020-05-07].http://news.xinhua08.com/a/20200507/1934967.shtml.

[66] 搜狐.湖南：长沙发放首批智能网联汽车开放道路测试号牌[EB/OL].[2018-10-29].https://www.sohu.com/a/271915120_114771.

[67] 新京报.国内首批自动驾驶出租车将落地长沙，明年规模达百辆[EB/OL].[2018-10-29].https://baijiahao.baidu.com/s?id=1615642989887738643&wfr=spider&for=pc.

[68] 搜狐.百度联合一汽红旗生产的国内首批量产L4级自动驾驶出租车亮相[EB/OL].[2019-08-06].https://www.sohu.com/a/331789511_649045.

[69] 搜狐.无人驾驶来了！深圳9区将开放自动驾驶汽车测试道路，总长124公里[EB/OL].[2018-10-30].https://www.sohu.com/a/272269992_355788.

[70] 北京智能车联产业创新中心政策研究与产业推进部.智能网联产业研究分析月度报告 第一期[EB/OL].[2021-03-20].http://mzone.site/Uploads/Download/2020-12-21/5fdff611c6d5d.pdf.

[71] 杭州市人民政府.关于印发杭州市智能网联车辆道路测试管理实施细则（试行）的通知[EB/OL].[2018-07-30].http://www.hangzhou.gov.cn/art/2018/7/30/art_1256296_28472247.html.

[72] 东方财富网.刚刚！阿里巴巴拿到杭州颁发的第一张自动驾驶牌照[EB/OL].[2018-09-20].https://baijiahao.baidu.com/s?id=1612104820327332280&wfr=spider&for=pc.

[73] 同花顺财经.杭州公示智能网联车测试道路，华为等5家企业获上路测试牌照[EB/OL].[2019-05-29].https://baijiahao.baidu.com/s?id=1634861400328943305&wfr=

spider&for=pc.

[74] 长春市工业和信息化局.关于印发《长春市智能网联汽车道路测试管理办法(试行)》的通知[EB/OL].[2018-04-13].http://gxj.changchun.gov.cn/twdt/tzgg/201804/t20180416_1011049.html.

[75] 汽车之友.长春市发放智能网联汽车测试号牌[EB/OL].[2018-04-18].http://www.chinacar.com.cn/newsview194269.html.

[76] 中国日报网.长三角G60科创走廊智能驾驶产业联盟成立大会在苏州举行[EB/OL].[2019-04-12].https://baijiahao.baidu.com/s?id=1630575070917192983&wfr=spider&for=pc.

[77] 德清关注.未来可期！德清将开放949.3公里测试道路[EB/OL].[2019-10-25].https://www.sohu.com/a/349475073_366205.

[78] 翁萌.自动驾驶又进一步浙江德清开放测试[EB/OL].[2019-10-28].https://www.diandong.com/news/124724.html.

[79] Autonomous Vehicles in California[EB/OL].[2021-04-23].https://www.dmv.ca.gov/portal/vehicle-industry-services/autonomous-vehicles/.

[80] GENERAL PROVISIONS. CHAPTER 482A-AUTONOMOUS VEHICLES N[EB/OL].[2021-03-06].https://www.leg.state.nv.us/NAC/NAC-482A.html.

[81] 于胜波,陈桂华,李乔,等.国内外智能网联汽车道路测试对比研究[J].汽车文摘,2020,529(2):33-40.

[82] 北京市经济信息化委,交通委,公安局公安交通管理局.北京市自动驾驶车辆道路测试管理实施细则(试行)[EB/OL].[2021-04-07].http://jtw.beijing.gov.cn/xxgk/flfg/zcfg/202011/P020201116418267904539.pdf.

[83] US Department of Transportation. Preparing for the Future of Transportation: Automated Vehicles 3.0[EB/OL].[2021-05-12].https://www.transportation.gov/av/3.

[84] 中华人民共和国中央人民政府.中华人民共和国道路交通安全法实施条例[EB/OL].[2021-04-12].http://www.gov.cn/gongbao/content/2004/content_62772.htm.

[85] PonyAI小马智行.小马智行获得加州RoboTaxi服务许可＋广州首批智能网联路测资格[EB/OL].[2019-06-20].https://www.gdkjb.com/view-7879.html.

3 自动驾驶道路测试风险辨识

在公共道路上对自动驾驶汽车开展测试是推动自动驾驶技术走向成熟的必经之路和重要手段。然而,随着道路测试里程和道路环境复杂度的不断增加,各种道路测试风险也日益加剧,因此亟须采取有效的风险防控措施。本章在介绍风险基本概念的基础上,归纳了自动驾驶道路测试中存在的五类风险:交通事故风险、交通拥堵风险、交通能耗环保风险、法律法规风险和新兴技术风险,并重点阐述了相关风险的定义、类别和致因。

3.1 风险基本概念

风险的基本概念是指未来结果的不确定性[1],大致有两层含义:一是强调风险表现为收益的不确定性;二是强调风险表现为成本或代价的不确定性[2]。风险表现为收益或者代价的不确定性,说明风险产生的结果可能会带来损失、获利或是无损失也无获利,属于广义风险;而风险表现为损失的不确定性,说明风险只能带来损失,没有从风险中获利的可能性,属于狭义风险。统计学、精算学、保险学等学科把风险定义为一件事件造成破坏或伤害的可能性或概率,其通用式[3]为

$$风险(Risk) = 危害程度(Harm) \times 风险概率(Probability) \quad (3-1)$$

道路测试中技术成熟度尚待提升的自动驾驶汽车与人工驾驶汽车混合智能交互运行,易引起交通流的震荡,导致另类"路怒"等问题,从而形成了风险隐患较大的新型混合交通流。新型混合交通流引起的自动驾驶道路测试风险主要包括:交通事故风险、交通拥堵风险、交通能耗与污染风险、法律法规风险和新兴技术风险等,如图3-1所示。

3.2 交通事故风险

3.2.1 交通事故风险定义

交通事故风险,这里特指道路交通安全(事故)风险(Traffic Safety Risk,TSR),即特定

3 自动驾驶道路测试风险辨识

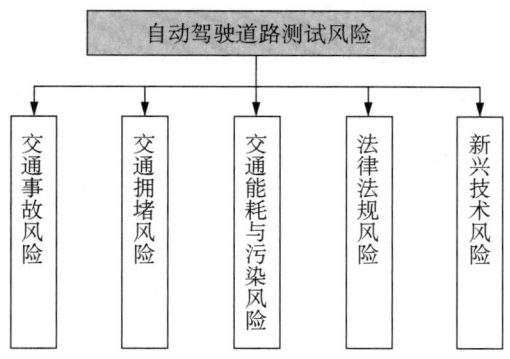

图 3-1 自动驾驶道路测试风险

范围内的道路交通系统,在将来一定时期内可能出现的由车辆造成的系统内不确定对象的人身伤亡或财产损失的一种未来情景,包含了交通事故发生的概率以及造成后果的严重程度,如此便可将"事后被动应急"变为"事前主动预防",将"突发性管理"变为"常态性管理"[4]。在自动驾驶道路测试中,技术成熟度尚待提升的自动驾驶车辆与人工驾驶车辆混合智能交互运行,易引起交通流的震荡,从而形成新型混合交通流,且存在较大交通事故风险隐患。一般可以将交通安全(事故)风险表述为

$$TSR = P_{tsr} \times L_{tsr} \tag{3-2}$$

式中　TSR —— 交通安全(事故)风险;

　　　P_{tsr} —— 交通安全(事故)风险发生的概率;

　　　L_{tsr} —— 交通安全(事故)风险发生造成的影响。

3.2.2 交通事故风险类别

根据美国加利福尼亚州机动车管理局(Department of Motor Vehicles,DMV)建立的自动驾驶车辆运行事故报告数据库(OL316)[5],自动驾驶车辆在开放道路测试过程中会发生五类事故,分别为正面相撞事故、追尾事故、侧面刮擦事故、侧面相撞事故和单车事故。依托不同的事故类型,可以将交通事故风险划分为不同的类别。

3.2.3 交通事故风险致因

影响自动驾驶道路测试交通事故风险的因素众多,可分为传统因素和自动驾驶车辆带来的新兴因素。从"人-车-路-环境"组成的交通系统出发,道路线形[6]、道路表面状况[7,8]、道路施工[9]、车道线、道路照明等附属设施[10,11]、天气条件[12]、交通组成[13]等传统因素均会对自动驾驶道路测试交通事故风险产生影响。同时,道路测试中自动驾驶车辆还需依赖许多新兴技

术,以实现其"环境感知-决策控制-动作执行"的全部操作。尽管自动驾驶车辆可以在一定程度上减少人工驾驶中人为因素引发的安全隐患[14],但路况感知与识别[15]、车辆控制[15, 16]、网络通信安全[16, 17]等新兴因素也直接影响着自动驾驶道路测试交通事故风险。例如,优步(Uber)自动驾驶汽车由于自动驾驶系统未能正确识别出在人行横道以外的行人,导致车祸发生且致人死亡;同样地,特斯拉(Tesla)在驾驶过程中由于 Autopilot 系统未能检测到混凝土分隔物,导致车祸发生甚至引发车辆起火等。参考交通系统组成,从道路设施、交通流、环境和道路参与者四个维度出发,整理影响自动驾驶道路测试交通事故风险的传统因素与新兴因素,结果如表 3-1 所列。

表 3-1　　　　　　　　　自动驾驶道路测试交通事故风险致因

影响因素	传统因素	新兴因素
道路设施	道路线形、路面状况、车道数、车道宽度、交叉口、接入口等	新型车道线、新型路缘、路侧车路协同设备等
交通流	交通量、交通混杂程度与行车速度、交通信息特征等	
环境	冰雪、雨雾、大风等	
交通参与者	机动车、非机动车、行人等	

3.3 交通拥堵风险

3.3.1 交通拥堵风险定义

交通拥堵风险(Traffic Congestion Risk,TCR)是交通拥堵发生的概率(P_{tcr})及其造成的影响(L_{tcr})的组合。一般而言,交通拥堵风险高是指拥堵发生概率高,或拥堵后果严重,或二者同时变化的综合结果。按照上述分析可以将交通拥堵风险[18]表述为

$$TCR = P_{tcr} \times L_{tcr} \tag{3-3}$$

式中　TCR——交通拥堵风险;

　　　P_{tcr}——交通拥堵风险发生的概率;

　　　L_{tcr}——交通拥堵风险发生造成的影响。

3.3.2 交通拥堵风险类别

交通拥堵通常可分为常发性交通拥堵和偶发性交通拥堵。常发性拥堵指道路承载力无法承担突然增加的交通流所造成的拥堵,是一类具有一定周期性、可预测的拥堵;偶发性拥堵是由"特殊事件"造成的,因为这类拥堵是由一些突发性的"特殊事件"所诱发的,所以一般

无规律可循且难以预测[18, 19]。

3.3.3 交通拥堵风险致因

从产生机理出发,传统人工驾驶引发的交通拥堵风险主要有三方面致因:其一是交通需求出现大幅波动;其二是道路供给不足;其三是偶发性事件的影响。前两个致因主要对常发性交通拥堵风险产生影响,第三个致因则主要对偶发性拥堵风险产生影响。

自动驾驶道路测试引发的交通拥堵风险主要是偶发性拥堵风险,依据交通拥堵风险致因的具体表现形式,主要体现在以下几方面。

1. 技术发展

在自动驾驶技术发展的背后,潜伏着不确定的甚至威胁人身安全的风险。例如,Uber自动驾驶汽车发生严重交通事故;谷歌无人车在硅谷与一辆公共巴士发生碰撞;特斯拉自动驾驶汽车由于自身缺陷导致在2019年和2020年相继发生致命事故[20]。技术缺陷带来的风险并不局限于使用者本身,而是可能辐射至整个路网,甚至是社会整体[21]。

2. 驾驶思维

由于自动驾驶系统及算法的设定,自动驾驶汽车会严格遵循道路交通规则,但遇到诸如障碍物时就有可能一直减速缓慢行驶,有时甚至会采取急停、急转、紧急避险等行驶方式[22],这与人类驾驶员惯常的思维方式及行为决策并不相符且存在显著的差异性,因此容易引发交通拥堵。

3. 意图识别

自动驾驶面临的难题之一是自动驾驶汽车难以识别行人行为中隐含的意图,因而容易导致自动驾驶行为过于保守。英国交通部的研究报告显示,保守的自动驾驶系统会降低高速公路的通行速度,直至自动驾驶汽车的渗透率超过一定阈值为止[23]。

4. 算法黑箱

深度学习算法对自动驾驶来说具有重要意义,然而深度学习算法的应用却不可避免地会给自动驾驶汽车带来新的风险来源——算法黑箱[22]。深度学习算法对数据的分析和处理过程是不可见、不透明的,这就很容易导致自动驾驶汽车在道路测试时采取不可预测的行为,从而使得自动驾驶汽车的使用者和周围其他车辆难以及时做出反应,进而影响交通秩序、干扰了交通流。

3.4 交通能耗与污染风险

3.4.1 交通能耗与污染风险定义

交通能耗与污染风险是指自动驾驶道路测试车辆消耗的燃油或电力等能耗增加,从而引发环境污染风险。自动驾驶被认为可以有效地节约能耗,促进可持续发展。2020年,克莱姆森大学(Clemson University)开发了具有前瞻性、预测性的自动驾驶汽车控制算法,并建造了新型汽车环路试验台,证明自动驾驶汽车与人工驾驶汽车相比可以节能10%[24]。此项研究中主要是通过减少刹车次数来降低能耗的。但是,考虑到自动驾驶汽车需要配置传感器等许多元件,由此还是造成了能源消耗等问题,因此自动驾驶道路测试仍面临着交通能耗与污染风险。

3.4.2 交通能耗与污染风险类别

自动驾驶道路测试的交通能耗与污染风险主要来自于三个方面:测试车辆、路侧设施和云端平台。

1. 测试车辆

测试车辆上搭载的传感器和车载计算机都会消耗较多的能源。计算机需要对所有数据进行整合、分类,并将它们转换成电脑能够识别的图片。这个过程会耗费巨大的计算性能,这也就意味着需要充足的电力资源。此外,车顶传感器带来的巨大风阻同样也会增加能耗[24]。

2. 路侧设施

自动驾驶道路测试需要借助路侧感知设施对道路状况进行感知。例如,V2X通信主要内容是车与路侧设备的信息交换。因此,路侧设施要进行数据处理和传输,势必就会消耗大量的能量。

3. 云端平台

云端平台支持包括5G在内的多模通信网,其功能主要是实现车辆、路侧单元和云端三者之间的高速低时延数据连接与数据传输,具备基于实际自动驾驶具体应用实时调度、管理网络以及保证网络安全的能力[25]。我国5G基站建设中,涉及能耗方面的结果显示5G基站能耗是4G基站能耗的几倍甚至数十倍[26]。

3.5 法律法规风险

3.5.1 法律法规风险定义

按照《巴塞尔新资本协议》的规定,法律风险是一种特殊类型的操作风险,它包括但不限于因监管措施和解决民商事争议而支付的罚款、罚金或者惩罚性赔偿所导致的风险敞口。国际律师协会(International Bar Association,IBA)将企业法律风险定义为企业因经营活动不符合法律规定或者外部法律事件导致风险损失的可能性;全球企业法律顾问协会

(Association of Corporate Counsel，ACC)将企业法律风险定义为企业所承担的发生潜在经济损失或其他损害的风险[27]。国内学者结合企业经营管理、法务管理的实践，综合国内外各家观点，将企业法律风险定义为企业在经营管理过程中由于法律规则或法律事实的确认、变化而导致承担经济损失或其他损害的可能性[27]。

在自动驾驶道路测试领域，一方面，传统立法的规定难以完全适用于自动驾驶所带来的变化，甚至会对自动驾驶汽车上路行驶或运输服务构成限制，因此亟须对这些立法做出调整或解释；另一方面，自动驾驶汽车带来的新业态、新秩序需要新的法律法规与之相匹配，从而促进新业态的良性健康发展[28]。参考风险、法律风险及企业法律风险的相关概念，结合当前自动驾驶相关立法进程，本书将自动驾驶道路测试法律法规风险定义为：自动驾驶道路测试中，测试预期与实际结果发生差异导致责任方必须承担法律责任且造成经济损失或其他危害的可能性，其中测试预期与实际结果的差异包括实际测试违反法律法规中有关条例或法律法规发生变化等情况。

3.5.2 法律法规风险类别

与自动驾驶道路测试相关的法律法规仍在不断推进与完善中，法律法规风险主要存在于测试场景、测试车辆、数据算法、测试人员、法律责任和运营许可等六个方面，根据这六个方面可以将法律法规风险划分为不同的类别，如图 3-2 所示。

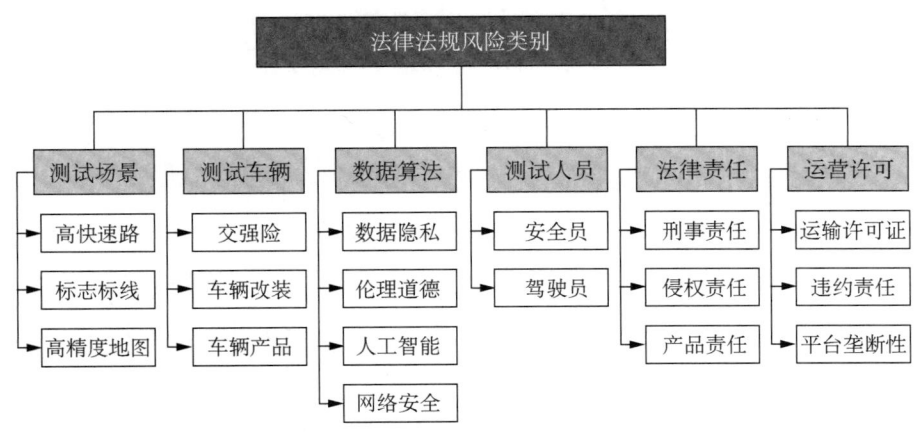

图 3-2　法律法规风险类别

3.6　新兴技术风险

3.6.1　新兴技术风险定义

自动驾驶作为一种新兴技术，被认为可提高交通安全性、缓解交通拥堵[14]，但同时由于技术不成熟、市场不健全势必会产生许多风险隐患。受先进的新兴技术的影响,自动驾驶道路测试在法律法规风险方面涉及信息安全与隐私保护、事故责任分配等问题,在安全事故风险方面涉及车辆控制、网络安全等问题。此外,新兴技术在自身发展、未来应用前景及其可能带来的社会与伦理后果方面存在不确定性,与此相伴而生的社会风险已然成为新的风险源[29]。

新兴技术风险主要指新兴技术发展过程中的社会风险,即人类的发明技术、制度安排以及做出的各种决定、采取的各种行动本身所带来的可能的风险[29]。参考风险、社会风险的相关概念,结合自动驾驶新兴技术的特点,新兴技术风险定义为:自动驾驶技术发展与应用过程中,预期与实际结果存在差异,由此给社会生产及人们的生活造成的损失,其中预期与实际结果之间的差异包括自动驾驶技术发展初衷与实际产生偏差、实际应用效果未达到预期等情况。

3.6.2 新兴技术风险类别

新兴技术风险主要涉及基础设施重建或改建等颠覆性技术风险、系统性风险、出行风险态度、车路协同技术风险、人才储备风险和技术可接受风险等问题。

1. 颠覆性技术风险

自动驾驶会带来庞大的基础设施重建或改建,例如道路基础设施、5G 基站等需要大面积的建造和布设。另外,颠覆性技术中云计算技术的迅猛发展把人类带入了云计算时代,而云计算技术的实质在于将客户和第三人的信息交付给云服务供应商,这种形式的信息管理方法决定了云计算技术会带来一系列隐私问题[30]。

2. 系统性风险

数字生态系统向无所不在的连接方向发展,创造了新的商业模式,也带来了系统性的网络安全风险。随着技术的不断成熟,网络安全风险将日益加剧。互联网生态规模的扩大表明潜在的攻击面也在扩大。伴随着越来越多之前未连接的系统进入互联网,数据、信息、算法等数字资产的风险也在与日俱增。在数字生态系统中,参与者之间的一系列新的依存关系正在不断发生着变化。这种相互依赖带来了不可预见的连锁风险:一旦系统中某个部分发生故障,可能会损坏所有与它相关的部分。此外,许多组织都越来越依赖于集中的基础设施和共享服务,这样会给共享资源的组织带来严重的系统性风险[31]。

3. 出行风险态度

出行者的出行风险态度受交通出行环境、自动驾驶技术等众多因素的影响。这些因素可以归纳为五个维度:①安全,反映出自动驾驶道路测试中不同类型的安全隐患;②效率,反映出自动驾驶道路测试中实际表现与期望效果的差异;③舒适,反映出自动驾驶道路测试实际提供的服务效果;④社会,从与自动驾驶相关的新兴社会问题出发,反映这类因素对出行者风险态度的影响;⑤环境,反映出环境因素对风险态度的影响。

4. 车路协同技术风险

车路协同技术使人、车、路、云平台之间能全方位地连接以及信息交互,从而减少安全风险,提升交通效率,最终实现交通智能化和网联化。然而,在车路协同系统中,技术风险点众多。道路测试的车路协同技术风险主要可以分为四类:车载设备风险、路侧设施风险、云控平台风险和通信环境风险。

5. 人才储备风险

在竞争过程中,人才是决定竞争优势的关键因素。因此,人才储备具有重要意义,但人才储备也存在风险。人才储备风险的成因主要来自三个方面:①信息的不对称性,主要体现在企业由于无法得知确切的储备人才的信息从而处于弱势一方,导致企业可能付出了大量的时间和高昂的费用,却没有获得合适的人才,从而造成成本和收益的不对等;②储备人才的不确定性,主要体现在储备起来以备后用的人才能否发挥自己的价值是未知的,这可能导致储备人才产生流动的想法;③企业内部的复杂性,主要体现在企业制度的不完善和制度建设管理过程的复杂性两个方面[32]。

6. 技术可接受风险

可接受风险是指预期的风险事故的最大损失程度在单位或个人的经济能力和心理承受能力的最大限度之内[33]。近年来,自动驾驶汽车频频出事,导致公众对自动驾驶道路测试的接受度逐渐降低。伤亡事故中的社会损失、汽车自身的环境负担以及支撑自动驾驶道路测试的诸多基础交通设施都会不利于自动驾驶技术被接受。但自动驾驶技术带来的便利对公众也有较强的吸引力。因此,"风险与利益间要取得平衡""接受合理的风险"这些都是风险接受的原则。这就需要将风险限定在一个合理的、可接受的水平上[33]。

参考文献

[1] 顾孟迪,雷鹏.风险管理[M].北京:清华大学出版社,2009.

[2] 百度百科.风险[EB/OL].[2021-02-15].https://baike.baidu.com/item/%E9%A3%8E%E9%99%A9/2 833020?fr=aladdin.

[3] 夏南凯.城市开发中的风险问题[J].建筑与文化,2006(4):35-37.

[4] 吴焱,钱振邦,王建军,等.高速公路交通安全风险评价与敏感性分析[J].长安大学学报(自然科学版),2014,34(4):134-141.

[5] FAVARÒ F M, NADER N, EURICH S O, et al. Examining accident reports involving autonomous vehicles in California[J]. PLOS ONE, 2017, 12(9): e0184952.

[6] GABRIEL RDC, FALCONE P, HULT R, et al. Traffic coordination at road intersections: Autonomous decision-making algorithms using model-based heuristics [J]. IEEE Intelligent Transportation Systems Magazine, 2017, 9(1): 8-21.

[7] MAEDA H, SEKIMOTO Y, SETO T, et al. Road damage detection using deep neural networks with images captured through a smartphone [J]. ArXiv, 2018: abs/1801.09454.

[8] PAPADAKIS P. Terrain traversability analysis methods for unmanned ground vehicles: a survey[J]. Engineering Applications of Artificial Intelligence, 2013, 26(4): 1373-1385.

[9] SEO YW, LEE J, ZHANG W, et al. Recognition of highway workzones for reliable autonomous driving[J]. IEEE Transactions on Intelligent Transportation Systems, 2014, 16(2): 708-718.

[10] WAGNER J, FISCHER V, HERMAN M, et al. Multispectral Pedestrian Detection using Deep Fusion Convolutional Neural Networks[C]//24th European Symposium on Artificial Neural Networks, Computational Intelligence and Machine Learning (ESANN), 2016.

[11] Alejandro G, Fang Z, Yainuvis S, et al. Pedestrian detection at day/night time with visible and FIR cameras: a comparison[J]. Sensors (Basel Switzerland), 2016, 16(6): 1-11.

[12] ZHANG Mengshi, ZHANG Yuquan, ZHANG Lingming, et al. DeepRoad: GAN-based metamorphic testing and input validation framework for autonomous driving systems[C]// Proceedings of the 33rd ACM/IEEE International Conference on Automated Software Engineering, 2018.

[13] SUZUKI T, KATAOKA H, AOKI Y, et al. Anticipating traffic accidents with adaptive loss and large-scale incident DB[C]// Proceedings of the IEEE Conference on Computer Vision and Pattern Recognition, 2018.

[14] BAHRAM M, GHANDEHARIOUN Z, ZAHN P, et al. Microscopic traffic simulation based evaluation of highly automated driving on highways[C]//17th International IEEE Conference on Intelligent Transportation Systems (ITSC), 2014.

[15] 侯郭垒.自动驾驶汽车风险的立法规制研究[J].法学论坛,2018(5): 153-160.

[16] 陈晓博.发展自动驾驶汽车的挑战和前景展望[J].综合运输,2016,38(11): 9-13.

[17] FRAADE-BLANAR L，BLUMENTHAL M S，ANDERSON J M，et al. Measuring automated vehicle safety：forging a framework[M]//Measuring Automated Vehicle Safety：Forging a Framework. RAND Corporation，2018. DOI：10.7249/rr2662.

[18] 吴兵，涂辉招，王俊骅，等.城市交通拥堵风险防控[M].上海：同济大学出版社，2020.

[19] 赵辉.北京市交通拥堵特征及其影响因素分析[D].北京：北京交通大学，2017.

[20] 涂辉招.争相开放公共道路测试 风险如何防范[EB/OL].[2020-07-16].https://www.zgjtb.com/2020-07/16/content_246269.htm.

[21] 张露予.自动驾驶"风险困局"的行政法回应：美国经验的借鉴与启示[J].电子科技大学学报(社科版)，2021，23(2)：18-25.

[22] 张洁卿.自动驾驶汽车道路交通风险的行政监管研究[D].广东：华南理工大学，2020.

[23] 搜狐.在解决"人"的问题前，自动驾驶永远只能是个概念[EB/OL].[2017-08-05].https://www.sohu.com/a/162442288_99919085.

[24] 雷锋网.自动驾驶汽车比传统汽车更耗能，这些设备都是"耗电大户"[EB/OL].[2018-02-17].https://baijiahao.baidu.com/s?id=1592654734506237451&wfr=spider&for=pc.

[25] 林凡，张秋镇，杨峰.网联汽车智能管控云平台设计[J].物联网技术，2020，10(9)：65-68.

[26] 焦安群，陈超，高宏亮，等.5G时代基站耗电量大的应对策略[J].电子技术与软件工程，2021(4)：3-4.

[27] 于兴江.对企业法律风险概念的再分析[J].新西部，2010(9)：114-115.

[28] 赛迪研究院政策法规研究所(工业和信息化法律服务中心).2019智能网联汽车政策法律研究报告[EB/OL].[2019-10-25].https://max.book118.com/html/2019/1025/7066035005002066.shtm.

[29] 丁大尉，李正风，胡明艳.新兴技术发展的潜在风险及技术治理问题研究[J].中国软科学，2013，6：62-70.

[30] 孟文蔷.颠覆性技术及其影响研究[D].江苏：中国矿业大学，2016.

[31] 全球技术地图.技经观察|世界经济论坛：网络安全、新兴技术与系统性风险(下)[EB/OL].[2020-11-27].https://baijiahao.baidu.com/s?id=1684466594816558150&wfr=spider&for=pc.

[32] 孟建华.企业人才储备风险及其控制机制探讨[J].经贸实践，2017(8X)：207.

[33] 百度百科.可接受风险[EB/OL].[2021-03-11].https://baike.baidu.com/item/%E5%8F%AF%E6%8E%A5%E5%8F%97%E9%A3%8E%E9%99%A9/12748092?fr=aladdin.

4 风险评估方法

自动驾驶道路测试系统是一个综合了道路设施、交通和参与者等多方面因素的复杂系统,各种因素相互作用、相互制约,从而使各类道路测试风险的发生具有不确定性和不可预知性。为了能够量化评价各类风险因素,需要根据道路测试不同场景的具体情况采用合适的风险评估方法或模型。本章从风险评估的概念入手,重点介绍几种常用的风险评估方法,包括风险矩阵法、专家调查法、概率类统计法、层次分析法、贝叶斯网络和机器学习,并梳理总结了风险态度的评价方法。

4.1 风险评估概念

风险评估(risk assessment)是风险管理的一个重要过程。风险管理国际标准《风险管理 原则与实施指南》(ISO 31000)[1]定义风险评估的过程为风险识别、风险分析及风险评价的全过程,且明确给出了风险评估过程中需要解决的5个基本问题:

(1) 现状是什么?可能发生什么(事件)?为什么会发生?
(2) 产生的后果是什么?对目标的影响有多大?
(3) 这些后果产生的可能性有多大?
(4) 是否存在可以减轻风险后果、降低风险发生可能性的因素?
(5) 风险等级是否可容忍或可接受的?是否需要采取进一步的应对措施?

自动驾驶道路测试的过程面临着法律法规风险、安全事故风险、交通拥堵风险和新兴技术风险等各类风险的挑战。为了保障自动驾驶技术研发的安全有序发展,在自动驾驶发生事故前,利用风险分析与评估等技术和方法对各类风险的概率以及严重程度进行系统评估,并划分出相应的风险等级。对于可量化的风险类型,例如交通事故风险、交通拥堵风险等,一般采取定量评价方法。通过数据驱动,再配合应用类似贝叶斯网络和机器学习等统计分析方法可得到相对客观的评价结果。而对于不易量化的风险类型,例如法律法规风险、新兴技术风险等,一般采取定性或定性与定量相结合的评价方法。通常,基于专家丰富的相关知识储备,采用风险矩阵法、专家调查法、层次分析法等方法可得出风险评价结果。然而,结果的准确度会受到专家水平的限制,因此,需要采取交叉验证的方法来保证结果的可靠度。

4.2 常用技术类风险评估方法

4.2.1 风险矩阵法

风险矩阵法是将决定隐患事件风险大小的两种因素——后果严重程度和可能性,按其特点划分为相应的等级,并形成风险评价矩阵,以定性地衡量风险大小。根据事故发生后人员的伤亡情况、设备的损害程度以及对生产的影响程度,将危险事件的后果严重程度定性地分为若干等级,即后果严重程度等级。通常,后果严重程度被分为4个等级[2],如表4-1所列。同样地,根据危险事件发生的频繁程度,将危险事件发生的可能性定性地分为若干等级,称为危险事件的可能性等级。通常,可能性被分为5个等级[2],如表4-2所列。依据危险事件的后果严重程度和可能性这两方面来确定风险等级,即采用矩阵法描述危险事件的风险,具体可分为4个等级,如表4-3所列[2]。

表4-1　　　　　　　危险事件的后果严重程度等级

严重程度等级	等级说明	危险事件后果说明
Ⅰ	灾难	人员死亡或系统报废
Ⅱ	严重	人员严重受伤、严重职业病或系统严重损坏
Ⅲ	轻度	人员轻度受伤、轻度职业病或系统轻度损坏
Ⅳ	轻微	人员受伤程度和系统损坏程度都轻于Ⅲ级

表4-2　　　　　　　危险事件发生的可能性等级

可能性等级	等级说明	单个项目的具体发生情况	总体发生情况
A	频繁	频繁发生	连续发生
B	很可能	在寿命期内会出现若干次	频繁发生
C	有时	在寿命期内有时可能发生	发生若干次
D	极少	在寿命期内不易发生,但有可能发生	不易发生,但有理由可预期发生
E	不可能	极不易发生,以至于可以认为不会发生	不易发生,但仍存在发生的可能性

表4-3　　　　　　　风险等级对照

可能性	严重程度			
	Ⅰ(灾难)	Ⅱ(严重)	Ⅲ(轻度)	Ⅳ(轻微)
A(频繁)	高	高	较高	中
B(很可能)	高	高	较高	中

(续表)

可能性	严重程度			
	Ⅰ(灾难)	Ⅱ(严重)	Ⅲ(轻度)	Ⅳ(轻微)
C(有时)	高	较高	中	低
D(极少)	较高	中	中	低
E(不可能)	中	中	中	低

对于某一具体的危险有害因素(风险事件),首先根据表4-1确定后果的严重程度等级,其次根据表4-2确定可能性等级,最后根据表4-3确定风险级别。按照上述方法,最终得出自动驾驶道路测试各类风险的评价结果表,一般包括"危险有害因素""严重程度等级""可能性等级""风险等级"等信息。

在自动驾驶道路测试中,风险矩阵法可以直观地展现各类风险的可能性以及后果的严重程度,因此,可以辅助决策者在事前清晰地把握各类风险的状况。

4.2.2 专家调查法

专家调查法[3]是组织一批具有丰富资历和技术经验的专家基于调查活动所获得的信息,再经过简单的推算来综合评价研究对象的特性及发展规律,同时对其发展趋势进行科学预测的一种方法。在历史资料和相关数据十分匮乏的条件下,对于那些较多地受到社会、政治、人为等因素影响的信息分析与预测研究项目,就可以采用专家调查法,即运用专家所掌握的知识、经验和分析判断能力来揭示研究对象的特质和规律,科学地预测其未来的发展方向,从而得到一个比较客观的分析判断结果。一般来说,专家调查法的应用过程分为两步:第一步是以调查表的形式对某一特定项目可能遭遇的风险进行识别;第二步是专家运用自己所掌握的知识和经验来综合评价风险因素的发生概率和损失等级。

其中,调查表是汇总分析专家意见的载体,其作用是为后续的分析和预测活动提供可靠的依据。调查表的设计质量与评价结果之间有直接的联系。鉴于所研究项目的特性,风险分析采用目标-效应调查表,即确定预测目标(含总目标以及由总目标分解成的若干子目标),罗列出每项目标所对应的各种效应。在调查表的横栏罗列调查目标,纵栏写出目标对应的各种效应,专家只需在每一条内容后面画"√"打分即可。调查表评分后汇总各位专家的意见以进行反馈调查。

自动驾驶道路测试受限于数据积累,很多时候都需要依赖相关领域的专家知识来完成风险评估。而评估结果的可靠度同样受限于专家的知识储备,因此,需要进行尽可能多的调查,以实现交叉验证的目的。

4.2.3 概率类统计法

概率类风险评估方法(Probabilistic Reliability Assessment,PRA)最早由美国电力研究院(Electric Power Research Institute,EPRI)提出,是目前被广泛认可的一种系统风险评估方法。该方法与传统的确定性静态安全分析方法不同,既考虑了网络故障的可能性,又考虑了故障对系统的冲击程度,通过将故障概率指标与故障影响指标相结合,形成一个统一的风险系数指标——PRI(Probabilistic Reliability Index)[4]。PRI 被定义为事故概率与其受损程度的乘积,即 PRI=事故概率(probability)×受损程度(impact)。PRA方法是一种定性与定量相结合的安全性分析方法,它要求自下而上(如故障模式影响分析)与自上而下(如故障树分析)相结合,定性与定量相结合,将多种试验数据(本系统、分系统、部件的直接试验和类似系统的试验数据)、多种有关信息、模型计算结果和专家经验有机结合。它既强调应用定量计算,又注意工程技术人员的实际经验[5]。

将PRA方法具体运用到自动驾驶道路测试风险评估中,也就是将每个风险的发生作为一个事件的风险,主要使用的风险分析方法有事故链(事件链 Scenario)、主逻辑图(Master Logic Diagram,MLD)、功能事件顺序图(Functional Event Sequential Diagrams,FESD)、事件树(Event Tree,ET)和故障树(Fault Tree,FT)等[5]。

4.2.4 层次分析法

层次分析法(Analytic Hierarchy Process,AHP)是 T. L. Saaty 教授在20世纪70年代初期提出的一种将定性与定量分析方法相结合的多目标决策分析方法。该方法的主要思想是通过将复杂问题分解为若干层次和若干因素,对两两指标之间的重要程度做出比较判断,并构造判断矩阵,通过计算判断矩阵的最大特征值以及对应的特征向量,可得出不同方案重要程度的权重,从而为最佳方案的选择提供依据[6]。层次分析法的步骤如下:

(1) 建立层次结构模型;

(2) 根据相对比例标度表(表4-4),构造反映两两指标之间重要程度的判断矩阵;

(3) 层次单排序及其一致性检验;

(4) 层次总排序及其一致性检验。

表4-4   相对比例标度

因素 i 比因素 j	量化值
同等重要	1
稍微重要	3

(续表)

因素 i 比因素 j	量化值
较强重要	5
强烈重要	7
极端重要	9
两相邻判断的中间值	2,4,6,8

经过多年发展,层次分析法衍生出多种方法包括改进层次分析法、模糊层次分析法、可拓模糊层次分析法和灰色层次分析法等,根据研究的实际情况各个方法都有其适用范围。其中,改进层次分析法、模糊层次分析法和可拓模糊层次分析法都是基于判断矩阵不好确定的情况,通过改进判断标度来帮助决策者更加容易地构造质量好的判断矩阵;而灰色层次分析法则是将灰色系统理论和层次分析法相结合,使灰色理论贯穿于建模、构造矩阵、权重计算和结果评价的整个过程中[6]。

4.2.5 贝叶斯网络

自动驾驶道路测试事故的影响因素众多,且很多因素之间具有相关性,并非独立影响事故的发生。此外,若自动驾驶事故数据存在一定的缺失,也会导致常规统计模型的统计结果出现一定偏差。利用贝叶斯网络对事故致因进行分析,建立合理的网络结构,可减少变量间的相关性影响,从而较为全面地分析事故在受到众多因素综合影响下的情况,同时,利用最大期望值算法可解决数据缺失的局限性问题,得出更为可靠的结论。

贝叶斯网络(Bayesian Network,BN)[7],也称为信念网络,是由节点集和有向边组成的有向非循环网络拓扑,每个节点表示一个变量状态,有向边表示变量之间的依赖关系。变量之间的相关强度或置信系数通过条件概率表(Conditional Probability Table,CPT)来描述。贝叶斯网络使用概率来表示所有形式的不确定性,并使用概率规则来实现学习和推理过程。

形式上,贝叶斯网络编码了一组变量 $X=\{X_1,X_2,\cdots,X_n\}$ 的联合概率分布,且不会出现组合爆炸问题(combinational explosion problem)。用 X_i 表示随机变量,用 Π_i 表示 X_i 的父节点集,X 的联合分布可以表示为给定父节点每个变量的条件分布的乘积,其中 x 表示 X 的实例,π_i 表示网络中 x_i 父节点集合 Π_i 中的变量取值后的一个组合,x_i 表示 X_i 的状态。有 n 个节点的贝叶斯网络的联合概率分布如式(4-1)所示。

$$p(X)=\prod_{i=1}^{n}p(x_i\mid\pi_i) \tag{4-1}$$

式(4-1)描述的条件概率在 CPT 表中给出。当拓扑和 CPT 完成后,可以用贝叶斯定理来诊断给定结果的致因,或用链式法则来预测给定多种因素条件的结果。贝叶斯定理如式

(4-2)所示。

$$p(x_i \mid x_j) = \frac{p(x_i \mid x_j) p(x_i)}{p(x_j)} \quad (4\text{-}2)$$

式中 $p(x_i \mid x_j)$ ——x_j 条件下 x_i 的后验概率(未知);

$p(x_j \mid x_i)$ ——在给定 x_i 条件下,x_j 的预测结果;

$p(x_i)$ ——x_i 的先验概率(输入值);

$p(x_j)$ ——x_j 的输入概率。

因果推理简单表达如式(4-3)所示。

$$后验概率 = \frac{可能性 \times 先验概率}{证据} \quad (4\text{-}3)$$

图 4-1 是自动驾驶道路测试安全风险贝叶斯网络示意,展示了安全风险的两个影响因素:道路坡度和道路曲率。给定证据风险为 w_k 的条件下,为自下而上诊断道路坡度是 s_j 的概率,可以使用贝叶斯定理如式(4-4)所示。

$$p(s_j \mid w_k) = \frac{p(w_k \mid s_j) p(s_j)}{p(w_k)} \quad (4\text{-}4)$$

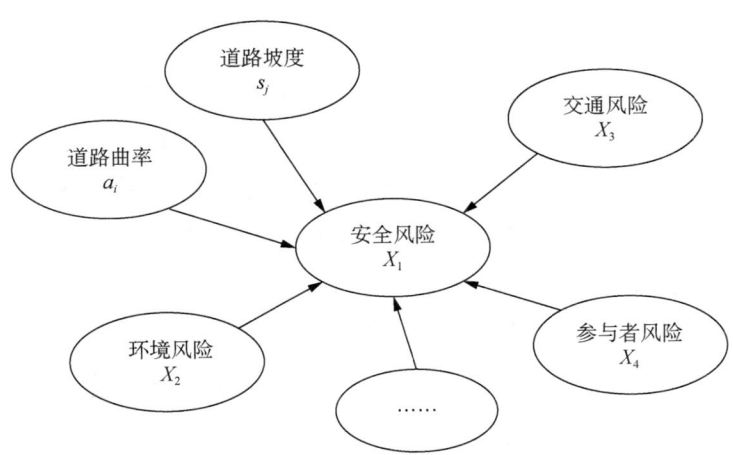

图 4-1 自动驾驶道路测试安全风险贝叶斯网络示意

当预测推理时,在给定证据道路坡度为 s_j 且道路曲率为 a_i 的条件下,应用链式法则计算安全风险为 w_k 的概率,如式(4-5)所示。

$$p(s_j, w_k, a_i) = p(s_i) p(w_k \mid s_j) p(a_i) \quad (4\text{-}5)$$

输入的证据值会沿着网络传播,从而更新其他节点的值。在输入一定证据组合的情况下，贝叶斯网络可以预测所查询的变量处于特定状态下的概率。当拓扑和变量的状态增加时，贝叶斯网络模型的计算量非常大，而一些证据传播算法可以利用图形模型的拓扑属性来降低计算复杂度[8,9]。贝叶斯网络的局限性是它必须符合严格的层次结构，因为循环会导致概率的递归和非终止传播。针对这一点，可以通过引入额外的输入节点来模拟循环影响，从而部分解决这一问题，尽管这会增加网络和算法控制过程的复杂性。

由于目前自动驾驶道路测试可获取的事故信息较少，没有足够的数据样本能够用于贝叶斯网络的机器学习，因此，一般基于专家经验和先验知识来建立贝叶斯网络的结构。

4.2.6　机器学习

机器学习是实现人工智能的一种途径，是一门多领域交叉学科，涉及概率论、统计学、近似理论和计算复杂性理论等多门学科，其使用计算机作为工具并致力于真实且实时地模拟人类的学习方式，并将现有内容进行知识结构划分从而有效提高学习效率[10]。机器学习算法是一类从数据中自动分析获得规律，并利用规律对未知数据进行预测的算法。

移动互联网技术的革新，使得对数据多维度、大批量的处理能力得到提升，致使传统风控方式开始转型。机器学习批量的标准化处理流程更符合新时代下自动驾驶道路测试的风控要求。机器学习算法分为有监督学习算法、无监督学习算法和强化学习。

（1）有监督学习是指在机器学习过程中给出对错指示，通过已有的训练数据集进行数据挖掘，获得最优模型，借助模型把输入的所有数据向输出完全映射，再较为简单地判断输出，以此实现对数据进行分类的目的。监督学习可以对未知数据进行分类。训练集包含输入、输出，同时，需要人为标注目标特征。有监督学习大体包括两种：一种出自回归问题，另一种出自分类问题，它们主要被用作分类和预测问题的重点学习方式。最常用的监督学习算法有两种：支持向量机算法和邻近算法。

（2）无监督学习，其核心思想是根据 K 学习方式来搭建中心，再利用反复递减运算来缩减误差。无监督学习和有监督学习相比，它在之前无训练样本，需要将非已知的数据建模处理。最常见的无监督学习算法是聚类算法。

（3）强化学习，又叫增强学习，是基于统计和动态规划技术方法，输入通过反馈过程中计算得到的数据信息，强化学习算法有 Q-learning 等[11]。

机器学习的主流方法包括：分类任务、回归与估计、聚类分析和关联规则。

1. 分类任务

分类任务属于有监督学习算法，即确定对象属于哪个预定义的目标类。机器学习中的分类任务是一种根据输入数据建立分类模型的方法，在通过机器学习算法确定分类模型后，该模型可以拟合所输入的训练数据的类型标签与数据各维度属性的联系。分类任务十分适合于预测或描述二元或名义类型的数据集,如辨别风险的高低。

2. 回归与估计

回归模型关注的是唯一一个因变量(这个因变量是一个连续型数值)与一个或多个数值型的解释变量之间的关系。回归模型同样属于有监督学习算法,在对模型进行训练后,根据已知的输入数据(即解释变量)估计得到其因变量的连续型数值的结果。

3. 聚类分析

聚类算法是无监督学习算法中的一种,将样本中在某种维度上相似的对象归到同一个簇中,即根据数据中发现的对象及其关系,将数据中的对象进行分组。聚类算法的目标是使同一个簇或组内的对象相似,而使不同的簇或组之间的对象不同,若数据中的组内对象越相似,组之间对象的差距就越大,则说明聚类算法的效果越好。

4. 关联规则

关联规则[11]是用规则去描述两个变量或多个变量之间的关系,是客观反映数据本身性质的一种方法。它是机器学习的一大类任务,可分为两个阶段,即先从资料集中找到高频项目组,再去研究它们的关联规则,得到的分析结果即为对变量间规律的总结。

使用机器学习算法来解决问题,其基本流程是一致的,一般包括确定分析目标、收集数据、整理数据、预处理数据、训练模型、评估模型和优化模型等步骤。首先要明确分析目标,然后提取相关数据以进行探查,并发现其中的问题,再依据各算法的特点选择合适的模型进行实验验证,评估各模型的结果,最终选择合适的模型进行应用。一般按照以下流程实施机器学习算法[12]。

(1) 定义分析目标。应用机器学习解决实际问题时,首先要明确目标任务,这是机器学习算法选择的关键。只有明确了要解决的问题和业务需求,才能基于现有数据设计或选择算法。例如,在有监督学习中对定性问题可用分类算法,对定量分析可用回归方法。在无监督学习中,如果有样本细分则可应用聚类算法,如需找出各数据项之间的内在联系,可应用关联分析。

(2) 收集数据。数据要有代表性并尽量覆盖领域,否则容易出现过拟合或欠拟合的情况。对于分类问题,如果样本数据不平衡,或不同类别的样本数量之间比例过大,都会影响模型的准确性。另外,还要对数据的量级(包括样本量和特征数)进行评估,从而估算出数据以及分析对内存的消耗,由此可以判断训练过程中内存消耗是否过大,若过大则需要改进算法或使用一些降维技术,或者使用分布式机器学习技术。

(3) 整理预处理。获得数据以后,不必急于创建模型,可先对数据进行一些探索,以便于了解数据的大致结构、数据的统计信息、数据噪声以及数据分布等。在此过程中,为了更好地查看数据情况,可使用数据可视化方法或数据质量评价来对数据的质量进行评估。通过数据探索后,可能会发现不少问题,如缺失数据、数据不规范、数据分布不均衡、数据异常和数据冗余等,这些问题都会影响数据的质量。为此,需要对数据进行预处理,这部分工作在机器学习中非常重要,特别是在生产环境中的机器学习,数据往往是原始的、未加工处理过的,数据预处理常常占据了整个机器学习过程中的大部分时间。归一化、离散化、缺失值处理和去除共线性等是机器学习的常用预处理方法。

(4)数据建模。应用特征选择方法,可以从数据中提取出合适的特征,并将其应用于模型中,从而得到较好的结果。想要筛选出显著特征,就需要先理解业务,再对数据进行分析。而特征选择是否合适,往往会直接影响模型的结果,对于好的特征,即使使用简单的算法也能得出良好、稳定的结果。在进行特征选择时,可应用特征有效性分析技术,如相关系数、卡方检验、平均互信息、条件熵、后验概率和逻辑回归权重等方法。在训练模型之前,一般会把数据集分为训练集和测试集,或将训练集再细分为训练集和验证集,从而对模型的泛化能力进行评估。另外,模型本身并没有优劣之分。在选择模型时,一般不存在对于任何情况都表现很好的算法,这被称为"没有免费的午餐"原则。因此,在实际选择模型时,一般会用几种不同的方法来进行模型训练,然后比较它们的性能,最终从中选择最优的一个。不同的模型使用不同的性能衡量指标。

(5)模型训练。在模型训练过程中,需要对模型超参进行调优,如果对算法原理理解得不够透彻,往往无法快速定位能决定模型优劣的模型参数。所以,在训练过程中,对机器学习算法原理掌握程度的要求较高,理解越深入,就越容易发现问题所在,从而确定合理的调优方案。

(6)模型评估。使用训练数据构建模型后,需使用测试数据对模型进行测试与评估,以测试模型对新数据的泛化能力。如果测试结果不理想,则需分析原因并进行模型优化,如采用手工调节参数等方法。如果出现过拟合,特别是在回归类问题中,则可以考虑正则化方法来降低模型的泛化误差。我们可以对模型进行诊断以确定模型调优的方向与思路,过拟合、欠拟合判断是模型诊断中重要的一步。常见的模型评估方法有交叉验证、绘制学习曲线等。其中,过拟合的基本调优思路是增加数据量、降低模型的复杂度,欠拟合的基本调优思路是提高特征数量和质量、增加模型的复杂度。

(7)误差分析。误差分析是通过观察产生误差的样本,分析误差产生的原因,一般的分析流程是依次验证数据质量、算法选择、特征选择和参数设置等。其中,对数据质量的检查最容易被忽视,人们常常在反复调参很久后才发现数据预处理没有做好。一般情况下,模型调整后,需要对其重新进行训练和评估,所以机器学习的模型建立过程就是不断地尝试,最终达到最优状态。在工程实践中,可以通过特征清洗和预处理等方式来提升算法的准确度,当然也可以通过模型集成的方式。

4.3 风险态度评价方法

4.3.1 风险态度与风险偏好概念

风险态度(risk attitude)被定义为"对于有积极或消极不确定性影响目标的选择心理状态",简而言之,风险态度即是"对不确定性感知的选择反馈"[13]。从风险感知与管理的角度来看,风险态度被定义为"以有利或不利的方式评估风险情况并采取相应行动的意图"[14];从风险决策角度来看,风险态度是指"决策者在面对不确定性备选方案进行选择时所表现出的接受风险或回避风险的态度"[15]。上述这些定义表明,风险态度通常由不同的行为表现出来,即在相同情境下一系列不同的态度可能导致行为上的不同,进而导致不同的后果。风险态度实质上反映了个人或群体对特定情境的感知与看法上的差异,对一个人来说有利的情境可能对另一个人来说是不利的,因此风险态度存在于一定的频谱之上,如图 4-2 所示。类似地,风险态度往往被划分为风险倾向(risk seeking)、风险中立(risk neutral)和风险规避(risk averse)三种类型。风险倾向者通常敢于承担高风险,愿意为了获得更高的收益而承受可能的更大损失;风险规避者较为保守,愿意为了减少风险而降低收益;风险中立者则介于二者之间,更偏向于通过理性分析来选择最优方案[15, 16]。

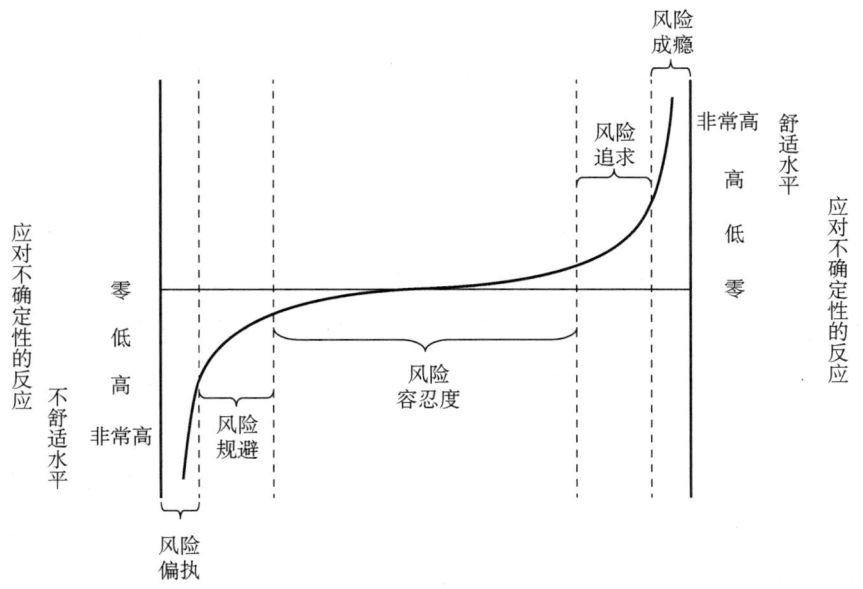

图 4-2 风险态度频谱[13]

风险态度在经济学、心理学、社会学、交通等领域的应用较为广泛。学术界对风险态度的研究主要集中在风险态度的影响因素分析、风险态度对行为决策的影响建模等方面。

与风险态度类似,风险偏好(risk preference)也反映了人们对风险的看法。二者的区别在于:风险态度本质上是经过长期实践所形成的相对稳定的人格特征,例如风险规避者不愿意冒险、风险倾向者对风险相对不敏感,风险态度重在突出不同群体、不同人格的异质性。而风险偏好常被用于前景理论中,以反映大多数人面对收益与损失时的行为态度倾向,例如大多数人面对稳定收益时规避风险、面对稳定损失时敢于冒险,它重在突出大多数人对具体情境的反应[16]。事实上,人们在进行风险决策时,风险偏好反映的是大多数人对于不同风险场景的态度与选择,而风险态度则是将"大多数人"划分成不同的群体,由于不同群体对于风险的敏感程度是不一样的,因而对收益与损失的界定也是不同的,从而就会采取不同的态度与行动,但其面对收益与损失时的风险偏好却是一致的,均是为了获得最大效益[16]。

4.3.2　风险态度的获取与表征方法

常用的风险态度的获取与表征方法有风险自评法、李克特量表法、行为测量法、博彩实验法和可接受成功概率法等。

1. 风险自评法

风险自评法是通过问卷调查的形式来设置一定的场景,让被调查者对自己的风险态度进行主观评价。通常设置0~10的范围来表征不同的风险态度,其中0表示完全不愿意承担风险,10表示非常愿意冒险[15, 16]。风险自评法既可以调查总体风险态度,也可以通过描述不同领域(如自动驾驶、职业与健康等)的场景和问题来获取被调查者对某一特定领域的风险态度[17]。

2. 李克特量表法

李克特量表(Likert Scale)又称为总加量表,由美国社会心理学家李克特(R. A. Likert)于1932年首先提出,是社会调查、心理测验等领域常用的态度量表形式[18]。李克特量表问卷表征方法被认为是一种较为复杂的风险自评方法,问卷通常由一组与调查内容相关的题项组成,用来表明被调查者对某一事物的态度与看法[19]。问卷答案一般可分5级量表级,对量表中每一个题项给出5种表示态度积极程度的选项(如"很不同意""不同意""说不准""同意""非常同意"等),并用1~5分为每种选项计分。将各选项得分累加后可得态度总分,从而反映被调查者对调查内容的综合态度[19]。李克特量表可用于个体或群体的态度测量,在实际应用中可通过求平均值来表征某一群体的意向。

在针对自动驾驶道路测试的风险评估中,李克特量表可以结合专家调查法使用,用李克特量表设计合适的专家调查问卷,从而提高专家调查法结果的准确性和可信度。

3. 行为测量法

行为测量法可分为基于描述和基于经验两种类型[16]。基于描述的行为测量法通常给被调查者多个备选方案的信息说明以供选择,侧重于表征被调查者对各选项结果的变化和风险概率大小的考虑,在设计选项时往往要求期望相同。基于描述的行为测量法多用于固定收益与具有风险概率收益的对比选择,风险规避者在选择时认为固定收益效用更大,风险倾向者则认为具有风险概率收益效用更大。基于经验的行为测量法要求被调查者通过学习获取备选方案的信息,需基于多次经验做出选择。

4. 博彩实验法

博彩实验法一般通过设置购买彩票的游戏来测量被调查者的风险态度,被认为是一种基于投资游戏的行为测量法。简单来说,假设一个购买彩票的场景,被调查者购买彩票会有一定的概率获得收益,也有一定的概率会损失本金,根据被调查者愿意支付彩票的金额大小,可判断其风险态度。若被调查者愿意支付的价格小于该彩票期望收益,则表现为风险规避;若价格相等,则表现为风险中立;若价格更大则表现为风险倾向[15]。

5. 可接受成功概率法

可接受成功概率法源于行为金融学的行为组合理论[20],通过测量被调查者可接受的最小成功概率的大小来表征其风险态度。该理论认为,决策者在决策时会考虑备选方案成功的最小概率,通过 $Prob(success) \geqslant \alpha$ 来表示,其中,α 为决策者可接受的最小成功概率,当 $\alpha > 50\%$ 时,表现为风险规避;当 $\alpha < 50\%$ 时,表现为风险倾向;当 $\alpha = 50\%$ 时,表现为风险中立。

4.3.3 风险态度的影响因素建模分析

经济学领域研究表明,风险态度受性别、年龄、受教育程度、收入状况、地区、家庭结构、社会互动程度、职业等社会经济属性的影响较为显著。通常,男性、年轻、受教育程度较高、收入较高、家庭规模较大的决策者在面临投资选择时,相对而言会更愿意冒险[15]。女性较男性更不愿意冒险,即女性在决策时更加趋向于风险规避,T. J. Dohmen[21]的调查研究指出,性别对决策者的决策影响很稳定,在所有情境、所有年龄下都存在。年龄与风险偏好呈负相关,即年轻的决策者更偏好冒险,年龄越大的决策者其风险偏好越低。受教育水平越高的决策者在制定决策时越倾向于风险追求。经济学研究表明,当风险带来的损失相对于其收入(财富)水平来说较小时,人们更愿意放弃确定性的收入,选择风险投资,即收入越高的群体在面对风险投资决策时其风险偏好程度越高。当决策者进行风险投资决策时,其风险态度与家庭中 60 岁以上老年人的数量以及 18 岁以下孩子的数量呈负相关。也有研究表明,可能随着家庭规模增大,总收益增加,决策者在决策时更倾向于风险追求[15]。

研究问题、调查对象等差异会导致影响因素的变化,具体体现在两方面:因素自身的变化和因素影响结果的变化。例如,在交通领域,驾龄长短对出行者在路径选择时的风险态度有着显著影响,驾龄越短越规避风险[15],而年龄这一因素在投资问题中并无显著影响,因此不同研究问题中影响风险态度的因素存在差异。在路径选择中,受教育程度较高的出行者表现出风险规避[22],与经济学领域的结论相悖,因此即便同一因素在不同的研究问题中也会产生截然相反的结果。

1. 最优尺度回归模型

风险态度的影响因素建模分析可选用最优尺度(optimal scaling)回归模型来对风险态度影响因素进行回归分析。这是因为一般的线性/非线性回归过程都要求因变量为数值型,或至少被转换为数值型(如 Logistic 模型),自变量中的分类变量往往需要使用哑元变量。许多研究中收集到的并非精确定量的数据,一般调查问卷包含许多选择性问题或李克特变量表,因而获得的数据许多属于定序变量和分类变量。最优尺度回归分析是由荷兰 Leiden 大学 DTSS 课题组研制的,该方法不同于一般的回归分析,它允许因变量/自变量为各种类型的分类变量。分析时采用一定的非线性变换对原始分类变量进行转换,然后反复迭代直至找到一个最佳的回归方程式。因而,用最优尺度回归模型处理风险态度调查数据有望得到较为令人满意的结果。具体回归模型可以表示为如式(4-6)所示。

$$Y = \alpha_1 X_1 + \alpha_2 X_2 + \cdots + \alpha_i X_i + \mu \tag{4-6}$$

式中 Y——风险大小;

X_i——解释变量;

α_i——各解释变量的待定系数;

μ——随机扰动项,包含未解释变量的影响因素[23]。

2. 结构方程模型

风险态度的影响因素建模分析也可采用结构方程模型(Structural Equation Model,SEM)来建模。结构方程模型是以变量为协方差矩阵作为基础来分析变量之间关系的一种统计方法[24],其整合了回归分析、方差分析和因子分析等,可研究潜变量之间、潜变量与个人属性之间的关系[25]。结构方程模型可以较好地分析一个或多个自变量与一个或多个因变量之间的一组相互关系,涉及复杂的网络结构,可以克服传统回归分析、方差分析的局限,具有理论先验性、可同时处理测量与分析问题、适用于大样本分析等优势[26]。

结构方程模型通常可分为测量方程(Measurement Equation,ME)和结构方程(Structural

Equation,SE)。测量方程反映潜变量与测量指标之间的关系,测量指标通常被用来表征潜变量的量表题项,在此指风险态度。结构方程反映潜变量之间、潜变量与观测变量之间的关系,可观测变量通常指个人属性等。潜变量往往难以直接被观测,因此它是一个随机变量,可通过式(4-7)构建结构方程来表征:

$$x^* = h(x; \beta^s) + \varepsilon^s \tag{4-7}$$

式中 x^* ——潜变量;

x ——解释变量的向量(潜变量或观测变量);

β^s ——待估系数;

ε^s ——(随机)误差项。

通常 $h(x; \beta^s)$ 可以采用线性函数的形式表征。

尽管潜变量难以直接观测,但可以通过一些观测指标来获取。潜变量与测量指标之间可通过构建测量方程式(4-8)来表征。

$$z = m(x^*, y; \beta^m) + \varepsilon^m \tag{4-8}$$

式中 z ——测量指标;

y ——观测变量(通常指个人属性);

β^m ——待估系数的向量;

ε^m ——(随机)误差项。

测量方程 m 既可以是连续形式,又可以是离散形式。

分析风险态度潜变量与多种出行者个人属性之间的关系,结构方程采用线性形式,随机误差项服从正向分布,构建的模型如式(4-9)和式(4-10)所示。

$$X_n^* = A X_n + \sigma_n, \sigma_n \sim N(0, \varepsilon^n) \tag{4-9}$$

$$U_n = B X_n + \Gamma X_n^* + \varepsilon_n \tag{4-10}$$

式中 X_n^* ——潜变量;

X_n ——观测变量;

σ_n ——潜变量与观测变量之间的随机误差项,服从均值为 0、方差为 ε^n 的正态分布;

ε_n ——效用函数的随机误差项;

U_n ——各选项的总效用;

A, B, Γ ——待估系数。

若潜变量的测量指标为 5 级李克特量表,可理解为离散变量,测量方程可构建 ordered probit 模型解释,如式(4-11)和式(4-12)所示。

$$I'_{i,n} = \beta_{i,0} + DX^*_{i,n} + \eta_{i,n}, \quad \eta_{i,n} \sim N(0, \sigma^{i,n}) \qquad (4\text{-}11)$$

$$I_{i,n} = \begin{cases} J_{i,1}, & \text{if } I'_{i,n} \leqslant \tau_{i,1} \\ J_{i,2}, & \text{if } \tau_{i,1} \leqslant I'_{i,n} < \tau_{i,2} \\ J_{i,3}, & \text{if } \tau_{i,2} \leqslant I'_{i,n} < \tau_{i,3} \\ J_{i,4}, & \text{if } \tau_{i,3} \leqslant I'_{i,n} < \tau_{i,4} \\ J_{i,5}, & \text{if } \tau_{i,4} \leqslant I'_{i,n} \end{cases} \qquad (4\text{-}12)$$

式中　$I'_{i,n}$——一个假设的关于态度问题的连续变量；

　　　$\beta_{i,0}$——待估截距；

　　　$\eta_{i,n}$——测量方程的随机误差项，服从均值为 0、方差为 $\sigma^{i,n}$ 的正态分布；

　　　D——指标对潜变量的边际效用，统一设置为正值，即题项越符合则风险态度越保守；

　　　$I_{i,n}$——被调查者 n 对第 i 个量表问题的回答；

　　　$J_{i,k}$——第 i 个量表题项在 ordered probit 模型中的测度；

　　　$\tau_{i,k}$——假定的阈值，由于其为 5 级李克特量表，因此 k 取 1～5。

被调查者 n 对第 i 个量表问题的回答为 $J_{i,k}$ 的概率如式(4-13)所示。

$$P_{i,n}(I_{i,n} = J_{i,k}) = P(\tau_{i,k-1} \leqslant I'_{i,n} < \tau_{i,k}) \qquad (4\text{-}13)$$

进一步计算可得概率如式(4-14)所示。

$$P_{i,n}(I_{i,n} = J_{i,k}) = \Phi\left(\frac{\tau_{i,k} - \beta_{i,0} - DX^*_{i,n}}{\sigma^{i,n}}\right) - \Phi\left(\frac{\tau_{i,k-1} - \beta_{i,0} - DX^*_{i,n}}{\sigma^{i,n}}\right) \qquad (4\text{-}14)$$

式中，$\Phi(\cdot)$ 为符合正态分布的累积分布函数。

通过测试可知，与线性函数相比，ordered probit 模型估计结果的对数似然值更小，即模型的拟合程度越高，解释效果越好，一般采用 ordered probit 模型作为测量方程的形式。

4.3.4　风险态度对行为决策的影响建模

风险态度对行为决策的影响建模方法可概括为基于类别和基于变量两种方式。其中，基于类别的方法是指将决策者依据风险态度划分为不同类别，分析各类决策者的行为差异与影响。基于变量的方法是指将风险态度作为潜变量、系数或是假设条件纳入模型中，分析其对行为决策、策略优化的影响。在实际应用中，两种方式可结合使用。在交通领域，风险态度在出行行为决策（路径选择、方式选择等）、路网优化等方面应用广泛。一般采用基于变量的方法进行风险态度对行为决策的影响建模。

交通行为研究常通过构建离散选择模型（Discrete Choice Model，DCM）来开展行为解析。离散选择模型，又称非集计模型，由于该类模型的研究对象为非连续变量（离散变量）而得名[27]。在出行行为场景中，往往需要解析出行者选择多种方式、多种路径的行为差异，是一个二元或多元离散选择问题，因此离散选择模型有较高的适用性。离散选择模型的理论基础为随机效用理论（random utility theory），即供选择的每个选择肢对应一定的效用，选择者会遵循"效用最大化"原则进行决策[28]。效用的定义因研究领域的不同而不同，在经济学领域常指消费者从选择中获得的情感愉悦或需求满足。

在交通领域，离散选择模型的构建基于如下假设：①出行者是研究的最基本单位，即出行者是进行决策的最小单位；②遵循随机效用理论中"效用最大化"原则，出行者在特定场景下会选择效用最大的选择肢。这里的"效用"是指某种交通方式、某条出行路径对出行者的价值与吸引程度，或理解为出行需求的满足程度，通常受出行方案特性（如出行时间、费用等）、出行者个人属性（如年龄、性别等）等的影响，如式（4-15）所示。

$$U_{in} = U_{in}(SE_n, C_{in}) \tag{4-15}$$

式中　SE_n——出行者 n 的社会经济属性；

　　　C_{in}——选择肢 i 对出行者 n 的特征值向量；

　　　U_{in}——选择肢 i 对出行者 n 的效用函数。

若出行者 n 的选择肢集合为 S_n，选择肢 i 对应的效用为 U_{in}，则出行者 n 从选择肢集合中选择 i 的条件如式（4-16）所示，即选择肢 i 的效用对出行者来说是最大的。

$$U_{in} > U_{jn}, i \neq j, j \in S_n \tag{4-16}$$

式中，U_{jn} 为选择肢 j 对出行者 n 的效用函数。

随机效用理论认为效用是一个随机变量，这是因为尽管同一条件下选择肢的效用是确定的，但是出行者难以观测到影响效用的全部因素。因此，效用细分为可观测到的固定效用和不可观测的随机效用两部分。固定效用解释了可观测到的因素对效用的影响，是非随机变化的固定项；随机效用反映了不可观测因素及误差的影响，是随机变化的概率项[28]。因此，选择肢 i 对出行者 n 的效用 U_{in} 如式（4-17）所示。

$$U_{in} = V_{in} + \varepsilon_{in} \tag{4-17}$$

式中　V_{in}——选择肢 i 的固定项，是可观测部分的效用函数；

　　　ε_{in}——选择肢 i 的概率项，是不可观测部分的效用函数。

在离散选择模型中，假设出行者效用的随机变量服从一定的分布，依据效用最大化原则，选择肢 i 被出行者 n 选择的概率 P_{in} 可表示为式（4-18）的形式。

$$P_{in} = Prob(U_{in} > U_{jn}, i \neq j, j \in S_n)$$
$$= Prob(V_{in} + \varepsilon_{in} > V_{jn} + \varepsilon_{jn}, i \neq j, j \in S_n)$$
(4-18)

式中，$0 \leqslant P_{in} \leqslant 1$，$\sum_{i \in S_n} P_{in} = 1$。

因此，随机效用理论的目的是计算选择肢被选中的概率，而不是计算具体效用，当随机效用项 ε_{in} 服从不同概率分布时，离散选择模型为不同的形式。例如，当 ε_{in} 服从 Gumbel 极值分布时，离散选择模型为 Logit 模型；当 ε_{in} 服从多元正态分布时，离散选择模型为 Probit 模型。

基于离散选择理论，学者们后续又提出了各种扩展型模型，如潜在类别 Logit（Latent Class Logit，LCL）模型、混合 Logit（Mixed Logit，ML）模型、巢式 Logit（Nested Logit，NL）模型以及混合选择模型（Hybrid Choice Model，HCM）。

HCM 模型由 J. L. Walker 提出[29]，该模型可以捕捉无法被观测的群体异质性，包括基于潜变量的 Logit 模型（Integrated Choice and Latent Variable Model，ICLV），它通过融入潜变量来表征群体的异质性。结构方程模型可用于解析潜变量与个人属性之间的关系，ICLV 模型则在其基础上，将结构方程模型与离散选择模型相结合[30]。ICLV 模型的优势在于将被调查者的异质性用潜变量进行表征，可以通过定义不同的潜变量来解析被调查者选择时的心理状态。结构方程模型可以解释不同被调查者属性与潜变量的关系，ICLV 模型可进一步解释这些被调查者受潜变量的影响如何进行选择行为决策[31]。

4.3.5 风险偏好调查方法

1. 预调查

风险偏好问卷预调查，即在正式调查前先选择小范围受访者进行调查，从中发现有关问卷理解与填写过程中的问题并及时纠正。在预调查期间，其一，可以从内容是否可以理解、问题是否存在歧义、形式是否便于填写等方面与受访者进行交流沟通，梳理反馈意见并进行修改；其二，可以通过简要分析调查结果，判断当前设计问卷是否满足调查目标；其三，通过预调查可以把握问卷填写的时间，从而对问卷容量进行控制。预调查可在设计与制作之余暴露出实际调查过程中的问题，对提升整体问卷质量具有重要意义。

2. 正式调查

1) 调查对象与样本量

调查对象的确定主要取决于调查与研究的目的[32]，样本量的确定则根据问卷调查的不同类型确定。根据范围的不同，问卷调查可分为普遍调查和抽样调查。全体范围的调查通常称为普遍调查,简称普查,例如人口普查、经济普查等。由于普查工作量大、调查成本高,因此大范围实施较为困难。但在小范围的情形下,如调查某一小区居民的风险偏好,普查仍具有实际可操作性[32]。

相较而言,抽样调查应用范围更为广泛。抽样调查是指从全体调查对象中(总体),按照一定方法抽取一部分对象作为代表(样本),并以对样本调查的结果来推论总体的一种调查方法。抽样调查样本量的确定,应从问卷形式、分析方法有效性、抽样精度、总体规模、总体的异质性程度、调查人力物力等多方面综合考虑[32]。

风险偏好问卷采用李克特量表进行表征与量化,采用抽样调查的方式可行性更高。基于量表问卷的形式,考虑信度分析、效度分析等问卷分析方法,对于样本量的确定学者们尚未达成一致。R. Gorsuch[33]认为在进行因素分析时,量表题项数与样本量的比例最好控制在 1∶5,且样本量不得少于 100。A. L. Comrey[34]认为在进行因素分析时,样本量少于 50 是非常不佳的(very poor)、少于 100 是不佳的(poor)、200 左右是普通的(fair)、300 左右是好的(good)、500 左右是非常好的(very good)、1 000 左右是相当理想的(excellent)。一般认为,样本量最好为量表题项数的 5 倍及以上;当样本量达到量表题项数的 10 倍时,结果会更具可靠性、稳定性。若题项间的相关性愈小,或是题项数愈多,则需要的样本量就越大[35]。

2) 调查方式及特点

常见的问卷调查方式包括当面发放并收集、网上发放、邮寄调查问卷等。其中,当面发放并收集是最有效的问卷调查方式,当面发放、当场填写,调查人员可向受访者说明调查目的、调查内容等,及时解答受访者的问题,发现问卷填写的错误,从而提升问卷质量。但当面发放并收集的方式存在受访者在集体场合下填写问卷时被干扰以及数据录入错误的风险。网上发放问卷具有发放便捷、省时省力、数据录入高效等优点,但由于受访者无法与调查人员直接沟通,且受访者对问题的理解易产生偏差,这在一定程度上会影响问卷的信度和效度。邮寄调查问卷的方式需给受访者邮寄调查问卷、附上寄回问卷用的空白信封和邮票,但该方法对受访者影响力很低且实施起来不方便[32,36]。

就自动驾驶道路测试风险态度问卷而言,考虑到问卷内容的创新性,当面发放并收集方式可以更好地向受访者解释自动驾驶的相关问题,网上发放问卷则受众广、发放效率高。基于不同的调查目的,可采用当面发放收集与网上发放问卷相结合的方式。

3) 调查问卷回收率

问卷回收率一般受调查组织工作的严密程度、调查课题的吸引力、问卷填写的难易程度、问卷回收的可控程度等影响,应在问卷设计及发放过程中尽可能地提升问卷质量。保持较高的问卷回收率(即有效问卷率)是获得真实可靠资料的基本保证。一般来说,当回收率仅有 30% 左右时,资料只能作为参考;当回收率在 50% 以上时,可以一定程度采纳;当回收率达到70%～75%时,可作为研究结论的依据。因此,问卷回收率一般不应低于70%[37]。

4.3.6 风险偏好调查分析

对收集的问卷需要进行效度分析和信度分析。

1. 效度分析

效度主要用于评价所收集的调查问卷的量表的准确度、有效性和正确性,意在反映问卷是否有效地调查出所想要表达的内容,即实际调查结果与预想结果的符合程度。由于无法确定目标的真实值,因此效度评价较为复杂,常常需要与外部标准做比较才能判断。常用的效度指标有表面效度(face validity)、内容效度(content validity)、准则关联效度(criterion-related validity)、结构效度(construct validity)、区分效度(convergent validity)和聚集效度(discriminant validity)等[38]。

1) 表面效度和内容效度

表面效度指问卷表达的意思是否为真正要测定的内容,为主观指标,一般由专家评阅确定。内容效度指量表的各题项是否调查出了其所希望表达的内容,即问卷受访者对问题的理解和回答是否与问卷设计者希望询问的内容一致。同样作为主观指标,一般通过专家打分法标定的,可用内容效度比(Content Validity Ratio,CVR)这一指标来衡量[38],计算方法如式(4-19)所示。

$$CVR = \frac{n - N/2}{N/2} \tag{4-19}$$

式中 n ——专家认为题项很好地反映了问卷调查内容的人数;

N ——专家总数。

2) 准则关联效度

准则关联效度也称效标效度(criterion validity),以一个公认有效的量表作为标准,检验新量表与标准量表结果的相关性,用两种量表得分的相关系数来表示,相关系数越大表示问卷的准则效度越好[38]。

3) 结构效度

结构效度又称为构想效度或特征效度,指代量表的结构是否与理论设想相符,调查结果的各内在成分或维度是否与设计者预想的一致。结构效度评价的常用统计方法是因子分析(factor analysis),公因子的意义类似于量表问卷的不同"组成结构"。因子分析可分为探索性因子分析和验证性因子分析。若尚不明确量表由几个公因子组成、题项如何反映各个公因子,可采用探索性因子分析,基于因子负荷等指标从全部题项中提炼出一些公因子,各公因子分别与某一群特定题项高度关联，这些公因子即代表了量表的基本结构。若已经明确了量表由某个公因子组成以及题项与公因子的关系，则可采用验证性因子分析，用实际数据拟合特定的因子模型，从而分析拟合优度，分析问卷结果与设计目标是否吻合。若各公因子与量表设计时预想的结构有密切的逻辑关系，则说明量表有较好的结构效度[38]。

而在因子分析之前，往往采用 KMO(Kaiser Meyer Olkin)检验和 Bartlett's 球形检验进行因子分析适合性评估。KMO 的值越大，则变量间的简单相关系数平方和远大于偏相关系数平方和，说明越适合做因子分析。KMO 指标值介于 0～1 之间，一般当 KMO 的值小于 0.5 时，表示题项不适合做因子分析，若 KMO 的值大于 0.8，则表明题项间的关系是良好的，适合做因子分析。在实际应用中，一般 KMO 的值大于 0.6 即可做因子分析[39,40]。

4) 区分效度和聚集效度

区分效度也称判别效度或辨别效度，表示不同特质和内涵的调查结果之间不应有太大的相关性。聚集效度也称聚合效度或收敛效度，表示同一特质的两种或多种调查方法之间应该有较高的相关性。对区分效度和聚集效度的评定，通常采用 Campbell 和 Fiske 提出的多特征-多方法(Multitrait-Multimethod，M-M)矩阵分析。此外，还可通过比较问卷各维度得分与总得分的相关性、各题项得分与其所属维度得分间的相关性、各题项得分与其他维度得分间的相关性，来评价问卷的区分效度和聚集效度。一般来说，各维度得分与总得分之间的相关系数均大于各维度得分间的相关系数，各题项得分与其所属维度得分之间的相关系数均大于它们与其他维度间的相关系数，则说明问卷的聚集效度和区分效度很好[38]。

就自动驾驶道路测试风险态度问卷而言，由于调查内容较为前瞻、新颖，一方面可采用内容效度评价，邀请自动驾驶、问卷设计、心理学等领域的专家学者进行打分与评判；另一方面可采用结构效度评价，抽取一部分问卷采用探索性因子分析的方法来提取量表公因子、标定量表结构效度，同时剩下的问卷采用验证性因子分析方法进行检验。

2. 信度分析

信度又称可靠性，指调查的可靠程度，主要用来评价量表的精确性、稳定性和一致性，即调查过程中随机误差造成的结果变异程度的大小。简单来讲，信度实质上是反映问卷的结果是否可靠，或受访者有没有真实作答。如果认为两个题项都表征的是同一个特征，那么受访者在这两个题项上的得分应当具有一致性，即一个得分高另一个得分也应该高。常用的信度指标有重测信度(test-retest reliability)、复本信度(equivalent-form reliability)、折半信度(split-half reliability)和内部一致性信度(internal consistent reliability)[38]。

1) 重测信度

重测信度又称为稳定性系数，即使用同一份量表问卷，在不同时间对同一群体调查两次,两次量表得分的相关系数。从相关系数的大小可知,经过一段时间后调查结果的稳定程度,重测信度越高,说明调查结果越一致可靠,也表示受调查环境中日常随机因素的影响越小[38]。有学者指出重测信度法特别适用于事实式问卷,如受访者的性别、出生年月等两次调查过程中不应有任何差异,大多数受访者的兴趣、偏好、习惯等在短时间内也不会有十分明显的变化[41]。

2) 复本信度

复本信度也称替代信度(alternative-form reliability)或平行信度(parallel-form reliability),是让同一组受访者一次填答两份等效问卷,计算两份问卷得分的相关系数。复本信度法要求两份问卷除表述方式不同以外,在难度、内容、形式和对应题项的提问方向等方面完全一致。该方法可弥补重测信度的缺陷,但在实际应用中,很难得到两份等效问卷,因此采用这种方法者较少[38]。

3) 折半信度

折半信度法是将问卷分为两半,计算两半得分的相关系数,进而估计整个量表的信度。此法要求二者方差齐性,且折半的方式不同得到的相关系数值亦不同。折半信度属于内部一致性系数,测量的是两半题项得分间的一致性[42]。这种方法一般不适用于事实式问卷(如年龄与性别无法相比),而常用于态度、意见式问卷的信度分析。当进行折半信度分析时,如果量表中含有反意题项,应先将反意题项的得分做逆向处理,以保证各题项得分方向的一致性,然后再将全部题项按奇偶或前后分为尽可能相等的两半,并计算二者的相关系数 r_h(即半个量表的信度),之后用斯皮尔曼-布朗(Spearman-Brown)公式求出整个量表的信度系数 r,如式(4-20)所示。

$$r = \frac{2 \times r_h}{1 + r_h} \tag{4-20}$$

4) 内部一致性信度

内部一致性信度是目前应用较为广泛的信度评价方法,是折半信度的推广,反映了题项间的相关程度,这些题项应该反映同一独立概念的不同侧面。常用的指标是根据克龙巴赫(Cronbach)公式计算克龙巴赫 α 系数(Cronbach's α)[38],如式(4-21)所示。

$$\alpha = \frac{K}{K-1}\left(1 - \frac{\sum S_i^2}{S^2}\right) \tag{4-21}$$

式中 K ——整个量表或子量表的题项数;

S_i^2 ——第 i 个题项的方差;

S^2 ——整个量表或子量表得分的方差。

当一份量表问卷包括几个互不相关的内容,即几个不同的分量表时,则应分别计算每个分量表的内部信度,否则会降低问卷的内部信度。有学者指出,克龙巴赫α系数最好通过每个子量表的考察结果再来综合反映整个量表的情况,而不宜仅计算一个总量表的系数。这是由于子量表中的题项都是反映同一方面的特征,相关性较高,而总量表要考虑一定的"覆盖面",因而具有一定的"异质性"[43]。一般而言,克龙巴赫α系数大于0.8表示内部一致性极好,系数在0.6~0.8之间表示内部一致性较好,而系数小于0.6表示内部一致性较差。

由于自动驾驶风险态度出行风险偏好可能存在多个维度,考虑到调查的人力、物力等,宜采用内部一致性信度进行检验。

自动驾驶道路测试涉及交通事故、交通拥堵、交通能耗与污染、法律法规、新兴技术等多类别风险。自动驾驶道路测试风险的形成机理较为复杂,且受多个要素耦合作用影响,因此需要综合应用上述介绍的风险评估方法,如图4-3所示。

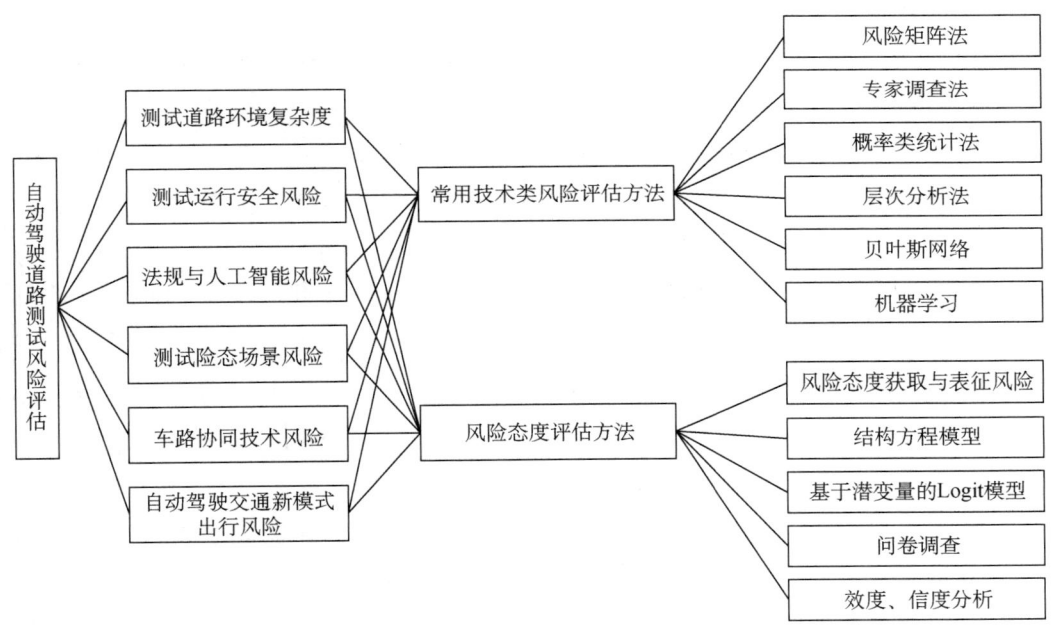

图4-3　风险评估方法在自动驾驶道路测试风险评估中的基本应用示意

参考文献

[1] 卢新瑞. 2018版ISO31000《风险管理指南》综述与解析[J].中国商论,2018(20):165-166.

[2] 中国安全生产科学研究院.职业安全健康管理体系审核规范:实施指南[J].中国安全生

产科学技术,2002(3):8-16.

[3] 蔡筱波.基于专家调查法的大跨度钢桁梁桥运营期安全风险评估[J].价值工程,2016,35(23):61-63.

[4] 顾基发,赵丽艳.航天系统安全性分析的概率风险评估方法[J].系统工程与电子技术,1999(8):28-31.

[5] 吴兵,涂辉招,王俊骅,等.城市交通拥堵风险防控[M].上海:同济大学出版社,2020.

[6] 郭金玉,张忠彬,孙庆云.层次分析法的研究与应用[J].中国安全科学学报,2008,18(5):148-153.

[7] 韩磊,吴树芳,王子贤.贝叶斯网络[J].电脑知识与技术,2009,5(21):5867.

[8] PEARL J. Probabilistic Reasoning in Intelligent Systems:Networks of Plausible Inference[M]. United States:CA. San Francisco, Morgan Kaufmann Publishers Inc.,1988.

[9] DIDELEZ V, PIGEOT I. Judea pearl:causality:models, reasoning, and inference[J]. Politische Vierteljahresschrift,2001,42(2):313-315.

[10] 李昊朋.基于机器学习方法的智能机器人探究[J].通讯世界,2019,26(4):247-248.

[11] 周昀锴.机器学习及其相关算法简介[J].科技传播,2019,11(6):153-154,165.

[12] 赵卫东,董亮.机器学习[M].北京:人民邮电出版社,2018.

[13] DAVID H, MURRAY-WEBSTER R,et al. Understanding and managing risk attitude[J]. Supply Management,2006,11(12):31.

[14] ROHRMANN B. Risk perception, risk attitude, risk communication, risk management:a conceptual appraisal[C]//15th The International Emergency Management Society (TIEMS) Annual Conference. Australia:[s.n.],2008.

[15] 王燕.基于前景理论的通勤者出行路径选择行为及风险态度研究[D].成都:西南交通大学,2017.

[16] 郭彬杰.考虑居民出行风险态度的多模式选择行为研究[D].重庆:重庆交通大学,2019.

[17] DOHMEN T J, FALK A, HUFFMAN D B, et al. Individual risk attitudes:Measurement, determinants, and behavioral consequences[J]. Journal of the European Economic Association,2011,9(3):522-550.

[18] 风笑天.社会调查中的问卷设计[M].天津:天津人民出版社,2014.

[19] 亓莱滨.李克特量表的统计学分析与模糊综合评判[J].山东科学,2006,19(2):18-23.

[20] SHEFRIN H, STATMAN M. Behavioral portfolio theory[R]. Santa Clara

University：Leavey School of Business，Department of Finance，1997.

[21] DOHMEN T J. Social pressure influences decisions of individuals：evidence from the behavior of football referees[R]. IZA Discussion Paper，2005.

[22] 徐红利.城市交通流系统分析与优化[M].江苏：南京大学出版社，2013.

[23] 胡宜挺，蒲佐毅.新疆种植业农户风险态度及影响因素分析[J].石河子大学学报（哲学社会科学版），2011,25(3)：1-6.

[24] 侯杰泰.结构方程模型及其应用[M].北京：教育科学出版社，2004.

[25] 黄位.基于计划行为理论与技术接受模型的自动驾驶汽车接受度研究[D].镇江：江苏大学，2019.

[26] 程开明.结构方程模型的特点及应用[J].统计与决策，2006(10)：22-25.

[27] 关宏志.非集计模型：交通行为分析的工具[M].北京：人民交通出版社，2004.

[28] 王灿，王德，朱玮，等.离散选择模型研究进展[J].地理科学进展，2015,34(10)：1275-1287.

[29] WALKER J L. Extended discrete choice models：integrated framework, flexible error structures，and latent variables[D]. University of California at Berkeley，2001.

[30] VIJ A，WALKER J L. How，when and why integrated choice and latent variable models are latently useful[J]. Transportation Research Part B：Methodological，2016,90：192-217.

[31] MOHAMMADI A，KERMANSHAH M，MOEINADDINI A. Investigation of safety attitude on passenger vehicle type choice：an integrated choice and latent variable (ICLV) approach[J]. IATSS Research，2021,45(3)：336-346.

[32] 戴菲，章俊华.规划设计学中的调查方法（1）：问卷调查法（理论篇）[J].中国园林，2008,10：82-87.

[33] GORSUCH R.Factor Analysis[M]. Hillsdale, NJ：Lawrence Earlbaum Associates，1983.

[34] COMREY A L. Factor-analytic methods of scale development in personality and clinical psychology[J]. Journal of Consulting Clinical Psychology，1988，56(5)：754-761.

[35] 吴明隆.问卷统计分析实务：SPSS 操作与应用[M].重庆：重庆大学出版社，2010.

[36] 陶永明.问卷调查法应用中的注意事项[J].中国城市经济，2011,20(9)：305-307.

[37] 裴娣娜.教育研究方法导论[M].安徽：安徽教育出版社，1995.

[38] 蒋小花，沈卓之，张楠楠，等.问卷的信度和效度分析[J].现代预防医学，2010,37(3)：429-431.

[39] KAISER H F, RICE J. Little jiffy, mark Ⅳ[J]. Journal of Educational and Psychological Measurement,1974,34(1):111-117.

[40] JOHN S. Making sense of multivariate data analysis: an intuitive approach[M]. SAGE Publications,2005.

[41] 亓莱滨,张亦辉,郑有增,等.调查问卷的信度效度分析[J].当代教育科学,2003(22):53-54.

[42] 巫秀美,倪宗瓒.因子分析在问卷调查中信度效度评价的应用[J].中国慢性病预防与控制,1998(1):28-31.

[43] 倪宗瓒.医学统计学[M].北京:高等教育出版社,2003.

5 测试道路环境复杂度评估

自动驾驶道路测试在开展仿真测试和封闭场地测试的同时,也在大规模地推进开放道路测试。但是面对复杂的道路交通环境,自动驾驶开放道路测试安全风险较大。为了保证自动驾驶道路测试的安全性,应分级、分类有序地开放测试道路。因此,在自动驾驶车辆上路之前,有必要对开放测试道路的环境复杂度进行评估与评级。本章通过对自动驾驶道路测试进行致因分析,梳理风险致因因素,从而提出了自动驾驶开放测试道路安全风险评估(road Safety Risk Assessment for Autonomous Vehicles,SRAAV)模型框架,确定了自动驾驶开放测试道路安全风险评估流程,构建了针对自动驾驶的道路安全风险度计算模型和模型优化方法,形成了自动驾驶测试道路环境复杂度分级标准,并结合自动驾驶测试道路环境评估分级案例加以辅助说明。

5.1 道路测试风险致因因素

近年来,上海、北京等30多个国内城市在超过3 000 km的公开道路上开展了大规模的自动驾驶开放道路测试。然而,在测试过程中,技术成熟度有待进一步提升的自动驾驶汽车与人工驾驶汽车混合交互运行时,面临着复杂道路交通环境下随机动态交通流等常态安全风险考验,同时由于自动驾驶自身的技术特征,自动驾驶汽车的传感器、控制器的可靠性有待进一步深入验证,对于其可能的失效模式及造成的后果科研人员仍在不断摸索[1],因此涌现出一些新的安全风险,诸如技术安全、网络安全和新型路怒等。多种安全风险交织叠加,构成了针对自动驾驶道路测试的安全风险。科学合理的自动驾驶道路测试,需要充分考虑测试风险,综合考量保障公共安全和推动自动驾驶发展两方面的需求,并力求在二者之间找到平衡。为了有效控制自动驾驶道路测试和示范应用潜在的风险隐患,保障道路交通安全,世界各国纷纷制定了相关的道路测试和示范应用规范,力求使道路测试过程风险可控。与人工驾驶汽车类似,自动驾驶汽车交通事故的发生,同样涉及人、车、路、环境及管理等多个方面,因此,自动驾驶道路测试风险因素可归纳为四大类:道路设施因素、交通流因素、气候环境因素和交通参与者因素。

5.1.1 道路设施因素

有关交通事故的研究表明,大多数交通事故都是由两种或两种以上因素导致的。虽然,自动驾驶车辆自身的智能水平是导致事故最直接的影响因素,但车辆行为还是会受到道路设施因素的影响,不良的道路条件也是诱发事故的一个重要原因。影响自动驾驶道路测试安全性的道路设施因素包括道路线形、路面状况、车道数、车道宽度、交叉口和接入口等。

(1) 道路线形。道路线形是道路总体轮廓的呈现,良好的道路线形能够减少道路交通事故的发生。在平面上,直线和平曲线是道路的两种基本线形。直线具有方向明确的特点,当直线长度过短时,自动驾驶汽车需要频繁地进行转弯操作,由于提供给车辆的反应时间较短,因此容易导致交通事故。平曲线是连接两条直线的过渡线形,曲率越大,道路弯曲度越大,事故率也就越高。在竖向上,当使用竖曲线时,自动驾驶汽车与路面间的附着系数会减小,从而影响交通安全。

(2) 路面状况。路面状况包括路面的抗滑性、平整度和坡度等,其与道路交通安全有着密切联系。路面的抗滑性一般用轮胎和路面间的摩擦系数来衡量,而摩擦系数受道路表面特性、轮胎特性及轮胎与路面间介质特性的影响。另外,相对于湿润路面,干燥路面的抗滑性较好,湿润路面由于表面覆着一层水膜,其抗滑性显著降低。路面的平整度是路面质量的直接反映,路面平整度差表现为路面凹凸不平,这会增加自动驾驶汽车的颠簸、降低控制力,给行车造成阻力和危险。路面坡度也会影响自动驾驶汽车的行车安全,当坡度较大时,在下坡路段,因受重力作用易造成车辆加速前进,这对车辆的制动性能提出了较高要求;在陡坡路段,可能出现车辆熄火状况,十分危险。

(3) 道路的车道数量、车道宽度、交叉口等因素也影响着自动驾驶的行车安全。一般认为,3车道事故率比两车道要高,但与4车道相似,当车道数大于3时,随着车道数增加事故率降低。适当的车道宽度有利于避免交通事故,而当车道宽度过小时,易发生车辆间的剐擦事故;当车道宽度过大时,自动驾驶车路可能会利用富余宽度进行超车,从而增加行车危险。交叉口是交通流汇集和疏散的地点。不同的交叉口所引发的交通事故类型和严重程度也有所不同[2]。

此外,针对自动驾驶的特点,一些新型的道路设施,如新型车道线、新型路缘带、路侧车路协同设备等,同样会对自动驾驶道路测试风险有所影响。

5.1.2 交通流因素

影响自动驾驶道路测试安全性的交通流因素有交通量、速度、大车比例和交通信息特征等。

(1) 交通量。交通量分为车流量和人流量,所谓车流量是指在单位时间内通过某一断面或某一地点的车辆数;人流量是指单位时间内通过某一断面或某一地点的行人数。通常情况下,事故率和交通量的大小成正比,交通量越大,事故率越大。

(2) 速度。速度是影响交通安全最主要的因素之一,速度越快,发生交通事故的概率越大,事故也就更严重。另外,自动驾驶汽车和人工驾驶汽车的速度差异性也同样会影响自动驾驶道路测试的安全性。

(3) 大车比例。大车比例高是我国部分城市道路交通的一大特点,大车比例的增加会导致交通环境更加复杂、交通秩序更加混乱,在增加事故发生概率的同时,还增加了事故的严重程度,从而影响自动驾驶汽车的行驶安全。

(4) 交通信息特征。当自动驾驶汽车在道路上行驶时,其感知系统从不断变化的交通环境中获得信息,并对信息进行识别、分析、判断和选择,最后做出相应的反应[3]。

5.1.3 气候环境因素

影响自动驾驶道路测试安全性的气候环境因素包括冰雪、雨雾和大风等。

冰雪天气对自动驾驶安全性的影响体现在两方面:一方面,冰雪会使自动驾驶汽车路面附着性能降低;另一方面,冰雪覆盖会影响自动驾驶汽车对交通标志、标线的识别。

雨雾天气对自动驾驶安全性的影响同样体现在两方面:一方面,雨雾天气使得车轮与路面之间的附着系数降低,导致车辆与路面之间附着力减小,如遇到急转弯或紧急情况需要刹车,车辆会出现侧滑、翻车等情况,从而造成交通事故;另一方面,雨雾天气导致能见度降低,从而使得自动驾驶车辆上的检测器难以及时检测到道路前方状况。

此外,大风也会对自动驾驶车辆的行驶安全造成影响,不仅影响车辆的横向稳定性,而且大风扬起的覆盖物、风沙等还会影响自动驾驶车辆上车载视频检测器的检测效果。

5.1.4 交通参与者因素

影响自动驾驶道路测试安全性的交通参与者因素包括机动车、非机动车和行人等。

(1) 机动车。在未来很长一段时间内,自动驾驶汽车会与人工驾驶车辆在道路中混行,因此,机动车是影响自动驾驶开放道路测试安全性的重要因素之一。

(2) 非机动车和行人。非机动车和行人都是无防护的交通参与者,同时也是交通事故中的弱势群体,因此,他们是自动驾驶道路测试中必须考虑的因素。非机动车和行人对自动驾驶道路测试的影响,除了其流量增加会对自动驾驶汽车行驶安全不利之外,违反交通规则也是一项主要的风险致因,如非机动车驾驶员逆向行驶、闯红灯以及行人违反交通规则等。自动驾驶汽车不易判断和预测这些交通参与者的违规行为,同时,也难以对突发情况做出及时的反应,因此易造成交通事故。

5.2 SRAAV 评估方法

5.2.1 评估框架

自动驾驶汽车在感知、决策、执行这三方面都与人工驾驶汽车有着显著的区别,且在道路测试过程中面临着常态、突发和新兴三类风险挑战,因此,传统的针对人工驾驶汽车的道路安全风险评估方法并不适用于自动驾驶汽车开放测试道路安全风险评估。为了综合且定量地评估自动驾驶汽车开放测试道路的安全风险度,通过结合我国道路交通特征和驾驶行为习惯,我们提出了自动驾驶开放测试道路安全风险评估 SRAAV 方法。SRAAV 方法综合评估了道路等级与道路平整度、智慧融合道路基础设施等道路设施因素、交通量与车速等交通流因素、行人冲突、机非冲突等交通参与者因素、冰雪与雨雾等气候环境因素,共四大类因素,以道路安全风险度作为评价指标,安全风险度越低,测试道路的安全程度就越高。SRAAV 方法的评估框架如图 5-1 所示。

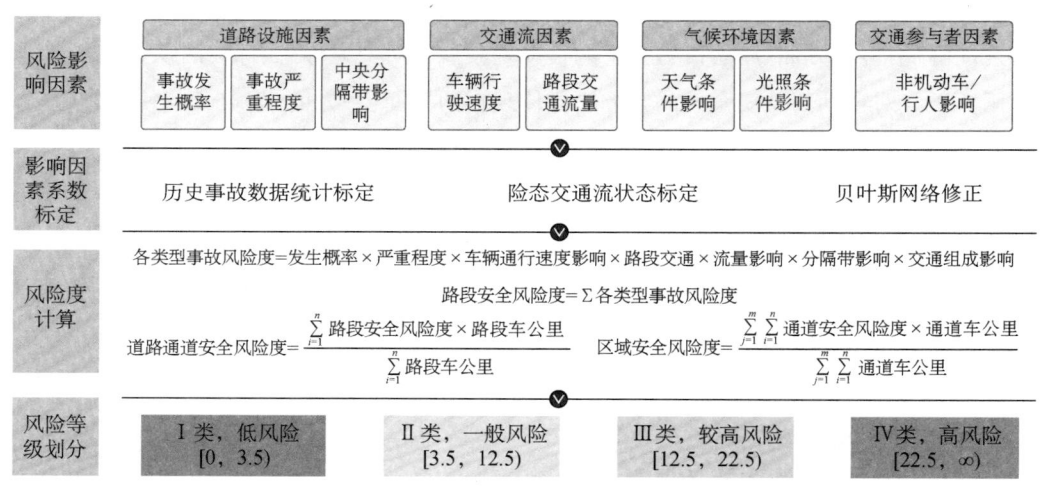

图 5-1 SRAAV 方法的评估框架

SRAAV 方法的评估框架主要包含四部分内容。首先,确定影响自动驾驶道路测试安全状况的主要因素。其次,明确自动驾驶汽车在道路测试中可能遇到的事故类型,以及每类事故的影响因素。然后,以安全风险度来反映道路的安全程度,事故风险度由四大类风险因素下的各子因素共同决定,各子因素对安全风险度的贡献程度即为其影响系数,影响系数通过历史事故数据、贝叶斯网络等标定和修正。再以各类事故风险度之和表示整个路段的安全风险度,用来反映测试道路的安全风险水平。使用路段车公里加权各个路段的安全风险度即可得到道路通道安全风险度。同理，使用通道车公里加权各条道路的安全风险度，即可得到路网或区域安全风险度。最后，以安全风险度作为指标对道路风险度进行定量划分，确定测试道路的风险等级。

在 SRAAV 方法评估框架下，具体评估流程包括以下几个步骤：①确定事故类型及影响因素；②调查静态因素及划分路段；③调查动态因素；④计算安全风险度；⑤道路环境风险等级分级。

5.2.2　事故类型及影响因素确定

根据美国加州机动车管理局（Department of Motor Vehicles，DMV）所建的自动驾驶汽车运行事故报告数据库，自动驾驶汽车在道路上行驶时可能会发生五类事故，分别为：脱离行车道事故、失控撞上对向机动车事故、超车时撞上对向机动车事故、交叉口事故以及道路接入口事故。根据测试道路上发生过的事故以及造成的后果，判断测试道路可能发生的事故类型。SRAAV 方法将自动驾驶汽车测试道路安全风险场景因素分为四类：道路设施、气候环境、交通流和交通参与者。对于不同的事故类型，SRAAV 提出了不同的影响因素，如脱离行车道事故的风险影响因素为曲率、坡度、车道宽、路面平整度、标志标线情况、交通量和车辆通行速度等。各类因素中除了影响道路安全风险的传统场景因素外，还有自动驾驶汽车带来的新兴场景因素。自动驾驶汽车开放测试道路的安全风险受到传统场景因素与新兴场景因素的共同影响，如表 5-1 所列。

表 5-1　　　　　　　　　自动驾驶汽车测试道路安全风险场景因素

影响因素	传统场景因素	新兴场景因素
道路设施	车道数量、车道宽度、道路坡度、道路曲率、标志标线、路侧停车情况、道路平整度、路面抗滑能力、中央隔离带类型、路侧危险物、距路侧危险物距离、交叉口类型、交叉口安全性、交叉口渠化、视距、速度管理措施、行人过街设施、道路接入点数量、接入点辅道情况、非机动车道隔离情况、人行道隔离情况、学校区域警示、信号灯配时、绿化	车路协同设备、车路通信方式与性能、高精度地图、新型车道线、新型交通标志、新型路缘石
气候环境	良好天气、雨天、雾天、风力、光线（夜晚）	网络安全、定位导航状态
交通流	机动车交通量、机动车通行速度、交通组成、交通状态	自动驾驶感知算法、自动驾驶决策算法、自动驾驶执行控制算法
交通参与者	非机动车流量、机动车（电动车）流量、机动车（摩托车）流量、路侧通行行人流量、横穿马路行人流量	端、管、云

传统场景因素主要有道路坡度、道路曲率、道路平整度、标志标线、交叉口类型、道路接入点数量、天气、光照、机动车通行速度、机动车交通量、交通组成、非机动车/行人流量等。

新兴场景因素主要有车路协同设备、高精度地图、新型车道线、新型交通标志、网络安全、自动驾驶感知算法、端、管、云等。

5.2.3　静态因素调查及路段划分

为了对拟开放的自动驾驶汽车测试道路进行全面综合的评估，应开展实地调研。通过实地调查影响测试道路安全风险的主要静态因素（短时间内不会发生变化的因素），如车道数量、道路平整度、中间隔离带类型、道路曲率、道路坡度、道路接入点、交叉口情况等，并详细记录各影响因素的情况，同一因素的不同状态对应不同的安全风险度影响系数。

在分析各静态因素与道路安全风险的关系之前，为了提高评估的准确性，需要把测试道路划分为不同场景的子路段，常用的路段划分方式主要有定长法和不定长法两种。其中，定长法就是按等距离划分路段。虽然，这种方法简单易行，但是在同一个子路段中可能会存在多个完全不同的场景，从而给评估造成困难。不定长法则是以道路设施中的主要因素为依据，当其中的主要因素发生变化时，便在此处断开，然后开始划分新的路段。为了提高评估精度，SRAAV方法采用不定长法划分子路段，将主要静态影响因素不变或相似的连续道路划分为同一个路段，并进行编号。实地调查中应保证涵盖的范围为道路两侧且不可中断或遗漏，同一方向需要两名经过相应培训的调查员同时开展，以保证调查结果的可靠性。当同一子路段上出现同一影响因素变化的情况时，则应按照出现的最差情况记录，例如，当某个路段的一部分出现标线不清晰的情况时，那么将这一路段标线情况记录为"不清晰"。

5.2.4　动态因素调查

动态因素指的是车辆通行速度、交通量、天气环境等随时间或者路段不同会发生变化的因素。车辆通行速度根据路段设计速度确定，以设计速度的85%分位值作为车辆通行的平均速度。交通量则需对划分好的各个子路段进行调查，优先采用质量可靠的自动化采集手段（如视频、线圈等）来获取数据，当缺少相应数据时，需开展现场调查。为了保证结果的可靠性，现场调查必须由三名以上经过相应培训的调查员同时开展，应保证调查时间至少涵盖早高峰、晚高峰和平峰各一小时，调查对象包括机动车、非机动车和行人。获得现场调查数据后，可计算得到每个路段的日交通量。天气因素则根据自动驾驶汽车测试时的情况而定，目前均为良好天气。

5.2.5　安全风险度计算

SRAAV方法充分融合了传统人工驾驶汽车的道路安全风险评估方法以及国际道路评估组织（International Road Assessment Programme，IRAP）和中国道路评估组织（China Road Assessment Programme，ChinaRAP）所采用的方法，提出了各类型事故导致的路段安全风险度计算公式：

$$y = x_1 \times x_2 \times x_3 \times x_4 \times x_5 \times x_6 \times x_7 \tag{5-1}$$

式中　y——各类型事故安全风险度；

　　　x_1——事故发生概率；

　　　x_2——事故严重程度；

　　　x_3——路段内车辆通行速度影响系数；

　　　x_4——路段交通量影响系数；

　　　x_5——中央分隔带类型影响系数；

　　　x_6——天气环境影响系数；

　　　x_7——交通组成影响系数。

式(5-1)中，事故发生概率和事故严重程度的影响系数主要由调查中的道路设施因素共同决定，包括传统场景因素和自动驾驶汽车新兴场景因素。IRAP和ChinaRAP方法主要综合了国内外的大量调查，分析传统场景因素对事故发生概率和事故后果的影响程度，从而确定无量纲的安全风险度影响系数。新兴场景因素是指随着自动驾驶汽车发展而产生的新的道路安全风险影响因素，如新型车道线、车路协同设备等。车辆通行速度影响系数和交通量影响系数反映了交通要素对道路安全风险的影响，由动态因素调查和计算结果决定。各类型事故安全风险度道路设施因素影响系数如表5-2—表5-6所列，交通流因素影响系数如表5-7—表5-9所列，天气环境因素影响系数如表5-10所列。

表5-2　　　　　正面相撞事故(失控)安全风险度道路设施因素影响系数

事故类型	影响因素			安全风险度
正面相撞事故（失控）	事故发生概率	车道宽	>3.25 m	1.00
			>2.75 m 和≤3.25 m	1.05
			≤2.75 m	1.10
		曲率	>900 m	0.97
			>500 m 和≤900 m	1.74
			>200 m 和≤500 m	3.59
			≤200 m	6.16
		标志标线	充分	1.00
			不足	2.40
		路面平整度	≤2.0 m/km	1.00
			>2.0 m/km 和≤4.5 m/km	1.20
			>4.5 m/km	1.40

(续表)

事故类型	影响因素		安全风险度
正面相撞事故（失控）	事故发生概率	坡度 ≤4%	0.97
		坡度 >4%和≤7.5%	1.52
		坡度 >7.5%	1.79
		抗滑系数 ≥45	1.00
		抗滑系数 ≥35 和<45	1.40
		抗滑系数 <35	2.00
	事故严重程度	中间隔离带类型 金属、混凝土、绳	0.00
		空间间隔 5~10 m	39.90
		空间间隔 1~5 m	91.20
		空间间隔<1 m	102.60
		中间划线	110.80

表 5-3　正面相撞事故（超车）安全风险度道路设施因素影响系数

事故类型	影响因素		安全风险度
正面相撞事故（超车）	事故发生概率	车道数 单向 1 车道	1.15
		单向 2 车道	0.02
		单向 3 车道及以上	0.02
		(1+2)车道	0.53
		(2+3)车道	0.03
		坡度 ≤4%	0.97
		坡度 >4%和≤7.5%	1.52
		坡度 >7.5%	1.79
		抗滑系数 ≥45	1.00
		抗滑系数 ≥35 和<45	1.40
		抗滑系数 <35	2.00
	事故严重程度	中间隔离带类型 金属、混凝土、绳	0.00
		空间间隔 5~10 m	0.00
		空间间隔 1~5 m	0.00
		空间间隔<1 m	0.00
		中间划线	100.00

表 5-4　　　　　　　　　驶离车道事故安全风险度道路设施因素影响系数

事故类型	影响因素			安全风险度
驶离车道事故	事故发生概率	车道宽	＞3.25 m	1.00
			＞2.75 m 和≤3.25 m	1.05
			≤2.75 m	1.10
		曲率	＞900 m	0.97
			＞500 m 和≤900 m	1.74
			＞200 m 和≤500 m	3.59
			≤200 m	6.16
		标志标线	充分	1.00
			不足	2.40
		路面平整度	≤2.0 m/km	1.00
			＞2.0 m/km 和≤4.5 m/km	1.20
			＞4.5 m/km	1.40
		坡度	≤4%	0.97
			＞4% 和≤7.5%	1.52
			＞7.5%	1.79
		抗滑系数	≥45	1.00
			≥35 和＜45	1.40
			＜35	2.00
	事故严重程度	路侧物体	树	60.00
			其他	100.00

表 5-5　　　　　　　　　交叉口事故安全风险度道路设施因素影响系数

事故类型	影响因素		安全风险度
交叉口事故	事故发生概率	交叉口类型	
		合流	9.00
		环形交叉口	29.98
		无信号灯 T 形交叉口	18.41
		有信号灯有左转相位的 T 形交叉口	9.21
		有信号灯无左转相位的 T 形交叉口	14.32
		无信号十字形交叉口	26.21
		有信号有左转相位十字形交叉口	12.48
		有信号无左转相位十字形交叉口	20.00
		交叉口质量	
		高	1.00
		低	1.20

(续表)

事故类型	影响因素			安全风险度
交叉口事故	事故发生概率	坡度	≤4%	0.97
			>4%和≤7.5%	1.52
			>7.5%	1.79
		抗滑系数	≥45	1.00
			≥35 和<45	1.40
			<35	2.00
		视距	无视线阻挡	1.00
			有视线阻挡	1.42
		交通渠化	有	1.00
			无	1.20
		减速标志	有	1.00
			无	1.25
	事故严重程度	交叉口类型	合流	20.00
			环形交叉口	30.00
			无信号灯 T 形交叉口	45.00
			有信号灯有左转相位的 T 形交叉口	45.00
			有信号灯无左转相位的 T 形交叉口	45.00
			无信号十字形交叉口	50.00
			有信号有左转相位十字形交叉口	50.00
			有信号有左转相位十字形交叉口	50.00

表 5-6　　接入口事故安全风险度道路设施因素影响系数

事故类型	影响因素			安全风险度
接入口事故	事故发生概率	接入点数量	商业接入点数量>1	2.00
			居民区接入点数量>3	1.30
			居民区接入点数量为 1 或 2	1.10
			无	1.00
		辅道	有	1.00
			无	1.50
		中间隔离带类型	金属、混凝土、绳	0.70
			空间间隔 5~10 m	0.70
			空间间隔 1~5 m	0.70
			空间间隔<1 m	0.70
			中间划线	1.00

(续表)

事故类型	影响因素			安全风险度
接入口事故	事故严重程度	接入点数量	商业接入点数量>1	50.00
			居民区接入点数量>1	50.00
			无	0.00

表5-7　　　　　　　　通行速度对道路安全风险度影响系数

限速/(km·h^{-1})	安全风险度影响系数
40	0.01
50	0.02
60	0.05
70	0.09
80	0.12
90	0.19
100	0.25
120	0.32

表5-8　　　　　　　　交通量对道路安全风险度影响系数

流量/(veh·d^{-1})	安全风险度影响系数
10~100	0.01
100~1 000	0.08
1 000~5 000	0.15
5 000~10 000	0.28
10 000~15 000	0.50
>15 000	1.00

表5-9　　　　　　　　大车比例对道路安全风险度影响系数

大车比例	安全风险度影响系数
0~10%	1.00
10%~20%	1.58
20%~30%	2.62
30%~40%	2.89
40%~50%	3.99
50%~100%	4.66

表 5-10　　天气环境对道路安全风险度影响系数

限速 /(km·h^{-1})	安全风险度影响系数		
	雾天	雨天	夜间
40	1.38	1.38	1.53
50	1.45	1.42	1.59
60	1.53	1.47	1.65
70	1.58	1.62	1.66
80	1.67	1.66	1.68
90	1.74	1.72	1.72
100	1.81	2.05	1.79
110	1.88	2.37	1.86
120	1.91	2.47	1.97

根据式(5-1)和表 5-2—表 5-10,可以计算各类型事故的安全风险度。在每个测试路段中,自动驾驶汽车发生事故的安全风险度为各类型事故安全风险度之和。路段安全风险度计算公式如下:

$$S_{\text{section}} = \sum y \tag{5-2}$$

式中　S_{section}——路段安全风险度;

　　　y——各类型事故的安全风险度。

SRAAV 方法可计算用于测试的整条道路通道和路网的安全风险度。道路通道安全风险度的计算方法如式(5-3)所示。

$$S_{\text{road}} = \frac{\sum_{i=1}^{n} S_{\text{section}} \times Sl_i}{\sum_{i=1}^{n} Sl_i} \tag{5-3}$$

式中　S_{road}——道路通道安全风险度;

　　　S_{section}——路段安全风险度;

　　　Sl_i——路段 i 车公里;

　　　y——各类型事故的安全风险度;

　　　n——通道中的路段数量。

区域安全风险度计算方法如式(5-4)所示。

$$S_{\text{network}} = \frac{\sum_{j=1}^{m} \sum_{i=1}^{n} S_{\text{section}} \times Sl_{ij}}{\sum_{j=1}^{m} \sum_{i=1}^{n} Sl_{ij}} \tag{5-4}$$

式中 $S_{network}$——区域安全风险度；
$S_{section}$——路段安全风险度；
Sl_{ij}——j 通道中路段 i 车公里；
n——通道中的路段数量；
m——区域中的通道数量。

5.2.6 道路环境风险等级划分

为了有效管控自动驾驶汽车开放测试道路的风险，实现分级分类有序、风险可控地开放测试道路，故以安全风险度作为分级指标对评估后的测试道路进行分级。参照我国突发事件预警信息制度的规定，将道路环境风险划分为4个等级，其中安全风险度划分阈值由专家组讨论以及 Logistic 回归分类得到，专家打分表的示例如表 5-11 所列。具体方法如下：首先，调查所有道路的属性，计算每段道路的风险度，生成道路风险数据库；其次，抽样一部分道路环境，通过专家打分法将其划分为Ⅰ类（低风险）、Ⅱ类（一般风险）、Ⅲ类（较高风险）和Ⅳ类（高风险），形成分类器的训练集；最后，利用 Logistic 多分类器基于训练集进行训练，根据训练结果确定各个等级之间的阈值，以用于道路安全风险等级的划分。四类风险分别用蓝、黄、橙、红四种颜色表示，蓝色到红色表示风险逐渐增大。自动驾驶开放测试道路环境风险等级划分标准如表 5-12 所列。

表 5-11 专家打分表示例

路段编号	风险等级选择							风险度
	专家1	专家2	专家3	专家4	…	专家X	综合	
1	Ⅱ	Ⅱ	Ⅰ	Ⅱ	…	Ⅰ	Ⅱ	11.25
2	Ⅰ	Ⅱ	Ⅱ	Ⅰ	…	Ⅱ	Ⅰ	1.58
3	Ⅰ	Ⅰ	Ⅰ	Ⅰ	…	Ⅱ	Ⅰ	2.11
4	Ⅰ	Ⅰ	Ⅱ	Ⅰ	…	Ⅰ	Ⅰ	6.47
5	Ⅱ	Ⅰ	Ⅱ	Ⅱ	…	Ⅱ	Ⅱ	14.18
6	Ⅰ	Ⅰ	Ⅰ	Ⅰ	…	Ⅰ	Ⅰ	1.51
7	Ⅰ	Ⅰ	Ⅰ	Ⅰ	…	Ⅱ	Ⅰ	3.51
8	Ⅰ	Ⅰ	Ⅰ	Ⅰ	…	Ⅱ	Ⅰ	2.74
9	Ⅱ	Ⅱ	Ⅱ	Ⅱ	…	Ⅰ	Ⅱ	11.25
10	Ⅰ	Ⅰ	Ⅰ	Ⅰ	…	Ⅰ	Ⅰ	4.11
11	Ⅰ	Ⅰ	Ⅰ	Ⅰ	…	Ⅱ	Ⅰ	1.69
12	Ⅰ	Ⅰ	Ⅰ	Ⅰ	…	Ⅰ	Ⅰ	1.75

(续表)

路段编号	不同专家打分							风险度
	专家1	专家2	专家3	专家4	…	专家X	综合	
13	Ⅱ	Ⅱ	Ⅱ	Ⅰ	…	Ⅱ	Ⅱ	1.58
14	Ⅱ	Ⅰ	Ⅱ	Ⅰ	…	Ⅰ	Ⅱ	9.11
15	Ⅰ	Ⅰ	Ⅰ	Ⅰ	…	Ⅰ	Ⅰ	1.93
16	Ⅰ	Ⅱ	Ⅰ	Ⅰ	…	Ⅱ	Ⅰ	11.25
17	Ⅰ	Ⅱ	Ⅱ	Ⅰ	…	Ⅰ	Ⅱ	1.58
18	Ⅰ	Ⅰ	Ⅰ	Ⅰ	…	Ⅱ	Ⅰ	1.58
19	Ⅰ	Ⅰ	Ⅰ	Ⅰ	…	Ⅱ	Ⅰ	2.75
20	Ⅰ	Ⅰ	Ⅰ	Ⅰ	…	Ⅰ	Ⅰ	3.51

表5-12 自动驾驶开放测试道路环境风险等级划分标准

道路环境分级	风险等级描述	安全风险度范围
Ⅰ类	低风险	[0, 3.5)
Ⅱ类	一般风险	[3.5, 12.5)
Ⅲ类	较高风险	[12.5, 22.5)
Ⅳ类	高风险	[22.5, ∞)

5.3 安全风险度计算模型优化

SRAAV评估方法全面考虑了与自动驾驶相关的风险因素,实现了自动驾驶道路测试风险的宏观评价。随着自动驾驶道路测试的大规模开展,产生了大量的测试数据,这为基于测试结果的评估模型参数优化提供了数据支撑。本节结合自动驾驶道路测试特点,提出了基于贝叶斯网络的安全风险度优化方法。自动驾驶技术的发展,必将带来新一轮的基础设施革新,如新型路缘、新型车道线等。在新型基础设施环境下,自动驾驶道路测试的风险也会有一定的变化。本节以新型车道线为例,分析了机器视觉下其检测率对自动驾驶道路测试风险的影响。

5.3.1 基于贝叶斯网络的安全风险度优化计算

在对自动驾驶道路测试数据进行分析后,可根据测试结果对SRAAV评估方法的模型参数进行优化。2018年3月18日,在美国亚利桑那州发生了全球首例自动驾驶汽车撞死行人的严重事故[4,5]。通过对比分析自动驾驶道路测试事故致因与人工驾驶事故致因,可以明晰自动驾驶道路测试事故的机理,进而有效防控自动驾驶道路测试安全风险。已有的道路交通事故致因影响程度分析研究主要针对人工驾驶,在研究对象方面,主要考虑了五大类因素:①生理因素[6-11]、心理因素[6,7,9-11]等交通参与者因素;②车辆性能[7,9,10]、载重[2,8,10]等车辆因素;③道路线形[7-10]、标志标线[7,9]、车道数[9,10,12]等道路设施因素;④天气[12,13]、光照[9,10,12]等气候环境因素;⑤流量[2,9,11]、车速[2,9,11]等动态交通因素。交通事故是多影响因素耦合作用下的结果,各影响因素之间存在相关性,且表现出明显的层次性[14-16]。对于自动驾驶而言,与驾驶员相关的因素在事故致因分析中不应被考虑,而主要考虑道路设施因素、动态交通因素、气候环境因素和交通参与者因素等。另外,在机器感知、规划、决策水平下,各种因素对事故风险的影响程度是不同的。因此,可针对自动驾驶事故和人工驾驶事故致因的差异性,结合自动驾驶测试数据,对风险评估模型进行迭代优化。

美国加州机动车管理局已经建成了自动驾驶汽车运行事故报告数据库,该数据库记录了美国加州自2014年以来开放道路测试的所有事故报告[17],每起事故报告均包含制造商信息、事故信息、参与者信息、伤亡损失信息、事故细节信息和证明六个部分。通过对美国自动驾驶道路测试事故的基本信息进行诸如生产厂商、严重程度、事故类型等的频率统计,以探究自动驾驶汽车事故与道路设施、交通流、气候环境等因素的关系。同时,针对自动驾驶事故致因的多因素耦合特征,构建贝叶斯网络,将道路设施、气候环境、交通流等在道路风险评估中常用的因素作为分析对象,基于美国自动驾驶汽车运行事故报告数据及关键道路设施信息,对自动驾驶道路测试事故进行致因影响程度分析,并与人工驾驶事故进行对比分析。

1. 贝叶斯网络

贝叶斯网络是一种概率网络,是基于概率推理的图形化网络[18]。贝叶斯定理是贝叶斯网络的理论基础,其核心是应用证据信息(已知样本)对有关概率分布的主观判断(先验概率)进行修正[9]。贝叶斯网络既可以进行因果推理,即在给定原因的情况下,计算后果概率,又可以进行诊断推理,即在给定结果的情况下,计算各原因出现的概率[18]。

贝叶斯网络由节点、节点间的有向连线和条件概率表(Conditional Probability Table,CPT)三个部分组成。其中,节点表示随机变量,有向连线表示随机变量之间的因果关系,条件概率表示变量之间的关联强度或置信度[8]。贝叶斯网络的建立主要分为两步:①建立贝叶斯网络结构,确定节点以及节点之间的有向连线;②学习网络参数,确定CPT。

节点友好的父节点分离方法(Child friendly Parent Divorcing,CfPD)是一种用于提升网络结构有效性的方法,通过引入一个新节点作为中间节点,将具有相似属性的节点组合在一起,以减少所选节点传入边的数量,从而显著减小CPT,进而提高网络效率。该方法适用于较大的网络。

首先,考虑网络的节点集。节点集包括解释变量集合和CfPD方法所引入的中间节点集合。因为CfPD方法需要聚合具有相似属性的节点,故结合自动驾驶道路测试的特点,对自动驾驶道路测试事故的影响因素进行梳理,共包含道路设施因素、气候环境因素和交通流因素三大类,可作为中间节点;具体包括38个因素,可作为各中间节点的父节点,具体如表5-1所列。这些因素表征的是某一具体路段的特征,分析这些因素对事故的影响程度,可有助于测试路段风险度的确定。

基于上述影响因素的梳理结果,可将网络分为三层,即事故特征层、因素类型层和具体因素层,并根据影响因素的类型分为道路设施因素、气候环境因素和交通流因素三类。在实际分析中根据可得数据的情况,筛选关键因素类型,并在具体因素层筛选出部分关键影响因素作为节点。

其次,考虑网络中有向边的集合。有向边在层间由具体影响因素节点传至影响因素类型的中间节点,最终传至表征事故特征的节点。此外,在具体因素层内,还需补充各因素间的因果关系,在数据量不足的情况下,需要基于专家知识,根据可得数据中所包含的具体变量,进行相应的分析。

2. 网络参数学习

在贝叶斯网络结构已确定的情况下,对网络参数进行学习。在收集道路事故信息的过程中,常会出现数据缺失的情况。大部分统计模型无法直接分析带有缺失值的数据,为了确保统计模型拟合的正确性,常规做法都是直接删除带有缺失值的数据。然而,在进行多变量分析时,研究变量较多,若直接删除带有缺失值的数据就会清除很多记录,如此可能会导致信息丢失,降低测试效果,并使得研究结果出现一定的偏差[19]。

自动驾驶道路测试事故的数量十分有限,需要尽可能地充分利用现有信息。对于小样本下的网络参数,可以融合先验信息[20],并利用最大期望(Expectation-Maximization,EM)算法进行确定。

EM算法是在数据有所缺失的情况下,针对未知参数的一种渐进确定性估计方法,是一种训练学习算法[21]。该方法可以基于不完整的事故数据集,计算出事故发生条件下,各致因的各属性出现的概率值θ,从而确定CPT。EM算法主要包括两个步骤:期望步骤(Expectation Step,E-Step)和最大化步骤(Maximization Step,M-Step)。EM算法的输入为自动驾驶道路测试事故数据和人工驾驶事故数据,输出为网络中各节点的CPT中的值。EM算法的参数如表5-13所列。

表 5-13　　　　　　　　　　　　EM 算法参数

参数	定义
θ	CPT 中的未知参数,即事故发生条件下,各致因的各属性出现的概率值
$\theta^{(0)}$	θ 的初始值
$\hat{\theta}$	θ 的估计值
$\hat{\theta}'$	$\hat{\theta}$ 的矫正值
ε	算法的估计精确度
e^*	事故数据集中的缺失值
e	事故数据集中的已有值
X_i	第 i 个事故致因
N_{ijk}	X_i 和 $\pi(X_i)$（分别记为 j 和 k）之间所有可能的联合样本的个数

EM 算法的流程如下:

(1) 设定待估参数的初始值 $\theta^{(0)}$、算法精确度 ε 以及待估参数估计值 $\hat{\theta}$ 的校正值 $\hat{\theta}'$。若 $|\hat{\theta}-\hat{\theta}'|>\varepsilon$,令 $\hat{\theta}=\hat{\theta}'$

(2) E-Step,计算事故数据集中缺失值 e^* 的期望充分统计量。

e^* 的概率分布为

$$P(e^*|e,\hat{\theta}) = \frac{P(e|e^*,\hat{\theta})P(e^*|\hat{\theta})}{\sum_{e^*}P(e|e^*,\hat{\theta})P(e^*|\hat{\theta})}, \tag{5-5}$$

其中

$$\left.\begin{array}{l}P(e|e^*,\hat{\theta}) = \dfrac{P(e,e^*,\hat{\theta})}{P(e^*,\hat{\theta})} \\[2ex] P(e^*|\hat{\theta}) = \dfrac{P(e^*,\hat{\theta})}{P(\hat{\theta})}\end{array}\right\} \tag{5-6}$$

e^* 的充分统计量为

$$E_{P(X|e,\hat{\theta})}N_{ijk} = \sum_{j,k}P[X_{ij},\pi(X_{ik})|\hat{\theta}] \tag{5-7}$$

式中　$P(e|e^*,\hat{\theta})$——e 在 e^* 和 $\hat{\theta}$ 已知条件下的概率分布;

$P(e^*,\hat{\theta})$——e^* 和 $\hat{\theta}$ 的联合概率分布。

(3) M-Step,在给定 $P(e^*|e,\hat{\theta})$ 的条件下,计算 $\hat{\theta}'$ 新的极大似然(Maximum Likelihood,

ML)或最大后验(Maximum A Posteriori，MAP)值。

在 EM 算法中，可以得到如下两种估计值。

ML：

$$\widehat{\theta}'_{ijk} = \frac{E_{P(X|e,\hat{\theta})} N_{ijk}}{\sum_{k'} E_{P(X|e,\hat{\theta})} N_{ijk'}} \tag{5-8}$$

MAP：

$$\widehat{\theta}'_{ijk} = \frac{\alpha_{ijk} + E_{P(X|e^*,\hat{\theta})} N_{ijk}}{\sum_{k'} (\alpha_{ijk'} + E_{P(X|e,\hat{\theta})} N_{ijk'})} \tag{5-9}$$

式中，α_{ijk} 为狄利克雷参数，可以在 E-Step 和 M-Step 的迭代过程中得到。

E-Step 用来计算事故数据中缺失值 e^* 的最大期望统计量，M-Step 则根据上一步的计算结果来计算事故发生条件下，各致因的各属性出现的概率值的新估计量。

自动驾驶道路测试的事故机理，相比于人工驾驶既有共性，也有其特殊性。考虑到人工驾驶情况下的事故数据较为充足，故采用人工驾驶情况下的网络参数作为先验知识，在此基础上采用 EM 算法，对自动驾驶道路测试情况下的网络参数进行渐进性估计，以突出自动驾驶道路测试的特点。

3. 事故数据输入

利用美国加州机动车管理局收到并公布的 148 起自动驾驶汽车道路测试事故报告，整理得到自动驾驶道路测试事故数据，包括事故基本信息和事故地点设施特征两部分内容。其中，事故基本信息可直接从事故报告中提炼整理得到，具体包括事故日期、事故时间、事故地点、事故严重程度、驾驶模式、事故类型、天气和光照等。事故地点设施特征包括设计速度、是否为单行道、中央分隔带类型、车道数、道路坡度、道路曲率和交叉口类型等。

人工驾驶事故数据来源于美国国家公路交通安全管理局的事故报告采样系统(the Crash Report Sampling System，CRSS)。CRSS 覆盖了几乎所有的事故场景，从仅导致财产损失的轻微事故到导致死亡的严重事故均有涉及。从 CRSS 中导出 2017 年的所有事故数据，共 54 969 条，包含事故基本信息、车辆信息、驾驶员信息、事故前信息和人员信息五个部分。人工驾驶事故的致因影响程度分析结果是自动驾驶道路测试事故对比的基准，选取和自动驾驶道路测试事故相同的数据项，且对数据格式进行统一转换，以确保数据格式统一。

4. 贝叶斯网络结构与参数

道路设施因素包含交叉口类型、中央分隔带类型、车道数、道路坡度、道路曲率；交通流因素包含最大速度；气候环境因素包含光照条件、天气；事故信息包括事故类型和严重程度。根据贝叶斯网络结构的确定方法，并结合专家知识，在具体因素层内，补充各影响因素间的因果关系:交叉口类型、中央分隔带类型和车道数对最大速度有决定作用;事故类型对严重程度有决定作用。最终确定的贝叶斯网络结构如图5-2所示,其中各因素的CPT均为初始默认的等概率分布。

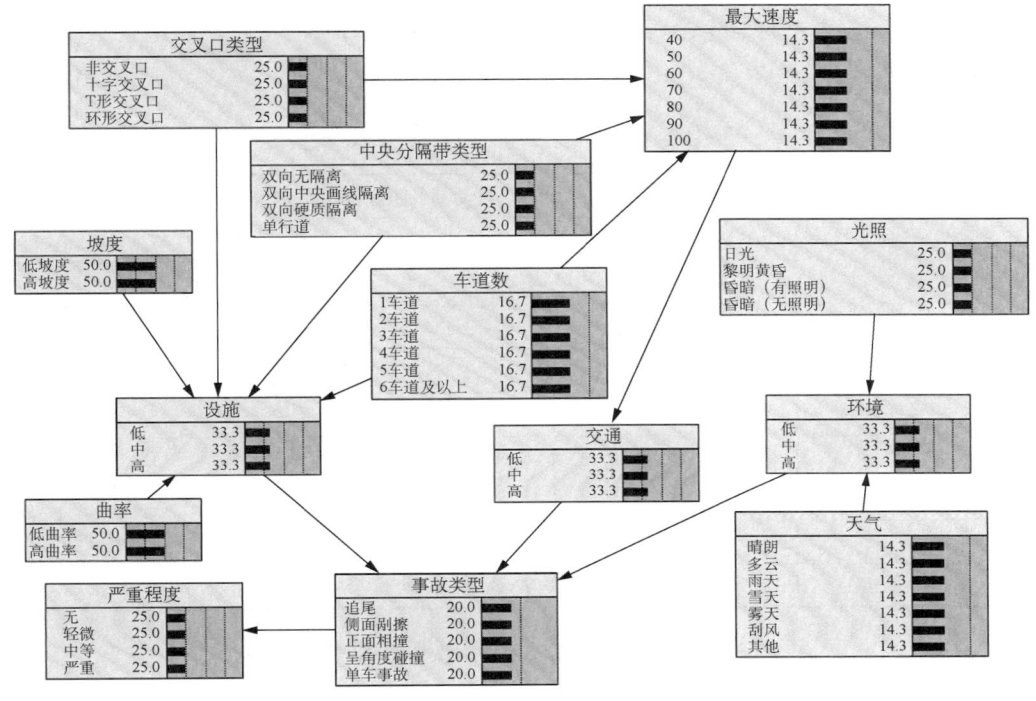

图 5-2 贝叶斯网络结构

基于上述贝叶斯网络结构,利用EM算法进行参数学习。首先,确定人工驾驶的网络参数;然后,将其作为先验知识,在此基础上确定自动驾驶道路测试的网络参数。人工驾驶与自动驾驶道路测试的事故致因影响程度分析结果如图5-3所示。

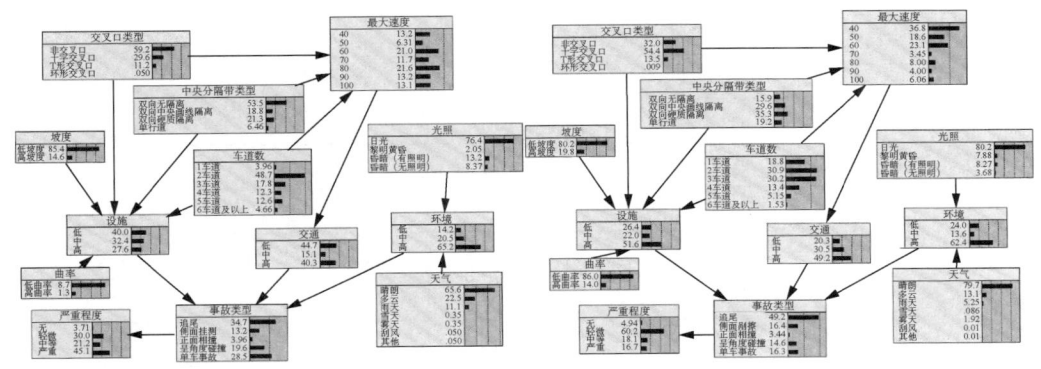

(a) 人工驾驶事故致因影响程度分析　　(b) 自动驾驶道路测试事故致因影响程度分析

图 5-3 人工驾驶与自动驾驶道路测试的事故致因影响程度分析

5. 安全风险度影响程度

应用贝叶斯网络的诊断推理功能,在事故发生条件下,分析各解释变量的各个属性出现的概率,其概率值即网络中各节点的参数值。将两种驾驶情况下事故发生在各影响因素的不同状态的概率列表进行对比,并将所得结论按照事故基本情况、道路设施因素、气候环境因素和交通流因素分类总结,结果如表 5-14 和表 5-15 所列。

表 5-14　　　　　自动驾驶道路测试与人工驾驶的事故基本情况对比分析

事故基本情况		人工驾驶	自动驾驶道路测试	自动驾驶道路测试变化比例
事故类型	追尾	34.70%	49.20%	14.50%
	侧面刮擦	13.22%	16.40%	3.18%
	正面相撞	3.96%	3.60%	-0.36%
	呈角度碰撞	19.62%	14.50%	-5.12%
	单车事故	28.50%	16.30%	-12.20%
事故严重程度	无	3.70%	5.00%	1.30%
	轻微	30.00%	60.20%	30.20%
	中等	21.20%	18.10%	-3.10%
	严重	45.10%	16.70%	-28.40%

表 5-15　　　　　自动驾驶道路测试与人工驾驶的事故致因影响程度对比分析

道路特征			人工驾驶	自动驾驶道路测试	自动驾驶道路测试变化比例
道路设施	交叉口类型	非交叉口	59.20%	32.00%	-27.20%
		十字交叉	29.55%	54.40%	24.80%
		T形交叉	11.20%	13.50%	2.30%
		环形交叉	0.05%	0.10%	0.05%
	中央分隔带	无隔离	53.50%	15.90%	-37.60%
		中间划线	18.80%	29.60%	10.80%
		空间隔离	21.30%	35.30%	14.00%
		单行道	6.40%	19.20%	12.80%
	曲率	小曲率	88.70%	86.00%	-2.70%
		大曲率	11.30%	14.00%	2.70%
	坡度	低坡度	85.40%	80.20%	-5.20%
		高坡度	14.60%	19.80%	5.20%
	车道数（双向）	1	3.96%	18.80%	14.84%
		2	48.68%	30.92%	-17.76%

(续表)

道路特征			人工驾驶	自动驾驶道路测试	自动驾驶道路测试变化比例
道路设施	车道数（双向）	3	17.80%	30.20%	12.40%
		4	12.30%	13.40%	1.10%
		5	12.60%	5.15%	−7.45%
		5+	4.64%	1.55%	−3.09%
气候环境	光照	日光	76.38%	80.17%	3.79%
		黎明/黄昏	2.05%	7.88%	5.83%
		昏暗有路灯	13.20%	8.27%	−4.93%
		昏暗无路灯	8.37%	3.68%	−4.69%
	天气	晴朗	65.60%	79.62%	14.02%
		多云	22.50%	13.10%	−9.40%
		下雨	11.10%	5.25%	−5.85%
		下雪	0.35%	0.09%	−0.26%
		雾天	0.35%	1.92%	1.57%
		大风	0.05%	0.01%	−0.04%
		其他	0.05%	0.01%	−0.04%
交通流	最大速度/($km \cdot h^{-1}$)	40	13.20%	36.79%	23.59%
		50	6.31%	18.60%	12.29%
		60	21.00%	23.10%	2.10%
		70	11.70%	3.45%	−8.25%
		80	21.49%	8.00%	−13.49%
		90	13.20%	4.00%	−9.20%
		100	13.10%	6.06%	−7.04%

表 5-14 为自动驾驶道路测试与人工驾驶的事故基本情况对比分析结果。表 5-15 为自动驾驶道路测试和人工驾驶的事故致因影响程度对比分析结果。结果表明，相比于人工驾驶，自动驾驶道路测试事故致因影响程度的主要特点如下[22]。

1) 事故基本情况

在事故类型方面，自动驾驶道路测试更易发生追尾和侧面刮擦事故，相比人工驾驶，比例分别上升了 14.5% 和 3.18%；正面相撞事故、呈角度碰撞事故以及单车事故的比例均有所下降，其中单车事故比例下降了 12.2%。在事故严重程度方面，自动驾驶道路测试事故严重程度整体较低。轻微事故比例上升了 30.2%，严重事故比例则下降了 28.4%。事故类型和严重程度的影响具有一定的关联性：自动驾驶道路测试更易发生追尾和侧面刮擦事故，一般较为轻微,导致该驾驶情况下事故严重程度整体有所下降。

2) 道路设施因素

事故发生在单车道、双向三车道和双向四车道路段的概率上升,发生在其他路段的概率下降。平均来说,事故发生在双向四车道及以下路段的概率上升了10.58%。这主要是因为车道数较少的路段一般等级较低,接入口相对较多,交通参与者冲突也多,因此道路环境更加复杂,从而增加了自动驾驶风险。事故发生在非交叉口的概率下降了27.2%,发生在十字交叉口的概率上升了24.8%,发生在T形交叉口的概率上升了2.3%。交叉口的交通环境对于自动驾驶系统来说更加复杂,结合关于车道数的对比结论,表明自动驾驶道路测试在复杂交通环境下适应性较差。事故发生在大曲率和高坡度路段的概率分别上升了2.7%和5.2%,说明不良横、纵线形设计对于自动驾驶道路测试安全性的影响较大。中央为物理隔离的路段可有效降低人工驾驶情况下的事故概率,但是对于自动驾驶道路测试而言,分析结果表明这种效果并不明显。这与两种驾驶情况下的事故类型差异有一定的关系,自动驾驶道路测试中比例最高的追尾和侧面刮擦事故,与中央分隔带的关系均不大。

3) 环境因素

事故发生在夜间的概率总的下降了9.62%,发生在黄昏或黎明的概率上升了5.83%,这和机器视觉的识别原理有关。光线的角度对机器视觉的性能会有一定的影响,逆光情况下其表现会有所下降,因此黄昏和黎明时事故概率会上升。夜间机器视觉主要通过对比度来识别,其表现优于人类驾驶员,故在该条件下事故概率要更低。

事故发生在多云天气和雨天的概率分别下降了9.4%和5.85%,发生在雾天的概率上升了1.57%。环境因素对两种驾驶情况的影响存在差异。

4) 交通因素

事故发生在限速60 km/h及以下路段的概率总体上升了37.98%,其原因和车道数因素类似,低速路段等级较低,道路环境更加复杂。

5.3.2 机器视觉下新型车道线检测率优化分析[23]

目前,测试的自动驾驶汽车大多利用摄像头,即机器视觉算法来进行车道线检测,机器视觉算法主要可分为基于特征和基于模型两类[24]。基于特征的方法是分析车道线图像的颜色、边缘、宽度等特征信息,利用边缘检测算法对车道线进行边缘提取。基于模型的方法是根据车道线的预置参数,将车道线检测转化为计算模型参数的过程,当参数相似时被认为是车道线信息,然后对其进行提取。另外,车道线跟踪是对于检测的一种延伸,跟踪算法是跟踪车道线检测后提取出的一些特征或者跟踪车道线的一些模型参数等。当检测不出车道线时,可通过加入跟踪器预测下一帧的位置来进行跟踪。

统计指出与车道线有关的交通事故占到总数的25%以上[25]。传统车道线大多采用普通的热熔型材料,在使用一段时间后,易出现污染、脱落、变形等问题,难以满足自动驾驶车道线检测和跟踪的需求。新型车道线则可以避免这些问题。新型车道线是指用不同于传统车道线的材料构成、在机器视觉系统下能得到准确检测,并具有高对比度、耐用性、湿态逆反射性能的车道线。本节搭建了基于直道、弯道、交叉口的设施因素和晴天、雨天、夜间的气候环境因素下的9种道路交通场景,设置全天候陶瓷微晶珠车道线和高对比度反光车道线两种新型车道线,通过车载摄像头采集各道路交通场景下传统热熔型车道线和新型车道线的图片,利用边缘检测Canny算法对图片进行检测与提取,并对比分析机器视觉下新型车道线与传统车道线的检测率。

1. 实验设计

实验所选用的两种新型车道线分别为全天候陶瓷微晶珠车道线和高对比度反光车道线。全天候陶瓷微晶珠车道线包含独特的干、湿反光材料微晶陶瓷珠及与光学系统相匹配的高性能涂料,不仅能够提高干燥条件下的反光率,而且在湿润条件下也具有很高的反射率。高对比度反光车道线则是凸起的图案设计,由耐磨高分子表层聚氨酯构成,具有长效反光性、耐磨性和耐脏性。这两种新型车道线能在不良天气下提供清晰的道路线形,从而在视觉上优化道路。

实验中选取了布设有以上两种新型车道线的结构化道路,并以传统车道线作为对照。采用搭载了摄像头的人工驾驶车辆拍摄图片,作为模拟自动驾驶车辆进行车道线检测的基础。而后根据设施因素和天气因素对所得图片进行道路交通场景分割,利用边缘检测算法对车道线进行检测与提取,最后对比分析新型车道线与传统车道线的检测效果。车道线检测实验分析流程如图5-4所示。

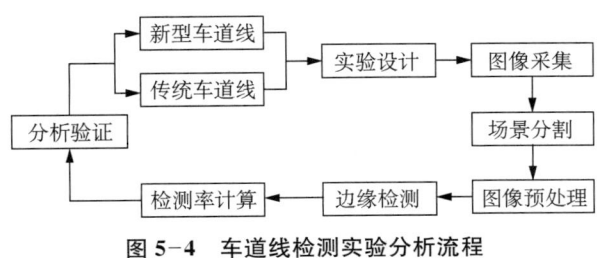

图5-4 车道线检测实验分析流程

边缘是图像中属性区域的分界,也是灰度发生突变的区域,是图像最基本的特征。选取边缘检测中经典的Canny算法进行车道线的检测与提取。Canny双阈值算法是一种比较局部图像梯度极大值与最优高低阈值大小关系的边缘检测方法,由Canny在1986年提出,其有效平衡了检测快捷、定位准确、最小响应的边缘检测最优标准。该算法的基本思想是通过低阈值跟踪检测确定的高阈值边缘来判定处于高低阈值之间的模糊区域。Canny算法中高阈值是将要提取轮廓的物体与背景区分开来,决定目标与背景的对比度,低阈值是用来平滑边缘的轮廓。如果一个像素的梯度大于高阈值,则该像素被认为是边缘像素;如果一个像素的梯度小于低阈值,则该像素被删除;如果该点的梯度位于高低阈值之间,则当其与高于高阈值的像素点连接时才被保留,否则被删除。Canny 算法进行图像边缘检测的基本步骤为:①利用高斯平滑滤波器进行平滑滤波;②计算梯度的方向与大小;③对梯度幅值进行非极大值抑制;④选择阈值;⑤检测和连接边缘等。

1) 梯度幅值与方向计算

Canny 双阈值算法采用 2×2 邻域一阶偏导的有限差分来计算平滑后图像的梯度幅值和方向,水平 x 方向与竖直 y 方向的一阶偏微分近似值为

$$P_x = \frac{1}{2} \times \begin{bmatrix} -1 & 1 \\ -1 & 1 \end{bmatrix}, P_y = \frac{1}{2} \times \begin{bmatrix} 1 & 1 \\ -1 & -1 \end{bmatrix} \tag{5-10}$$

式中　P_x——x 方向偏微分的一阶近似;

P_y——y 方向偏微分的一阶近似。

梯度方向与大小的计算公式为

$$\left. \begin{aligned} \theta(i,j) &= \arctan^{-1}\left[\frac{P_y(i,j)}{P_x(i,j)}\right] \\ M(i,j) &= \sqrt{P_x^2(i,j) + P_y^2(i,j)} \end{aligned} \right\} \tag{5-11}$$

式中　i——某个像素点的横坐标;

j——某个像素点的纵坐标;

θ——某个像素梯度的方向;

M——某个像素梯度的大小。

2) 非极大值抑制

非极大值抑制即去除幅值大但不是局部幅值变化最快的点。若其他梯度方向上的幅值变化比邻域中心点 $M(i,j)$ 的幅值变化快,则判定 $M(i,j)$ 不是边缘点。

3) 检测和连接边缘

通过高阈值确定不含虚假边缘的边缘片段,再通过低阈值将边缘片段连接成完整轮廓。

利用上述 Canny 算法进行车道线检测,若某阈值下车道线仍然可被检测则记为"可检测",否则记为"未检测"。为了反映不同类型车道线被检测的难易程度,确定检测率为评定指标,定义如下:

$$P(x,y,L) = \frac{J(x,y,L)}{C(x,y,L)} \tag{5-12}$$

$$P(L) = \frac{\sum P(x,y,L)}{M} \tag{5-13}$$

式中　　P——检测率；

　　　　$P(L)$——平均检测率；

　　　　(x,y)——Canny算法的双阈值；

　　　　L——车道线类型；

　　　　J——某阈值下某类型车道线被检测到的总次数；

　　　　C——某阈值下某类型车道线出现的总次数；

　　　　M——阈值数量，设为常数12。

某一类型车道线在某阈值下的检测率为该类型车道线在该阈值下"可检测"的次数与出现总次数之比，某类型车道线的平均检测率为各阈值下检测率的平均值。

2．实验描述

1）实验情况

(1) 实验时间：2019年4月和5月。

(2) 实验地点：国家智能网联汽车(上海)试点示范区。

(3) 实验设备：装有前置车载摄像头的测试车1辆；在示范区布设传统热熔型车道线和两种新型车道线(全天候陶瓷微晶珠车道线、高对比度反光车道线)，其中对比标线带为3MA3 801-5ES型号。布设方式为"二四线"，三种车道线宽度均为15 cm，车道宽度3.75 m。新型车道线示例如图5-5所示。

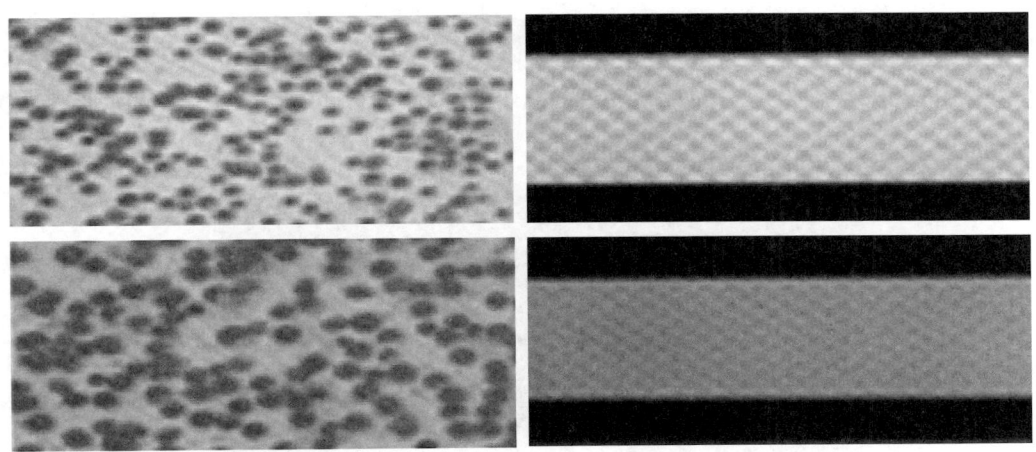

(a) 全天候陶瓷微晶珠车道线　　　　(b) 高对比度反光车道线

图5-5　新型车道线示例

(4) 图像采集：装载了摄像头的测试车辆在示范区道路上分3个时段行驶，涵盖了直道、弯道和交叉口三种设施情况，包括了晴天、雨天和夜间三种气候环境情况，共耦合形成了9种道路交通场景。通过摄像头不间断地拍摄，共采集到2 500张包含有新旧道路车道线的图片。图 5-6 为实验测试道路交通场景示例。

(a) 直道　　　　　　　　(b) 弯道　　　　　　　　(c) 交叉口

(d) 晴天　　　　　　　　(e) 雨天　　　　　　　　(f) 夜间

图 5-6　实验测试道路交通场景示例

2) 边缘检测

对每张图像首先进行二值化处理,再采用高斯平滑滤波器对二值化图像进行平滑滤波,最后利用 Canny 双阈值算法进行边缘检测。Canny 算法的低阈值固定为 15,高阈值从 100 到 650,步长为 50。随着高阈值(提取轮廓物体与背景对比度)不断增大,检测到的车道线将越来越少,边缘与背景对比度不明显的车道线逐渐被删除。每张原始图片可得到 12 张边缘检测处理后的图片,图 5-7 为原始图片及处理后图片示例。

(a) 原始图片

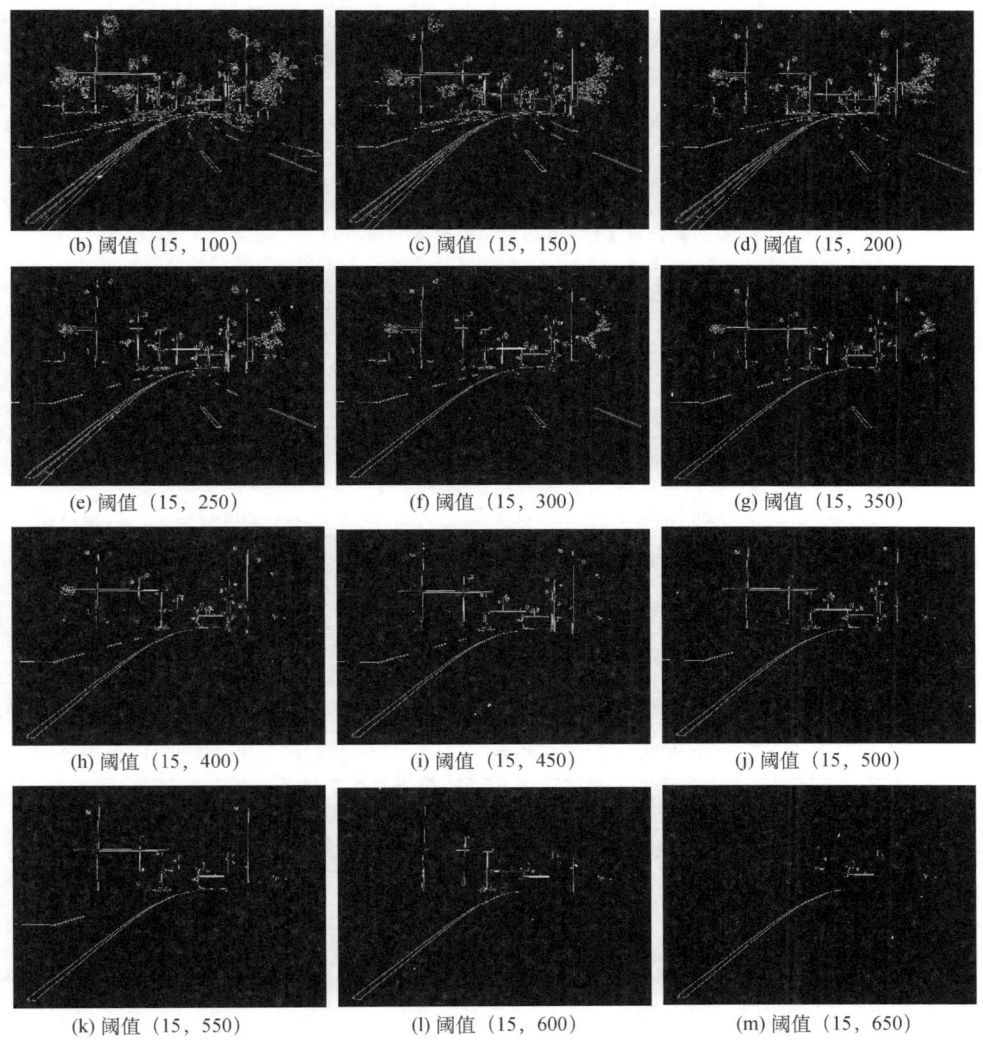

图 5-7 原始图片及处理后图片示例

3) 数据处理

在满足分析所需要的样本数条件后,选择测试中采集到的 200 张图片进行实验分析,共涵盖了 9 种不同的道路交通场景,各道路交通场景的图片数量如表 5-16 所列。

表 5-16　　　　　　　　　　各道路交通场景的图片数量

道路交通场景	晴天	雨天	夜间
直道	17	14	16
弯道	48	29	31
交叉口	15	15	15

以图 5-7 的原始图片及处理后图片为例，表 5-17 给出了包含每张图片中的车道线类型（从左到右），以及在某阈值下某一类型车道线的检测情况。表 5-17 中"可检测"表示该阈值下该车道线仍然可被检测到，"未检测"表示该阈值下该车道线未被检测到。表 5-17 显示，高对比度反光车道线显然比传统车道线更易被检测到。

表 5-17　　　　　　　　　　数据处理实例(道路交通场景夜间弯道)

Canny 阈值		车道线类型(左→右)				
低阈值	高阈值	高对比度白色虚线	高对比度黄色实线	传统车道线黄色实线	传统车道线白色虚线	传统车道线白色虚线
15	100	可检测	可检测	可检测	可检测	可检测
15	150	可检测	可检测	可检测	可检测	可检测
15	200	可检测	可检测	可检测	可检测	可检测
15	250	可检测	可检测	未检测	可检测	可检测
15	300	可检测	可检测	未检测	可检测	可检测
15	350	可检测	可检测	未检测	可检测	未检测
15	400	可检测	可检测	未检测	未检测	未检测
15	450	可检测	可检测	未检测	未检测	未检测
15	500	可检测	可检测	未检测	未检测	未检测
15	550	可检测	可检测	未检测	未检测	未检测
15	600	未检测	可检测	未检测	未检测	未检测
15	650	未检测	可检测	未检测	未检测	未检测

4) 结果分析

基于 Canny 算法对 200 张道路交通场景图片进行处理，按照表 5-17 的方式进行各类型车道线的检测判断，利用式(5-12)和式(5-13)计算检测率。表 5-18 比较了各类型车道线在不同道路交通场景下的平均检测率。结果显示，机器视觉下的传统车道线在晴天的检测率较高，在雨天和夜间的检测率大幅降低。这表明传统车道线检测易受道路交通环境的影响，故自动驾驶在雨天和夜间行驶安全风险隐患较高。

在晴天和雨天场景下，比较高对比度反光车道线和全天候陶瓷微晶珠车道线的机器视觉车道线检测率。由表 5-18 可以看出，高对比度反光车道线比全天候陶瓷微晶珠车道线的检测效果好，检测率更高。两种新型车道线在夜间场景下的检测率较高，平均检测率都超过了 80%。全天候两种新型车道线在不同道路交通环境下的平均检测率比传统车道线均有所提高，晴天环境下提高了 24%，雨天和夜间环境下则分别提高了 152% 和 145%，效果显著。

这表明全天候陶瓷微晶珠和高对比度反光这两种新型车道线可以显著提高自动驾驶车辆机器视觉下的道路环境感知能力。

比较车道线颜色对检测率的影响,由表5-18可以看出,晴天和雨天环境下白色车道线的检测率比黄色车道线略高,这可能是由于白色的色彩明暗程度最高,因此在相同环境下更易被机器检测到。另外,在同一天气条件下,同一车道线类型在直道、弯道、交叉口的检测率虽然变化不大,但交叉口的车道线检测率相比直道和弯道情况会略有降低,这可能是因为交叉口车道线距摄像头过远导致检测不准确。

表5-18 不同道路交通场景下各类型车道线检测率对比

车道线类型		道路交通场景											
		晴天				雨天				夜间			
		直道	弯道	交叉口	平均	直道	弯道	交叉口	平均	直道	弯道	交叉口	平均
传统车道线		60%	58%	55%	58%	28%	25%	23%	25%	33%	33%	32%	33%
新型车道线	全天候陶瓷微晶珠	68%	65%	64%	66%	58%	54%	56%	56%	83%	81%	80%	81%
	高对比度反光	79%	75%	76%	77%	72%	70%	68%	70%	84%	79%	80%	81%
	两种新型车道线平均检测率	74%	70%	70%	72%	65%	62%	62%	63%	84%	80%	80%	81%
新型车道线相对传统车道线检测率百分比		23%	21%	27%	24%	132%	148%	170%	152%	153%	142%	150%	145%
颜色	白色	—			69%	—			55%	—			68%
	黄色	—			61%	—			51%	—			68%

表5-19给出了不同类型车道线在不同道路交通场景下机器视觉下车道线检测率的显著性分析结果(单因素方差分析)。从表5-19可以看出,在直道、弯道、交叉口的设施因素和晴天、雨天、夜间的天气环境因素耦合的9种道路交通场景下,机器视觉下全天候陶瓷微晶珠车道线和高对比度反光车道线相对于传统车道线来说,车道线检测率都有显著提升,结合检测率计算结果,说明机器视觉下新型车道线对车道线检测率的提升起到了重要作用。

通过现场实验设计,利用边缘检测Canny算法对传统车道线和新型车道线进行检测提取。实验结果表明,机器视觉下传统车道线在不良道路环境下的检测率会大幅降低;各道路交通场景机器视觉下,新型车道线的检测率比传统车道线均有显著提升;无论是在雨天还是在夜间环境下,新型车道线的检测率比传统车道线仍有显著提升。

表 5-19　不同场景下的车道线类型对检测率影响显著性分析[单因素方差分析($\alpha=0.05$)]

车道线类型	道路交通场景											
	晴天				雨天				夜间			
	直道	弯道	交叉口	平均	直道	弯道	交叉口	平均	直道	弯道	交叉口	平均
传统车道线 vs 全天候陶瓷微晶珠车道线	显著	显著	显著	显著	显著	显著	显著	显著	显著	显著	显著	显著
传统车道线 vs 高对比度反光车道线	显著	显著	显著	显著	显著	显著	显著	显著	显著	显著	显著	显著
传统车道线 vs 新型车道线	显著	显著	显著	显著	显著	显著	显著	显著	显著	显著	显著	显著

5.4　测试道路环境复杂度分级标准

2018年,我国发布的《汽车工业蓝皮书:中国汽车工业发展年度报告(2018)》提出"开展智能网联汽车标准化工作""加强智能网联汽车标准体系建设",标志着智能网联标准体系建设正式提升至国家战略层面。2020年,国家发展改革委等11部委联合印发了《智能汽车创新发展战略》,战略提到要"构建系统完善的智能汽车法规标准体系",不但要推动智能汽车测试、准入、使用、监管等方面的法律法规的制定,促进《道路交通安全法》等法律法规的修订与完善,而且还要完善技术标准,"建立智能汽车等级划分及评估准则,制定智能汽车产品认证、运行安全、自动驾驶能力测试标准,完善仿真场景、封闭场地、半开放场地、公共道路测试方法",构建智能汽车中国标准体系,加快推进智能汽车创新发展。

同济大学、上海市交通委员会、上海市公安局交通警察总队、上海市经济和信息化委员会和上海市公路学会联合起草了《自动驾驶开放测试道路环境分级规范》(DB31/T 1264—2020)[26]。该规范规定了自动驾驶开放测试道路环境分级的一般规定、道路环境分级、道路改善措施要求等内容,适用于上海市行政区域范围内自动驾驶开放测试的城市道路与公路的道路环境分级评价与应用。制定该规范的意义主要体现在以下两方面:

(1) 中国特色的自动驾驶技术面临的最大难题是复杂的交通路况,而封闭道路测试无法解决实际上路时会遇到的复杂问题。相比而言,真实开放道路测试获取的数据价值更高,有助于推进自动驾驶技术的研发和应用。通过测试自动驾驶汽车在不同风险等级道路上的驾驶表现来判断其智能程度,全面验证其自动驾驶功能,从而实现自动驾驶汽车与道路、设施及其他交通参与者的协调。

(2) 自动驾驶技术的不成熟、各车企测试车辆未知的不同表现水平是公众、政府及车企本身都较为关注的问题。《自动驾驶开放测试道路环境分级规范》(DB31/T 1264—2020)着眼于自动驾驶汽车所行驶的测试道路,对测试道路进行安全风险评估,以便于政府对测试道路风险进行有效管控,同时,满足车企对于测试道路的不同需求,对促进测试区域分级有序开放具有重要意义。

5.4.1　一般规定

(1) 开放测试道路应符合《中华人民共和国道路交通安全法》中"第三章 道路通行条件"的相关规定要求。

(2) 在选取开放测试道路过程中,涉及医院、剧院、体育场、地铁、学校等人员密集场所的,应当针对具体点位开展交通安全风险评估,并采取降低交通安全风险的措施。

(3) 同一开放测试道路内各路段应相互连通,不应有孤立路段。

(4) 应当对自动驾驶开放测试的道路等级与道路平整度等道路设施因素、交通量与车速等交通流因素、行人冲突与机非冲突等交通参与者因素以及气候环境因素等进行调查。

(5) 针对自动驾驶开放测试道路应当开展安全风险评估,并评定和划分道路环境等级。

(6) 对于开放测试道路中安全风险隐患高的路段或道路,应当提出设施管理要求。

(7) 评估结论应包括总体评估结论和道路各路段的评估结论。

(8) 总体评估结论应当说明开放测试道路的环境分级情况,以及是否具备开放测试的基本条件情况。

(9) 道路各路段评估结论应当包括每个路段的安全风险度以及所对应的道路环境等级。对于风险度较高的路段应当确定其主要的风险隐患以及明确需要改善的重点内容,并提出风险隐患改善建议和管理对策。

5.4.2　道路环境分级

道路环境分级步骤如下:

(1) 自动驾驶开放测试道路安全风险评估应当按照SRAAV评估方法来计算路段和道路通道的安全风险度。

(2) 以计算得到的道路安全风险度为基本依据,将自动驾驶开放测试道路环境划分为四类:Ⅰ类(低风险)、Ⅱ类(一般风险)、Ⅲ类(较高风险)和Ⅳ类(高风险)。

(3) 依据SRAAV评估方法,计算道路通道的安全风险度和开放测试区域路网的安全风险度,并评定道路通道和区域路网的道路环境等级。

5.4.3 道路措施改善要求

(1) 自动驾驶在Ⅰ类(低风险)道路环境测试时,宜符合以下要求:

① 白天且天气良好。

② 非高峰时段。

③ 开放测试道路应当按照《城市道路交通标志和标线设置规范》(GB 51038—2015)、《城市道路养护维修作业安全技术规程》(DG/TJ 08-2183—2015)和《城市道路交通标志、标线、信号设施养护技术标准》(DG/TJ 08-2256—2018)的要求保证标志、标线清晰。

④ 开放测试道路应当保证路面状况良好。

(2) 每个开放测试区域应当建立开放测试道路监管系统,并符合以下要求:

① 在2~3个重点关注路段布设道路监管系统;

② 每个重点监管路段的数据采集内容包括高清监控视频、车辆速度、车流量、跟车距离、周边车辆数和车牌识别等。

③ 采集的气象数据包括空气温度、空气湿度、风向、风速、降雨量、路面湿滑状态和能见度等。

(3) 每个开放测试区域应当建立开放测试道路动态评估系统,内容包括测试车辆或车队的轨迹分析、测试车辆或车队的运行状态评估和测试区域交通运行状态分析等。

(4) 每个开放测试区域应当建立开放测试道路网联通信系统,包括C-V2X(5G/LTE-V/4G等)和融合基础设施。

(5) 在进入每个开放测试区域的边界主要交叉口处,应当设置"自动驾驶开放测试道路"相关字样的警示标志,且应当符合《道路交通标志和标线 第1部分:总则》(GB 5768.1—2009)、《道路交通标志和标线 第2部分:道路交通标志》(GB 5768.2—2009)与《道路交通标志和标线 第3部分:道路交通标线》(GB 5768.3—2009)的警示标志要求。

(6) 在Ⅳ类(高风险)道路环境的测试路段道路上,应设置路侧护栏等安全防护设施。安全防护设施的设置应当符合《公路交通安全设施设计规范》(JTG D81—2017)的规定。

5.4.4 道路环境分级表

自动驾驶开放测试道路环境分级表Ⅰ类—Ⅳ类如表5-20—表5-23所列。

表 5-20　　　　　　　　自动驾驶开放测试道路环境分级表（Ⅰ类）

关键分级因素和附加条件			Ⅰ类（低风险）	
关键分级因素	1. 道路等级与交通量	道路等级	设计车速/(km·h⁻¹)	交通量/[veh·(h·lane)⁻¹]
		主干道	≤60	≤500
		次干道	≤50	≤450
	2. 安全风险度		[0, 3.5)	
	3. 道路交通状态指数		[0, 30)	
附加条件	1. 标志标线		清晰	
	2. 道路平整度		好	
	3. 道路曲率		低曲率	
	4. 最大纵坡值		≤4%	
	5. 机非隔离情况		有	
	6. 人员密集场所		无	
	7. 中央分隔带		有	
	8. 非信号控制交叉口		无	
	9. 隧道		无	
	10. 交通组成		大车比例不超过10%	

注：1. 人员密集场所是指人员密集的公共场所，主要针对学校、大中型商场、医院、电影院、剧场等同一时间聚集人数较多的场所。
2. 曲率为曲线路段偏离直线的程度，用圆曲线最小半径衡量。圆曲线半径小于 100 m 为高曲率。
3. 道路交通状态指数是一个合理反映各等级道路车辆出行相对拥堵体验的标准化指标，以道路行程速度为核心计算参数，取值介于 0~100 之间的无量纲数据。其数字越小表示交通状况越畅通，相反则越拥堵。
4. 道路平整度是指路面表面相对于理想平面的竖向偏差，可用国际平整指数 IRI 衡量。IRI 小于 2.0 m/km 被定义为路面状况好。
5. 交通量为每车道日平均小时交通量，单位为 veh/(h·lane)。

表 5-21　　　　　　　　自动驾驶开放测试道路环境分级表（Ⅱ类）

关键分级因素和附加条件			Ⅱ类（一般风险）	
关键分级因素	1. 道路等级与交通量	道路等级	设计车速/(km·h⁻¹)	交通量/[veh·(h·lane)⁻¹]
		快速路	≤80	≤1 100
		主干道	≤60	≤850
		次干道	≤50	≤800
		一级公路	≤80	≤1 150
		二级公路	≤50	≤900
	2. 安全风险度		[3.5, 12.5)	
	3. 道路交通状态指数		[30, 50)	

(续表)

关键分级因素和附加条件		Ⅱ类（一般风险）
附加条件	1. 标志标线	清晰
	2. 道路平整度	—
	3. 道路曲率	低曲率
	4. 最大纵坡值	≤4%
	5. 机非隔离情况	有
	6. 人员密集场所	允许沿线有1个人员密集场所的道路接入点
	7. 中央分隔带	—
	8. 非信号控制交叉口	—
	9. 隧道	—
	10. 交通组成	大车比例不超过20%

注："—"表示不做要求。

表5-22　　自动驾驶开放测试道路环境分级表（Ⅲ类）

关键分级因素和附加条件		Ⅲ类（较高风险）		
关键分级因素	1. 道路等级与交通量	道路等级	设计车速/(km·h^{-1})	交通量/[veh·(h·lane)$^{-1}$]
		快速路	≤80	>1 100
		主干道	≤60	>850
		次干道	≤50	>800
		支路	≤40	>730
		高速公路	≤100	>1 550
		一级公路	≤80	>1 150
		二级公路	≤50	>900
		三级公路	≤40	>800
		四级公路	≤30	>750
	2. 安全风险度	[12.5, 22.5)		
	3. 道路交通状态指数	[50, 70)		
附加条件	1. 标志标线	—		
	2. 道路平整度	—		
	3. 道路曲率	—		
	4. 最大纵坡值	—		
	5. 机非隔离情况	—		
	6. 人员密集场所	允许沿线有1个及以上人员密集场所的道路接入点		
	7. 中央分隔带	—		
	8. 非信号控制交叉口	—		
	9. 隧道	—		
	10. 交通组成	大车比例不超过50%		

表 5-23　自动驾驶开放测试道路环境分级表（Ⅳ类）

关键分级因素和附加条件		Ⅳ类（高风险）		
关键分级因素	1. 道路等级与交通量	道路等级	设计车速/(km·h⁻¹)	交通量/[veh·(h·lane)⁻¹]
		快速路	100	>1 100
		主干道	60	>850
		次干道	50	>800
		支路	40	>730
		高速公路	≥100	>1 550
		一级公路	100	>1 150
		二级公路	60	>900
		三级公路	50	>800
		四级公路	40	>750
		乡村道路	≤40	>500
	2. 安全风险度	[22.5, ∞)		
	3. 道路交通状态指数	[70, 100]		
附加条件	1. 标志标线	—		
	2. 道路平整度	—		
	3. 道路曲率	—		
	4. 最大纵坡值	—		
	5. 机非隔离情况	—		
	6. 人员密集场所	允许沿线有1个及以上人员密集场所的道路接入点		
	7. 中央分隔带	—		
	8. 非信号控制交叉口	—		
	9. 隧道	—		
	10. 交通组成	—		

5.5　测试道路环境评估分级案例

2018年3月，上海市经济和信息化委员会、上海市交通委员会和上海市公安局联合成立了智能网联汽车道路测试推进工作小组。按照"统筹规划、安全有序、分级推进"的指导原则，准许开放各类复杂度道路测试场景，服务车企不断迭代智驾技术，稳步开展载人载物示范应用，积极推动法规和技术标准创新。经过三年的积极探索，2020年上海智能网联汽车发展进入了大规模道路测试阶段，实现了特定交通场景下的示范运营，开展了基于新基建驱动的车路协同试点应用。在测试场景布局、产业生态建立、智驾技术迭代、测试数据管理、示范应用探索和测试安全保障等方面,开展了一系列开创性、引领性的工作。上海统筹规划布局了四大测试创新示范区(嘉定区、奉贤区、浦东金桥区域、临港新片区),测试企业、测试车辆、测试场景的丰富度和示范应用规模均位居全国首位[27]。

上海在国内引领性地打造了国际一流、错位互补的四大测试创新示范区:嘉定区聚焦"先",定位打造"L3+高度自动驾驶创新示范区";奉贤区聚焦"全",定位打造"全出行链智能驾驶创新示范区";浦东金桥区域聚焦"智",定位打造融合交通基础设施创新示范区;临港新片区聚焦"新",定位打造"未来交通新模式创新示范区"。同时,上海创新性地形成了"全车型、全出行链、全风险类别、全测试环节和融合新基建基础设施"的"四全一融合"智能网联汽车测试场景布局。截至2021年年底,上海累计开放615条测试道路,道路里程为1 289.83 km,里程数居全国前列,包括嘉定区331条测试道路(616.4 km)、临港新片区238条测试道路(539.4 km,其中含高快速路28.4 km和东海大桥34 km)、奉贤区24条测试道路(97.37 km)、浦东新区22条测试道路(36.66 km,其中金桥区域29.3 km、世博区域7.36 km)。采用SRAAV方法对安全风险度进行计算和分级,结果表明,上海四大测试示范区实现了低风险、一般风险、较高风险和高风险四类复杂度测试道路全覆盖:Ⅰ类(低风险)道路194条,共计345.75 km;Ⅱ类(一般风险)道路155条,共计310.35 km;Ⅲ类(较高风险)道路128条,共计281.83 km;Ⅳ类(高风险)道路138条,共计351.90 km。涵盖城市主干道、次干道和支路、产业园区道路、城市商圈、港口码头、交通枢纽、高速公路等多类应用场景,由点到线形成片状测试区域,提供可测场景数量超过12 000个。

参考文献

[1] 马建勇,林淼.自动驾驶汽车道路测试风险控制建议[J].汽车工业研究,2019(2):8-15.

[2] 周菲菲.基于贝叶斯网络城市道路交通事故成因分析[D].长沙:湖南师范大学,2017.

[3] 祝春梅.城市道路交通安全影响因素综合分析研究[D].广州:华南理工大学,2015.

[4] 周锐,李力.智能驾驶测试面临的挑战[J].人工智能,2018,7(6):60-71.

[5] 韩梦霄.把命交给自动驾驶,你敢吗?[J].人民交通,2019(12):31-35.

[6] 金宇,王晓峰.基于贝叶斯网络的交通事故原因分析[J].现代计算机,2018(24):7-10.

[7] 李康.基于贝叶斯网络的高速公路交通事故研究[D].北京:北京交通大学,2017.

[8] 卢瑶.山区高速公路交通事故的贝叶斯网络模型诊断及推理研究[D].武汉:华中科技大学,2019.

[9] 童璐璐.基于贝叶斯网络的高速公路交通事故严重程度预测研究[D].北京:北京交通大学,2018.

[10] 杨成龙.城市道路交通事故致因分析及管理研究[J].商,2016(22):279.

[11] 钟珊珊.道路交通安全影响因素关系研究[D].武汉:武汉理工大学,2017.

[12] 袁黎,于俊俊,吴梦倩,等.基于贝叶斯网络的双车道公路风险性分析[J].公路工程,2016,41(2):99-103.

[13] 丁雨蕾.重特大交通事故特征及影响因素分析[D].南京:东南大学,2016.

[14] 赵金宝,邓卫,王建.基于贝叶斯网络的城市道路交通事故分析[J].东南大学学报(自然科学版),2011(6):186-192.

[15] 胡立伟,李耀平.典型交通设施对道路交通事故致因影响分析[J].武汉理工大学学报(交通科学与工程版),2014(1):98-102.

[16] 胡顺峰.山区高速公路隧道群交通事故特征及致因机理分析[J].公路,2016(5):134-138.

[17] 雷江南.贝叶斯网络参数学习算法研究与实现[D].西安:西安电子科技大学,2018.

[18] 熊晓夏,陈龙,梁军,等.基于贝叶斯网络模型的道路交通事故链生成与演化研究[J].公路交通科技,2018,35(5):99-107.

[19] NEAPOLITAN R E.Learning bayesian networks[M].Prentice Hall Upper Saddle River,2003.

[20] OLESEN K G,KJAERULFF U,JENSEN F,et al. A munin network for the median nerve:a case study on loops[J].Applied Artificial Intelligence,1989,3(2-3):385-403.

[21] DEMISSIE S,LAVALLEY M P,HORTON N J,et al. Bias due to missing exposure data using complete:case analysis in the proportional hazards regression model[J]. Statistics in medicine,2003,22(4):545-557.

[22] 涂辉招,遇泽洋,朱晓晖,等.自动驾驶路测与人工驾驶事故致因影响对比分析[J].现代交通与冶金材料,2021,1(5):99-103.

[23] 师浩峰,涂辉招,遇泽洋,等.基于Canny算法的新型车道线检测率分析[J].上海公路,2020(3):4-9,99.

[24] 朱海琴.基于机器视觉的车道线检测和交通标志识别方法研究[D].重庆:重庆理工大学,2020.

[25] 窦文利.俄罗斯公路新型路面标线[J].交通世界,2012(22):140-141.

[26] 上海市市场监督管理局.自动驾驶开放测试道路环境分级规范:DB31/T 1264—2020[S].上海:上海市市场监督管理局,2020.

[27] 上海市交通委员会.上海市智能网联汽车开放道路测试年报(2020年)[EB/OL].[2021-03-11].http://jtw.sh.gov.cn/tzgg/20210311/c01c4178110447ca9cceecac8e244d7d.html.

6 道路测试运行安全风险评估

常态随机交通流环境下的常态风险、"鬼探头"等突发事件下的突发风险，以及基于机器视觉的感知困境、系统失效、法律法规等新兴风险，导致自动驾驶道路测试运行安全风险隐患重重。本章归纳总结了道路测试运行安全风险的静态要素和动态要素，分析了实际道路测试的数据质量，提出了道路测试运行安全风险评估指标体系，并对上海市典型道路测试案例进行了评估。

6.1 道路测试运行安全风险要素

6.1.1 静态要素

自动驾驶道路测试运行安全风险的测试区静态要素主要包括车道数量、车道宽度和坡度等道路设施因素，如表6-1所列。

表6-1 静态要素

序号	道路设施因素	序号	道路设施因素
1	车道数量	14	交叉口渠化
2	车道宽度	15	视距
3	坡度	16	速度管理措施
4	曲率	17	行人过街设施
5	标志标线	18	道路接入点数量
6	路侧停车情况	19	接入点辅道情况
7	道路平整度	20	非机动车道隔离情况
8	路面抗滑能力	21	人行道隔离情况
9	中央隔离带类型	22	学校区域的警示
10	路侧危险物	23	信号灯配时
11	距路侧危险物距离	24	车路协同设备
12	交叉口类型	25	车路通信方式与性能
13	交叉口安全性	26	绿化

与直线道路相比,交叉口和环形路口的交通环境更加复杂,对于自动驾驶汽车来说更难处理。同时,行人过街风险也是自动驾驶道路测试中不可忽视的安全影响因素。研究表明,22.7%的交通事故和行人过街有关[1]。因此,行人过街相关设施(如有无单独信号灯、有无专门保护区等)显著影响了自动驾驶道路测试运行安全风险。

6.1.2 动态要素

动态要素是指影响自动驾驶道路测试运行安全风险的气候环境因素(如降雨、光线等)、交通因素(如机动车流量、机动车运行速度等)及道路使用者因素(如非机动车流量、机动车流量、行人流量等),如表6-2所列。

表6-2　　　　　　　　　　　　　动态要素

序号	气候环境因素	交通因素	道路使用者因素
1	良好天气	机动车流量	非机动车流量
2	雨天	机动车运行速度	机动车流量
3	雾天	交通组成	路侧通行的行人流量
4	风力	交通状态指数	横穿马路的行人流量
5	光线(夜晚)	—	—

(1) 气候环境因素主要包括天气和光线等。极端天气(如团雾、暴雨和暴雪)显著影响道路能见度和传感器的感知性能。深度学习网络(Deep Neural Network,DNN)虽然被证明在极端天气条件下有较好的表现[2],但是有关不同天气如何影响自动驾驶表现的研究尚有待进一步深入。一天中光线的变化(黄昏、黎明、夜晚)、绿化遮挡和光源照明的变化都会对自动驾驶汽车感知环境的能力产生影响。针对夜间自动驾驶汽车的行车安全这一问题,大多数研究侧重于夜间对周边车辆的检测[3,4]。事实上,在夜间,相比周边车辆,行人会给自动驾驶汽车的运行安全带来更大的挑战,因此需要更多的红外数据才能进行准确检测[5,6]。

(2) 交通因素主要包括机动车流量、运行速度以及交通组成等。通常来说,由于不同的交通场景具有不同的交通特点,例如高速公路和城市道路,因此自动驾驶汽车需要不同的学习模型,其中设计车速高、流量大和可能发生交通事故的路段更容易增加自动驾驶道路测试的运行安全风险。针对交通状况如何影响自动驾驶汽车的驾驶表现、什么情况下更容易发生交通事故等问题,T. Suzuki等[7]创建了一个影响自动驾驶道路测试运行安全风险的交通状况数据库,并建立了一个基于递归神经网络的模型来预测事故的发生。

(3) 道路使用者因素主要包括机动车、非机动车和行人。除机动车流量以外,非机动车流量及行人流量也是影响自动驾驶道路测试运行安全的重要因素。相比于机动车和非机动车、机动车和行人冲突较多的城市道路场景,封闭或半封闭的高快速路场景因道路使用者引起的安全风险隐患相对较低。

6.2 数据质量分析

常见的交通数据质量问题包括数据缺失、数据异常和数据错误等[8]。其中,数据缺失是指某一次数据上传时无法获得应有的理论数据样本,表现为关键交通流参数缺失,可能是因为数据无法获取或操作过程中被遗漏。修复缺失数据的方法主要有通过交通流历史记录或者曲线拟合方式近似复现丢失数据等。数据异常是指由于数据检测或传输时采集设备反应过快或过慢导致的实际时间间隔与规定的时间间隔有偏差。虽然,这些数据可能是正确的,但与正确时刻的真实值存在一定差距,从而影响数据质量评价与控制,因此对异常数据需要进行修正。数据错误是指数据不在期望范围内或不满足已有原理和规则(如交通流理论)、在检测期中发生突变和不符合客观事实与逻辑等。错误数据判别是对原始数据中交通流参数记录值进行检验,由于无效的概念比较模糊,因此相对而言错误数据不易判别。常用的判别方法有:①交通流参数合理阈值原理;②交通流机理;③阈值原理和交通流机理结合方法。

道路测试数据是自动驾驶汽车在道路测试过程中产生的交通数据,因此不仅具有常见的交通数据质量问题,还会出现新的质量问题。本节概述了道路测试数据的来源及数据字段等数据情况,介绍了道路测试数据中存在驾驶模式记录有误的问题,提出了自动驾驶模式辨别方法,同时,利用典型的几类监督学习模型对驾驶模式进行分类,并选取表现最好的模型用于最终的模式辨别和数据修复。

6.2.1 道路测试数据概述

根据 2019 年《上海市智能网联汽车道路测试和示范应用管理办法(试行)》(沪经信规范〔2019〕7 号),测试企业需按相关规定将测试数据上传至监管部门,数据字段包括车辆标识、车辆定位(经、纬度)、定位时间、车辆速度、车辆加速度和车辆驾驶模式(自动驾驶模式或人工驾驶模式)等,传输频率不低于 1 Hz,道路测试数据示例如表 6-3 所列。

表 6-3　　　　　　　　　　道路测试数据示例

字段名称	字段中文解释	数据示例
vehicleid	车辆标识	沪×××试
longitude	经度	121.222 8
latitude	纬度	31.290 8

（续表）

字段名称	字段中文解释	数据示例
positiontime	定位时间	07/09/2019 14:23:21
velocity	车辆速度/(km·h^{-1})	30.23
acceleration	车辆加速度/(m·s^{-2})	0
drivemode	驾驶模式	1

注：drivemode 字段中"1"代表自动驾驶模式，"0"代表人工驾驶模式。

6.2.2 道路测试数据驾驶模式问题

道路测试数据驾驶模式问题是指数据记录中的驾驶模式与实际测试过程中的驾驶模式不符的情况。以 2018 年 8 月至 2019 年 7 月城市道路场景测试为例，对 3.3 万条原始道路测试数据进行驾驶模式持续时长小于 20 s 的统计，如图 6-1 所示，可以看出持续时长低的数据（如 1 s，2 s）的数据段较多。自动驾驶模式持续时长数据段共有 1 647 段，其中小于 20 s 的有 1 455 段，约占 88%；小于 10 s 的有 1 278 段，约占 78%。人工驾驶模式持续时长数据段共有 1 503 段，其中小于 20 s 的有 1 322 段，约占 88%，小于 10 s 的有 1 229 段，约占 82%。由于这一结果与实际测试过程中的驾驶模式切换情况不符，因此需要对驾驶模式数据进行重新识别。

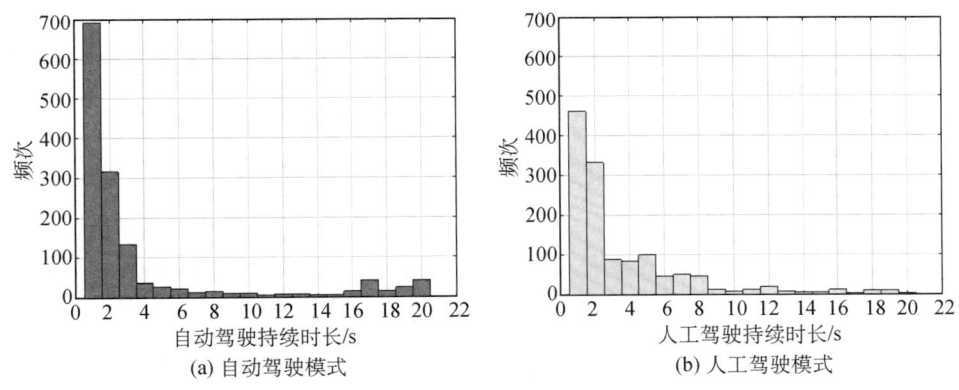

图 6-1 两种驾驶模式持续时长统计

6.2.3 自动驾驶模式辨别方法[9]

为解决道路测试数据中驾驶模式的辨别问题，提出基于机器学习的自动驾驶道路测试驾驶模式辨别方法，将可能有误的驾驶模式数据记录重新进行模式辨别，从而对原始驾驶模式数据进行修复。

1. 名词定义

(1) 持续时长:连续保持同一驾驶模式不变的时长。具体而言,自动驾驶模式持续时长指连续保持自动驾驶模式不变的时长,人工驾驶模式持续时长指连续保持人工驾驶模式不变的时长。

(2) 训练数据集:机器学习过程中用来训练分类模型的数据集合。一般可以使用70%记录准确的驾驶模式数据。

(3) 测试数据集:机器学习过程中用来验证训练数据集所得分类模型表现的数据集合。一般可以使用记录准确的驾驶模式数据中除去训练数据集后剩余的30%数据。

(4) 待分类数据集:驾驶模式待辨别分类的数据集。通常可以采用驾驶模式记录可能有误的数据。

2. 基本假设

(1) 原始数据中每段持续时长数据代表车辆保持相同驾驶模式的一定时间。例如,原始数据中持续时长为5 s的数据全为自动驾驶模式数据或全为人工驾驶模式数据。驾驶模式辨别以每段持续时长为整体进行监督分类。

(2) 原始数据中持续时长大于一定阈值的数据段被认为是记录准确的驾驶模式数据,即原始数据中自动驾驶模式持续时长大于一定阈值的数据段被认为是记录准确的自动驾驶模式。本研究认为持续时长大于20 s的数据段是记录准确的,阈值确定范围为小于20s的某个持续时长。

(3) 原始数据中持续时长小于或等于假设(2)中阈值的数据段,则为驾驶模式记录可能有误的数据,以此作为驾驶模式待辨别分类的数据。

3. 整体思路

自动驾驶道路测试驾驶模式辨别方法包括特征值选择、数据集生成、监督分类模型训练和测试、模型评价、数据修复等步骤,具体流程如图6-2所示。

(1) 选取数据特征值。根据测试数据特征选取表征不同类别(自动驾驶模式或人工驾驶模式)的数据特征值。

(2) 确定记录准确的驾驶模式数据持续时长阈值(记录准确的自动驾驶模式和人工驾驶模式)。对自动驾驶模式数据和人工驾驶模式数据按持续时长进行分类,按照特定时刻前后(如5 s前和5 s后)车速进行显著性检验,显著性差异最大的时刻即记录准确的驾驶模式数据持续时长阈值。

(3) 数据集生成。模型数据集包括训练数据集、测试数据集和待分类数据集。随机选取大于步骤(2)中持续时长阈值的数据的70%作为模型的训练数据集,剩余30%的数据作为模型的测试数据集;把小于或等于步骤(2)中阈值的数据作为待分类数据集。

(4) 构建五种监督分类模型(K近邻估计、支持向量机、决策树、随机森林和BP神经网络)进行分类,利用数据集进行训练及测试模型。

(5) 选取不同指标对模型测试结果进行评价,并从中选出表现最佳的模型进行待分类数据的模式辨别和数据修复工作。

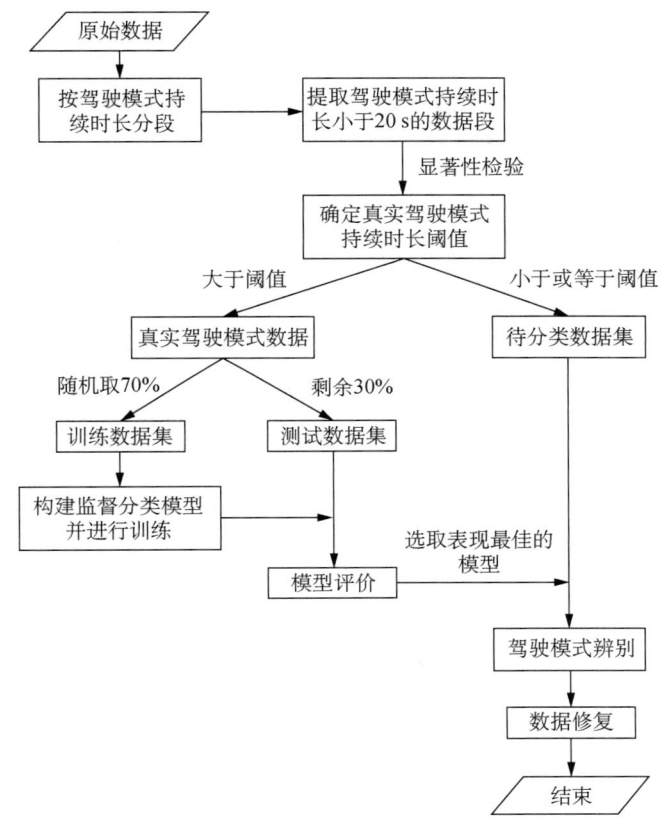

图 6-2 自动驾驶道路测试驾驶模式辨别方法流程

4. 阈值确定

按照特定时刻前后(如5 s前和5 s后)车速进行显著性检验,显著性差异最大的时刻点即为阈值点。常用的显著性检验方法包括参数检验和非参数检验,其中参数检验要求数据满足正态分布检验[10]和方差齐次检验[11]。对数据进行正态分布检验和方差齐次检验,若都满足,则选取参数检验进行显著性检验,否则选取非参数检验进行显著性检验。

1) 正态分布检验

利用观测数据判断总体是否服从正态分布的检验称为正态性检验,它是统计判决中一种重要的拟合优度假设检验。常用的正态性检验方法有正态概率纸法、夏皮罗-维尔克检验法、科尔莫戈罗夫检验法和偏度-峰度检验法等[10]。

2) 方差齐次检验

方差齐性检验是数理统计学中检查不同样本的总体方差是否相同的一种方法。其基本原理是先对总体特征做出某种假设，然后通过抽样研究的统计推理，对此假设应该被拒绝还是接受做出推断。常用的方法有 Hartley 检验、Bartlett 检验和修正的 Bartlett 检验[11]。

3) 参数检验

参数检验是指当总体分布已知(如总体为正态分布)，根据样本数据对总体分布的统计参数进行推断。先由测得的样本数据计算检验统计量，若计算的统计量值落入约定的显著性水平 α 的拒绝域内，说明被检参数之间在所约定的显著性水平 α 下在统计上有显著性差异；反之，若计算的统计量值落入约定的显著性水平 α 的接受域内，说明被检参数之间在统计上没有显著性差异，是同一总体的参数估计值。

4) 非参数检验

非参数检验是指在总体方差未知或知之甚少的情况下，利用样本数据对总体分布形态等进行推断的方法。秩和检验是常用的非参数检验方法之一，是一种用样本秩来代替样本值的检验法。

设 $(X_1, X_2, \cdots, X_m)$ 是取自总体 X 的一个样本，$(Y_1, Y_2, \cdots, Y_n)$ 是取自总体 Y 的一个样本，X 的分布函数为 $F(x)$，Y 的分布函数为 $G(x)$，其中 $F(x)$ 和 $G(x)$ 均未知，但已知 $G(x) = F(x - \delta)$ 且连续，现检验：

$$H_0: \delta = 0 \quad (H_1: \delta \neq 0) \tag{6-1}$$

若 H_0 成立，说明两样本无显著性差异，反之两样本有显著性差异。将两个样本合在一起，形成合样本：

$$(Z_1, Z_2, \cdots, Z_{m+n}) \equiv (X_1, X_2, \cdots, X_m, Y_1, Y_2, \cdots, Y_n) \tag{6-2}$$

将数值变量值按从小到大或等级变量值按从弱到强所排列的序号称为秩。这个合样本的秩统计量记为 $(R_1, R_2, \cdots, R_{m+n})$，统计 X 样本在合样本中的秩和，即

$$T \equiv \sum_{i=1}^{m} R_i \tag{6-3}$$

当 H_0 成立时，X 和 Y 无随机大小区别，因此根据样本观测值算得的 t 的观测值不应太大或太小；反之，如果 t 的值过大或过小，则说明 Y 比 X 随机地小或 X 比 Y 随机地小，则 H_0 不可能成立，于是对于给定的显著性水平 α，拒绝域为

$$T < c_1 \text{ 或 } T > c_2 \tag{6-4}$$

在显著性水平 α 下，c_1 和 c_2 可查阅相关表得出。

5. 监督分类模型

基于机器学习的监督分类系统由两个过程组成，即训练和分类。训练是指用一定数量的样本(训练数据集)进行分类器的设计。分类是指用所设计的分类器对待识别的样本进行分类决策[12,13]。监督分类系统的基本组成为：信息获取、预处理、特征提取和选择、分类决策，如图 6-3 所示。

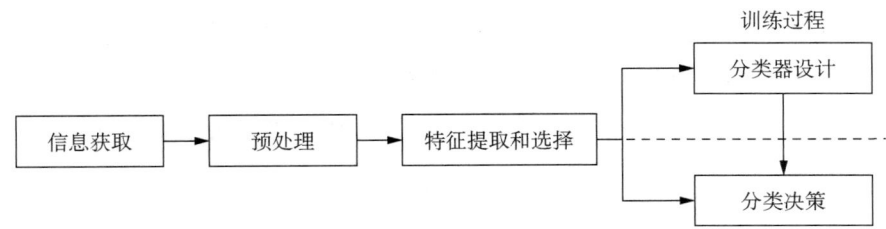

图 6-3 监督分类系统的基本组成

随着人工智能的不断发展，近些年基于机器学习的监督分类方法层出不穷，不同算法有各自的特点，在不同的数据集上也有不同的表现[14]。选取 K 近邻估计、支持向量机、决策树、随机森林和 BP 神经网络五种常见方法来搭建监督分类模型。

6. 模型评价

模型评价指标定义如表 6-4 所列。

表 6-4 模型评价指标定义

数值	真实值为正值	真实值为负值
预测值为正值	TP	FP
预测值为负值	FN	TN

准确率(accuracy)是最常见的模型评价指标，表征所有样本数中分类正确的样本数占比，见式(6-5);精确率(precision)表征被分为正例中实际为正例的占比，见式(6-6);召回率(recall)是覆盖面的度量，表示实际为正例且被分类为正例的比例，见式(6-7)。以上三种指标的数值越大，表示分类越好。将利用训练数据集构建的监督分类模型应用在测试数据集上，利用上述三种指标进行评价，最终选取表现最佳的分类模型用于待分类数据集的分类和修复。表 6-4 中所述的预测值与真实值的正值都为自动驾驶模式，预测值与真实值的负值都为人工驾驶模式。

$$准确率 = \frac{TP + TN}{TP + FP + FN + TN} \qquad (6-5)$$

$$精确率 = \frac{TP}{TP+FP} \tag{6-6}$$

$$召回率 = \frac{TP}{TP+FN} \tag{6-7}$$

6.3 评估指标体系

自动驾驶道路测试运行安全风险涉及车辆运行安全以及车辆与周边道路交通环境交互过程的运行安全。然而,没有一个指标可以完全覆盖且合理地评估运行安全风险。图6-4给出了包括安全度、舒适度和融合度三个方面的自动驾驶道路测试运行安全风险评估指标体系。

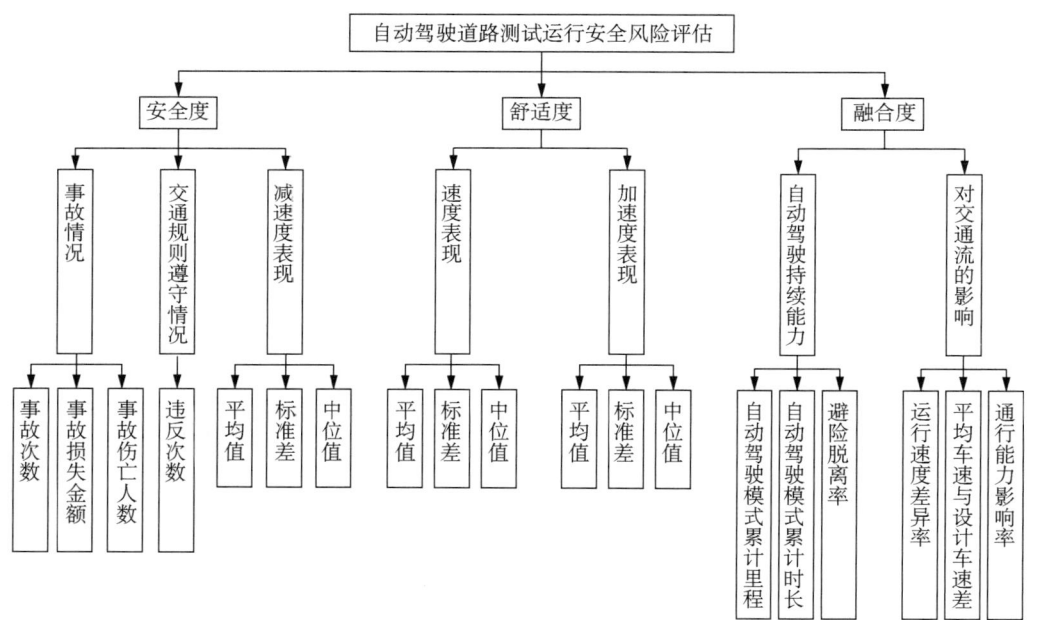

图6-4 自动驾驶道路测试运行安全风险评估指标体系

6.3.1 安全度指标

众多研究[15-17]将道路测试中自动驾驶汽车的安全性作为评估重点,包括障碍物预警和避让、检测到行人时的距离、车道偏离是否开启转向灯以及交通标志线的识别与响应等。本节中,安全度指标包括道路测试过程中的事故情况、交通规则遵守情况和减速度表现。

1. 事故情况

(1) 事故次数:道路测试过程中累计事故次数。

(2) 事故损失金额:道路测试过程中因发生事故而导致的财产损失、施救费用等用货币衡量的额度。

(3) 事故伤亡人数:道路测试过程中因事故导致的伤亡人数。

2. 交通规则遵守情况

对于交通规则遵守情况,一般采用违反次数来体现。违反次数指道路测试过程中自动驾驶车辆违反交通规则的次数。

3. 减速度表现

(1) 减速度平均值:

$$\overline{d} = \frac{1}{n} \times \sum d_i \tag{6-8}$$

式中 d_i——一段时间道路测试区内第 i 条测试数据中自动驾驶车辆的减速度,m/s²;

n——一段时间道路测试区内测试数据总量,条;

$\overline{d}$——一段时间道路测试区内自动驾驶车辆的平均减速度,m/s²。

(2) 减速度标准差:

$$\sigma_d = \sqrt{\frac{1}{n} \sum_{i=1}^{n} (d_i - \overline{d})^2} \tag{6-9}$$

式中 d_i——一段时间道路测试区内第 i 条测试数据中自动驾驶车辆的减速度,m/s²;

$\overline{d}$——一段时间道路测试区内自动驾驶车辆的平均减速度,m/s²;

n——一段时间道路测试区内测试数据总量,条;

σ_d——一段时间道路测试区内自动驾驶车辆的减速度标准差,m/s²。

(3) 减速度中位值:

$$\left.\begin{array}{l} M_d = d_{\frac{n+1}{2}}, \quad n \text{ 为奇数} \\ M_d = \dfrac{d_{\frac{n}{2}} + d_{\frac{n}{2}+1}}{2}, \quad n \text{ 为偶数} \end{array}\right\} \tag{6-10}$$

式中 n——一段时间道路测试区内测试数据总量,条;

$d_{\frac{n+1}{2}}$——一段时间道路测试区内第 $\dfrac{n+1}{2}$ 条测试数据中自动驾驶车辆的减速度,m/s²;

$d_{\frac{n}{2}}$——一段时间道路测试区内第 $\dfrac{n}{2}$ 条测试数据中自动驾驶车辆的减速度,m/s²;

M_d——一段时间道路测试区内自动驾驶车辆的减速度中位值,m/s²。

6.3.2 舒适度指标

由于当前自动驾驶技术仍在迭代完善的过程中，道路测试过程中给驾驶员和乘客带来不良的乘坐体验也可能增加道路测试的运行安全风险，如增加驾驶员对车辆的接管次数等。舒适度指标主要通过速度和加速度的表现来表征。

1. 速度表现

（1）速度平均值：

$$\overline{V} = \frac{1}{n} \times \sum V_i \tag{6-11}$$

式中 V_i——一段时间道路测试区内第 i 条测试数据中自动驾驶车辆的车速，km/h；

n——一段时间道路测试区内测试数据总量，条；

$\overline{V}$——一段时间道路测试区内自动驾驶车辆的平均车速，km/h。

（2）速度标准差：

$$\sigma_V = \sqrt{\frac{1}{n} \sum_{i=1}^{n} (V_i - \overline{V})^2} \tag{6-12}$$

式中 V_i——一段时间道路测试区内第 i 条测试数据中自动驾驶车辆的车速，km/h；

$\overline{V}$——一段时间道路测试区内自动驾驶车辆的平均车速，km/h；

n——一段时间道路测试区内测试数据总量，条；

σ_V——一段时间道路测试区内自动驾驶车辆的速度标准差，km/h。

（3）速度中位值：

$$\left. \begin{array}{l} M_V = V_{\frac{n+1}{2}}, \quad n \text{ 为奇数} \\ M_V = \dfrac{V_{\frac{n}{2}} + V_{\frac{n}{2}+1}}{2}, \quad n \text{ 为偶数} \end{array} \right\} \tag{6-13}$$

式中 n——一段时间道路测试区内测试数据总量，条；

$V_{\frac{n+1}{2}}$——一段时间道路测试区内第 $\left(\dfrac{n+1}{2}\right)$ 条测试数据中自动驾驶车辆的车速，km/h；

$V_{\frac{n}{2}}$——一段时间道路测试区内第 $\left(\dfrac{n}{2}\right)$ 条测试数据中自动驾驶车辆的车速，km/h；

M_V——一段时间道路测试区内自动驾驶车辆的速度中位值，km/h。

2. 加速度表现

（1）加速度平均值：

$$\overline{a} = \frac{1}{n} \times \sum a_i \tag{6-14}$$

式中 a_i——一段时间道路测试区内第 i 条测试数据中自动驾驶车辆的加速度,m/s²;

n——一段时间道路测试区内测试数据总量,条;

$\bar{a}$——一段时间道路测试区内自动驾驶车辆的平均加速度,m/s²。

(2) 加速度标准差:

$$\sigma_a = \sqrt{\frac{1}{n}\sum_{i=1}^{n}(a_i - \bar{a})^2} \tag{6-15}$$

式中 a_i——一段时间道路测试区内第 i 条测试数据中自动驾驶车辆的加速度,m/s²;

$\bar{a}$——一段时间道路测试区内自动驾驶车辆的平均加速度,m/s²;

n——一段时间道路测试区内测试数据总量,条;

σ_a——一段时间道路测试区内自动驾驶车辆的加速度标准差,m/s²。

(3) 加速度中位值:

$$\left. \begin{array}{l} M_a = a_{\frac{n+1}{2}}, \quad n \text{ 为奇数} \\ M_a = \dfrac{a_{\frac{n}{2}} + a_{\frac{n}{2}+1}}{2}, \quad n \text{ 为偶数} \end{array} \right\} \tag{6-16}$$

式中 n——一段时间道路测试区内测试数据总量,条;

$a_{\frac{n+1}{2}}$——一段时间道路测试区内第 $\left(\dfrac{n+1}{2}\right)$ 条测试数据中自动驾驶车辆的加速度,m/s²;

$a_{\frac{n}{2}}$——一段时间道路测试区内第 $\left(\dfrac{n}{2}\right)$ 条测试数据中自动驾驶车辆的加速度,m/s²;

M_a——一段时间道路测试区内自动驾驶车辆的加速度中位值,m/s²。

6.3.3 融合度指标

自动驾驶汽车在道路测试过程中能否顺利融入周边道路交通系统对于道路测试运行安全风险有着重要影响。然而,融入程度可以通过自动驾驶测试成熟度和道路测试运行过程中原本交通系统是否受到明显扰动来体现。故本节提出融合度指标,即自动驾驶汽车在道路测试过程中融入周边道路交通系统的程度,主要包括自动驾驶持续能力和对交通流的影响两方面。

1. 自动驾驶持续能力

(1) 自动驾驶模式累计里程:

$$M = \sum M_i \tag{6-17}$$

式中 M_i——每一段驾驶模式为自动驾驶时的持续驾驶里程，km；

　　　M——一段时间或区域内驾驶模式为自动驾驶的持续驾驶里程，km。

（2）自动驾驶模式累计时长：

$$T = \sum T_i \tag{6-18}$$

式中 T_i——每一段驾驶模式为自动驾驶时的持续时间，h；

　　　T——一段时间或区域内驾驶模式为自动驾驶的持续时间，h。

（3）避险脱离率[18]：

$$I_{\text{RADF}} = \frac{I_{\text{RAD}}}{M} \times 100 \tag{6-19}$$

式中 I_{RAD}——特定测试区域与测试时期内自动驾驶汽车发生避险脱离的总次数，次；

　　　M——自动驾驶模式累计行驶里程，km；

　　　I_{RADF}——避险脱离率，即单位里程内自动驾驶汽车发生避险脱离的次数，次/100 km。

避险脱离率是在传统脱离率的基础上剔除驾驶员出于非避险因素接管车辆影响的脱离率模型，本书 6.4 节对避险脱离率模型将做详细介绍。

2. 对交通流的影响

（1）运行速度差异率：

$$SDR = \frac{\overline{V}_{\text{人工驾驶}} - \overline{V}_{\text{自动驾驶}}}{\overline{V}_{\text{人工驾驶}}} \times 100\% \tag{6-20}$$

式中 $\overline{V}_{\text{人工驾驶}}$——特定时间和区域内人工驾驶车辆的平均车速，km/h；

　　　$\overline{V}_{\text{自动驾驶}}$——特定时间和区域内自动驾驶车辆在自动驾驶模式下的平均车速，km/h；

　　　SDR——特定时间和区域内自动驾驶车辆在自动驾驶模式下的平均车速与相同场景下人工驾驶车辆的平均车速的差异率，km/h。

（2）平均车速与设计车速差：

$$\Delta V = V_{\text{设计}} - \overline{V} \tag{6-21}$$

式中 $V_{\text{设计}}$——特定时间和区域内设计车速，km/h；

　　　$\overline{V}$——特定时间和区域内自动驾驶车辆的平均车速，km/h；

　　　ΔV——特定时间和区域内自动驾驶车辆的平均车速与设计车速之差，km/h。

（3）通行能力影响率：

$$CIR = \frac{C_{\text{测试前}} - C_{\text{测试后}}}{C_{\text{测试前}}} \times 100\% \tag{6-22}$$

式中 $C_{测试前}$——道路测试前某路段的通行能力,pcu①/h;

$C_{测试后}$——道路测试后某路段的通行能力,pcu/h;

CIR——道路测试对路段通行能力的影响。

一般而言,事故次数越多、事故损失金额越高、事故伤亡人数越多、交通规则违反次数越多、速度和加/减速度的平均值越高、标准差越大、中位值越大、自动驾驶模式累计里程和时长越少、运行速度差异率越大、平均车速与设计车速差越大、通行能力影响率越高以及避险脱离率越高,道路测试运行安全风险就越高,但仅凭单一指标无法完整且合理地评估运行安全风险,需要根据具体场景综合多指标表现进行具体分析。

6.4 避险脱离率模型

为了解决传统脱离率模型低估自动驾驶道路测试车辆驾驶能力的问题,我们构建了面向自动驾驶道路测试车辆驾驶能力评估的避险脱离率模型[18]。

6.4.1 名词定义

(1)脱离:依据美国加州机动车管理局的定义,脱离是一种需要被反馈的自动驾驶模式失效行为,即当检测到自动驾驶汽车存在技术故障或存在安全运行需求时,驾驶员(安全员)需切换到人工驾驶模式并立即手动控制车辆[19,20]。按照不同致因,自动驾驶汽车的脱离可分为避险脱离和非避险脱离,如图6-5所示。

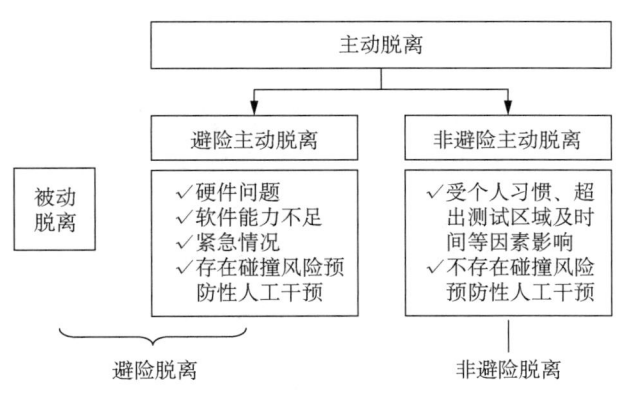

图6-5 避险脱离及非避险脱离

(2)避险脱离:包括被动脱离和主动脱离。避险主动脱离是指在实际的道路测试过程

---

① pcu:passenger car unit,标准车当量数。

中,受软/硬件失效、紧急情况等因素干扰,尽管自动驾驶汽车未检测到异常,但由于存在碰撞风险,驾驶员不得不进行干预以保障安全,使车辆主动脱离。脱离的目的是规避自动驾驶道路测试过程中可能存在的运行安全风险。

(3) 非避险脱离:即非避险主动脱离,指在实际道路测试过程中,驾驶员虽未感知到碰撞风险,但受个人习惯、测试时间及区域限制等影响进行了主动干预,使原本可以继续安全行驶的自动驾驶汽车主动脱离,而脱离的目的并非规避自动驾驶道路测试过程中的运行安全风险。

(4) 脱离时长:在脱离状态下,车辆从脱离时刻开始经历的时长。脱离状态指脱离前车辆从感知故障到脱离、脱离后驾驶员从脱离到行驶稳定的全过程。

(5) 脱离时长阈值:在某一脱离时长内,脱离后车辆行为与脱离前相应时长内车辆行为差异最大,该脱离时长即脱离时长阈值。脱离时长阈值划定了不同脱离类型特性分析的时长范围,可以较显著地反映脱离所导致的车辆行为变化,当超出脱离时长阈值时,车辆趋于稳定行驶。

6.4.2 基本假设

(1) 假设1:P. L. Morgan 等[21]研究了城市道路和郊区道路自动驾驶汽车的脱离时间,结果表明,最长的脱离时间(从脱离发生到驾驶员重新平稳掌控车辆的时间)为15～20 s。因此,本章中假设脱离时长的阈值最大为15 s,即在车辆脱离15 s后驾驶员不再受车辆脱离影响,趋于稳定行驶。

(2) 假设2:脱离时长阈值最小为3 s,即认为驾驶员至少需要花3 s的时间来完成全部的人工干预措施。

(3) 假设3:就非避险脱离而言,其脱离时刻前、后的车辆速度差小于避险脱离。避险脱离主要是由于发生了设备故障、技术失效、紧急情况等,驾驶员不得不采取措施来规避风险,这种脱离更具偶然性与随机性。非避险脱离是由于驾驶员的主观判断与选择,驾驶员主动规避且风险很小,这种脱离更具可预见性和可操纵性。因此,避险脱离对驾驶员的反应时间、脱离绩效的要求比较高且安全风险更大,通常驾驶员会采取较为激烈的减速避让措施。

6.4.3 构建方法

1. 基本流程

自动驾驶汽车避险脱离率模型的构建流程主要包括三部分:数据预处理、确定脱离时长阈值和脱离类型辨别,如图6-6所示。

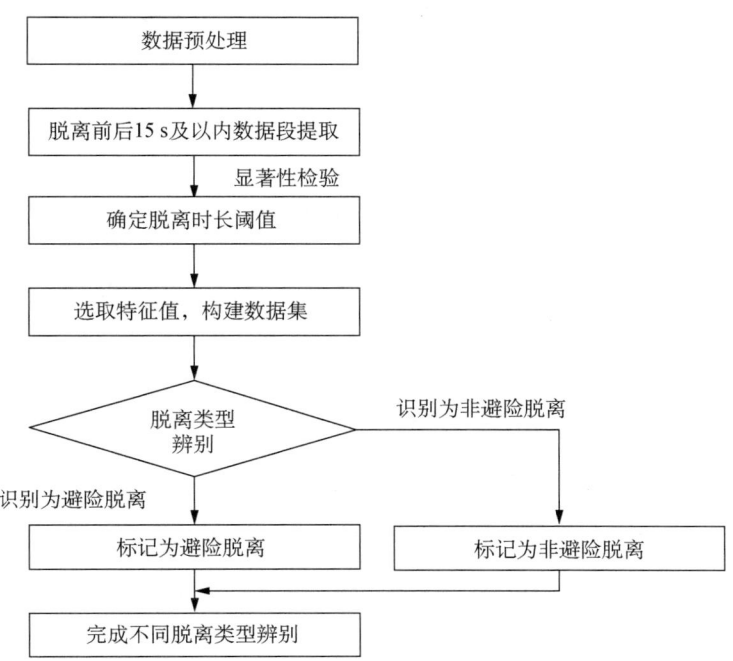

图 6-6 避险脱离率模型构建流程

2. 阈值确定

已有研究表明,自动驾驶汽车发生脱离时会引起脱离前后速度的显著变化[22]。根据假设 1 和假设 2,需提取脱离前后 15 s 及以内数据段,按 3~15 s 的脱离时长,依次对脱离前和脱离后相应时长内(如脱离前 3 s、脱离后 3 s)的速度进行显著性检验,显著性差异最大的脱离时长即脱离时长阈值。常用的显著性检验方法包括参数检验与非参数检验,需在检验前对车速数据进行正态分布性[10]检验和方差齐次性[11]检验,若均符合要求则选用参数检验方法,否则选用非参数检验方法。

3. 脱离类型辨别步骤

在脱离时长阈值内,脱离前后自动驾驶汽车的脱离行为变化显著,需选取合理的特征值来表征不同脱离类型下的车辆行为,进而辨别不同脱离类型。

1)特征值选取

J. Hu 等[22]的研究表明,自动驾驶汽车脱离前后速度变化显著。自动驾驶汽车被人工脱离瞬间,驾驶员需采取干预措施,而脱离前后 1 s、脱离前后 5 s、脱离前后 10 s 等不同时刻的驾驶行为存在差异,速度往往由波动趋于平稳。考虑到脱离时长阈值内脱离前后不同时刻的速度变化差异,选取平均速度差(Average Speed Difference,ASD)、瞬时车速差(Instantaneous Speed Difference,ISD)和短时平均速度差(Short-term Average Speed

Difference，SASD)这 3 个特征指标,表征脱离前后驾驶特性变化。

$$ASD = \overline{V}_{a-\text{BD}} - \overline{V}_{a-\text{AD}} \qquad (6-23)$$

$$ISD = \overline{V}_{1-\text{BD}} - \overline{V}_{1-\text{AD}} \qquad (6-24)$$

$$SASD = \overline{V}_{a/2-\text{BD}} - \overline{V}_{a/2-\text{AD}} \qquad (6-25)$$

式中　ASD——平均速度差,km/h;

　　　ISD——瞬时速度差,km/h;

　　　$SASD$——短时平均速度差,km/h;

　　　$\overline{V}_{a-\text{BD}}$——脱离前 a s 内速度均值,km/h;

　　　$\overline{V}_{a-\text{AD}}$——脱离后 a s 内速度均值,km/h;

　　　$\overline{V}_{1-\text{BD}}$——脱离前 1 s 内速度均值,km/h;

　　　$\overline{V}_{1-\text{AD}}$——脱离后 1 s 内速度均值,km/h;

　　　$\overline{V}_{a/2-\text{BD}}$——脱离前($a/2$) s 内速度均值,km/h;

　　　$\overline{V}_{a/2-\text{AD}}$——脱离后($a/2$) s 内速度均值,km/h;

　　　a——脱离时长,s。

脱离时长 a 受脱离时长阈值限制,若 a 超出脱离时长,则取脱离时长阈值。平均速度差指脱离时长内前后速度的均值差,可反映脱离全过程对驾驶特性的影响;瞬时速度差则指脱离前后 1 s 速度差,可反映脱离瞬间对驾驶特性的影响;短时平均速度差指 1/2 脱离时长内前后速度均值差,可反映自动驾驶汽车脱离后,驾驶员采取干预措施的差异。

2) 脱离类型辨别

基于平均速度差、瞬时速度差和短时平均速度差的特征值来构建数据集,运用无监督学习算法,将所有的自动驾驶汽车脱离分为两类。根据假设 3,特征值较小的一类为非避险脱离,特征值较大的一类为避险脱离。

4. 模型构建

基于自动驾驶汽车脱离类型辨别结果,构建避险脱离率模型,求解避险脱离率 I_{RADF}。在特定的自动驾驶汽车道路测试区域与测试时期内,避险脱离率计算方法见式(6-19)。

5. 模型应用

避险脱离率模型剔除了自动驾驶汽车发生非避险脱离对模型评价的影响,可以客观地量化与表征测试车辆的脱离情况,避险脱离率越大,每 100 km 避险脱离次数越多,驾驶能力越弱。在实际应用中,基于不同的道路测试数据,选择不同的道路测试区域、时间和车辆,约束脱离次数及累计行驶里程,可计算与对比不同维度下的避险脱离率模型。

6.5 典型案例评估分析

6.5.1 上海自动驾驶道路测试数据基本情况

2019年9月,上海修订发布了《上海市智能网联汽车道路测试和示范应用管理办法(试行)》(沪经信规范〔2019〕7号),授权第三方测试机构搭建平台来记录、存储智能网联汽车的状态并对其进行在线监控,实时回传车辆的标识(车架号或临时行驶车号牌信息等)、驾驶模式(自动驾驶模式或人工驾驶模式)、行驶里程、速度、加速度、行驶方向等运动状态,以及车辆灯光、信号实时状态等信息,且传输频率不低于1 Hz,并要求必须自动记录和存储车辆在事故或失效状况发生前90 s和发生后30 s的数据,数据存储时间不少于1年。

据《上海市智能网联汽车开放道路测试报告(2020年)》显示,上传至第三方测试机构数据平台的数据逾1.68亿条。与2019年相比,上传的有效数据量由306.8万条增至3 987.0万条,增长了近13倍;有效测试里程由3.9万km增至39.6万km,增长了约10倍;自动驾驶模式测试里程占比由44.1%增至69.8%,提升了约58%。在自动驾驶模式测试里程方面,上汽红岩、滴滴和图森未来均在2020年有了大幅增长,相比2019年分别增长了约54倍、12倍和8倍。2020年,自动驾驶汽车开展有效道路测试里程为39.6万km,其中安亭的城市道路测试里程为16.1万km,临港的城市道路测试里程为2.7万km,深水港物流园区的道路测试里程为1.1万km,东海大桥的测试里程为18.9万km,洋山港的测试里程为0.8万km。另外,自动驾驶模式测试里程为27.7万km,自动驾驶模式测试里程占比约为69.9%。有效测试时长为1.17万h,其中自动驾驶模式有效测试时长为0.79万h,占有效测试时长的67.5%。

图6-7给出了2020年上海市道路测试里程和测试时长情况。其中,Ⅰ类低风险区域测试时长为5 196 h,测试里程为13.2万km;Ⅱ类低风险区域测试时长为2 456 h,测试里程为5.6万km;Ⅲ类低风险区域测试时长为10 726 h,测试里程为20.8万km。

6.5.2 道路测试评估情况

上海市建设了市级自动驾驶道路测试数据采集监控平台,接入所有参与测试的自动驾驶开放道路测试数据,为国内首个道路测试与示范应用数据采集和发布系统。同时,上海还建立了道路测试安全风险评估技术体系,定期编制相关道路测试与评估报告,并同步建设了上海市自动驾驶公共数据中心,该中心具备道路测试日常管理和安全监管能力。上海积极开展测试数据的应用服务与分析评估工作,推动自动驾驶产业的数据汇集与研究应用,从而

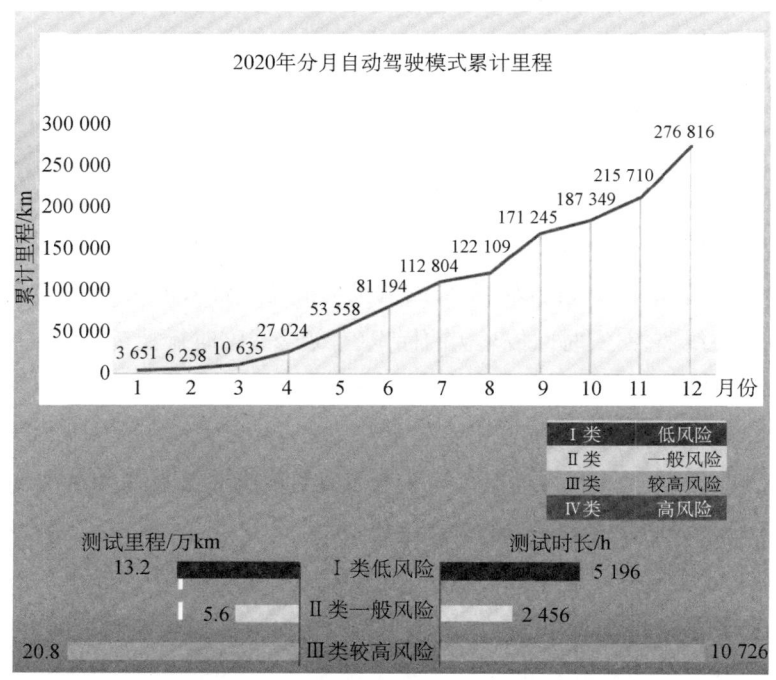

图 6-7 2020 年上海市道路测试里程和测试时长情况

确保道路测试安全有序可控。

以自动驾驶测试与示范应用数据为基础,运用数据采集、数据存储、数据分析、数据共享、数据质量评估、数据价值评估、数据确权评估等大数据技术手段,系统集成了"传统交通+自动驾驶"道路测试数据,明确了数据采集设备、数据传输与存储方式的关键技术指标和要求,实现对车路协同 C-V2X 等新基建数据的扩展无缝接入,并通过软、硬件系统的建设,实现海量多源异构数据的采集与整合、大数据的集成统一与应用分发。图 6-8 给出了有效数据量、有效测试里程、自动驾驶累计里程、自动驾驶里程占比和避险脱离率这 5 个指标的车企开放道路测试情况雷达图。

以自动驾驶汽车智驾数据作为关键要素,上海市构建了自动驾驶汽车智驾避险脱离率等道路测试影响评价模型,并形成了道路测试运行安全风险评估方法和道路测试安全风险预警框架。利用 2020 年的测试数据,从智驾技术经受多场景考验、智驾水平得到多维度提升、智驾能力实现多指标验证、载物示范运营取得四个"突破"和载人示范应用实现四个"引领"五方面分析评估了道路测试情况。

1. 智驾技术经受多场景考验

2020 年,上海组织了自动驾驶汽车在多风险类别交通场景中的规模化测试。安亭和临港的I类低风险区域测试里程总计 13.2 万 km、安亭Ⅱ类一般风险区域测试里程总计 5.6 万 km、

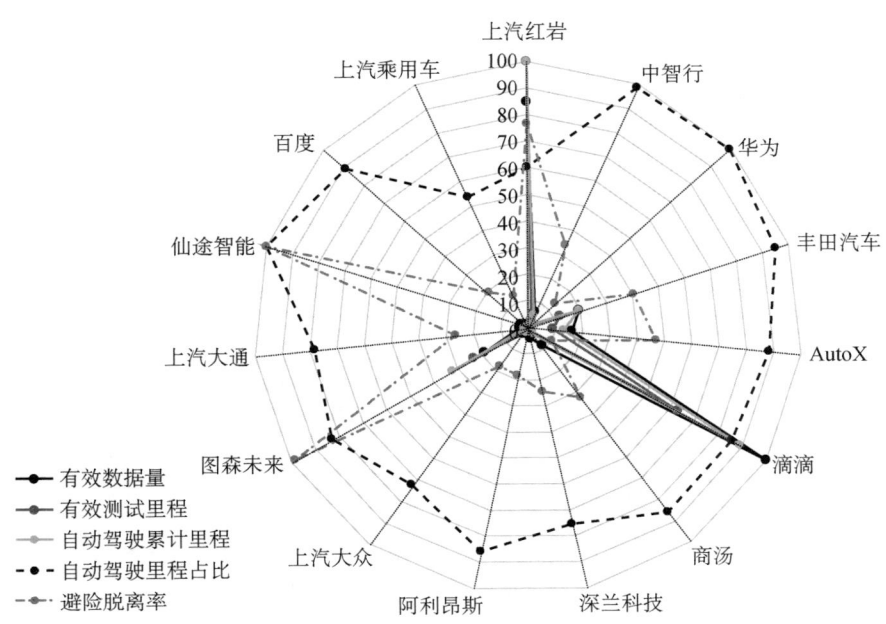

图 6-8 车企开放道路测试情况雷达图

洋山港-东海大桥-物流园区Ⅲ类较高风险区域测试里程总计 20.8 万 km。在安亭Ⅰ类低风险区域,自动驾驶模式平均测试车速为 29.5 km/h;在安亭Ⅱ类一般风险区域平均测试车速为 24.4 km/h,比在Ⅰ类低风险区域降低了约 17%。

2. 智驾水平得到多维度提升

2020 上传测试数据质量明显提升,速度异常与数据重复出现等情况大幅减少。有效数据量、有效测试里程、自动驾驶模式测试里程、自动驾驶模式占比等多个维度的测试结果都表明智驾水平有了显著提升。

3. 智驾能力实现多指标验证

2020 年,自动驾驶汽车的智驾能力从测试里程、测试时长、平均车速、避险脱离率等多指标维度得到了验证。新增测试企业中,AutoX 和丰田汽车在有效测试里程、自动驾驶模式累计里程、避险脱离率方面均位列前五,测试表现较好。东海大桥智能重卡示范运营自动驾驶模式下的平均车速为 61.8 km/h,比 2019 年提升了 6%。2020 年,上汽红岩、图森未来、华为、深兰科技等车企的智驾避险脱离能力均有进步。在安亭测试区Ⅰ类低风险区域,智驾避险脱离率为 18.3 次/100 km;在安亭测试区Ⅱ类一般风险区域,智驾避险脱离率为 25.7 次/100 km,比在Ⅰ类低风险区域高了约 40%,脱离热力图如图 6-9 所示。由此可以看出,道路风险等级越高,其对自动驾驶汽车的挑战越大。

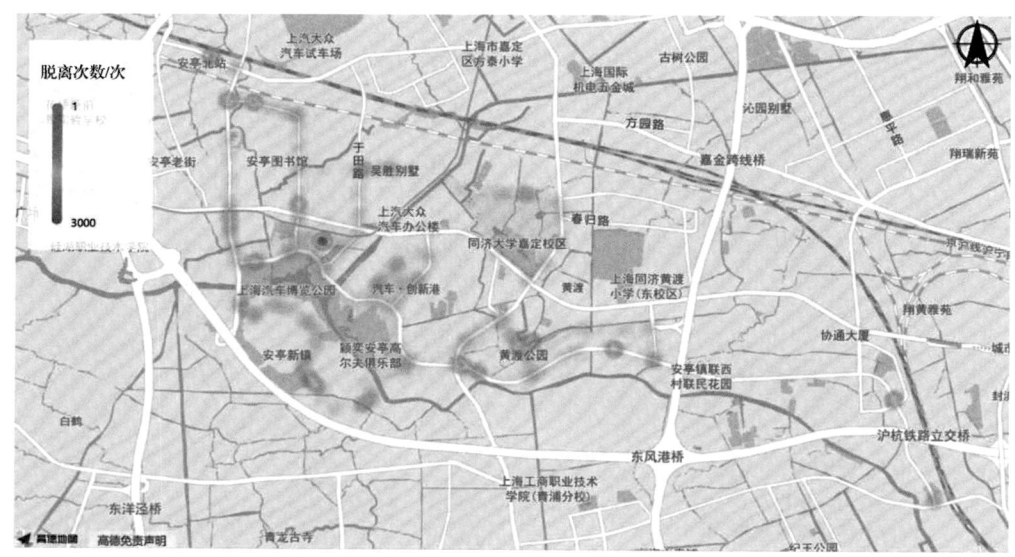

图 6-9　安亭测试区脱离热力图

4. 载物示范运营取得四个"突破"

(1) 实现了从"道路测试"到"示范运营"的突破。上海洋山港智能重卡示范运营项目于 2019 年开始立项,经过近一年的调试准备和技术迭代,车辆智驾性能稳步提升,作业流程持续优化,全流程智驾难关打通,智能重卡实现从单一的道路测试研发向复杂真实作业场景下的载物运输转变。图 6-10 给出了 2020 年洋山深水港物流园区-东海大桥-洋山深水港的测试情况。2020 年 7 月 1 日,上汽集团投入 15 台红岩智能重卡在国内率先启动集装箱转运业务。2020 年 12 月 14 日 21 点 23 分,由洋山港四期码头转运至深水港物流堆场的集装箱平稳卸箱,标志着全年 2 万 TEU 运输任务已完成,顺利实现智能重卡规模化示范运营年度目标。2020 年,上汽智能重卡测试总里程约为 20.8 万 km,其中自动驾驶模式测试里程约为 12.9 万 km,较 2019 年分别增长了 14.2 倍和 36.4 倍;测试总时长为 4 018 h,其中自动驾驶时长为 2 289 h,较 2019 年分别增长了 11.7 倍和 30.4 倍;避险脱离总次数为 3 593 次,避险脱离率为 3.5 次/100 km,较 2019 年下降了 62%,其中东海大桥避险脱离率为 2.5 次/100 km、洋山深水港区避险脱离率为 12.5 次/100 km。

(2) 实现了从"单车智能"到"车路协同"的突破。完成洋山深水港物流园区-东海大桥-洋山一期/四期码头总里程 40.7 km 测试道路的智能路侧设施改造工程。上汽红岩智能重卡实现与智能路侧设备的信息互通,具备闸口信息互通、信号灯车速引导等功能。洋山深水港区已初步具备一定的车路协同应用配套能力,并率先完成车路协同典型场景的应用落地。在洋山深水港区内持续开展精准倒车、精确停车、自动装卸箱等复杂场景测

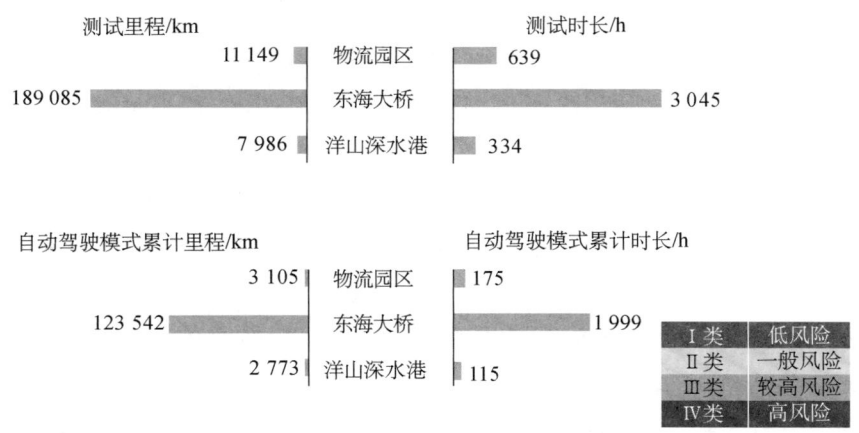

图 6-10　洋山深水港物流园区-东海大桥-洋山深水港的测试情况

试,组织港区内智能调度、路径规划等功能开发,实现智能重卡与轮胎吊等装卸设备的信息交互功能。同步开展智能重卡编队行驶能力测试,有效提升了智能重卡全系统运行的可靠性。

(3) 实现了从"独立平台"到"系统融合"的突破。根据洋山深水港智能重卡示范运营需要,上汽集团和上港集团联合开发了智能重卡业务信息控制系统,搭建了集装箱转运业务集中调度管控平台,实现了洋山深水港物流 WMS 系统、上港物流车队管理 TMS 系统、码头 TOPS 生产管理系统和上汽 FMS 车辆管理系统等多个生产系统之间的信息融合。同步推进通关查验流程和道口系统对接,为实现智能重卡全流程智驾能力提供了重要保障。

(4) 实现了从"技术研发"到"商业探索"的突破。洋山深水港智能重卡示范运营项目作为一个系统工程,需要从自动驾驶汽车产品研发与功能测试、系统集成与信息互通、数据采集与道路评估、成本控制与流程管理、系统可靠性提升与规模化示范运营等方面循序推进。经过一年多的摸索试验,基本形成了政府指导、企业合作、机构评估和政策支持的联合推进机制,探索出了一条较为完备的自动驾驶汽车应用落地实施路径,对推动自动驾驶汽车进行大规模商业化做了积极探索和技术储备。

5. 载人示范应用实现四个"引领"

(1) 示范应用规模引领行业新发展。2020 年 6 月 27 日,滴滴沃芽投放了 40 辆自动驾驶汽车在上海率先启动规模化载人示范应用。滴滴沃芽建设了完善的试乘体验服务流程、自动驾驶云控平台和安全管理体系,走入居民圈普及自动驾驶知识,积极收集试乘体验反馈,示范应用规模效应凸显。2020 年收到 5 万余人次报名,完成接待志愿者体验 6 294 人次,示范应用总里程达 11.1 万 km。2020 年 8 月 16 日,AutoX 也正式在上海嘉定区投放了 5

辆自动驾驶汽车开展自动驾驶汽车载人示范应用。2020年收到2 723人次报名,完成接待志愿者体验1 315人次,示范应用总里程达6 635 km。在推动示范应用的过程中,上海积极探索自动驾驶汽车载人示范应用的方法与路径,示范应用规模在全国范围内具有引领作用,为行业的规范化发展做了有益尝试。

(2) 智驾解决方案引领技术新标杆。上海鼓励相关企业智驾解决方案的技术创新,积极推动上、下游产业链的融合交流。滴滴沃芽借助甲级导航电子测绘资质和制作高精地图的开发能力,提出了L4、L5级别自动驾驶软硬件解决方案,在嘉定区建设了基于"5G+车路协同"技术的示范道路,形成了"车-路-云-网-图"五维一体的商业融合模式和技术迭代体系,并运用海量运营数据、桔视设备采集数据建立了丰富的模拟仿真训练场景库。AutoX通过人工智能算法处理各类长尾场景(如闯红灯的车辆或行人、红绿灯损坏的路口、路边违章停靠的车辆等),提升适应炎热和雷暴雨等天气的能力。

(3) 智慧出行服务引领交通新业态。滴滴沃芽通过App应用端面向公众开放自动驾驶试乘体验服务入口,开放了嘉定区域内典型的出行场景,如工作区、地铁站、商业区和居民区,覆盖工作通勤、学生出行、日常消费等多种通勤场景。AutoX通过"高德地图"App向公众开展自动驾驶载人示范应用,为公众体验自动驾驶出行提供了便利。通过真实的自动驾驶体验,让市民对智慧出行愿景能"摸得着、看得见",从而有助于普通公众从内心提高对于自动驾驶的接受度,拉近自动驾驶技术与社会大众的距离感。借助试点的示范应用方案,有助于体验者及时反馈乘坐感受,并提出有关车辆智驾技术的相关建议,方便研发企业从示范应用中发现突破点,探索出商业落地的实践路径。打造智能的出行服务模式,勾画未来城市交通出行的智慧生活圈,有助于管理部门摸索出未来交通的组织形态,为未来自动驾驶汽车消费新经济做了有益探索。

(4) 交通管理转型引领城市新动能。上海统筹规划自动驾驶汽车测试与示范应用安全保障体系,积极开展车路协同技术、智慧交通服务的研究试点,提升城市交通管理的科技水平,促进城市交通运行的数字化转型。滴滴沃芽将共享出行与自动驾驶技术发展相结合,AutoX以技术打通市场,它们都作为新型的交通出行服务参与者,打造了面向大众的真实智慧出行新场景。这种"人工驾驶+自动驾驶"状态下的新型混合驾驶环境,补充了城市局部区域的出行供给,丰富了智慧出行模式。

6.5.3　车路协同技术探索

上海重点针对自动驾驶道路测试安全风险度高的路段或场景,探索车路协同技术应用,以实现道路测试的风险管控。在临港新片区建设了环湖一路8.6 km长的智能测试道路,完成了路端系统的智能化升级改造,如图6-11所示,实现了"自动驾驶+车路协同"的深度应用,并在洋山深水港物流园区-东海大桥-洋山港区之间建成初具规模的车路协同技术环境,助力上汽红岩智能重卡开展示范运营。在嘉定区安亭 53.6 km 的开放测试道路上实现"5G通信+高精度地图"的全覆盖,同步建设 V2X 车路协同应用系统、全息道路感知系统、安全监管监控平台、路侧智能终端等一批服务于智能交通的基础设施。在奉贤新城 32.6 km² 测试区内建设了基于智慧全出行链"最后一公里"的特定场景,该测试区既支持单车智能,也支持车路协同;既支持单一道路,也注重区域覆盖,其技术探索示意图如图 6-12 所示。

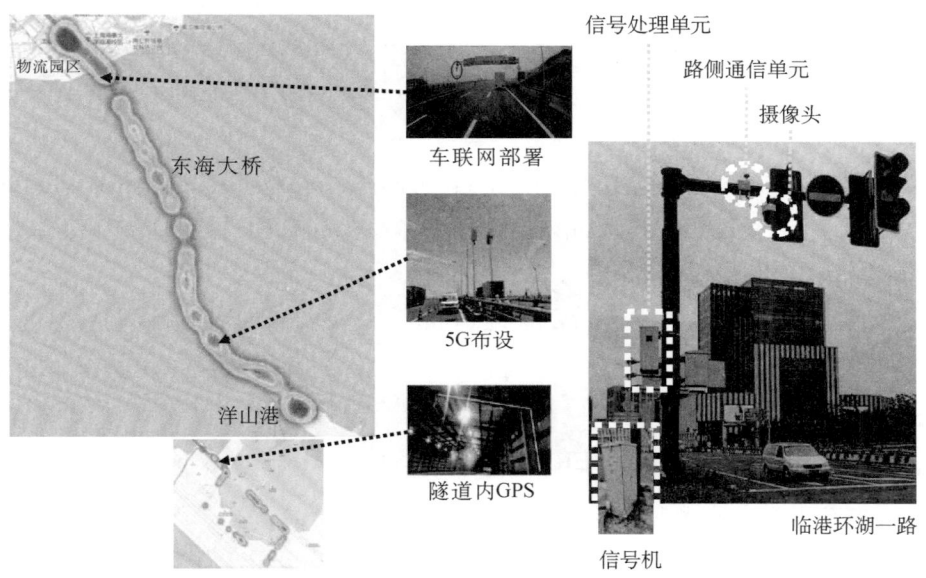

图 6-11　车路协同技术探索示意(临港新片区)

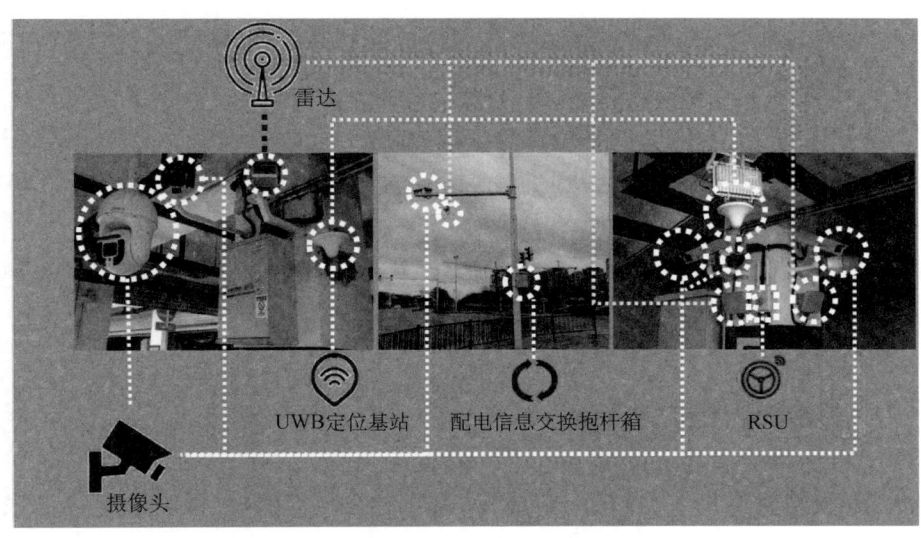

图 6-12　车路协同技术探索示意(奉贤新城)

参考文献

[1] RAGLAND D R, MITMAN M F. Driver/pedestrian understanding and behavior at marked and unmarked crosswalks[R]. Institute of Transportation Studies, UC Berkeley, Institute of Transportation Studies, 2007.

[2] ZHANG Mengshi, ZHANG Yuqun, ZHANG Lingming, et al. DeepRoad: gan-based metamorphic testing and input validation framework for autonomous driving systems[C]//Proceedings of the 33rd ACM/IEEE International Conference on Automated Software Engineering, 2018.

[3] CHEN Y L, CHEN Y H, CHEN C J, et al. Nighttime vehicle detection for driver assistance and autonomous vehicles[C]//Proceedings of the 18th International Conference on Pattern Recognition (ICPR'06), 2006.

[4] KUANG H, LONG C, FENG G, et al. Combining region-of-interest extraction and image enhancement for nighttime vehicle detection[J]. IEEE Intelligent systems, 2016, 31(3): 57-65.

[5] WAGNER J, FISCHER V, HERMAN M, et al. Multispectral pedestrian detection using deep fusion convolutional neural networks[C]//Proceedings of the 24th European Symposium on Artificial Neural Networks, Computational Intelligence and Machine Learning (ESANN), 2016.

[6] ALEJANDRO G, FANG Z, YAINUVIS S, et al. Pedestrian detection at day/night time with visible and FIR cameras: a comparison[J]. Sensors (Basel Switzerland), 2016, 16(6): 1-11.

[7] SUZUKI T, KATAOKA H, AOKI Y, et al. Anticipating traffic accidents with adaptive loss and large-scale incident DB[C]// Proceedings of the IEEE Conference on Computer Vision and Pattern Recognition, 2018.

[8] 刘芳丽. 智能网联汽车开放测试区交通流运行安全风险评估[D]. 上海: 同济大学, 2020.

[9] 涂辉招, 刘芳丽, 崔航, 等. 实测数据驱动的自动驾驶道路测试驾驶模式辨别方法[J]. 中国公路学报, 2021, 34(4): 231-239.

[10] 韩永志. 统计学在理化检验中的应用第六讲正态分布及其检验(续)[J]. 理化检验(化学分册), 2000. 36(3): 138-141.

[11] 林金官, 韦博成. 非线性 Poisson-Gamma 回归模型中存在偏大离差时离差参数的齐性检验[J]. 应用概率统计, 2003(3): 277-285.

[12] GOLD C, LORENZ L, BENGLER K. Influence of automated brake application on take-over situations in highly automated driving scenarios[C]//Proceedings of the FISITA 2014 World Automotive Congresss, 2014.

[13] RADLMAYR J, GOLD C, LORENZ L, et al. How traffic situations and non-driving related tasks affect the take-over quality in highly automated driving[C]//Proceedings of the human factors and ergonomics society annual meeting, 2014.

[14] 边肇祺,张学工.模式识别[M].2版.北京:清华大学出版社,2000.

[15] MENG K W, ZHAO Y N, LI G, et al. Evaluation of the intelligent behaviors of unmanned ground vehicles based on information theory[C]//Proceedings of the 15th Cota International Conference of Transportation Professionals. Beijing China, 2015.

[16] ZHANG X, ZHAO Y A, GAO L, et al. Evaluation framework and method of the intelligent behaviors of unmanned ground vehicles based on AHP scheme[J]. Applied Mechanics and Materials, 2014, 721: 476-480.

[17] DONG F, ZHAO Y N, LI G. Application of gray correlation and improved AHP to evaluation on intelligent u-turn behavior of unmanned vehicles[C]//Proceedings of the 8th International Symposium on Computational Intelligence and Design (ISCID), 2015.

[18] 涂辉招,崔航,鹿畅,等.面向自动驾驶路测驾驶能力评估的避险脱离率模型[J].同济大学学报(自然科学版),2020,48(11):1562-1569.

[19] STATE OF CALIFORNIA-DEPARTMENT OF INDUSTRIAL RELATIONS. Final statement of reasons[EB/OL].[2021-02-10]. https://www.dir.ca.gov/oshsb/documents/Reinforcing-Steel-Concrete-Construction-and-Post-Tensioning-Operations-FSOR.pdf.

[20] LV C, CAO D P, ZHAO Y F, et al. Analysis of autopilot disengagements occurring during autonomous vehicle testing[J]. IEEE/CAA Journal of Automatica Sinica, 2018, 5(1): 58-68.

[21] MORGAN P L, ALFORD C, WILLIAMS C, et al. Manual takeover and handover of a simulated fully autonomous vehicle within urban and extra-urban settings[M]//Neville A Stanton. Advances in Human Aspects of Transportation. Springer, 2017: 760-771.

[22] HU J, WANG H, Li X, et al. Modelling merging behavior joining a cooperative adaptive cruise control platoon[J]. IET Intelligent Transport Systems, 2020, 14(7): 693-701.

7　道路测试法规与人工智能风险管理

自动驾驶技术作为一项颠覆性科技，由其产生了全新的交通参与者，也改变了传统交通中人、车、路三者之间的关系，不仅增加了新的交通要素，未来还可能会取代人的主导地位。而自动驾驶技术及其催生的交通系统尚处于"政策真空"状态，这必然会导致治理规则的变化，其中也蕴含了法律法规和智能驾驶人工智能两方面风险。本章概述了自动驾驶道路测试在法律法规和人工智能方面的风险，归纳总结了具体的测试场景、测试车辆、测试人员、营运许可、法律责任和人工智能驾驶等风险，并给出了法规风险管控建议。

7.1　法规与人工智能风险概述

自动驾驶技术作为一项新兴技术，许多传统的有关汽车及道路交通的立法规定并不适用，甚至会对自动驾驶汽车的道路测试和示范运营造成限制[1]，因此就需要全面梳理现有法规标准与技术发展的冲突，从而对法规标准进行革新，为自动驾驶产业的发展扫清障碍。

自动驾驶作为人工智能的落地场景之一，包含算法和数据两大关键要素，且需要针对性的治理措施。2019年，国家新一代人工智能治理专业委员会发布了《新一代人工智能治理原则——发展负责任的人工智能》[2]，提出人工智能治理的框架和行动指南，也提出了人工智能治理的八大原则，即和谐友好、公平公正、包容共享、尊重隐私、安全可控、共担责任、开放协作和敏捷治理。

为了有效管控法律法规和智能驾驶人工智能这两方面风险，需要对各类法律法规、规范标准与智能驾驶人工智能的冲突进行全面梳理，并针对智能驾驶人工智能进行风险要素的识别，从而提出针对性的治理措施，以补足法律、标准的缺位。自动驾驶道路测试及示范运营过程中涉及的法律法规风险可概括为五类：测试场景、测试车辆、测试人员、营运许可和法律责任，涉及的智能驾驶人工智能风险主要包括算法风险和数据风险，如表7-1所列。

7 道路测试法规与人工智能风险管理

表 7-1　自动驾驶道路测试中涉及的法规与人工智能冲突

序号	冲突问题	风险类型	相关法律、规范、政策文件
1	高快速路场景	测试场景	《中华人民共和国道路交通安全法实施条例》《公路安全保护条例》《上海市道路交通管理条例》《上海市公路管理条例》《智能网联汽车道路测试与示范应用管理规范(试行)》
2	交通标志标线	测试场景	《公路工程适应自动驾驶附属设施总体技术规范(征求意见稿)》、《道路交通标志和标线》(GB 5768)、《道路交通反光膜》(GB/T 18833—2012)、《路面标线涂料》(JT/T 280—2004)、《道路交通标线质量要求和检测方法》(GB/T 16311—2009)、《路面标线用玻璃珠》(GB/T 24722—2020)
3	高精度地图	测试场景	《中华人民共和国测绘法》、《公开地图内容表示补充规定(试行)》、《遥感影像公开使用管理规定(试行)》、《基础地理信息公开表示内容的规定(试行)》、《导航电子地图安全处理技术基本要求》(GB 20263—2006)、《国家测绘局关于导航电子地图管理有关规定的通知》、《关于加强自动驾驶地图生产测试与应用管理的通知》、《测绘资质分类分级标准》、《中华人民共和国民法总则》、《中华人民共和国网络安全法》、《信息安全技术个人信息安全规范》(GB/T 35273—2020)
4	交强险	测试车辆	《机动车交通事故责任强制保险条例》《智能网联汽车道路测试与示范应用管理规范(试行)》
5	车辆改装	测试车辆	《中华人民共和国道路交通安全法》
6	车辆产品	测试车辆	《中华人民共和国标准化法》《中华人民共和国产品质量法》《中华人民共和国道路交通安全法》《智能网联汽车生产企业及产品准入管理指南(试行)》(征求意见稿)
7	安全员	测试人员	《智能网联汽车道路测试与示范应用管理规范(试行)》
8	驾驶人	测试人员	《中华人民共和国道路交通安全法》
9	运输许可	营运许可	《中华人民共和国道路运输条例》《巡游出租汽车经营服务管理规定》《网络预约出租汽车经营服务管理暂行办法》
10	违约责任	营运许可	《中华人民共和国合同法》
11	平台垄断性	营运许可	《中华人民共和国反垄断法》《中华人民共和国反不正当竞争法》《国务院反垄断委员会关于平台经济领域的反垄断指南》
12	刑事责任	法律责任	《中华人民共和国刑法》
13	侵权责任	法律责任	《中华人民共和国侵权责任法》
14	产品责任	法律责任	《中华人民共和国侵权责任法》《中华人民共和国产品质量法》
15	算法风险	人工智能	《新一代人工智能治理原则——发展负责任的人工智能》《人工智能治理白皮书》
16	数据风险	人工智能	《中华人民共和国网络安全法》、《互联网信息服务管理办法》、《信息安全等级保护管理办法》、《中华人民共和国民法总则》、《中华人民共和国网络安全法》、《信息安全技术个人信息安全规范》(GB/T 35273—2020)、《数据安全管理办法(征求意见稿)》、《自动驾驶数据安全白皮书(2020)》

7.2 测试场景风险

7.2.1 高快速路场景

《中华人民共和国道路交通安全法实施条例》第八十二条第五点规定机动车在高速公路上行驶，不得"试车或者学习驾驶机动车"，第八十五条规定"城市快速路的道路交通安全管理，参照本节的规定执行。"《中华人民共和国公路法》第五十一条规定"机动车制造厂和其他单位不得将公路作为检验机动车制动性能的试车场地。"《公路安全保护条例》《上海市道路交通管理条例》《上海市公路管理条例》等也有类似规定。2021年，工信部、公安部、交通运输部联合发布了《智能网联汽车道路测试与示范应用管理规范（试行）》，虽然其中第二条将高速公路纳入管理范围内，但第二十四条规定"道路测试、示范应用主体、驾驶人均应遵守我国道路交通安全法律法规，严格依据道路测试或示范应用安全性自我声明载明的时间、路段、区域和项目开展工作"，这说明智能网联汽车道路测试依然需要满足《中华人民共和国道路交通安全法实施条例》的相关要求，并未赋予智能网联汽车在高快速路测试的合法性。

这些规定给自动驾驶道路测试带来了几点限制：一是虽然高快速路作为道路交通的重要场景之一，对于自动驾驶道路测试不可缺，但目前各项法律法规冲突尚未完全解决，高快速路场景测试尚未具备合法性；二是在示范应用过程中，到达乘客预约目的地的最优路径可能会经过高快速路，服务提供者面临合同约定和法律要求难以兼顾的两难境地。

针对上述高快速路测试场景法律风险，建议对《中华人民共和国道路交通安全法实施条例》《中华人民共和国公路法》等相关法律进行修订。近期可对其中与技术和产业现实不符的"滞后"条款进行修改，加入包含自动驾驶元素的限制性解释，并通过实施条例、部门规章和地方性法规等来细化相关管理办法，从而有条件限制地允许自动驾驶汽车在限定区域的高速公路和城市快速路上进行测试。远期可对相关法律法规进行系统性的修订和完善。

7.2.2 交通标志标线

交通标志标线的检测与识别是实现自动驾驶功能的前提条件，也是自动驾驶汽车实现车道保持、车道切换、车速控制等功能的基础。目前，测试的自动驾驶汽车中大多是基于机器视觉算法来进行标志标线的检测和识别，而传统标志标线使用一段时间后易出现污染、模糊、遮挡、变形等问题，这给机器视觉算法带来了较大挑战。研究表明[3]，通过调整标志标线材料等设计参数以适应自动驾驶的新型标志标线，具有较高的对比度、耐用性和湿态逆反射性能，可有效提高自动驾驶汽车对于标志标线的识别率与检测率，从而赋能自动驾驶产业的发展。

2020年，交通运输部发布了《公路工程适应自动驾驶附属设施总体技术规范（征求意见稿）》，其中新增了可用信息化手段发布或传输数字信息的"数字化交通标志标线"以适应自动驾驶汽车的需求，但对于传统实体交通标志标线缺乏相应的优化调整措施，其颜色、形状、线条、字符、图形、尺寸、光学性能和识认性等参数仍需要满足现行相关规范，具体包括《道路交通标志和标线》(GB 5768)[4]、《道路交通反光膜》(GB/T 18833—2012)[5]、《路面标线涂料》(JT/T 280—2004)[6]、《道路交通标线质量要求和检测方法》(GB/T 16311—2009)[7]、《路面标线用玻璃珠》(GB/T 24722—2020)[8]。这些规范均是面向人类驾驶员进行设计和制定的，尚未针对自动驾驶汽车的需求和特点进行调整优化，也未将新型实体交通标志标线纳入其中。

针对上述有关标志标线的法律风险，建议出台相关政策，鼓励开展面向自动驾驶的新型标志标线的学术探索，以及标准和技术规范的相关研究，从而实现产业、学术、技术标准三者的闭环协同。近期，针对相关标准和规范出台相关补充性规定，远期对其进行系统性的修订和完善。

7.2.3　高精度地图

自动驾驶系统高度依赖高精度地图。自动驾驶系统包含精确感知、实时建模、分析求解等工作过程。在这些工作过程中需要地图精细化的信息以及高精度定位的帮助来获取环境信息。高精度地图可以从精度和内容两方面赋能此过程：在精度方面，自动驾驶从L3级别开始对高精度地图的依赖程度随级别的上升而逐渐上升，如表7-2所列；在内容方面，高精度地图为自动驾驶提供了多层次信息，尤其在传感器感知功能受限的情况下。

表7-2　　　　　　　　　不同级别自动驾驶对高精度地图的依赖程度[9]

级别	级别定义	地图类型、功能	精度/m	采集方式
L1	人工驾驶，系统单一功能辅助	传统静态地图，道路导航	10	IMU+GPS轨迹
L2	人工驾驶，系统组合功能辅助	传统静态地图，道路导航及主动安全	1～5	IMU+GPS轨迹
L3	特定情景自动驾驶，需要驾驶员介入	传统静态地图+动态交通信息	0.2～0.5	高精度POS+图像提取
L4	特定情景自动驾驶，无须驾驶员介入	传统静态地图+动态交通信息和事件信息	0.05～0.2	高精度POS+激光点源
L5	完全自动	传统静态地图+动态交通信息和事件信息+分析数据	0.05～0.2	多源数据融合

目前，我国高精度地图的开发具有一定的法律障碍。首先，对制作高精度地图的法律性质进行分析。在法律定义层面，根据《中华人民共和国测绘法》，高精度地图的开发、制作行

为是法律意义上的测绘活动。在利益平衡层面,技术层面需要平衡多方利益,例如来自特殊地理信息或特定数据持有者的利益。在法律冲突层面,高精度地图的开发向我国现行法律制度提出了挑战,例如基础设施属性信息的禁止和实时测绘的限制。

其次,在明确法律性质后,对我国开发高精度地图的主要法律障碍进行梳理:①现行法律允许的精度不符合高精度地图的需求;②现行法律允许表达的地理信息内容不符合高精度地图的需求;③现行导航电子地图的加密规范影响了自动驾驶功能的正常运行;④现有测绘资质制度限制了高精度地图的市场准入和开发模式;⑤现有个人隐私和数据保护法律可能会约束测绘行为。

由于相关法律障碍背后的法益不完全一致,技术可塑程度也不同,因此需要探究其根源和特点,概括如下:①地图精度的限制与国家安全关联度较弱,技术可塑性较强;②地图绘制资质制度与国家安全关联度较强,技术可塑性较弱;③地理信息表达范围和方式与国家安全关联度较强,但范围仍可调节;④个人隐私或数据保护与国家安全关联度较弱,技术可塑性较强;⑤加密处理与国家安全和产业需求的关联度较强,技术可塑性很强;⑥不同法律障碍的特性不同,但主旋律是国家安全。

针对各类具体的法律或部门规范性文件,对我国开发高精度地图的主要法律障碍及不同特性进行分析,结果如表 7-3 所列。

表 7-3　　　　　　　我国开发高精度地图的主要法律障碍[9]

障碍	法律及部门规范性文件	障碍说明	技术可塑性	国家安全关联度
地图精度	《公开地图内容表示补充规定(试行)》《遥感影像公开使用管理规定(试行)》及附录	限制精度不超过 0.5 m,不符合自动驾驶厘米级的标准	较强	一般
地图内容表达	《公开地图内容表示补充规定(试行)》《基础地理信息公开表示内容的规定(试行)》及附录	部分基础设施要求信息省略,不满足自动驾驶的需求	一般	强
地图加密处理	《导航电子地图安全处理技术基本要求》(GB 20263—2006)、《国家测绘局关于导航电子地图管理有关规定的通知》《关于加强自动驾驶地图生产测试与应用管理的通知》	地图按涉密成果加密,但加密导致信息失真和慢速传送,影响自动驾驶	强	强
地图资质绘制	《国家测绘局关于导航电子地图管理有关规定的通知》《测绘资质分类分级标准》《关于加强自动驾驶地图生产测试与应用管理的通知》	地图按涉密成果加密,但加密导致信息失真和慢速传送,影响自动驾驶	弱	强
个人数据保护	《中华人民共和国民法总则》《中华人民共和国网络安全法》《信息安全技术个人信息安全规范》(GB/T 35273—2020)	测绘活动不可避免会收集到个人隐私与数据信息	强	弱(但与产业利益相关)

针对上述高精度地图存在的法律障碍,可参照如下基本原则与具体建议进行破除[9]。

(1) 基本原则:

① 应坚持国家安全和产业利益至上的原则;

② 应坚持以发展的观点看待国家安全和产业利益;

③ 对技术可塑性强的法律障碍,应优先考虑技术层面的解决方案。

(2) 具体建议:

① 积极制定自动驾驶领域的新立法和新标准,消除现有的法律障碍;

② 厘清自动驾驶相关的国家地理信息安全范围,建立新的地理信息安全技术;

③ 发挥体制优势,建设国家级平台以主导和整合高精度地图测绘工作;

④ 优先考虑以信息处理技术消除技术加密以及个人隐私、数据保护方面的障碍。

7.3 测试车辆风险

7.3.1 交强险

目前,我国有关自动驾驶道路测试和示范运营的立法,如《智能网联汽车道路测试与示范应用管理规范(试行)》《北京市自动驾驶车辆道路测试管理实施细则(试行)》《深圳市关于规范智能驾驶车辆道路测试有关工作的指导意见(征求意见稿)》《上海市智能网联汽车道路测试和示范应用管理办法(试行)》等,基本都规定了自动驾驶保险条款。这些条款具体表述基本一致,大都规定:"测试方应为每辆测试车购买保额不低于500万元的交通事故责任保险,或提供不少于每车500万元的自动驾驶道路测试事故赔偿保函"。

在自动驾驶保险的商业化方面,长安汽车于2019年7月推出了自动泊车使用责任险,是中国第一份面向消费者的自动驾驶保险。驾驶员在严格按照说明书的要求使用APA自动泊车系统的前提下,如果由于自动泊车系统质量问题发生事故,且经过长安汽车判定为系统原因,那么损失将由保险公司进行赔偿。每次赔偿限额中,财产损失限额为40万元,人身伤害限额为15万元,也就是说,针对消费者,该保险的最高赔付金额为55万元。由此可见,我国现有自动驾驶商业化保险并不能满足地方性法规的要求。

我国尚未系统考虑自动驾驶保险的立法问题。2019年我国对《机动车交通事故责任强制保险条例》做了修改,但是其中并未提及自动驾驶的相关规定。然而,应该指出的是,目前我国已经建立了机动车传统保险较为完善的立法,如表7-4所列,其中许多法律法规对于自动驾驶时代的保险制度设计依然有着重大影响。

表 7-4　　我国机动车保险相关的法律法规

名称	颁布机构	效力层级	相关要点
《道路交通安全法(修订建议稿)》	公安部	法律	明确设置交强险与赔偿原则
《中华人民共和国道路交通安全法实施条例》	国务院	行政法规	明确投保交强险为机动车注册登记基本要求
《机动车交通事故责任强制保险条例》	国务院	行政法规	细化交强险其他相关基本事项,如投保人要求、保险范围、保险性质等
《最高人民法院关于审理道路交通事故损害赔偿案件适用法律若干问题的解释》	最高人民法院	司法解释	明确回应同时投保交强险与商业三责险情况下赔偿顺位等问题
《机动车交通事故责任强制保险条例》	国务院	行政法规	明确交强险保险人各项赔偿限额
《中国保险监督管理委员会关于中国保险行业协会调整机动车交通事故责任强制保险费率的批复》	中国保险监督管理委员会	部门规范性文件	明确交强险费率要求
《中国保险行业协会机动车综合商业保险示范条款(2020版)》	中国保险行业协会	行业规定	机动车商业险示范条款
《上海市智能网联汽车道路测试和示范应用管理办法(试行)》等地方性法规	上海市经济和信息化委员会、市公安局、市交通委员会	规范性文件	明确自动驾驶汽车路测的投保要求
《智能网联汽车道路测试与示范应用管理规范(试行)》	工信部、公安部、交通运输部	规范性文件	明确自动驾驶汽车路测的投保要求

针对交强险法律风险,从短期来看,我国自动驾驶行业应根据现有交通和保险法律法规的基本规则,设计构思将来可能适用的保险规则、政策和保险产品;从长期来看,在自动驾驶技术快速发展且自动驾驶汽车日益迈入商业运营的背景下,对与自动驾驶保护相关的交强险和商业险的改革应当引起我国立法部门的重视。

7.3.2　车辆改装

2021年,公安部起草了《道路交通安全法(修订建议稿)》,其中第二十条规定"任何单位或者个人不得有下列行为:拼装机动车或者擅自改变机动车已登记的结构、构造或者特征。"目前,大量从事自动驾驶汽车研发测试的企业都对取得机动车产品公告(即生产许可)的车辆进行了改装,这可能会对机动车的安全性和可靠性产生影响,因此按照法律规定可能会受到一定限制。

针对车辆改装风险,建议短期内各地方政府可以出台相关的管理办法,或对各地现有的路测相关规范进行修订,以对车辆改装的具体要求进行细化补充;从长期来看,可对《中华人民共和国道路交通安全法》进行修订,以加强国家层面的统一协调。

7.3.3 车辆产品

现行技术标准都是基于传统人工驾驶汽车制定的,部分条款如"转向系统必须直接由驾驶员操作""必须安装方向盘"等与自动驾驶汽车的本质相矛盾,导致出现高级别自动驾驶汽车不完全满足国家相关标准的情况。而根据《中华人民共和国标准化法》《中华人民共和国产品质量法》《道路交通安全法(修订建议稿)》等法律和现行产品准入制度,汽车产品必须符合国家相关标准,否则禁止生产、销售和进口,也无法获得上路行驶的资格。随着自动驾驶产业发展和道路测试进程的不断加快,L3级及以上高等级自动驾驶汽车不一定适用于现有的汽车标准[10]。

2021年4月7日,工信部装备工业一司组织编制了《智能网联汽车生产企业及产品准入管理指南(试行)》(征求意见稿),对自动驾驶汽车生产企业及产品准入管理进行了规定。其中,正文主要针对自动驾驶汽车生产企业的安全责任(第二条至第四条)和自动驾驶汽车产品功能(第五条至第九条)提出了具体要求。另外,附件是对包括自动驾驶汽车生产企业安全保障能力要求(针对第二条)、自动驾驶汽车产品准入过程保障要求(针对第九条)、自动驾驶汽车产品准入测试要求(针对第九条)的细化规定和名词解释[11]。然而,针对前述自动驾驶汽车和现有标准不匹配的法律障碍,尚未给出直接说明。

针对上述自动驾驶车辆产品法律风险,短期内可建立有助于技术创新的产品豁免机制。《中华人民共和国标准化法》《中华人民共和国产品质量法》等法律文件对自动驾驶汽车产生的约束并非直接约束,其根本原因在于自动驾驶汽车不符合现行标准。建议对相关法律条款进行解释,对于不适用既有标准的新技术、新产品,建立产品豁免制度,对于能够确认安全、环保水平不低于相应标准(即"效果相当")要求且风险可控的技术、产品,应给予支持,准予生产、销售和进口。从长期来看,可以完善自动驾驶相关标准体系,形成产品准入、标准规范、法律法规三方面的闭环管理。

7.4 测试人员风险

7.4.1 安全员

随着自动驾驶技术的迭代成熟,"无驾驶员和无安全员"测试的需求愈发强烈,中国广州,美国的加利福尼亚州、亚利桑那州、佛罗里达州,以及日本和荷兰均在国家法律和地方性法规层面上允许了"无驾驶员和无安全员"测试,并提出了一些安全保障方面的规定。但我国2021年由工信部、公安部和交通运输部联合印发的《智能网联汽车道路测试与示范应用管理规范(试行)》第二十六条规定:"道路测试、示范应用驾驶人应在车内始终监控车辆运行状态及周围环境,当发现车辆处于不适合自动驾驶的状态或系统提示需要人工操作时及时采取相应措施。"其第四条规定:"省、市级政府相关主管部门可以根据当地实际情况,依据本规范制定实施细则,具体组织开展智能网联汽车道路测试与示范应用工作。"该管理规范作为国内各级政府组织开展相关工作的基础,在法规层面限制了我国"无驾驶员和无安全员"测试的开展。

针对安全员法律风险,建议修订相应的地方性法规,允许"无驾驶员和无安全员"测试,并制定细则管理办法。"无驾驶员和无安全员"测试车辆应通过安装远程控制设备来保证在自动驾驶模式下,可由远程测试驾驶员通过远程控制设备快速、安全地将测试车辆即时转换为人工模式进行远程控制。

7.4.2 驾驶人

就传统汽车而言,人类驾驶员负责驾驶汽车,所以现行法律体系强化了驾驶人的责任。在驾驶主体方面,《道路交通安全法(修订建议稿)》第二十四条规定"驾驶机动车,应当依法取得机动车驾驶证",该规定在传统交通法领域自然而然地被解释为驾驶机动车的人应当取得机动车驾驶证,这本来是对人类驾驶机动车的限制性规定,但对于自动驾驶来说,这一规定的另一面则是驾驶机动车的应当是取得驾驶证的人,而自动驾驶系统无法成为有资格的主体。此外,现行法律体系对驾驶人的身体条件做出了严格规定,如无红绿色盲、躯干和颈部无运动功能障碍等。在驾驶行为方面,现行法律体系禁止驾驶人在开车途中接打手持电话、双手离开方向盘、酒驾、疲劳驾驶等,也相当于默认了机动车的驾驶主体是人。

在自动驾驶时代,车辆形态发生了变化,驾驶主体、驾驶许可证也必然随之发生改变。其变化须分阶段讨论,根据工信部和国家标准化管理委员会联合颁布的《国家车联网产业标准体系建设指南(智能网联汽车)(2017年)》,L1级和L2级自动驾驶汽车由人来监控驾驶环境,L3级及以上的自动驾驶汽车由自动驾驶系统监控驾驶环境,因此不同技术阶段对驾照的要求是不同的。其中,L4级和L5级自动驾驶汽车颠覆了传统汽车的产品属性与使用方式,对现行法律法规的冲击较大,甚至会涉及《中华人民共和国刑法》和《中华人民共和国侵权责任法》等一般法。

针对驾驶人法律风险,建议尽快推动适用于L3级及以下级别自动驾驶汽车法律法规的修订和制定工作,待L4级和L5级自动驾驶的技术路线、产业形态和商业模式明朗后,再进一步完善适用于L4级和L5级自动驾驶汽车的法律法规,但考虑到高级别自动驾驶相关法律法规修订难度大、耗时长,目前可以着手启动前瞻性研究工作。

7.5 营运许可风险

7.5.1 运输许可

《中华人民共和国道路运输条例(2022年修正)》是有关传统客运和货运的一般性规定,

其第九条和第二十二条分别对从事客运经营和货运经营的驾驶人员进行了规定:"(一)取得相应的机动车驾驶证;(二)年龄不超过60周岁……"即限制了驾驶人员必须为自然人,而尚未考虑自动驾驶系统作为驾驶主体的情形;另外,根据其第八条、第十条、第二十一条、第二十四条、第四十八条和第四十九条的规定,申请客运/货运/国际道路运输经营,必须具备上述驾驶人员要求,即从营运资质的角度,对自动驾驶运输服务的开展造成了障碍。此外,《巡游出租汽车经营服务管理规定》和《网络预约出租汽车经营服务管理暂行办法》同样有营运资质方面的类似阻碍条款,未来基于自动驾驶汽车的网约车运输服务同样可能受到限制。

针对运输许可法律风险,应当对运输类法律法规的相关条款进行部分修订,以适应即将到来的自动驾驶运输模式。目前,主流的修订思路有两种:一种是在资质条款后面加一款例外条款,豁免自动驾驶运输对资质要求条款的适用,但这种修订的缺陷是没有设计自动驾驶汽车从事运输可能需要的其他资质条件,后续还需要其他规范予以明确;另一种是保留现有针对人工驾驶从事运输设置的条件,新增针对自动驾驶运输资质的条件要求,针对自动驾驶出现的新情况做出全面细致的规定,这种修订方式可以一次性解决自动驾驶车辆的运输资质问题。此外对于运输经营申请程序和材料的要求也需要做出相应调整[1]。

7.5.2 违约责任

自动驾驶违约责任问题主要出现在公共交通领域,因此在制度层面,急需完善自动驾驶汽车从事交通运输发生违约后的违约责任制度架构。目前,自动驾驶违约问题主要依然适用《中华人民共和国合同法》第七章和第十七章的规定,自动驾驶技术"部分"影响运输违约责任中"责任人"的确定,但并不影响传统公共运输领域的"责任人"确定。但是,自动驾驶技术会"深刻"影响违约责任人追索最终实际责任承担者的方向,为此必须要增加最终实际责任承担者的法律类型[1]。

(1)自动驾驶违约责任的责任人:在契约关系中,当一方发生违约情形给另一方造成损害时,受损害方会基于契约关系寻求违约法律救济,救济的核心关键就是确定违约责任人和违约救济方式。在自动驾驶时代,针对不同模式的运输法律关系,"责任人"的确定受到差异化的冲击。在自动驾驶运输中,虽然不存在作为"司机"的"自然人",但是,提供自动驾驶汽车从事运输服务的依然是有"独立法人资格"的运输公司,同时,其也依然是运输合同的参与方,即"承运人"。因此,"运输公司-客户"的合同法律关系没有变化,一旦发生违约行为,依然由运输公司承担违约责任。

(2)最终实际违约责任承担者:违约责任是无过错责任,即只要出现违约行为,不论合同一方是否有过错都要承担违约责任。但是,出于公平正义的法理理念,应当允许无过错的违约责任人向"事实上"的责任人追偿。在人工驾驶的情况下,因为导致运输服务合同违约的具体原因不同,违约责任人在向实际责任人追索时也区分适用不同的责任制度,主要分为违约责任和侵权责任。例如,因为驾驶员的原因导致违约发生的,事后运输公司向驾驶员追偿时,因为驾驶员和运输公司之间存在劳动合同或雇佣合同关系,所以运输公司(违约责任人)可以通过违约责任制度让驾驶员为损失"买单";如果是因为用以运输的车辆存在技术故障导致违约,可以利用《中华人民共和国侵权责任法》中的"产品责任"制度向生产者、销售者追索;如果是因为第三人的行为导致违约,根据第三人的行为是否构成交通事故,可以利用"机动车交通事故责任"或"一般侵权责任"予以追索。而在自动驾驶模式下,因为不存在驾驶人员,也就不会因为驾驶员的原因发生违约,则运输公司无法利用"违约制度"向驾驶人员追索,而对其他法律主体的追索都属于侵权法的范畴。

针对违约责任法律风险,自动驾驶违约责任的责任人依然为运输公司,而违约责任人追索最终实际责任承担者只能依赖"侵权责任"一种制度路径,如图7-1所示。

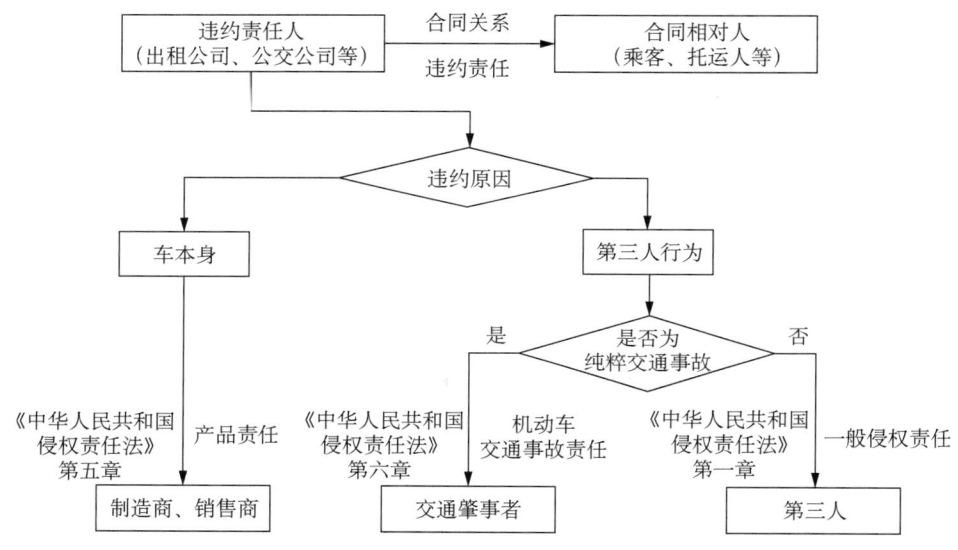

图 7-1　自动驾驶模式下最终违约责任的追索路径[1]

7.5.3　平台垄断性

近年来,许多互联网巨头已加入自动驾驶的"战局"中,包括蔚来、小鹏等中国造车新势力,戴姆勒、上汽等传统车企,以及百度、滴滴、华为等互联网科技企业等。从可行性、经济性角度考虑,市场可能会倾向于将自动驾驶汽车用作共享服务。随着道路测试以及示范营运的不断深入,一旦自动驾驶汽车成为规模超大的互联网平台的一部分,如今平台型互联网经济面临的反垄断问题,将同样是自动驾驶"赛道"不容忽视的议题。

未来随着自动驾驶技术的不断发展,自动驾驶的人车交互模式将进一步向生活场景(包括娱乐、办公等消费场景)延伸,使得自动驾驶汽车由代步工具最终发展为第三空间。类比智能手机这一移动终端,未来的自动驾驶汽车亦将成为生活中极为重要的终端之一。NVIDIA 创始人黄仁勋曾表示:"到 2025 年,许多汽车企业很有可能以接近成本价的价格销售汽车,并主要通过软件为用户提供价值。"届时,车载自动驾驶系统便成为典型的多边平台,一端面向用户(驾驶人),另一端面向软件、内容以及消费场景服务的提供商[12]。

《中华人民共和国反垄断法》和《中华人民共和国反不正当竞争法》主要是针对实体经济或传统虚拟经济制定的,其经济社会背景都是钢铁、石油、铁路、消费品、商业流通等传统行业。但是,在互联网背景下的反垄断和反不正当竞争与传统行业的反垄断和反不正当竞争具有明显的不同,传统的法律法规未形成直接约束[1]。为此,2021 年,国务院反垄断委员会印发了《国务院反垄断委员会关于平台经济领域的反垄断指南》,对平台型互联网经济的典型垄断行为进行了细化梳理,包括算法共谋、最惠国待遇条款、平台"二选一"、平台作为"必需设施"、大数据杀熟等。还有一些在国外已有先例但国内尚未发酵的垄断行为,比如平台的"自我优待(self-preferencing)"行为,诱导用户在自由或合作平台进行消费。在车载自动驾驶系统中,平台的自我优待等垄断行为可能将带来更大的排除、限制竞争效果[12]。除了平台型互联网经济会涉及的共性问题外,基于自动驾驶展开的交通服务还会涉及交通行业的特性垄断问题,例如垄断路权、控制交通费用、道路优先权、数据垄断和利用等。这些垄断行为尚未全面覆盖在现有的反垄断、反不正当竞争相关的法律法规中,有待在今后的法律法规中进一步细化。

针对平台垄断性法律风险,仍然需要在法律法规层面开展前瞻性研究,基于自动驾驶汽车示范运营过程中的商业化探索情况,分析研判其未来的商业模式,梳理可能出现的垄断行为,使得反垄断、反不正当竞争相关法律法规的制定与自动驾驶商业化进程相匹配。未来可对《中华人民共和国反垄断法》和《中华人民共和国反不正当竞争法》进行修订,或制定针对自动驾驶经济的反垄断指南,从而对其可能出现的垄断风险进行管理。

7.6 法律责任风险

7.6.1 刑事责任

现行的《中华人民共和国刑法》中的驾驶罪名是针对传统人工驾驶模式设置的,限于主客观刑法构成要件的差异,因而不能完全对接自动驾驶模式下的交通肇事,这将给自动驾驶汽车合法上路留下隐患。

依照《中华人民共和国刑法》传统的犯罪构成要件理论,判定某一罪名成立要考核四个方面的构成要件:主体要件、主观要件、客体要件和客观要件。自动驾驶技术对这四个要件客观上都会形成冲击：一是犯罪主体构成要件层面，传统的交通肇事罪、危险驾驶罪等的犯罪主体都是自然人，而自动驾驶情况下不存在驾驶员，因而传统犯罪主体缺失，没有主体构成要件；二是犯罪主观要件层面，传统上要求犯罪主体必须具有可归责性，即主观过错，具体表现为对犯罪后果持故意或过失心态，但自动驾驶情况下连犯罪主体都不存在，自然就不会有主观过错，因此不具备犯罪主观构成要件；三是犯罪客体构成要件层面，传统驾驶犯罪侵犯的是交通运输安全，而自动驾驶汽车在理想情况下，由于高度智能化与中立性，并不会受到自然人主观因素的干涉，因而不会发生交通肇事，交通运输安全难以再成为自动驾驶的犯罪客体；四是犯罪客观要件层面，犯罪客观要件被定义为违反交通运输管理法规，导致发生重大事故、致人重伤、死亡或者使公私财产遭受大损失的行为，而在自动驾驶情况下，没有主体实施客观行为，也就不存在后果与客观行为之间是否有因果关系，客观要件也就无法满足[1]。

针对上述刑事责任法律风险，建议吸纳《中华人民共和国刑法》中传统犯罪构成要件理论的可适用之处，结合自动驾驶的特点，创建面向自动驾驶的人工智能犯罪构成要件理论。

首先，传统犯罪罪名在完全自动驾驶情况下依然有可适用之处。一是在犯罪客体层面，认为自动驾驶技术的运用可以摒弃自然人的主观因素干扰，一切都按照既定路线行驶、不发生任何事故的情况只是一种理想状态，自动驾驶汽车侵犯交通运输安全的事故概率不为零，当提供运输服务的样本量足够大时，必然会发生交通肇事。二是在犯罪主体层面，自动驾驶汽车在正常运行状态下的确没有自然人驾驶员。但是，自动驾驶汽车是按照乘客指示运行的，如果乘客下达了模糊、混淆的指令或擅自改动、破坏某些装置，便可能导致事故发生，因此，在自动驾驶情况下，存在自然人成为犯罪主体的可能性。三是在犯罪主观层面，只要存在自然人成为驾驶主体的客观可能性，自然人就可能发生驾驶误判的情况，从而在主观上呈现故意或过失状态，具备了主观状态的可归责性。四是在犯罪客观层面，当主体要件具备以后，主体的主观过失必然会通过具体行为展现在外，如下达了模糊、混淆的指令或擅自改动汽车装置等，进而导致交通肇事。也有可能是发生故障以后没有履行相应的注意义务，导致物质损害扩大等[1]。

其次，在测试阶段，需要结合"自动驾驶测试"的基本性质，类型化地讨论可能出现的罪责议题与其解决方式，包括不同驾驶模式下的罪责性质、测试主体、测试驾驶员的归属关系与责任分担逻辑，测试驾驶员接管不当的刑事责任范围，自动驾驶交通安全的刑事责任界定，以及部分可排除社会危害性的情形等[13]。基于自动驾驶测试的基本性质和特点，创建面向自动驾驶的人工智能的犯罪构成要件理论。

7.6.2 侵权责任

自动驾驶汽车肇事后的损害赔偿责任划分问题是公众和法律界对自动驾驶汽车最为关

注的问题,而损害赔偿责任主要属于《中华人民共和国侵权责任法》规制的范畴。自动驾驶车辆交通肇事后,会产生内部责任和外部责任,其中外部责任为自动驾驶汽车整体与受害人之间的责任,内部责任为自动驾驶汽车与内部乘客之间的责任,但由于人类驾驶员被机器替代了,就有可能导致责任人缺位[1]。

(1) 外部责任:自动驾驶汽车与受害人之间的责任在于自动驾驶汽车肇事后,受害人的合法权益遭受损害,根据"有损害则必有救济"法理,受害人有权向侵权方索赔,这是处在事故最外层的第一段侵权责任。在人工驾驶汽车的情况下,责任主体为驾驶员,但是在自动驾驶的情形下,责任主体的确定会存在一定困难。如果让乘坐自动驾驶汽车的"乘客"担责,于法理上有失公平;如果不让乘客担责,车内没有承担责任的自然人主体,势必要追责其他相关各方,如提供该车的所有人、出借人等,以及要有判定所有人、出借人等承担责任的具体法定条件等。造成这种责任主体难以确定的重要原因是:在人工驾驶情形下,驾驶员既是汽车运行的实际操作人,也是汽车交通运输功能的使用人,故"驾驶员"身兼双重属性;在自动驾驶情形下,驾驶主体是系统,乘客是使用者,二者相互分离。

(2) 内部责任:自动驾驶汽车与车内乘客之间的责任在传统驾驶状态下,一旦发生交通肇事,若事故发生是由于驾驶员操作不当所致,驾驶员除了要向受害人承担赔偿责任(外部责任)外,还存在对同车其他乘客的赔偿责任(内部责任)。在内部责任划分中,车内其他乘客可以就遭受的人身和财产损害,向驾驶员(或者驾驶员所属的雇佣单位)索赔。而在自动驾驶状态下,情况有了变化,在没有驾驶员的情况下,自动驾驶汽车只是法律意义上的"物"。"物"是没有资格、更没有能力去承担损害赔偿责任的。因此,乘客只能越过直接造成损害的自动驾驶汽车,寻找到应当为自动驾驶汽车肇事负责的法律责任主体。目前,解决内部责任的理想办法是采用"产品责任制度"。学界普遍认为,在自动驾驶情况下,把自动驾驶汽车理解成为一种产品,而乘客就是产品的使用人,自动驾驶汽车肇事对乘客的损害可以用产品责任的基本制度框架来解决。不过,自动驾驶汽车毕竟与传统产品存在差异,因此产品责任制度需要做出相应的调整。

针对上述侵权责任法律风险,可根据自动驾驶汽车的特点,对《中华人民共和国侵权责任法》进行相应的技术调整,以适应自动驾驶汽车对民事责任制度的需求。没有必要专门在条文中使用"驾驶员"这一生活化或技术化词语,而代之以更具法律词感的"使用人",二者在人工驾驶情况下含义基本等同,而在自动驾驶情况下,车辆由自动驾驶系统操控,乘客是使用人,"驾驶"与"使用"职能分离,可实现潜在责任主体的多元化。此外,产品责任制度也需要结合自动驾驶的特点进行适应性调整。现有的《中华人民共和国侵权责任法》有"机动车交通事故责任"制度和"产品责任"制度,如果对这两种责任制度做适当的解释和修订,则可适用于自动驾驶车辆交通肇事后的侵权责任救济。

7.6.3 产品责任

对于自动驾驶等新技术,产品责任表现出更高的适用性。智能汽车若因车辆故障导致事故发生,便会进入产品责任的规制领域。车辆故障既可能源于硬件,也可能源于系统软件。对于硬件缺陷,现有的产品责任规则直接适用,但就系统软件故障而言,使用产品责任可能会遇到一些难题。软件和数字信息是否属于产品目前尚存在争议。

1. 智能汽车产品责任规制问题的法律障碍

对于自动驾驶系统引发的产品责任事故,将是探讨智能汽车产品责任规制问题的核心内容,现阶段仍存在以下法律障碍[14]:

(1) 担责主体的确定。将智能汽车纳入产品责任体系,需要先行确定对产品缺陷承担责任的主体。《中华人民共和国产品质量法》第四十三条规定了生产者和销售者共同承担产品责任,同时对外承担不真正连带责任。在对智能汽车进行产品责任规制时,对于生产者的解读可能会遭遇难题。自动驾驶汽车是传统汽车加上自动驾驶系统的合成物,系统设计者与汽车制造商可能并非同一主体,且智能系统设计对于智能汽车而言其重要性可能超过车身制造,设计者往往会在智能汽车上贴上自身标识。于是,在汽车制造商和系统设计者之间如何确定承担产品责任的主体便成了困难所在。

(2) 自动驾驶汽车"缺陷"的认定。产品缺陷是承担产品责任的基础。所谓产品缺陷,是指产品在正常使用下因缺乏安全性致使消费者遭受无法预料的不合理的危险。一方面,我国并没有区分产品缺陷的种类,《中华人民共和国产品质量法》第四十六条仅规定了认定产品缺陷所采用的标准,即"不合理的危险"标准和产品质量标准。国家或行业质量标准设定的初衷是方便规范企业生产出合格产品,对缺陷的认定仅具有最低标准意义,即使符合质量标准,只要仍具有不合理的危险因素,便可继续认定缺陷的存在。另一方面,智能汽车产品缺陷探讨的核心在于系统软件缺陷。系统软件以算法为核心要件,对算法并不能主张制造缺陷,仅能主张设计缺陷。设计缺陷的判断在域外经历了从消费者期望标准到风险-效用标准的转变。消费者期望标准是指产品不合理的危险程度超出了一个具有平常理性的普通消费者的合理预期。虽然这一标准体现出对消费者倾向性的保护,但这一标准的运用依赖于对消费者期望的想象,在实践中很难有一个统一的理解,审判者可能依据对消费者期望的不同想象而得出不一样的结论。尤其是面对越复杂的产品,消费者可能越难有明确的合理期待。若坚持消费者期望标准,将在司法实践中为法官的审理带来诸多疑难和过多的想象空间,引发类案不同判的司法困境。

(3) 因果关系的认定。产品责任中的因果关系是指产品缺陷与损害事实之间存在法律上可追责的因果联系。侵权法一般采用相当因果关系理论,即在符合条件因果关系的基础上再考虑是否符合"相当性"的要件,"相当性"的成立要求损害行为创设了危险,且没有异常因素的介入中断行为与损害结果之间的因果链条。自动驾驶汽车在自动驾驶模式下发生事故,能够轻易符合"无自动驾驶模式则无事故损害"的条件因果关系这一要件,但却在"相当性"的问题上遇到了争议。因为自动驾驶系统的自主性和算法深度学习的难以预测性,设计者可能主张将算法视为自己不可控的异常因素,当发生致损事故时,以此为抗辩主张其设计行为与损害结果之间不具有相当性因果关系,从而规避责任的承担。但这种主张是否应该被法律所认可尚存争议。此外,关于产品责任因果关系的证明,法律中并没有明文的"举证责任倒置"规定,从法律文本的角度进行解读,则应继续遵循"谁主张谁举证"的举证责任规则,由受害人在证明产品缺陷和损害事实的基础上,再证明产品缺陷是损害发生的原因,而生产者和销售者仅就法律规定的免责事由承担举证责任。然而,自动驾驶系统的算法具有"黑箱"性质,受害人难以对缺陷和侵害事实之间的因果关系进行举证,适用一般证明责任规则会让高科技产品的受害人因为举证不能而面临巨大的败诉风险。

(4) 发展风险抗辩。发展风险抗辩是指设计者、生产者能够证明在产品投入市场流通时,当时的科学技术水平并不能检测到或者发现缺陷的存在,故主张免除责任的承担。《中华人民共和国产品质量法》第四十一条规定了产品致害的生产者免责条款,即产品责任发展风险抗辩,而智能汽车产品缺陷能否适用此抗辩一直是学界的争议点。发展风险抗辩本身就是法律于价值和利益之间平衡的产物,来源于对各种价值因素的综合考量,在域外该抗辩也并非被所有国家所承认。一方面,承认发展风险抗辩的好处在于可以鼓励生产者进行技术创新,防止将产品责任变成一种绝对责任;另一方面,发展风险抗辩其实是过失责任的产物,过多的适用可能会危及产品的严格责任制度的发展,不利于对弱势消费者群体进行倾斜保护。因此,即使对以往产品主张发展风险抗辩,在实践中也一直被谨慎而严苛地使用。

2. 智能汽车产品责任规制问题解决措施

针对产品责任法律障碍,可参考以下措施进行破除[14]:

(1) 担责主体确认。考虑到我国将生产者的范围局限在"投入流通"产品的直接生产者和"贴牌生产"情形下的标识主体上,故而只要系统设计者在智能汽车上进行贴牌标识,即应当处于与汽车制造商相等的法律地位,对智能汽车同负生产者责任,并共同对外承担不真正连带责任,再基于硬件和软件缺陷对内进行最终责任追偿。然而,若系统设计者并未进行贴牌标识,则说明系统设计者仅作为汽车制造商的供应商,承担与其他零件供应商同等的责任,而仅由汽车制造商承担产品责任中的生产者责任。

(2) 产品缺陷认定。考虑到自动驾驶系统的设计初衷是能够完全替代人类的驾驶操作,在测试阶段,为适应现有交通体系,自动驾驶系统的设计肯定会以人类驾驶操作为模板进行深度学习。因此,可考虑回归到消费者期望标准,并对消费者期望的内涵在法律上予以一定的明确。而对于消费者期望的内涵,则可将"熟练驾驶人"标准纳入其中,要求自动驾驶系统达到消费者所期望的像熟练驾驶人一样能够安全地驾驶。只要智能汽车在对可能的交通风险进行处理时,未达到"熟练+安全"的人类驾驶水平,便应认定驾驶系统的算法设计存在缺陷。

(3) 因果关系认定。首先,算法既然是设计者的产物,其自主性特征归根到底是设计者赋予的,是设计智能汽车的内在要求,设计者享有算法带来的收益,也理应对算法带来的风险进行管控和负责。从这一角度来说,算法不应被视为设计者设计行为与损害结果之间的异常介入因素,如此便可继续适用相当性因果关系来认定设计者的法律责任。其次,对于智能汽车这样科技含量高、工艺结构复杂的产品,应当从法律上认可其适用因果关系推定的理论,即只要受害人证明智能汽车是处在自动驾驶模式下发生的损害,并排除了人为因素的干扰,即可推定因果关系成立,转由设计者或生产者对不存在因果关系承担证明责任。这一处理规则源于生产者作为"最接近真相"的设计与制造者身份,也归因于生产者在理解算法或代码等方面的天然优势,有助于解决事实查明的现实困境。

(4) 发展风险抗辩。自动驾驶作为对自然人的生命、健康具有重大影响或基于目前科技水平难以估算其风险的产品,不宜适用发展风险抗辩。若承认算法的风险抗辩,就相当于承认智能汽车致损时智能系统将免于责任,如此便减免了设计者和生产者的大部分产品责任,智能汽车产品责任规则的诸多设置都将形同虚设。此外,对于技术越复杂的产品,消费者仅仅是使用者的角色,在技术产品的发展和运用中愈加边缘化,若是主张发展风险抗辩,将会使得高科技产品的消费者处于更加弱势的地位,消费者既承担使用成本也承担可能的风险损害,这对于消费者而言并不公平、更不正义。

7.7 面向智能驾驶的人工智能风险

对于智能驾驶人工智能风险,需要针对人工智能的算法和数据两大核心要素,从其技术特征出发进行风险要素的识别,结合《新一代人工智能治理原则——发展负责任的人工智能》[2]中提出的"和谐友好、公平公正、包容共享、尊重隐私、安全可控、共担责任、开放协作、敏捷治理"八大治理原则,以此为指导,补足法律法规、规范标准的缺位,构建完善的治理体系。

7.7.1 算法风险

1. 自动驾驶核心算法

自动驾驶涉及的核心算法包括感知算法、决策/规划算法和执行/控制算法三大类。

(1) 感知算法是自动驾驶系统从环境中收集信息并从中提取相关知识的过程,包括定位算法和环境感知算法。其中,定位算法负责估计自动驾驶汽车相对于地图或道路的姿态(位置和方向);环境感知算法负责识别和分辨交通环境中的各类障碍物。

(2) 决策/规划算法实现了自动驾驶汽车为到达某一目的地而做出路线规划、行为规划和动作规划的全过程,其包括路线规划算法、行为规划算法和动作规划算法。其中,路线规划算法负责计算从自动驾驶汽车的初始位置到用户操作员定义的最终位置之间通过道路网络的路线;行为规划算法负责根据任务规划的目标和对当前环境的感知,做出下一步自动驾驶汽车需要执行的决策和动作,例如跟车或超车等;动作规划算法是通过规划一系列的执行动作以达到某种目的(如避障)的处理过程。

(3) 执行/控制算法的主要任务是在感知算法的基础上,根据决策规划出的目标轨迹,通过控制系统的配合使汽车能够按照跟踪目标轨迹准确稳定地行驶,同时使汽车在行驶过程中能够实现车速调节、车距保持、换道、超车等基本操作。

自动驾驶三类算法以及外部环境之间的交互关系如图 7-2 所示。

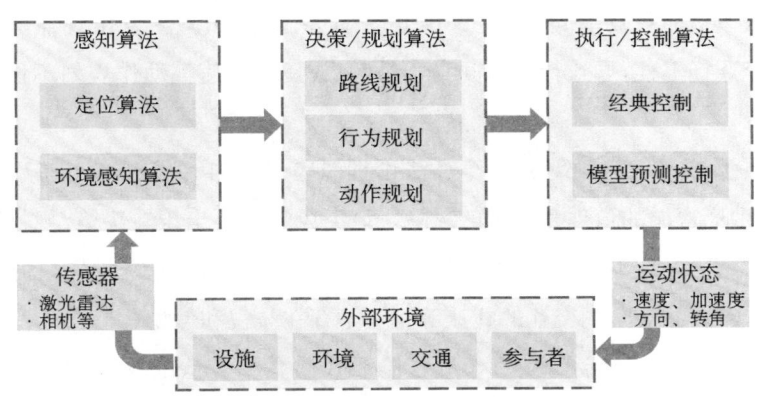

图 7-2 自动驾驶三类算法及外部环境之间的交互关系

2. 自动驾驶道路测试和示范运营相关的算法风险

与自动驾驶道路测试和示范运营相关的算法风险主要有以下几点:

(1) 算法精度风险。自动驾驶汽车算法精度风险是指自动驾驶汽车算法的输出值和真实值之间存在较大偏差,导致车辆功能出现障碍的风险。对于感知算法,表现为定位不准确,或感知到交通环境的信息、位置不准确;对于决策/规划算法,表现为驾驶行为、动作与预设的合理安全值之间存在偏差,导致存在安全风险。对于执行/控制算法,表现为车辆控制不稳定甚至失控等。

(2) 算法效率风险。自动驾驶汽车算法效率风险是指因自动驾驶汽车算法的计算效率低,输入到输出之间的计算时间过长,从而导致车辆反应不及时的风险。对于感知算法,表现为复杂场景下定位及环境感知过程中,处理多源融合输入数据的时间过长。对于决策/规划算法,表现为判断驾驶行为、动作的响应时间过长等。

(3)算法鲁棒性风险。自动驾驶汽车算法鲁棒性风险是指算法在一定的数据扰动、参数摄动影响下,难以维持稳定的性能,导致车辆功能出现障碍的风险。自动驾驶汽车算法的鲁棒性要求主要包括两方面:一方面,对于算法假设出现的较小偏差,只能对算法性能产生较小影响,例如噪点;另一方面,对于算法假设出现的较大偏差,不可对算法性能产生"灾难性"影响,例如离群点。自动驾驶感知算法中的定位、环境感知,以及决策/控制算法中的行为规划、动作规划都对鲁棒性有较高的要求,若不满足鲁棒性,则容易出现安全问题。

(4)算法拟人风险。自动驾驶汽车算法拟人度风险是指自动驾驶汽车的行为、动作在人类驾驶员看来不合理,导致自动驾驶和人工驾驶组成的混合交通运行不畅的风险。该类风险主要出现在决策/规划算法中,在进行行为规划和动作规划时,都需要保证规划结果在人类驾驶员看来是合理的。

(5)算法优度风险。自动驾驶汽车算法优度风险是指算法的输出值和最优值之间存在较大偏差,导致车辆通行效率低、舒适度不佳的风险。该类风险主要出现在决策/规划算法中,表现为路径选择不佳,导致行程时间高于预期;或是加减速等动作规划不佳,导致乘客不适感强烈。

(6)算法伦理风险。自动驾驶汽车算法伦理风险是指自动驾驶汽车违反人与人、人与社会相互关系中应遵循的道理和准则的风险。该类风险主要出现在决策/规划算法中,在进行路径规划时,需要保证不同的自动驾驶汽车之间路径选择权、通行优先权的公平性;在进行行为规划时,需要保证车辆交互的礼让等行为不存在歧视和偏见。

(7)算法隐私风险。自动驾驶汽车算法隐私风险是指算法的输入、输出数据侵犯了个人、企业、国家隐私的风险。该类风险主要出现在感知算法中,在进行环境感知时,需要对各类隐私信息以最小化的形式进行处理,并在算法运行过程中进行隐私信息的脱敏。

(8)算法黑箱性风险。自动驾驶汽车算法黑箱性风险是指算法的决策过程和逻辑难以被解释,导致决策的公平、合理和可信赖度下降以及责任归属不清晰等风险。该类风险在自动驾驶汽车各类算法中均有涉及。

3. 人工智能算法风险治理

针对上述面向智能驾驶的人工智能算法风险,可从伦理约束、技术应对和规范立法三个方面进行治理[15]。

(1)伦理约束。现行的伦理制度是以规范人与人之间的关系和行为为主体的一种制度,通过社会普遍价值观来实现约束功能,是人类价值判断和行为取向的根由。然而,人工智能通过模拟"人的智力"来实现技术与人的"耦合",作为相对主体直接"参与"到人与人的传统关系中,形成了人与人工智能之间的道德关系。人工智能伦理是指在处理机器与人、机器和社会相互关系时应遵循的道理和准则,它既包括对技术本身的研究,也包括在符合人类价值的前提下对人与机器之间关系的研究。人工智能最大的弱点是缺乏直接的感受能力,在价值判断上也存在弱点,而人工智能伦理所倡导的造福人类、避免伤害、公平正义等价值理念,为人工智能技术层面的开发和应用提供了价值判断标准。人工智能伦理不仅弥补了法律空白,还作为试验性规范为立法创造积累经验。而且,由于伦理脱离强制性立法规定的范畴,因此国际共同体成员更容易在人工智能伦理领域展开讨论并形成全球共识。

(2) 技术应对。人工智能技术作为一项精准、高效、智能的技术治理工具,可以尝试用来解决智能驾驶人工智能所带来的风险问题。具体来看,现阶段部分领先企业已通过数据筛选、算法设计、模型优化等技术手段,将伦理"嵌入"人工智能技术产品中,从而解决诸如隐私泄露、算法偏见等问题,以达到科技向善的目的。

(3) 规范立法。针对智能驾驶人工智能的规范立法,应当考虑采取包容审慎、灵活弹性的规制方式。一方面要避免草率立法对智能驾驶人工智能发展的阻碍;另一方面也要跟上节奏,敏捷灵活地对其进行规范规制。因此,可在自动驾驶测试阶段先通过制定行业公约、伦理规范、技术指南等方式地对其进行敏捷灵活的治理,待其发展相对成熟后,便可出台相关法律对其进行约束管控。

7.7.2 数据风险

自动驾驶道路测试所涉及的数据类型繁多,且数据量巨大。在数据类型方面,不仅包括道路及其两旁的全要素静态信息,还包括道路上的车辆、行人、交通信号等动态数据,以及部分敏感的地理信息,诸如军区、核设施、港口、电力设施等。在数据量方面,目前测试单车所产生的数据量一般约为 20 GB/h,在 5G 网络大规模应用以后,数据量将变得更加巨大。

目前,与自动驾驶道路测试与示范运营相关的数据风险主要包括以下几点:

(1) 数据安全风险。数据安全风险是指自动驾驶算法受到攻击,导致算法产出的数据出现偏差或算法和模型的输出数据受到篡改,造成决策出现误差的风险。自动驾驶算法由大量代码构成,这在某种程度上增加了数据安全的风险。攻击者通过注入恶意代码或非法注入并执行恶意程序的方式使得算法产出的数据出现偏差或对算法、模型产出的数据进行篡改,导致决策出现误差。自动驾驶汽车通过声音、手势、指纹、面部特征等人机交互信息和车身控制指令(如开门、启动、车窗控制、启动应用等)等控制车辆,此类信息和指令在应用层传输过程中一旦遭遇泄露、伪造或重写,将造成车辆失窃或发生车辆不受控制等风险[16]。

(2) 数据完整性风险。数据完整性风险是指自动驾驶算法开发阶段出现训练数据集覆盖场景不全,应用阶段出现传感器丢帧、采集场景要素不全面、采集范围不足,导致感知算法性能低下的风险。在算法开发阶段,用于算法训练的数据集若覆盖场景不全,会导致算法在缺失的场景下难以应对。在道路测试阶段,自动驾驶汽车传感器采集的数据中,若出现传感器丢帧、场景要素不全面、采集范围不足,或因受到攻击造成部分数据的丢失等情况,均会导致数据的完整性出现问题,进而造成自动驾驶汽车的安全风险。

(3)数据准确性风险。数据准确性风险是指自动驾驶汽车的数据标注存在误差,或数据分级分类不合理,导致智能驾驶算法性能低下的风险。在算法开发阶段,用于算法训练的数据集需要经过人工标注,该过程中存在标注不准确的风险,这可能会对算法的能力造成影响。此外,为提高海量数据的管理、调度效率,需要对数据进行分级分类,在该过程中存在数据分类错误的风险,进而影响自动驾驶算法的开发进程。

(4)数据时效性风险。数据时效性风险是指自动驾驶汽车应用阶段存在通信延迟,或开发阶段海量数据分析处理不及时,导致数据丧失时效性,从而数据价值降低的风险。对于自动驾驶海量数据(如视频、图像以及激光雷达产生的点云数据,大量车辆状态监控数据等)的分析处理必然会用到大数据技术。当非结构化数据在大数据平台上进行批处理或流处理时,人们对分析处理的效率具有较高要求。如果不能进行高效的处理和分析,会造成积累的数据量级巨大,导致海量数据难以高效管理和调度,进而使数据丧失时效性,降低数据的价值。此外,当自动驾驶汽车与外界通信出现延迟时,会导致交互数据的时效性不足,从而降低感知结果的准确性。

(5)数据一致性风险。数据一致性风险是指自动驾驶汽车传感器采集的数据存在时间不同步,以及格式、版本不统一的问题,从而导致多源数据环境建模冲突的风险。由于不同时期、不同传感器采集数据可能存在时间不同步,格式、版本不统一的问题,因而影响了自动驾驶算法的性能。此外,自动驾驶汽车依赖多源传感器采集数据,且需要多源数据在时间以及三维空间上保持一致性,否则在数据融合的过程中会存在困难,造成多源数据的环境建模冲突。

(6)数据共享性风险。数据共享性风险是指自动驾驶汽车存在数据孤岛,导致数据共享程度差的风险。自动驾驶数据具有多主体、多测试环节、多采集设备等特点,容易形成数据孤岛,这不利于数据的流通和共享,从而难以有效实现数据的价值。

(7)数据权属风险。数据权属风险是指智能驾驶数据权属混乱,导致基于车辆自采集数据的事故追责流程不畅的风险。内部人员越权访问或滥用权限,会造成安全机制被绕过,导致非法获取或破坏用户数据。此外,安全管理制度和相应的安全配置基线不完善,也容易给攻击者可乘之机。非授权用户的访问不仅会导致自动驾驶相关数据、用户个人隐私数据被非法浏览,还能给攻击者可乘之机即通过篡改、重写数据来影响自动驾驶车辆的行车安全和应用服务的质量。在基于空中下载技术(Over-the-Air Technology, OTA)的系统升级平台上,通过越权访问来篡改未经加密的升级包,致使系统无法升级至正确的版本,从而阻止自动驾驶车辆安全漏洞、风险的修复[16]。

(8) 数据隐私风险。数据隐私风险包括个人数据隐私风险、企业数据产权风险和国家重要数据监管风险,即自动驾驶汽车的数据处理(包括采集)可能侵犯个人隐私、企业数据产权或权益、国家重要数据监管秩序的风险。这类数据在处理的不同环节均存在如内部权限滥用、外部攻击等方式导致的数据泄露风险。地理信息数据、个人隐私数据以及平台提供的高精度地图数据等,在平台层进行存储、处理时,一些关键隐私数据会流转至非信任区域,导致数据所有者失去对这些关键数据的控制,从而产生隐私数据泄露问题。测试数据一旦泄露不仅会给企业带来较大的经济损失,还会影响自动驾驶车辆测试、优化进程,而地图类数据的泄露会给国家安全带来重大影响。另外,在数据销毁阶段,数据被销毁之后可能还会存在一些未被擦除的残留,即存在数据重新创建和恢复的可能性,这会使用户隐私遭到泄露,造成隐私泄露安全风险[16]。

针对上述数据风险,可参照以下风险管理措施[16]:

(1) 展开行业调研,全面掌握数据各类技术要求的发展现状。自动驾驶汽车产业是汽车、电子、信息通信、道路交通运输等行业深度融合的新型产业。伴随人工智能、5G等新兴技术的快速发展,新产品、新业态陆续涌现,随之产生的数据风险也在不断变化。定期开展行业调研,一方面有助于全面掌握产业链上、中、下游的数据各类技术要求的发展现状,提升数据治理水平;另一方面可以及时发现安全隐患,减少安全事件的发生。

(2) 加强政府监管,建立数据安全评估认证机制。一是根据《中华人民共和国络安全法》《互联网信息服务管理办法(修订草案征求意见稿)》《信息安全等级保护管理办法》等相关法律规定,结合自动驾驶汽车数据安全具体防护要求,出台有关自动驾驶数据安全运营、监管的文件,形成数据安全共享技术规范体系,开展自动驾驶数据安全风险评估和检测。二是加强数据安全防护要求的宣贯,引导企业提高风险防控意识,从而提升数据安全防护水平。

(3) 关注个人信息安全,明确数据收集、使用、防护流程。自动驾驶领域相关企业在收集、使用用户个人信息时应遵循《中华人民共和国民法总则》《中华人民共和国网络安全法》《信息安全技术 个人信息安全规范》(GB/T 35273—2020)[17]中有关个人信息安全保护的规定,加快建立自动驾驶数据共享应用规范和自动驾驶数据隐私保护规范,即相关企业在收集、使用用户个人信息时不得违反现行法律、法规的规定;同时,要在明示的范围内收集并合理使用个人信息,做到尽可能最小化地收集数据;在收集、使用用户个人信息前须征得其本人同意;应给予用户选择权,让用户选择是否同意将其个人信息向第三人披露,是否同意将其个人信息用作其他用途,选择的方式应显著、简明且可行;以及在发生信息泄露、遗失或被窃取的情况下告知用户实情;应对所收集的个人信息严格保密,并采取必要的技术措施和其他必要措施来确保数据安全。

(4)细化要求,出台规范指南。出台自动驾驶汽车数据技术要求的规范指南,结合《中华人民共和国网络安全法》《数据安全管理办法(征求意见稿)》《互联网信息服务管理办法(修订草案征求意见稿)》等已出台的规范指南,指导自动驾驶数据治理工作。指南中应包含自动驾驶汽车数据涵盖的范围、数据的分类标准、数据全生命周期各环节的技术要求等。

(5)积极调整,参与规则制定。目前,国内企业跨领域合作趋势明显,但尚未形成类似于美国硅谷、匹兹堡等地的产业聚集效应,企业间链接协作较少。在此背景下,一方面,企业应抓紧机遇,积极应对挑战;另一方面,企业应积极参与自动驾驶规则的制定,对可能影响甚至阻碍自动驾驶发展的现有规定进行全面的梳理和评估,并提出切实可行的建议,从而推动自动驾驶数据分级分类等标准的出台,促进自动驾驶产业健康有序发展。

7.7.3 风险治理优先级评估方法

1. 评估流程

面向智能驾驶的人工智能风险治理优先级整体评估流程如图7-3所示。

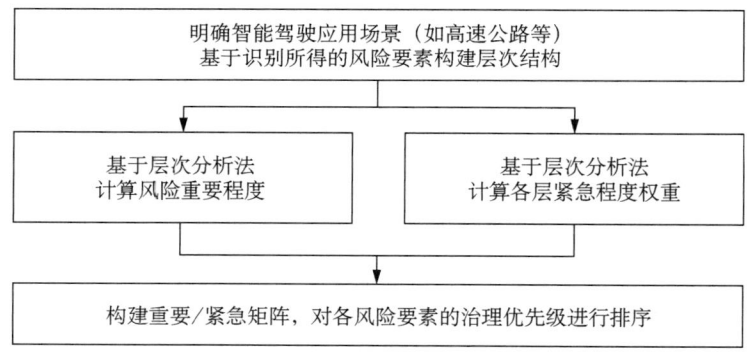

图7-3 面向智能驾驶的人工智能风险治理优先级整体评估流程

2. 风险治理优先级评估的层次结构

目标层为评估目标,即面向智能驾驶人工智能的风险治理优先级,准则层为数据风险和算法风险,指标层为本书第7.7.1节和第7.7.2节中具体的风险要素。

3. 风险要素的治理重要程度权重评估

(1)确定准则层重要程度权重。构造判断矩阵,用两两对比的方式,针对算法、数据两类风险治理的重要程度,采用1~9标度方法建立成对的比较矩阵,通过专家打分进行两两重要度比较。

重要度比较所采用的 1~9 标度方法,如表 7-5 所列,其中 b_{ij} 表示风险要素 i 相对于风险要素 j 的风险重要程度,对于介于表中判断之间的情况,标度值可以采用中间数字来表示。

表 7-5　　　　　　　　　　　风险指标重要度

重要度比较	b_{ij}
i 与 j 重要度相同	1
i 比 j 稍微重要	3
i 比 j 明显重要	5
i 比 j 强烈重要	7
i 比 j 极端重要	9

全部比较结果可用比较矩阵 $\boldsymbol{B}_1$ 表示:

$$\boldsymbol{B}_1 = \begin{bmatrix} b_{11} & b_{12} \\ b_{21} & b_{22} \end{bmatrix} = \boldsymbol{B}_1(b_{ij}) \tag{7-1}$$

式中　$\boldsymbol{B}_1$——准则层重要程度权重判断矩阵,下标 I 表示重要程度;
　　　b_{ij}——i 相对 j 的风险重要程度,当 j 与 i 比较时,可以用 i 与 j 比较标度值的倒数来表示。

针对比较矩阵 $\boldsymbol{B}_1$,计算算法、数据两个风险类别相对于目标层的重要程度权重:

$$b_{1i} = \frac{\sum_{j=1}^{2} b_{ij}}{\sum_{j=1}^{2} \sum_{i=1}^{2} b_{ij}} \tag{7-2}$$

式中,b_{1i} 为准则层算法、数据两个风险类别相对于目标层的重要程度权重。

(2) 确定指标层相对于准则层的重要程度权重。构造判断矩阵,用两两对比的方式,针对数据、算法风险各自指标层的多个风险要素治理的重要程度,采用 1~9 标度方法建立成对的比较矩阵,通过专家打分进行两两重要度比较,并对判断矩阵进行一致性检验。

全部比较结果可用判断矩阵 $\boldsymbol{C}_1$ 表示:

$$\boldsymbol{C}_1 = \begin{bmatrix} c_{11} & c_{12} & \cdots & c_{1n} \\ c_{21} & c_{22} & \cdots & c_{2n} \\ \vdots & \vdots & & \vdots \\ c_{n1} & c_{n2} & \cdots & c_{nn} \end{bmatrix} = \boldsymbol{C}_1(c_{ij}) \tag{7-3}$$

式中　c_{ij}——i 相对 j 的风险重要程度,当 j 与 i 比较时,用 i 与 j 比较标度值的倒数来表示;

　　　n——判断矩阵 C_1 的阶数,即数据、算法的风险要素数量总和。

针对比较矩阵 C_i,计算各个风险要素相对于准则层的权重:

$$c_{1i} = \frac{\sum_{j=1}^{n} c_{ij}}{\sum_{i=1}^{n}\sum_{j=1}^{n} c_{ij}} \tag{7-4}$$

式中,c_{1i} 为各个风险要素相对于准则层的重要程度权重。

(3) 对判断矩阵进行一致性检验,计算一致性指标(Consistency Index,CI):

$$CI = \frac{\lambda_{\max} - n}{n-1} \tag{7-5}$$

式中,$\lambda_{\max}$ 为判断矩阵 C_1 的最大特征值。

然后,计算一致性比例(Consistency Ratio,CR):

$$CR = \frac{CI}{RI} \tag{7-6}$$

式中,RI 为随机一致性指标,可查表 7-6 获得。

表 7-6　　　　　　　　　　不同阶数对应的 RI 值

阶数	1	2	3	4	5	6	7	8	9	10	11	12
RI	0	0	0.52	0.89	1.12	1.26	1.36	1.41	1.46	1.49	1.52	1.54

当 $CR \leqslant 0.10$ 时,认为判断矩阵 C_1 的一致性是可以接受的,否则应再次进行专家打分,并对判断矩阵做适当修正,直到通过一致性检验。

(4) 确定指标层相对于目标层的重要程度权重:

$$w_{1i} = b_{1i} \times c_{1i} \tag{7-7}$$

式中,w_{1i} 为各个风险要素相对于目标层的重要程度权重。

(5) 对重要程度权重进行标准化处理:

$$w_{N i} = \frac{w_{1i} - \mu}{\sigma} \tag{7-8}$$

式中　w_{Ni}——标准化处理后各个风险要素相对于目标层的重要程度权重,下标 N 表示标准化;

μ——各个风险要素相对于目标层重要程度权重的平均值；

σ——各个风险要素相对于目标层重要程度权重的标准差。

4. 计算各风险要素的紧急程度权重

(1) 确定准则层的紧急程度权重。构造判断矩阵,用两两对比的方式,针对算法、数据两类风险治理的紧急程度,采用1～9标度方法建立成对的比较矩阵,通过专家打分进行两两紧急程度比较,方法同上述"3.风险要素的治理重要程度权重评估"中的步骤(1)。

(2) 确定指标层相对于准则层的紧急程度权重。构造判断矩阵,用两两对比的方式,针对数据、算法两类风险各自指标层的多个风险要素治理的紧急程度,采用1～9标度方法建立成对的比较矩阵,通过专家打分进行两两紧急程度比较,方法同上述"3.风险要素的治理重要程度权重评估"中的步骤(2)。

(3) 对判断矩阵进行一致性检验,方法同"3.风险要素的治理重要程度权重评估"中的步骤(3)。

(4) 确定指标层相对于目标层的紧急程度权重：

$$w_{Ei} = b_{Ei} \times c_{Ei} \quad (7\text{-}9)$$

式中 w_{Ei}——各个风险要素相对于目标层的紧急程度权重,下标 E 表示紧急程度；

b_{Ei}——准则层算法、数据两类风险类别相对于目标层的紧急程度权重；

c_{Ei}——各个风险要素相对于准则层的紧急程度权重。

(5) 对紧急程度权重进行标准化处理：

$$w_{NEi} = \frac{w_{Ei} - \mu}{\sigma} \quad (7\text{-}10)$$

式中 w_{NEi}——标准化处理后各个风险要素相对于目标层的紧急程度权重,下标 N 表示标准化；

μ——各个风险要素相对于目标层的紧急程度权重的平均值；

σ——各个风险要素相对于目标层的紧急程度权重的标准差。

5. 构建重要紧急矩阵,对各风险要素的治理优先级进行排序

(1) 根据各风险要素标准化后的重要程度、紧急程度权重确定其重要程度、紧急程度的等级。其中,重要程度权重大于0为重要,小于0为次重要；紧急程度权重大于0为紧急,小于0为次紧急。

(2) 根据各风险要素的重要程度、紧急程度等级构建重要紧急矩阵。

(3) 根据重要紧急矩阵判断治理优先级：其中"重要紧急"为第一优先级,"重要次紧急"

和"紧急次重要"为第二优先级,"次重要次紧急"为第三优先级。

7.8 法规风险管控

针对上述各类冲突,需要积极推动法律法规体系的更新和修订,具体建议如下[1]:

(1) 推动立法组的建设,研究重点事项和冲突条文。

当前工信部、交通运输部、国家发展改革委、公安部对自动驾驶汽车的发展都有各自的发展思路,立法思路和计划也各不相同,这并不利于行业的整体发展。在国家层面,建立跨部门的自动驾驶汽车立法工作组,由高层领导牵头,确定组织机制,设立专门办公室,这将有利于常态化地推进相关工作。确定交通、网络、测绘、保险等领域若干重点问题,投入足够力量研究突破。全面梳理与行业发展相冲突的法律法规和规范性文件,通过协调机制,列出修订计划时间表,给市场以明确指示和信心。另外,加速推动自动驾驶创新法律法规的修订,但应避免绝对化倾向,可优化立法技术,灵活运用时效性条文和授权立法。有必要对达成共识的条款直接修订或废止;对未达成共识但具备较好实践意义的条款,可采用试点形式进行推动,从而形成以创新为原则、以安全为底线的规范模式,例如车内无驾驶员的相关法规应当经过公开听证,以确保公众对该事项的知情和认可。

(2) 评估企业技术能力,建立行业需求的收集渠道。

应组织开展对从业企业现有技术能力的评估工作。目前,自动驾驶汽车领域市场主体众多,涉及车企、科技企业、通信企业、图商、零部件生产商等,各方技术路线和技术实力也有很大差别。另外,法律的制定及修订进程应尽量与产业发展保持同步,政府应当在中介服务机构的帮助下,对不同市场主体的技术路线和技术实力进行充分评估,以全面了解技术的安全性和可靠性水平,这是自动驾驶汽车立法和修订的基础依据。在对技术情况全面了解的背景下,法律制定和修订才能稳妥、稳健地推进。同时,应当建立行业需求收集渠道,收集行业参与者的现实制度需求和可行方案。当前,我国立法机关和行政机关对自动驾驶的制度需求关注不足,而且由于缺乏相应的经验,因此很难在短时间内制定出兼顾创新性和有效性的制度。而企业、研究机构等行业参与者对行业的制度需求敏感度高,故其能提出更具有针对性的问题和制度建议。畅通行业立法政策需求收集渠道既可以切实发现行业需求,又可以在一定程度上为立法机关和行政机关节约立法资源。

(3) 重视伦理引导作用,建立自动驾驶伦理委员会。

目前,以伦理道德引导人工智能发展已成为普遍共识,我国也在国家层面建立了国家科技伦理委员会,将科技伦理纳入顶层设计。自动驾驶汽车作为人工智能技术产业化的重点领域,特别是在容易发生伦理道德选择的自动驾驶方面,产业界对此缺乏关注。因此,为了进一步促进自动驾驶汽车技术和产业的规范有序发展,建议应建立自动驾驶伦理委员会,通过该机构研究并明确自动驾驶伦理问题的准则和立场,制定自动驾驶的伦理宣言,从而为我国自动驾驶技术和产业发展奠定基础。同时,自动驾驶伦理委员会作为协调组织,负责自动驾驶的社会推广。

(4) 形成多元治理体系,充分发挥行业治理能力。

应当推进多元主体对自动驾驶的共同治理。自动驾驶需要解决的问题数量多且复杂,对于自动驾驶的治理要依靠政府、企业、学界等多方共同参与。政府应当重新审视与私营部门在自动驾驶等新兴技术领域的关系。在道路测试阶段,许多地方都成立了专家组,并委托其受理自动驾驶道路测试申请、组织相关测试工作,并对车辆能力或事故做出评估,这是发挥学界专家力量进行自动驾驶治理的良好范例。在试商用阶段及规模商用阶段,同样需要学界与政府及企业一起,在技术标准、许可条件、产品要求、治理原则等方面做出更多的理论创建。

(5) 加强部门协同合作,使协同机制制度化规范化。

从总体来看,美国加利福尼亚州的一般自动驾驶道路测试立法在内容上与我国的工信部、公安部、交通运输部联合印发的《智能网联汽车道路测试与示范应用管理规范(试行)》(征求意见稿)并无实质区别。但我国的管理规范不但存在效力瑕疵、缺乏上位法依据,而且各省甚至各县/市为制定符合本区域实际情况的测试规范,普遍进行了大量重复性的工作,从而造成立法资源的浪费。相比较而言,美国形成了三级立法模式,联邦层面主要出台指导性原则,对各州立法提出建议;州层面主要负责制定责任和保险方面的制度;市层面主要负责道路交通规则及部分地方性规则的制定,例如行人规则、交通指示灯规则和地域特殊性的规则,又如涉及自行车车道以及与残疾人有关的规则。当出现问题时,通常由三级政府共同对事故或问题进行审查。

(6) 构建多级管理体制,充分发挥地方政府创造性。

地方政府在发展自动驾驶上的独特作用体现为:

(1) 组织本辖区内的道路测试,积累监督管理经验,试点自动驾驶的管理规则和管理方式,为全国性的立法和规则建设积累经验。

(2) 了解本辖区的道路情况。智能道路是实现自动驾驶的重要基础设施,而建设道路又是地方政府的重要职责,因此智能道路需要地方政府积极规划、主动布局、推动建设。

(3) 建设地方性自动驾驶标准。自动驾驶国家安全技术标准须由国家统一制定,但是各地路况差异极大,适应于某一地的自动驾驶标准未必适应于其他地方的道路,而大量共享自动驾驶汽车可能仅在特定区域内行驶使用,不会在全国范围内行驶,因此区域性标准的价值不可忽视。

参考文献

[1] 张浩,唐林,陈全思.2019智能网联汽车政策法律研究报告正式发布[J].机器人产业,2019(6):73-86.

[2] 科塔学术.新一代人工智能治理原则:发展负责任的人工智能[EB/OL].[2019-08-30].https://www.sciping.com/29943.html.

[3] 师浩峰,涂辉招,遇泽洋,等.基于Canny算法的新型车道线检测率分析[J].上海公路,2020(3):4-9.

[4] 中华人民共和国国家质量监督检验检疫总局,中国国家标准化管理委员会.道路交通标志和标线:GB 5768[S].北京:中国标准出版社,2009.

[5] 中华人民共和国国家质量监督检验检疫总局,中国国家标准化管理委员会.道路交通反光膜:GB/T 18833—2012[S].北京:中国标准出版社,2013.

[6] 中华人民共和国交通部.路面标线涂料:JT/T 280—2004[S].北京:人民交通出版社,2005.

[7] 中华人民共和国国家质量监督检验检疫总局,中国国家标准化管理委员会.道路交通标线质量要求和检测方法:GB/T 16311—2009[S].北京:中国标准出版社,2010.

[8] 中华人民共和国国家市场监督管理总局,中国国家标准化管理委员会.路面标线用玻璃珠:GB/T 24722—2020[S].北京:中国标准出版社,2020.

[9] 张韬略,涂辉招,邱炜.Developing high-precision maps for automated driving in china: legal obstacles and the way to overcome them[J].上海交通大学学报:英文版,2021(5):658-669.

[10] 申杨柳,朱一方.我国现行法律法规对自动驾驶汽车的适用性分析[J].汽车纵横,2019(7):59-61.

[11] 张红斌,曾洁.自动驾驶汽车准入指南来啦!——简评《智能网联汽车生产企业及产品准入管理指南(征求意见稿)》[EB/OL].[2021-04-11].http://www.junhe.com/legal-updates/1434.

[12] 戴健民,邓志松,冯昕晴,等.智能汽车与自动驾驶所面临的反垄断挑战[EB/OL].[2021-03-29].https://weibo.com/ttarticle/p/show?id=2309404620103768735936.

[13] 孙道萃.智能驾驶测试的刑事风险与规范应对[J].南海法学,2020,4(5):104-114.

[14] 王红霞,梁鹏.智能汽车致损的法律责任研究[J].时代法学,2021,19(1):33-45.

[15] 中国信息通信研究院,中国人工智能产业发展联盟.人工智能治理白皮书[EB/OL].

［2021-03-10］.http://www.caict.ac.cn/kxyj/qwfb/bps/202009/P020200928368250504705.pdf.

［16］ 国家工业信息安全发展研究中心.自动驾驶数据安全白皮书(2020)［EB/OL］.［2021-04-08］.https://www.yunduijie.com/upload/article/ppt/6130386ea8c63k8ule9pZ0V69545.pdf.

［17］ 中华人民共和国国家市场监督管理总局,中国国家标准化管理委员会.信息安全技术 个人信息安全规范:GB/T 35273—2020［S］.北京:中国标准出版社,2020.

8 道路测试险态场景模拟推演

自动驾驶汽车在开展大规模多类场景道路测试时,为了确保道路测试安全风险可控,所采取的控制策略大多偏于保守,因此在险态场景下往往需要人工接管。本章在概述自动驾驶测试场景的基础上,提出了构建险态场景的方法,建立了险态场景模型,搭建了道路测试险态场景仿真平台,并给出了险态场景模拟推演案例。

8.1 测试场景概述

8.1.1 测试场景介绍

自动驾驶道路测试场景是指自动驾驶汽车驾驶情景与行驶场合的组合。自动驾驶道路测试场景会受到道路、交通、天气、光照等行驶环境的影响。自动驾驶道路测试场景具有非常丰富、极其复杂、难以预测以及难以穷尽等特点,因此,用于虚拟测试的场景应满足以下三个要求:①场景的各个要素特征且可以被量化;②场景在目前的技术基础和测试软件上可以复现;③能够在一定程度上呈现或反映真实世界中的场景[1]。针对自动驾驶汽车预期功能安全的国际标准——《道路车辆——预期功能的安全》(Road vehicles—Safety of the intended functionality)(ISO/PAS 21448:2019)将测试场景定义为"驾驶情景的时序组合",其中驾驶情景是包含动态交通要素、静态驾驶环境的截面数据[2]。蔡博等[3]从交通参与者、车、路和环境四个方面进行了场景要素区分。朱冰等[1]将自动驾驶道路测试场景要素分为测试交通环境要素和测试车辆要素两大类。其中,测试交通环境要素包括自然环境信息、道路基础信息、道路环境信息和交通参与者信息;测试车辆要素包括测试车辆基础信息、测试车辆目标信息和测试车辆驾驶行为,如图 8-1 所示。这些场景定义在核心要素中存在一致性,即都包含道路环境要素、其他交通参与者和车辆驾驶任务,同时,这些要素都会持续一定的时间且具有动态变化特性[1]。

为了构建统一、通用式的测试场景定义规则,德国 PEGASUS 项目提出按照场景信息的抽象程度将场景划分为功能场景(functional scenario)、逻辑场景(logical scenario)和具象场景(concrete scenario)[4,5]。这三个维度的场景相互关联映射,共同支撑构建起具有高覆盖

8 道路测试险态场景模拟推演

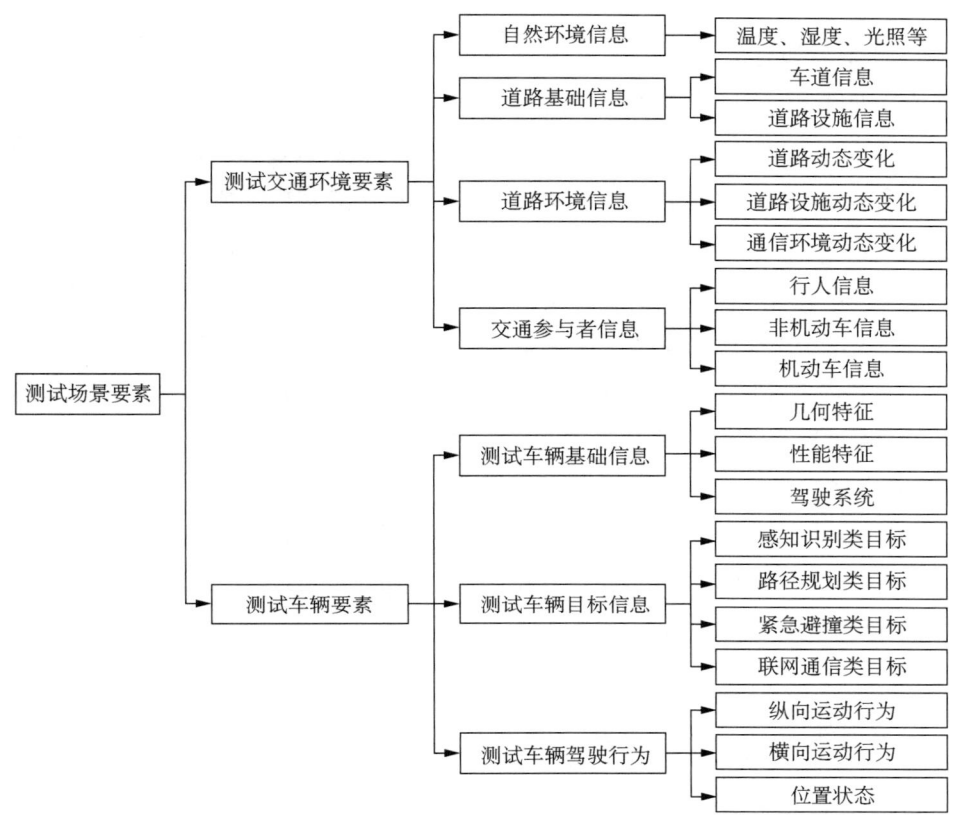

图 8-1 自动驾驶道路测试场景要素分类

度保障的测试场景库。其中,功能场景的抽象度最高,以文字术语描述为主,用于开展运营设计域(Operational Design Domain,ODD)工况场景的驾驶任务划分;逻辑场景针对各功能场景进行表征、细化,通过场景关键要素的分布特征来构建各功能场景的多维测试参数空间;具象场景则是逻辑场景的多要素变量参数组合,是自动驾驶虚拟测试的最小基本单元。

收集大量典型场景数据并建立测试场景库是保证自动驾驶汽车测试时场景类型足够丰富以及研究样本数量充足的重要前提。目前,许多国家都已开始构建自动驾驶道路测试场景库,以期在自动驾驶道路测试领域占得先机。例如,德国的 PEGASUS[6] 和 KITTI、美国的 NHTSA 自动驾驶道路测试架构项目[7]、美国加州大学伯克利分校的 BDD100K、百度的 ApolloScape 以及中国的"昆仑计划"等均致力于为自动驾驶技术研究和测试提供更为实用的场景数据资源[8]。Feng 等[9,10]利用强化学习对现有场景进行了场景库构建并能够进行场景搜索,同时,在此基础上,对于测试车辆可以自适应地生成相对应的场景库。

8.1.2 险态场景概述

自动驾驶道路测试险态场景包括人工接管率高的常态场景以及少数的长尾场景。其中,常态场景是指出现频繁且交通规则明确的场景,如跟驰、换道超车、通过信号灯控制的交叉口以及无信号灯控制下的交叉口无保护左转。长尾场景是指类别较多、发生概率较小以及无法预测的情况等场景,如横穿马路的行人、闯红灯的汽车以及信号灯损坏的路口等[11]。一些学者在对自动驾驶道路测试场景要素提取的基础上进行了潜在危险的识别,主要包括在行驶过程中由于视线遮挡等原因而出现的其他交通参与者或产生的交通资源冲突[12]。涂辉招等[13]对自动驾驶道路测试中测试车辆的脱离进行了避险脱离区分,其中,险态场景主要针对潜藏的碰撞风险,险态因素包括硬件故障、软件失效、天气及路面条件不佳、驾驶员预防性干预和各种紧急突发状况。

自动驾驶道路测试险态场景的内涵为:在当前自动驾驶道路测试过程中,面对潜在的或已有的驾驶风险,自动驾驶车辆无法自行完成驾驶任务,需要驾驶员对其进行接管以确保自动驾驶道路测试能够安全进行。

8.2 险态场景

8.2.1 险态场景研究现状

对于险态场景的研究,当前主要集中在险态场景分类与生成两方面。

在险态场景分类方面,如 SeMiFOT 将驾驶时的危险划分为 4 个等级[1];美国 NHTSA 将碰撞分为 37 类[8];荷兰 TNO 将测试场景定义在微观层面[5,14],需包含测试车辆的运动行为及目的、周边动/静态道路的交通环境状态特征等信息;A. Aparicio 等[15]总结了车与车、车与行人之间的冲突类型;基于 China-FOT 数据库,苏江平等[16]对涉及行人的典型危险场景进行了分析,而李霖等[17]对涉及骑车人的典型危险场景进行了分析。但这些险态场景大多是分析危险的类型,而未对场景要素的具体参数进行定义。Y. S. Tang 等[18]基于 MATLAB 算法,定义了事故场景的各属性参数,并提出一种城市交通事故描述方法。由于险态场景中测试车辆的速度以及各种车辆信息与非险态场景有着明显差异,故可以通过车辆指标提取出险态场景。S. Hallerbach 等[19]使用制动时间(Time-To-Break,TTB)、碰撞时间(Time-To-Collision,TTC)、交通流量、期望制动减速度、平均速度、加速度和速度波动变化等参数,从海量的汽车行驶数据中找出险态场景。吴斌等[20]将危险场景的筛选过程分为三层:首先分析车辆横向加速度、横摆角速度、纵向加速度与车速之间的关系;其次,在此基础上,解析车辆 TTC、制动力变化等;最后,通过模糊评价进行最终的指标量化。李霖等[21]

按照 NHTSA 提出预碰撞场景来对采集数据进行分类,并通过提取紧急制动中的平均制动减速度和 TTC 值建立了基于 TTC^{-1} 和期望减速度的险态估计模型,从而将归纳出的险态场景进一步按照其危险程度进行分类。

在险态场景的生成方面,T. Menzel 等[22]研究了从功能场景向逻辑场景的转化方法,并比较了数据驱动型和知识驱动型这两种场景生成方法。直接生成特定具体场景的方法,如 R. Krajewski 等[23]基于实际采集的车辆路径数据集,应用生成对抗网络算法(Generative Adversarial Networks,GAN)产生新的具体场景;X. K. Zheng 等[24]基于对抗测试,应用量子遗传算法生成险态场景;I. R. Jenkins 等[25]应用循环神经网络(Recurrent Neural Networks,RNN)算法生成事故场景;M. Klischat 等[26]应用遗传算法生成险态场景。

8.2.2 险态场景构建方法

险态场景构建的关键在于场景要素的解构与重构。险态场景构建的大致流程为:以自动驾驶道路测试数据、环境视频数据以及背景交通流数据等为基础,从人-车-路-环境等方面出发,研判险态场景下的主要风险因素,从而对于险态场景进行区域筛选和划分,最终构建出完整的自动驾驶道路测试险态场景。基于已有研究[1, 21, 27-31],自动驾驶道路测试险态场景构建可以通过以下五个步骤来实现,如图 8-2 所示。

第一步,数据清洗。数据清洗主要包括选取有效数据类别、消除冗余、缺失以及错误异常等数据的识别与修复[1]。其中,数据修复的方式主要有:采用关键信息人工补全、按照数据的统计学规律进行修复等。如本书第 6 章中利用机器学习等方法对自动驾驶道路测试驾驶模式进行精准识别,并对数据进行清洗,从而形成可用的场景数据集。

第二步,自动驾驶道路测试险态场景初步筛选。使用清洗后的自动驾驶道路测试数据,并结合场景数据等,可对避险脱离场景等进行筛选。如涂辉招等[13]通过对避险脱离原因记录的处理分析,划分了可能出现的险态场景。

第三步,关键指标提取。真实的交通场景复杂多变,场景数据来源广泛且数据量庞大,因此,应根据场景要素分析,进行场景特征指标提取,实现场景解构。首先,形成要素风险要素集;其次,根据风险要素集对各场景进行分析;最终产生一系列能表征场景内容的关键特征指标,并使用关键特征指标对场景进行自动标注。常用的标注方式有:基于语义分析的方式[32]、基于半监督学习的方式[27]和基于贝叶斯学习的方式[29]。

第四步,自动驾驶道路测试险态场景等级划分。分析场景关键指标参数的分布规律,并结合避险脱离所在位置等,利用机器学习、深度学习等相关算法[33](如随机森林、决策树、支持向量机、BP 神经网络、对抗网络算法等)对场景的险态等级进行划分。

第五步,自动驾驶道路测试险态场景构建。场景要素复杂繁多,在测试不同的自动驾驶功能时，所需的场景要素类型不尽相同。如何根据测试需求自动重构测试场景是目前亟待解决的关键问题[1]。我们可以将符合分类规则的场景动、静态风险致因因素提取出来，以此为背景在虚拟环境中随机生成具体险态场景，以用于自动驾驶道路测试的仿真与动态推演。

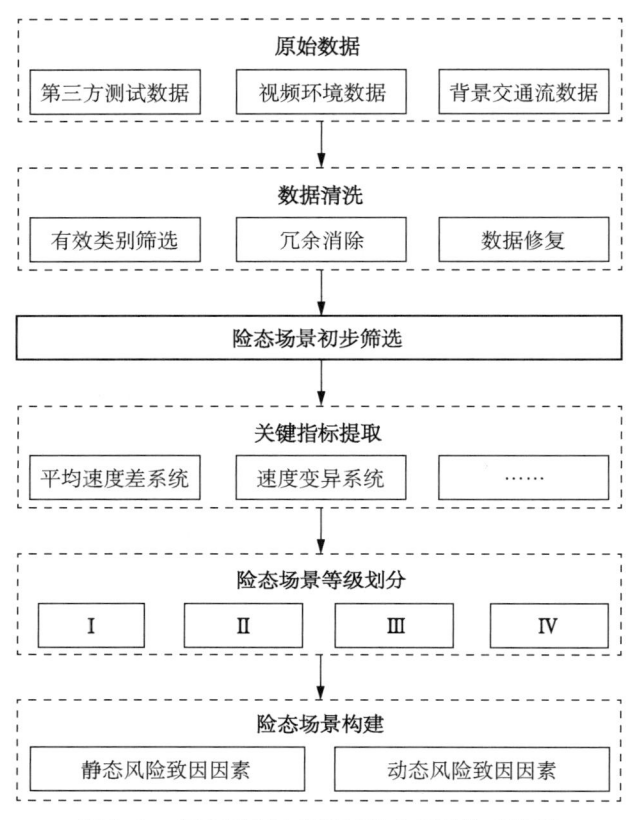

图 8-2　自动驾驶道路测试险态场景构建流程

8.3　模拟推演建模

自动驾驶道路测试仿真推演建模通常采用的方法是仿真测试。自动驾驶道路测试仿真技术对于自动驾驶的研发、推广使用等具有重要意义[34]。在道路实际测试中，会出现大量测试数据处于同一场景的情况，这给不同交通环境的分析造成了一定的局限性，而仿真测试则可以增加关键场景出现的频度；对于部分险态场景而言，道路实测风险较高，然而通过仿真技术测试就可以提前给出解决方案，从而保证道路实测时的安全性。智能网联汽车已进化为信息物理系统的一部分，仿真软件也将成为智能网联汽车与智能交通交互融合的中央数据平台。仿真软件通过大数据与云计算平台来记录车辆运行的真实数据以及软件算法的决策,复现车辆行驶的具体行为。最终,平台作为智能交通的大数据载体,记录并管理单车、车队、道路与交通设施[34]。自动驾驶道路测试险态仿真推演包括:车辆仿真模型构建、模型参数标定及仿真运行评价。

8.3.1 车辆仿真模型构建

在自动驾驶道路测试仿真过程中,需要构建合适的车辆仿真模型。车辆仿真模型主要包括对于车辆本身的动力学模型,以及在动力学基础上进行的车辆决策控制模型。

就车辆动力学模型而言,主要表现在车辆的整车性能方面,包括动力性、制动性、经济型、操纵稳定性和驾驶平顺性等的设置[35],涉及的车辆模块包括悬架、轮胎、车轮和电机等[36]。自动驾驶车辆与人工驾驶车辆在车辆动力学方面并无太大差异,二者的主要区别在于所使用的具体车型。

就车辆决策控制模型而言,目前常见的有安全距离模型、刺激-反应模型、生理-心理模型、人工智能模型、全速度差模型和智能驾驶人模型等[37],涵盖了跟驰行为模型以及换道行为模型。

人工驾驶车辆的决策控制模型大多基于上述模型。其中,跟驰行为模型可根据建模思路分为交通类模型和统计物理类模型。交通类模型是从驾驶员的微观驾驶行为出发,运用数学方法准确地刻画车辆间的互相跟驰行为,使构建出来的模型能与实际观测的数据相对应,常用的交通类模型包括安全距离模型、刺激-反应模型等。统计物理类模型是从相对宏观的交通特性角度出发,车辆被视为自驱动远离平衡的相互作用的粒子来描述跟车状态下的交通流动力学特征。常用的统计物理类模型包括智能驾驶人模型、元胞自动机模型等[37]。

换道行为模型较为复杂,主要可分为换道决策模型和换道实施模型。换道决策模型主要构成驾驶员换道决策规则并描述决策过程,用于仿真驾驶员的微观行为特性。换道实施模型主要分析换道车辆与周边车辆的交互关系,用于仿真换道车辆与周边交通流的相互影响[38]。目前,常见的换道行为模型有Gipps模型、离散选择模型、人工智能模型和元胞自动机模型等[38],相关的研究方法有随机效用理论、Markov过程、强化学习和模糊逻辑。

自动驾驶车辆的决策控制模型有别于人工驾驶车辆的决策控制模型。跟驰行为模型中常见的有自适应巡航模型(Adaptive Cruise Control,ACC)和协同自适应巡航模型(Cooperative Adaptive Cruise Control,CACC)等。L. Zhao 等[39]对基于车联网环境下的自适应巡航控制车辆与协同自适应巡航控制车辆的跟驰模型进行了研究,并通过仿真对基本图模型进行了分析。秦严严等[40]基于智能网联车辆的跟驰特性,构建了考虑3辆前导车信息的跟驰模型,并设计了数值仿真实验,以分析不同智能网联车辆比例下混合交通流的安全性。换道行为模型考虑了方向盘转角和横向运动对车辆换道性能的影响,主要用以提高行车安全与道路通行能力,可包括防碰撞模型以及自动控制模型[38]。

8.3.2 模型参数标定及仿真运行评价

模型参数标定可分为两种途径:一种是利用文献综述对模型参数进行标定,并在仿真平台软件中进行参数调试,从而使车辆稳定运行;另一种是以数据驱动的方式对模型参数进行标定,一般分为三个步骤:①指标变量,用来描述跟驰过程的变量,常用的有后车速度、两车间距离;②拟合优度函数,计算实际指标变量与模型输出的指标变量之间差异的函数,常用的拟合优度函数有平方根误差均值(Root Mean Square Error,RMSE);③最优化求解算法:用来求解模型参数并使得误差指标(指标变量的拟合优度函数)最小化的算法,常用的有牛顿下山法、遗传算法等。

在完成险态场景构建、确认车辆仿真模型以及标定各参数后,可针对该场景进行仿真实验,并通过多次实验得到最终结果。当然,对险态场景的仿真结果需要进行分析评价,并对仿真结果的程度进行评估。自动驾驶虚拟测试评价标准包括绝对能力和相对能力,绝对能力即依托自动驾驶脱离/接管事件的发生概率,基于交通冲突理论构建评估指标及评价阈值[41];相对能力则需要以"拟人化"的视角[2],在测试场景分类、复杂度分级的基础上,对比自动驾驶汽车和人类驾驶员的驾驶行为规律,其难点主要有:多样化驾驶任务的评价指标构建和驾驶行为特征相似性的度量方法等。T. D. Son 等[42]提出指定关键绩效指标(Key Performance Indicator,KPI)的方法来描述自动驾驶汽车在仿真测试中的性能。以自适应巡航系统为例,其 KPI 参数包括安全性、舒适性、自然性等指标。田思波等[43]提出了智能网联汽车测试场景的三个主要评价指标:复杂度、性能表现和危险度。朱冰等[1]认为,自动驾驶汽车的虚拟测试尚未形成明确的评价体系,环境复杂度、任务复杂度、人工干预度和行驶智能性等方面均可作为虚拟测试的评价内容。

自动驾驶不仅要基于虚拟测试来评估其车辆运行安全的风险等级,同时也要关注其驾驶行为对周边交通流运行和宏观交通系统安全性的影响[44]。

8.4 道路测试仿真平台

不同的仿真测试平台对于仿真推演建模结果有着不同影响。自动驾驶仿真测试采用模拟场景、车辆动力学模型、传感器模型和决策规划算法进行虚拟环境下的自动驾驶测试,要求自动驾驶算法保证其发生危险的概率尽可能低或至少与传统车辆的安全性大致相同。自动驾驶仿真测试的关键在于建模精度和计算效率。对于车辆动力学建模而言,目前在方法及实际应用上都已较为成熟。迪特尔·施拉姆等[45]对车辆动力学建模与仿真进行了系统总结。除基于理论的车辆动力学建模方法以外,还有许多其他的建模方法,如基于系统辨识的建模方法、基于数据驱动的建模方法和面向对象的建模方法等。

为了适应自动驾驶汽车的仿真测试需求,很多专业的自动驾驶虚拟测试软件应运而生,如 AirSim[46]、CarMaker、Carcraft、PreScan[47]、VTD、Udacity[48] 和 PTV Vissim[49] 等。不同的仿真软件在车辆动力学建模、传感器建模以及场景建模等方面各有优劣,如 AirSim 的光影渲染效果较为真实且传感器丰富,而 PreScan 虽然渲染效果一般但其车辆动力学模型的仿真结果非常准确[50]。

MathWorks 公司生产的 MATLAB 软件拥有强大的数学计算功能,并且它具有出色的数值计算能力和数据可视化能力,因此被广泛用于自动控制、数字信号处理、动态系统仿真等方面。基于 MATLAB 的 Simulink 是一个集成式的动态系统构建和仿真平台,可以将控制系统的复杂模型准确导入计算机进行分析和仿真。Simulink 具有相对独立的功能和方法、友好的图形用户界面(GUI)和框架图式的可视化模型等优点,这使其成为了一个强大的动态系统仿真工具[51]。PreScan 是一个模拟平台,可用于定义场景的预处理和执行场景的运行环境,且仿真运行可以通过调用 MATLAB 进行联合处理。PreScan 软件的主要功能有:搭建几何外形非常真实的仿真模型、添加种类丰富的传感器、添加控制系统以及运行试验,如图 8-3 所示。除此之外,PreScan 的车辆动力学参数也非常精确[52]。PreScan 还可以和 Simulink 进行联合仿真,这种联合仿真被广泛地应用在智能网联汽车及驾驶辅助系统的研发工作中。

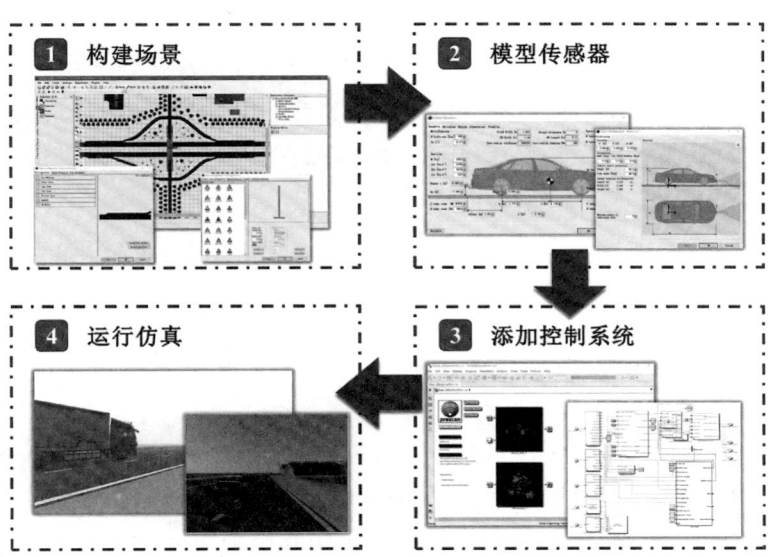

图 8-3　PreScan 的主要功能及仿真流程

CarMaker 还有相关的 TruckMaker 和 MotorcycleMaker 是德国 IPG 公司推出的动力学、ADAS 和自动驾驶仿真软件[34]。CarMaker 首先是一款优秀的动力学仿真软件,它可以提供精准的车辆本体模型(如发动机、底盘、悬架、传动、转向等)。除此之外,CarMaker 还打造了包括车辆、驾驶员、道路和交通环境的闭环仿真系统。CarMaker 由 IPG Road,IPG Driver 和 IPG Traffic 三部分组成。CarMaker 作为平台软件,可以与很多第三方软件(如 ADAMS,AVLCruise,rFpro 等)进行集成,可利用各软件的优势进行联合仿真。

VTD(Virtual Test Drive)是德国 VIRES 公司开发的一套用于高级驾驶辅助系统(Advanced Driving Assistance System,ADAS)、主动安全和自动驾驶的完整模块化仿真工具链[34]。目前,VTD 运行于 Linux 平台,其功能覆盖了道路环境建模、交通场景建模、天气和环境模拟、简单和物理真实的传感器仿真、场景仿真管理以及高精度的实时画面渲染等。VTD 支持从软件在环(Software-in-the-Loop,SiL)到硬件在环(Hardware-in-the-Loop,HiL)再到车辆在环(Vehicle-in-the-Loop,ViL)的全周期开发流程,开放式的模块式框架可以方便地与第三方工具和插件进行联合仿真。

CARLA 是由西班牙巴塞罗那自治大学计算机视觉中心指导开发的开源模拟器,用于自动驾驶系统的开发、训练和验证[34]。CARLA 依托虚幻引擎进行开发,采用了服务器和多客户端的架构。在场景方面,CARLA 提供了为自动驾驶创建场景的开源数字资源(包括城市布局、建筑和车辆),以及由这些资源搭建的供自动驾驶测试训练的几个场景。同时,CARLA 可以使用 VectorZero 的道路搭建软件——RoadRunner 来制作场景和配套的高精度地图,也提供了简单的地图编辑器。CARLA 支持传感器和环境的灵活配置,它支持多摄像头、激光雷达、GPS 等传感器,也可以调节环境的光照和天气。CARLA 提供了简单的车辆和行人自动行为模拟,同时也提供了一整套的 Python 接口,可以对场景中的车辆、信号灯等进行控制,从而便于与自动驾驶系统进行联合仿真,完成决策系统和端到端的强化学习。

Carcraft 仿真器是由 Waymo 开发的,最初该系统只是用可视化的方式来回放路侧车辆在道路上的情况[34]。目前,Carcraft 可以使用真实世界里的驾驶回放数据对每个新软件版本进行测试,以验证改进的算法,从而发现新问题。另外,它还可以构建全新的虚拟场景进行测试。

AirSim 是微软研究院开源的一个建立在虚幻引擎(unreal engine)上的无人机以及其他自主移动设备的模拟器[34]。AirSim 被开发成一个虚幻的插件,可以简单地放到任何一个你想要的虚拟环境中。AirSim 创造了一个高还原的逼真虚拟环境,模拟了阴影、反射等其他现实世界中容易产生干扰的环境,同时提供了简单方便的接口,让无人机和自主移动设备不用经历真实世界的风险就能进行大量训练。

百度 Apollo 仿真平台作为百度 Apollo 平台的一个重要组成部分，一方面用来支撑内部 Apollo 系统的开发和迭代，另一方面为 Apollo 生态的开发者提供基于云端的决策系统仿真服务[34]。百度 Apollo 仿真平台是一个搭建在百度云和 Azure 上的云服务，可以使用用户指定的 Apollo 版本在云端进行仿真测试。Apollo 仿真场景可分为 Worldsim 和 Logsim。其中，Worldsim 是由人为预设的道路和障碍物构成的场景，可以作为单元测试来简单高效地测试自动驾驶车辆；Logsim 则是由路测数据提取的场景，真实反映了实际交通环境中复杂多变的障碍物和交通状况。同时，Apollo 仿真平台提供了较为完善的场景通过判别系统，可以从交通规则、动力学行为和舒适度等方面对自动驾驶算法做出评价。Apollo 与 Unity 建立了合作关系，开发了基于 Unity 的真实感虚拟环境仿真，可以提供 3D 虚拟环境，以及道路和天气的变化。

PTV Vissim 是德国 PTV 公司提供的一款世界领先的微观交通流仿真软件[34]。Vissim 可以方便地构建各种复杂的交通环境，包括高速公路、大型环岛和停车场等，也可以在一个仿真场景中模拟包括机动车、卡车、有轨交通和行人在内的交互行为。它不仅可以专业地规划、评价城市和郊区的交通设施，还可以用来仿真局部紧急情况造成的交通影响以及大量行人的疏散等。Vissim 仿真可以达到很高的精度，包括微观的个体跟驰行为和变道行为，以及群体的合作和冲突。

SUMO 全称 Simulation of Urban Mobility，它是由德国宇航中心开发的一款开源、微观、连续交通流仿真软件[34]。它附带了一个交通仿真路网编辑器，可以通过交互式编辑的方式添加道路、编辑车道的连接关系、处理路口区域、编辑信号灯时序等，也可以通过一个单独的转化程序转换来自 Vissim，OpenStreetMap 和 OpenDrive 的路网。另外，它可以通过编辑路由文件的方式来指定每辆车的路由，或者使用参数随机生成。在运行时，它可以同时处理数平方千米、多达几万辆车的连续交通仿真需求。同时，它也提供了一个基于 OpenGL 的可视化端来实时显示交通仿真的结果。

综上所述，不同的仿真软件在传感器仿真、车辆动力学仿真、交通流仿真等方面的功能各异，且各有所长，如表 8-1 所列[5]。尽管很多虚拟测试系统声称具备传感器仿真能力，但很少能提供视频、雷达、超声波、GPS 等多传感器全覆盖的物理模型仿真能力。

表 8-1　　　　　　　　　　虚拟测试仿真工具的功能[5]

仿真工具类型	虚拟测试工具	传感器仿真	车辆动力学仿真	交通流仿真
传统汽车虚拟测试系统	PreScan	√	√	×
	CarMaker	√	√	×
	VTD	√	√	×

(续表)

仿真工具类型	虚拟测试工具	传感器仿真	车辆动力学仿真	交通流仿真
互联网企业虚拟测试系统	CARLA	√	√	×
	Carcraft	√	×	√
	AirSim	√	√	×
	Apollo	√	√	×
交通流仿真系统	Vissim	×	×	√
	SCANeR	×	√	√
	SUMO	×	×	√

大多数测试平台均以场景作为基础,在基于场景的基础上又可划分为三类[50]:①基于点云地图的仿真平台,如 Autoware 仿真平台、百度 Apollo 仿真平台等;②基于3D物理引擎的仿真平台,如 AAI 仿真平台、AirSim 仿真平台、PreScan 仿真平台;③基于硬件在环的仿真平台,如 Nvidia Drive Constellation 仿真平台、VTD 仿真软件等。

对于众多的仿真测试平台,选择合适的平台组成测试工具链是实现自动驾驶汽车全覆盖、低成本测试的研究热点。李霖等[21]基于 PreScan,对其所提出的自动紧急制动系统进行了测试验证,同时对紧急制动过程中的相关参数进行了探究。朱冰等[1,53]自主研制了 PanoSim 虚拟测试软件平台,并基于该平台对驾驶员的驾驶习性进行了聚类,提出了考虑不同驾驶习性的 ADAS 控制策略,进行了算法仿真验证。K.Sundaravadivelu 等[54]在 AVL-CRUISE 中搭建虚拟测试环境,并与 CarMaker 进行联合仿真,对所需的车辆动力学模型进行了测试验证。S.Hossain 等[55]基于 Unity 3D 跨平台游戏引擎搭建了自动驾驶虚拟测试环境,以测试传感器感知状态及车辆的动力学特性。余荣杰等[5]通过 PreScan(内置传感器仿真、车辆动力学仿真)、MATLAB/Simulink(规划决策控制算法)和 Vissim(背景交通流仿真)的融合,构建了自动驾驶汽车"感知-规划-执行"一体化虚拟测试仿真工具。

8.5 险态场景模拟推演案例

上海市自动驾驶测试道路主要分布在嘉定区、临港新片区、奉贤区以及浦东新区四大区域。下面以上海自动驾驶道路测试场景为基础开展险态场景模拟推演案例分析。

8.5.1 险态场景构建

1. 数据清洗

对于自动驾驶道路测试数据,根据本书第6章中的数据质量分析进行相应的数据清洗以确保数据质量。同时,通过视频等数据进行环境参数标定,并采用网约车数据进行周围交通流状况估计。

2. 险态场景初步筛选

构建的险态场景主要源于两类场景:①城市道路场景,包含嘉定的自动驾驶道路测试区与临港新片区、奉贤和金桥的自动驾驶道路测试区内道路,其特点是测试道路中支路和交叉口等较多、交通组成复杂、机非冲突多、交通流量大及交通限速低等;②快速路场景,即东海大桥段测区道路,其特点是场景简单、封闭性强、实际测试中前后有警车保护、与其他非测试车辆冲突小、交通流量较小及交通限速高等。在这两类主要测试场景中,结合多元数据进行险态场景的初步筛选。

在城市道路场景中,大部分路段上车辆行驶平稳,各路段车速均在限速之下。依据自动驾驶城市道路测试情况,可能出现的险态场景包括:

(1) 道路被占用场景,即由于道路施工等原因,路面上布满了锥形桶。由于自动驾驶汽车无法正确识别出这些锥形桶,故在布满路面锥桶的道路上无法实现合理驾驶。

(2) 低速行驶场景,即自动驾驶汽车的前方车辆以低速行驶,由此可能会造成碰撞危险。

(3) 变道切入场景,即自动驾驶汽车的前方车辆采取近距离变道切入,TTC时间无法满足自动驾驶汽车进行安全避让的要求,由此可能会造成碰撞危险。

(4) 自动驾驶变道场景,即自动驾驶汽车准备并道至最右侧完成右转,但由于后方来车太多,导致其无法变道。

在快速路场景中,可能出现的险态场景包括:

(1) 上匝道场景(上匝道车辆汇入处)。在上匝道当智能集卡汇入主车道时,如果后方有车辆快速接近,智能集卡若按照当前策略继续汇入,由此可能会造成碰撞风险。

(2) 下匝道场景(下匝道车辆驶出处)。当智能集卡驶入下匝道前,如有后方车辆抢行,并以较快的速度从左边车道驶至智能集卡前方,由此可能会造成碰撞风险。

(3) 过隧道场景(小洋山港隧道内部)。由于隧道内部GPS信号丢失以及进出隧道光线变化影响视觉传感器识别等情况的存在,导致车辆的定位精度会受影响,如此可能出现左偏或者右偏的情况;另外,当隧道内部发生交通事故,且无法将信息及时传递至即将驶入隧道内部的后续车辆终端上时,可能会造成行驶风险。

(4) 不良驾驶场景(社会车辆危险驾驶)。东海大桥运输路线上除集装箱卡车以外,还有部分乘用车,整体车流交通组成较为复杂,且集装箱卡车及乘用车经常会出现社会车辆危险驾驶等不良驾驶场景,诸如驾驶员不打转向灯变道、近距离变道切入、超速、紧急刹车等,由此可能会造成行驶风险。

(5) 动态信息辨识场景。东海大桥上安装了可变式限速提示信息的电子标牌,限速信息会根据实际交通态势进行调整,但目前智能集卡的传感器识别此种限速标牌的准确率较低,由此可能会导致智能集卡存在动态信息辨识困难的问题,从而造成行驶风险。

(6) 恶劣天气场景。东海大桥上行驶的智能集卡受恶劣天气(如团雾天气)的影响,其传感器识别率大幅降低,导致未能及时识别前方行驶的人工驾驶车辆,由此可能会造成碰撞风险。

3. 关键指标提取

在数据清洗过程中,对于城市道路场景,其脱离时长阈值设为 19 s,即在脱离后 19 s 的时间内可以完成一次接管[56]。因此,对于脱离时选取其险态接管前后各 19 s(共计 38 s 时间内的数据段),其瞬时速度如图 8-4 所示,其中,a 点为自动驾驶脱离后人工驾驶第 1 s 处,b 点为自动驾驶脱离后瞬时速度最低点,c 点为自动驾驶脱离前瞬时速度最高点。

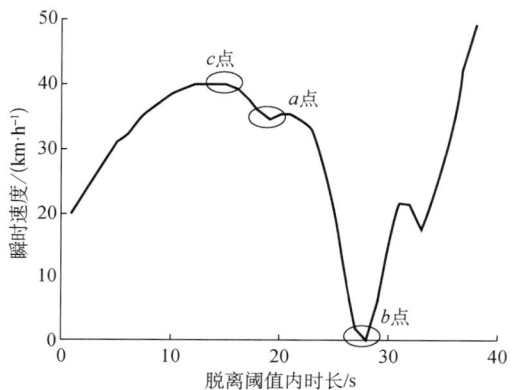

图 8-4 自动驾驶脱离阈值内速度变化情况

选取平均速度差系数、速度变异系数和最大速度差系数这三个指标进行分析,各指标的计算方式如下。

(1) 平均速度差系数 ASC:

$$ASC = \frac{\overline{v}_{a1} - \overline{v}_{a2}}{\overline{v}_{a1}} \tag{8-1}$$

式中　$\overline{v}_{a1}$——a 点自动驾驶脱离前的平均速度,km/h;

$\overline{v}_{a2}$——a 点自动驾驶脱离后的平均速度,km/h。

(2) 速度变异系数 CV:

$$CV = \frac{\sigma_v}{\overline{v}} \tag{8-2}$$

式中　σ_v——自动驾驶脱离阈值内(38 s 内)的速度标准差,km/h;

$\bar{v}$ ——自动驾驶脱离阈值内(38 s 内)的速度平均值,km/h。

(3) 最大速度差系数 MSC：

$$MSC = \frac{v_c - v_b}{v_c} \tag{8-3}$$

式中　v_b——b 点速度值,即自动驾驶脱离后的最小速度,km/h;

　　　v_c——c 点速度值,即自动驾驶脱离前的最大速度,km/h。

各指标数据分布情况如图 8-5 所示。

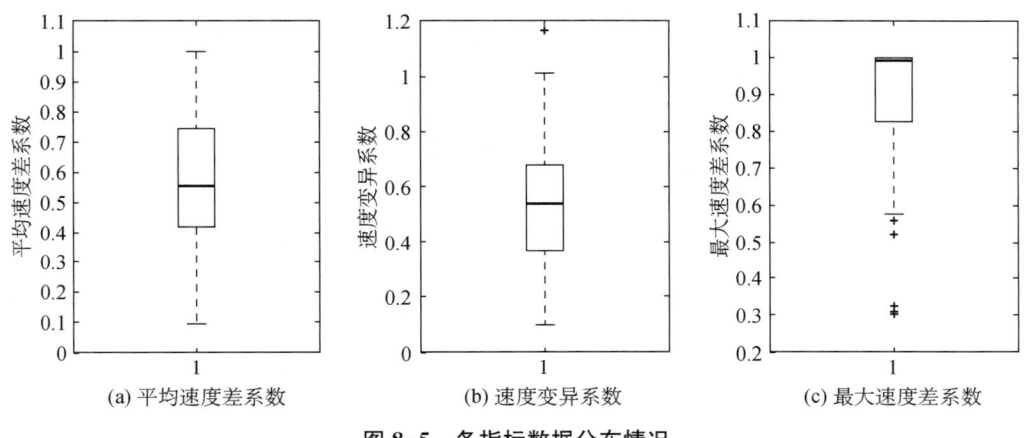

图 8-5　各指标数据分布情况

将其两两组合并根据原始记录脱离原因放入其中进行聚类分析,结果如图 8-6—图 8-8 所示。根据车企原始自动驾驶道路测试数据中记载的脱离原因,将测试中的脱离场景分为低风险和高风险两类[56],其中原因记录为正常接管的作为Ⅰ级(低风险)场景,原因记录中包含明确险情的作为Ⅱ级(高风险)场景,脱离原因分类如表 8-2 所列。

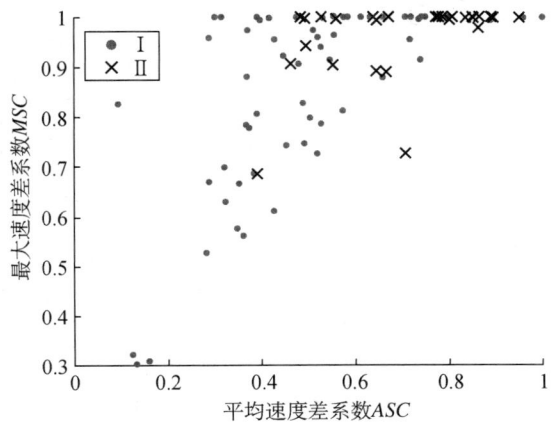

图 8-6　平均速度差系数与最大速度差系数聚类结果

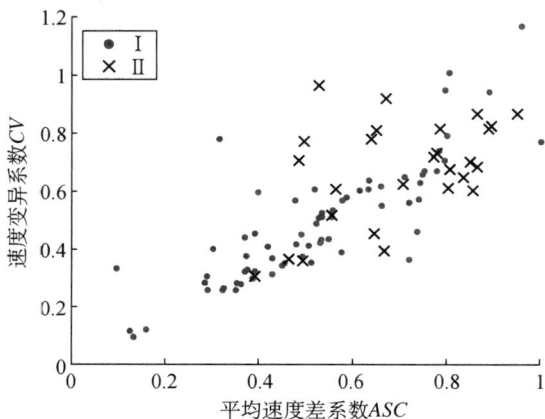

图 8-7　平均速度差系数与速度变异系数聚类结果

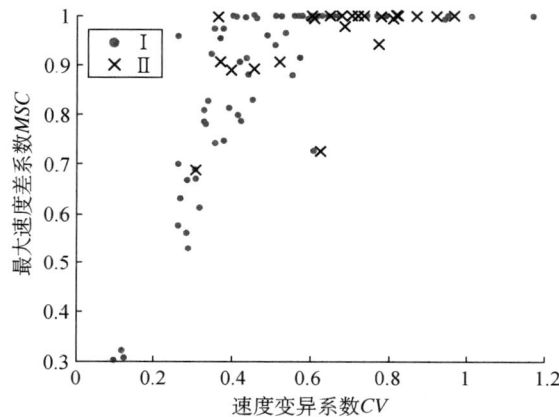

图 8-8　速度变异系数与最大速度差系数聚类结果

表 8-2　　　　　　　　　　　脱离原因分类

险态接管类型	接管数量/次	脱离原因
Ⅰ	69	正常接管及算法调试
Ⅱ	27	有明确记录原因,受外界影响等

由于 MSC 中数据分布存在异常值多于其余指标,且分布结果不明显、离散程度不够,故选取其余两个指标 ASC 和 CV 作为分类指标,其指标间相关性情况如表 8-3 所列。

表 8-3　　　　平均速度差系数 ASC 与速度变异系数 CV 的各相关系数

相关系数	相关系数值	P 值
Pearson 相关系数	0.790 0	1.09×10^{-21}
Spearman 相关系数	−0.506 5	1.40×10^{-7}
Kendell 相关系数	−0.782 6	4.67×10^{-21}

4. 险态场景等级划分

使用 ASC 和 CV 这两个指标，通过随机森林、决策树、支持向量机和 BP 神经网络四种监督分类模型进行识别，结果如表 8-4 所列。

表 8-4 四种监督分类模型的识别结果

监督分类模型	准确率	精确率	召回率
随机森林	70.0%	80.0%	76.2%
决策树	60.0%	76.5%	61.9%
支持向量机	83.3%	83.3%	95.2%
BP 神经网络	83.3%	83.3%	95.2%

其中，支持向量机与 BP 神经网络的识别效果最好，但由于支持向量机多次实验结果无变化，考虑其学习能力以及程序处理时长，最终选定 BP 神经网络作为最优监督分类模型。

根据自动驾驶道路测试数据中记录的脱离原因，按照两级分类后对其脱离时刻的地理位置进行识别，结果如图 8-9 所示。其中，险态接管出现位置相对集中，且Ⅱ级出现在路口或主干道等情况较多。

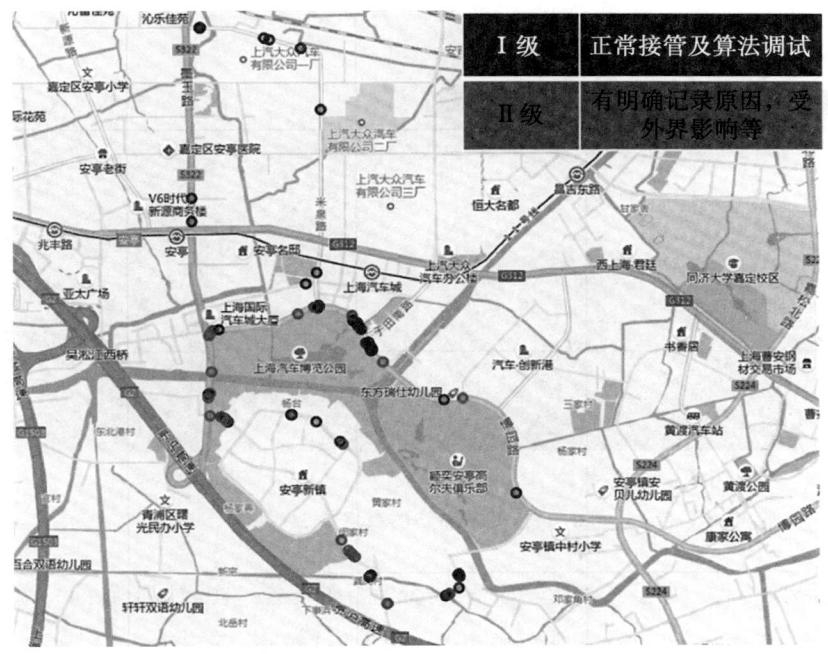

图 8-9 险态接管出现位置标记[56]

5. 自动驾驶道路测试险态场景构建

在城市道路场景中,选取了低速行驶场景和变道切入场景进行具体场景构建;路段上选取了驾驶员险态接管出现较多的墨玉南路路段(博园路—安礼路)。城市道路仿真场景构建位置及 3D 视图如图 8-10 和图 8-11 所示。

图 8-10 城市道路仿真场景构建位置

(a) 低速行驶场景　　　　　　　　(b) 变道切入场景

图 8-11 城市道路仿真场景 3D 视图

城市道路两类险态场景具体构建如下:①低速行驶场景。在测试道路同一车道内,人工驾驶车辆在前,速度较低;自动驾驶车辆在后,初始速度较高。②变道切入场景。自动驾驶车辆和人工驾驶车辆分别在不同的车道,人工驾驶车辆突然进入自动驾驶车辆所在车道,且有碰撞风险。

在快速路场景中，选取恶劣天气场景进行具体场景构建，测试路段选取了东海大桥。快速路仿真场景构建位置及3D视图如图8-12和图8-13所示。东海大桥险态场景具体构建如下：在团雾等恶劣天气下，智能集卡的自身传感器识别率降低，导致未能及时识别出前方低速行驶的人工驾驶车辆，可能存在与前车碰撞的风险。

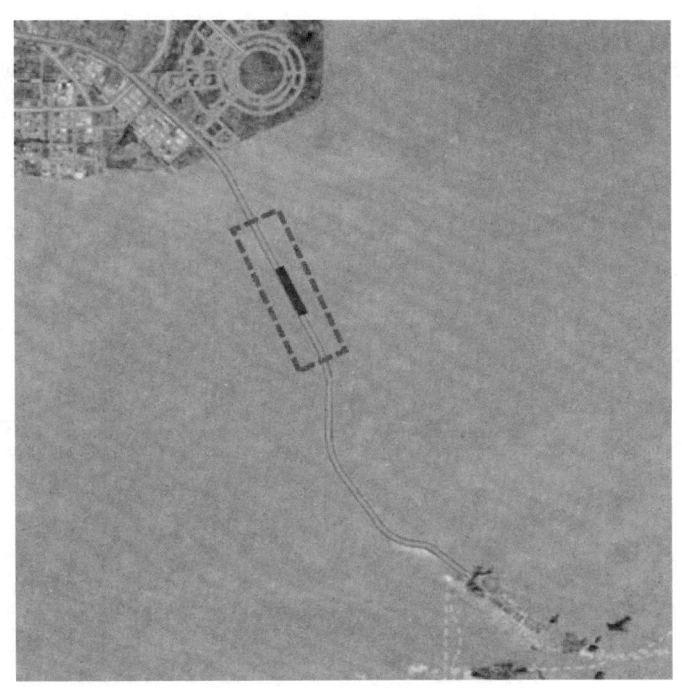

图8-12　快速路仿真场景构建位置

图8-13　快速路仿真场景3D视图

8.5.2 模拟推演

1. 车辆动力学模型

对于城市道路中低速行驶场景和变道切入场景,首先进行车辆动力学参数的设计标定,由于实际自动驾驶道路测试中选取数据来源的车辆为 SUV 车型,车辆动力学模型同样选用 SUV 车型,其各参数标定示例如图 8-14 所示。对于人工驾驶车辆,选取普通轿车,其车辆动力学参数以 PreScan 默认设置为主。

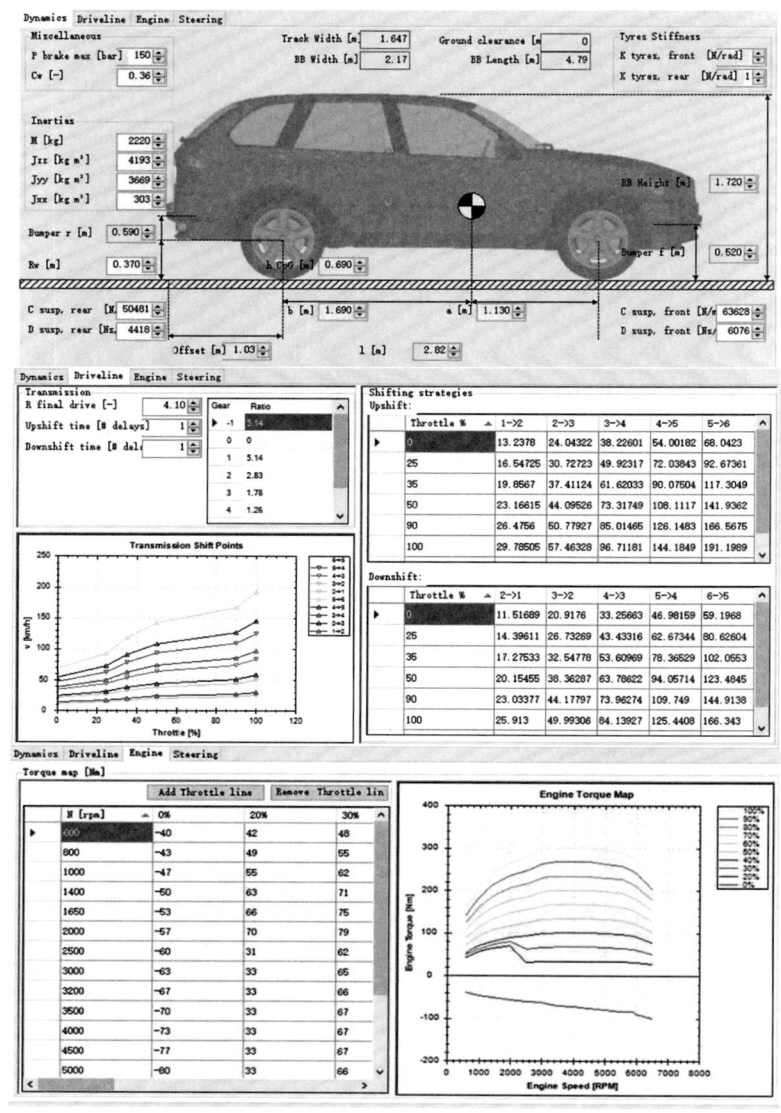

图 8-14 自动驾驶汽车 SUV 车型动力学参数标定示例

对于快速路恶劣天气场景,在东海大桥测试段中使用的车辆为智能集卡,故车辆动力学模型采用货车模型,其各参数标定示例如图 8-15 所示。对于人工驾驶车辆,选取普通货车,其车辆动力学参数以 PreScan 默认设置为主。

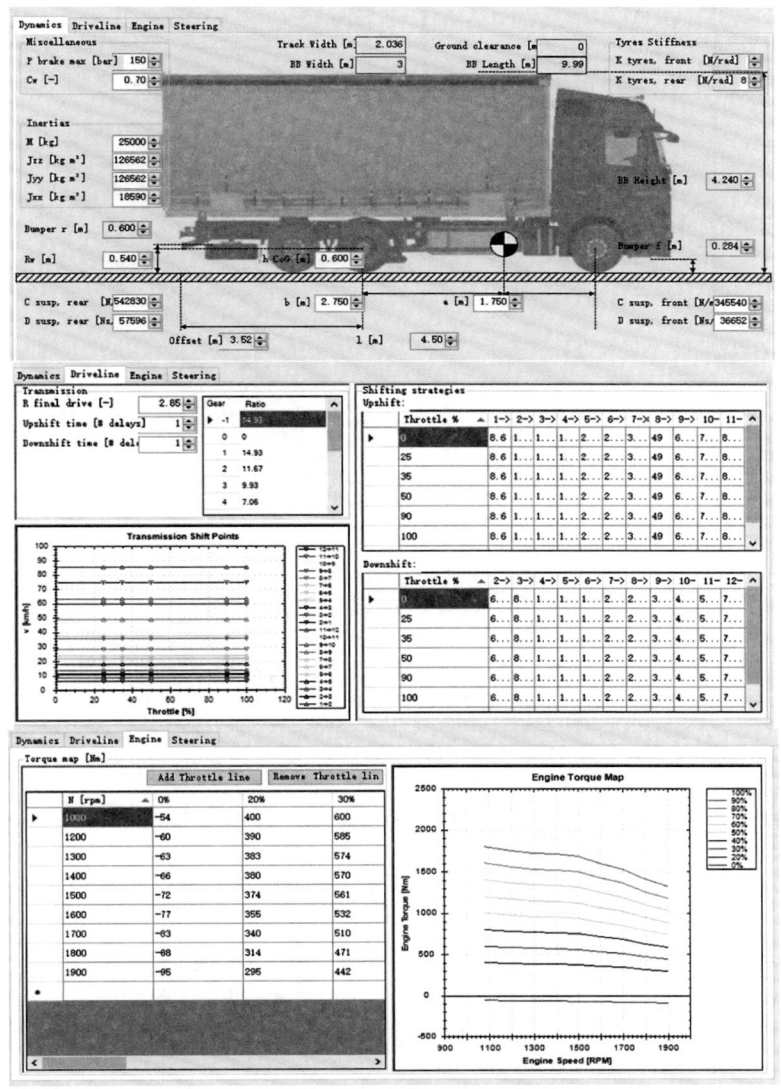

图 8-15 智能集卡动力学参数标定示例

2. 决策控制模型

自动驾驶汽车跟驰模型采用自适应巡航模型,具体决策控制模型如图 8-16 所示,该模型基于比例-积分-微分(Proportion Integral Differential,PID)控制模型,以前后车位置差和速度差作为输入,以预期加速度作为控制输出。人工驾驶汽车默认匀速行驶。

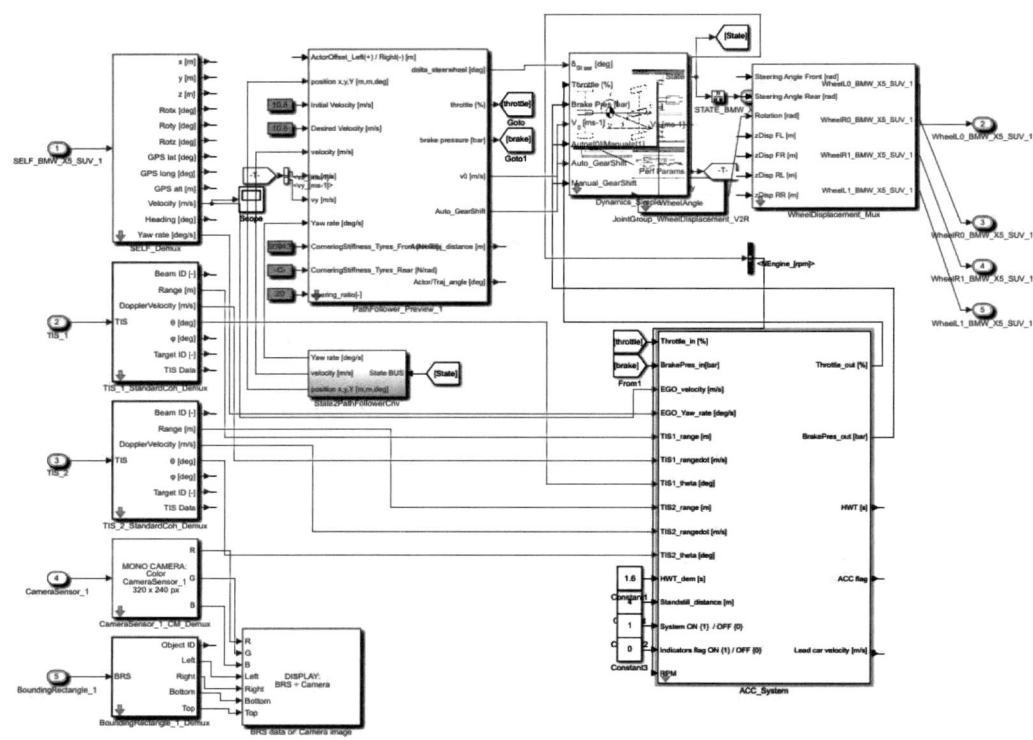

图 8-16 自动驾驶汽车决策控制模型

用来标定城市道路场景的上海嘉定区安亭镇墨玉南路路段的限速为 40 km/h,该路段正常状态下自动驾驶测试车辆的实际速度分布如图 8-17 所示。其中,自动驾驶汽车在正常行驶状态速度分布 75% 分位数为 38 km/h,故在城市道路场景中(包括低速行驶场景和变道切入场景),选取自动驾驶汽车 SUV 车型的初始速度为 38 km/h。

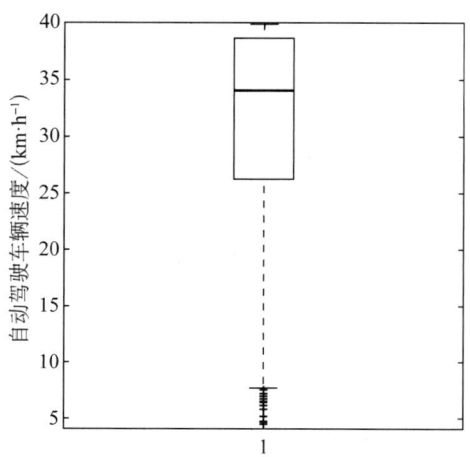

图 8-17 城市道路场景正常状态下自动驾驶车辆的速度分布

用来标定快速路恶劣天气场景所选取的上海东海大桥其限速为 80 km/h，对于该路段正常状态下自动驾驶测试车辆的实际速度分布如图 8-18 所示。其中，自动驾驶汽车在正常行驶状态速度分布 75% 分位数为 69 km/h，故在快速路恶劣天气场景中，选取自动驾驶智能集卡的初始速度为 69 km/h。

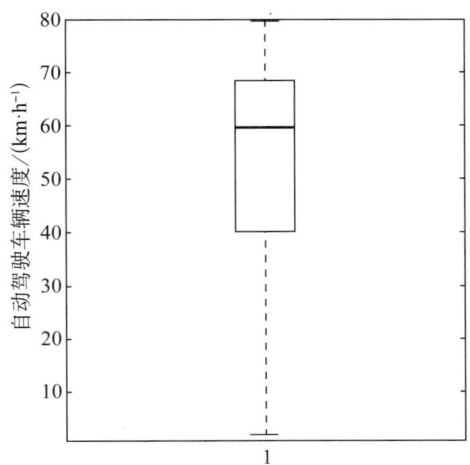

图 8-18　快速路恶劣天气场景正常状态下自动驾驶车辆的速度分布

在城市道路低速行驶场景中，人工驾驶车辆的速度设为 22 km/h；在城市道路变道切入场景中，人工驾驶车辆的速度设为 39 km/h；在快速路恶劣天气场景中，人工驾驶货车的速度设为 69 km/h。

3. 车辆仿真结果输出

在城市道路低速行驶场景中，仿真测试运行时长共计 30 s，界面如图 8-19 所示。前方

图 8-19　城市道路低速行驶场景仿真测试运行界面

人工驾驶车辆一直以较低速度运行,当自动驾驶车辆识别出前方车辆时,较为迅速地采取了刹车操作从而避免了碰撞。城市道路中低速行驶场景自动驾驶车辆的运行速度变化情况如图8-20所示。

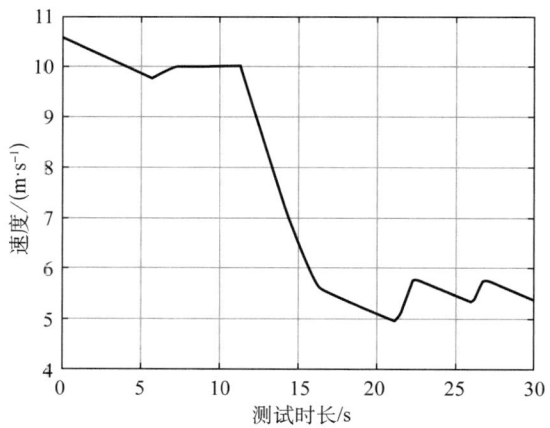

图 8-20 城市道路低速行驶场景中自动驾驶车辆的运行速度变化情况

在城市道路变道切入场景中,仿真测试运行时长共计 67 s。在 25 s 左右旁边车道有人工驾驶车辆突然并入自动驾驶车辆所在车道,导致自动驾驶车辆立即采取制动措施,当其与并入的人工驾驶车辆拉开距离后,将再次加速回到正常行驶状态,图 8-21 为该场景中自动驾驶车辆的运行速度变化情况。

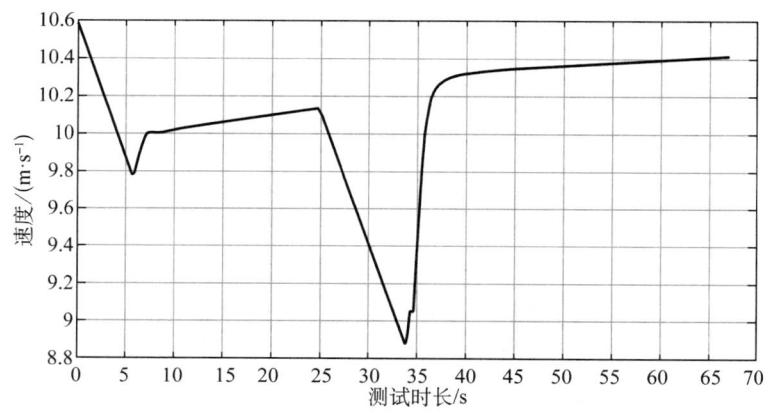

图 8-21 城市道路变道切入场景中自动驾驶车辆的运行速度变化情况

在快速路恶劣天气场景中,仿真测试运行时长共计 60 s。在雾天情况下,当自动驾驶车辆识别出人工驾驶车辆时,采取制动措施,在两车间距达到安全距离之后,自动驾驶车辆重新加速,但因为加速较快故进行了较为短暂的制动。图 8-22 为该场景中自动驾驶车辆的运行速度变化情况。

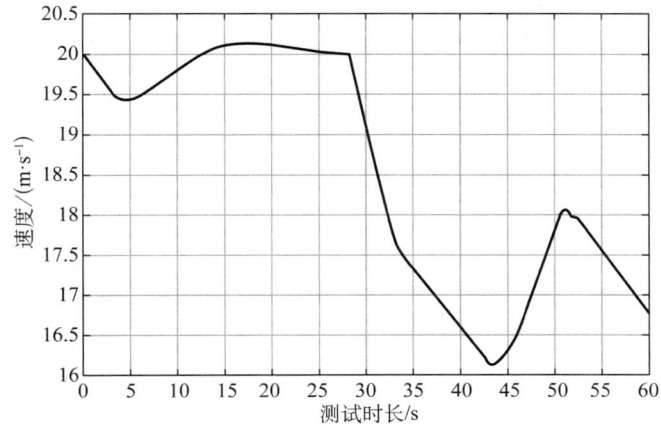

图 8-22 快速路恶劣天气场景中自动驾驶车辆的运行速度变化情况

参考文献

[1] 朱冰,张培兴,赵健,等.基于场景的自动驾驶汽车虚拟测试研究进展[J].中国公路学报,2019,32(6):1-19.

[2] Road vehicles:Safety of the intended functionality:ISO/PAS 21448—2019[S].[S.l.]:[s.n.]:2019.

[3] 蔡博,陈韬,回春,等.商用车 AEB 系统测试场景构建及仿真研究[J].公路与汽运,2021(1):9-12.

[4] WINNER H, LEMMER K, FORM T, et al. PEGASUS:first steps for the safe introduction of automated driving [M]//Meyer G, Beiker S. Road Vehicle Automation 5.Springer, 2019:185-195.

[5] 余荣杰,田野,孙剑.高等级自动驾驶汽车虚拟测试:研究进展与前沿[J].中国公路学报,2020,33(11):125-138.

[6] LIPINSKI D. Introduction and overview of 3.5 years of PEGASUS [EB/OL].[2019-05-14]. https://www.pegasusprojekt.de/files/tmpl/Symposium2019/PEGASUS_Symposium_3_5_years.pdf.

[7] NAJM W G, SMITH J D, YANAGISAWA M.Pre-crash scenario typology for crash avoidance research[R]. Washington D. C. Department of Transportation: National Highway Traffic Safety Administration, 2007.

[8] GEIGER A, LENZ P, URTASUN R. Are we ready for autonomous driving? The

KITTI vision benchmark suite[C]//Proceedings of the 2012 IEEE Conference on Computer Vision and Pattern Recognition,2012:3354-3361.

[9] FENG S,FENG Y,SUN H,et al. Testing scenario library generation for connected and automated vehicles,Part Ⅱ:case studies[J]. IEEE Transactions on Intelligent Transportation Systems,2021,22(9):5635-5647.

[10] Feng S,Feng Y H,SUN H W,et al. Testing Scenario Library Generation for Connected and Automated Vehicles,Part Ⅰ:Methodology[J].IEEE Transactions on Intelligent Transportation Systems,2019,22(3):1573-1582.

[11] 文远知行 WeRide.景驰科技:L4级别无人驾驶在中国商业落地的重拳:长尾场景[EB/OL].[2018-07-09].https://zhuanlan.zhihu.com/p/39 331929.

[12] 王景云.潜在交通危险场景下的无人驾驶运动规划研究[D].西安:西安理工大学,2020.

[13] 涂辉招,崔航,鹿畅,等.面向自动驾驶路测驾驶能力评估的避险脱离率模型[J].同济大学学报(自然科学版),2020,48(11):1562-1569.

[14] HUNGAR H. Scenario-based validation of automated driving systems[C]//Margaria T,Steffen B. Leveraging Applications of formal methods,verification and validation. Distributed systems. Springer,2018:449-460.

[15] APARICIO A,LESEMANN M,ERIKSSON H. Status of test methods for autonomous emergency braking systems-results from the active test project[C]//SAE 2013 World Congress & Exhibition. Detroit,USA,2013.

[16] 苏江平,陈君毅,王宏雁,等.基于中国危险工况的行人交通冲突典型场景提取与分析[J].交通与运输(学术版),2017(A01):209-214.

[17] 李霖,朱西产,刘颖,等.涉及骑车人的典型交通危险场景[J].同济大学学报(自然科学版),2014,42(7):1082-1087.

[18] TANG Y S,WANG L Y.Development of scenes drawing system for urban road accidents[C]//Proceedings of the 2011 IEEE International Conference Mechatronics and Automation,2011:1152-1157.

[19] HALLERBACH S,XIA Y Q,EBERLE U,et al. Simulation-based identification of critical scenarios for cooperative and automated vehicles[J]. Journal of Connected and Automated Vehicles,2018.

[20] 吴斌,朱西产,沈剑平,等.基于自然驾驶研究的直行追尾危险场景诱导因素分析[J].同济大学学报(自然科学版),2018,46(9):1253-1260.

[21] 李霖,朱西产,董小飞,等.自主紧急制动系统避撞策略的研究[J].汽车工程,2015,37(2):

168-174.

[22] MENZEL T, BAGSCHIK G, ISENSEE L, et al. From functional to logical scenarios: detailing a keyword-based scenario description for execution in a simulation environment[C]//Proceedings of the IEEE Intelligent Vehicles Symposium (Ⅳ), 2019(4): 2383-2390.

[23] KRAJEWSKI R, MOERS T, NERGER D, et al. Data-driven maneuver modeling using generative adversarial networks and variational autoencoders for safety validation of highly automated vehicles[C]//Proceedings of the 21st International Conference on Intelligent Transportation Systems (ITSC), 2018: 2383-2390.

[24] ZHENG X K, LIANG H W, YU B, et al. Rapid generation of challenging simulation scenarios for autonomous vehicles based on adversarial test[C]//Proceedings of the 2020 IEEE International Conference on Mechatronics and Automation (ICMA), 2020: 1166-1172.

[25] JENKINS I R, GEE L O, KNAUSS A, et al. Accident scenario generation with recurrent neural networks[C]//Proceedings of the 21st International Conference on Intelligent Transportation Systems (ITSC), 2018: 3340-3345.

[26] KLISCHAT M, ALTHOFF M. Generating critical test scenarios for automated vehicles with evolutionary algorithms[C]//Proceedings of the IEEE Intelligent Vehicles Symposium (Ⅳ), 2019(4): 2352-2358.

[27] BELKIN M, NIYOGI P, SINDHWANI V. Manifold regularization: a geometric framework for learning from labeled and unlabeled examples[J]. Journal of Machine Learning Research, 2006, 7(1): 2399-2434.

[28] NEWEY W K, SMITH R J. Higher order properties of gmm and generalized empirical likelihood estimators[J]. Econometrica, 2004, 72(1): 219-255.

[29] WANG W S, ZHAO D. Extracting traffic primitives directly from naturalistically logged data for self-driving applications[J]. IEEE Robotics and Automation Letters, 2018, 3(2): 1223-1229.

[30] 江丽君,贺锦鹏,刘卫国,等.自动紧急制动系统测试场景研究[J].汽车技术,2014(1): 39-43.

[31] 杨俊闯,赵超.K-Means聚类算法研究综述[J].计算机工程与应用,2019,55(23): 7-14,63.

[32] 崔桐,徐欣.一种基于语义分析的大数据视频标注方法[J].南京航空航天大学学报,

2016,48(5):677-682.

[33] 中国电动汽车百人会,腾讯自动驾驶,中汽数据有限公司.2020 中国自动驾驶仿真蓝皮书[EB/OL].[2021-03-08].https://case.valuepr.net/file/1012_blue_paper.pdf.

[34] 清华大学苏州汽车研究院,广汽研究院智能网联技术研发中心,中国汽车技术研究中心智能汽车研究室暨汽车软件测评中心,等.中国自动驾驶仿真技术研究报告(2019)[EB/OL].[2020-11-04].https://www.vzkoo.com/document/ff00f9fedbbd4f00c49ec06b49a23583.html.

[35] 徐亮,秦孔建,张诚,等.车辆动力学仿真模型校核与验证关键技术研究[J].汽车实用技术,2020.45(16):44-48.

[36] 廖文浩.自动驾驶车辆的路径跟踪控制研究[D].南昌:南昌大学,2020.

[37] 罗嘉陵.基于无人驾驶环境的改进跟驰模型研究[D].广州:华南理工大学,2019.

[38] 蒋晓蓓,王武宏,郭宏伟,等.人车路系统驾驶行为分析与安全支持[M].北京:化学工业出版社,2020.

[39] ZHAO L, SUN J. Simulation Framework for vehicle platooning and car-following behaviors under connected-vehicle environment[J]. Procedia-Social and Behavioral Sciences,2013,96:914-924.

[40] 秦严严,王昊,冉斌.考虑多前车反馈的智能网联车辆跟驰模型[J].交通运输系统工程与信息,2018.18(3):48-54.

[41] HILLENBRAND J, SPIEKER A M, KROSCHEL K. A multilevel collision mitigation approach:its situation assessment, decision making, and performance tradeoffs[J]. IEEE Transactions on Intelligent Transportation Systems,2006,7(4):528-540.

[42] SON T D, BHAVE A, AUWERAER H V D. Simulation-based testing framework for autonomous driving development[C]//Proceedings of the IEEE International Conference on Mechatronics (ICM),2019:576-583.

[43] 田思波,郭润清,樊晓旭,等.智能网联汽车测试场景三维评价模型研究[J].汽车科技,2020(1):46-50.

[44] RÖSENER C, HENNECKE F, SAUERBIER J,et al. A traffic-based method for safety impact assessment of road vehicle automation[C]//Proceedings of the Uni-DAS eV 12. Workshop Fahrerassistenz und automatisiertes Fahren,2018:26-28.

[45] 迪特尔·施拉姆,曼弗雷德·席勒,罗伯托·巴迪尼.车辆动力学:建模与仿真[M].江发潮,张露,袁文燕,译.北京:化学工业出版社,2017.

[46] SHAH S, DEY D, LOVETT C, et al. AirSim: high-fidelity visual and physical simulation for autonomous vehicles[C]//Hutter M, Siegwart R. Field and Service Robotics. Springer, 2017: 621-635.

[47] MARKETAKIS Y, M TZANAKIS, Y TZITZIKAS. PreScan: towards automating the preservation of digital objects[C]//Proceedings of the International Conference on Management of Emergent Digital Ecosystems, 2009.

[48] STOCCO A, WEISS M, CALZANA M, et al. Misbehaviour prediction for autonomous driving systems[C]//Proceedings of the 2020 IEEE/ACM 42nd International Conference on Software Engineering (ICSE), 2020: 359-371.

[49] 佐思产研.面对进入自动驾驶仿真的IT巨头,PTV VISSIM的优势何在?[EB/OL].[2021-03-24]. https://www.eefocus.com/automobile-electronics/488386.

[50] 闻龙.面向智能网联汽车的高性能计算仿真平台[D].成都:电子科技大学,2020.

[51] LIN C, QUN F. The simulation of torpedo's guidance trajectory based on MATLAB/Simulink[J]. Acta Simulata Systematica Sinica, 2003, 2: 79-82.

[52] WAN Q, LI W Y, LIANG Q Y, et al. Dynamic speed control to improve freeway safety in bad weathers[C]//Proceedings of the CICTP 2014: Safe, Smart, and Sustainable Multimodal Transportation Systems, 2014: 3743-3751.

[53] ZHU B, JIANG Y D, ZHAO J, et al. Typical-driving-style-oriented personalized adaptive cruise control design based on human driving data[J]. Transportation Research Part C: Emerging Technologies, 2019, 100: 274-288.

[54] SUNDARAVADIVELU K, SHANTHARAM G, PRABAHARAN P, et al. Analysis of vehicle dynamics using co-simulation of AVL-CRUISE and CarMaker in ETAS RT environment[C]//Proceedings of the 2014 International Conference on Advances in Electrical Engineering (ICAEE), 2014.

[55] HOSSAIN S, FAYJIE A R, DOUKHI O, et al. CAIAS simulator: self-driving vehicle simulator for AI research[C]//Vasant P, Zelinka I, Weber G W. Intelligent Computing & Optimization.Springer, 2018: 187-195.

[56] 朱国章,陈桢,王万锦,等.实际数据驱动的自动驾驶道路测试险态场景辨识方法[J].上海公路,2021(3):82-86,156.

9　道路测试安全风险防控

随着自动驾驶测试道路环境复杂度的逐步增加，道路测试安全风险也随之增加。为了实现道路测试分级有序推进与安全风险可控，亟须开展道路测试安全风险防控工作。本章主要介绍道路测试安全风险短临预测技术，提出了基于智能车载设备的风险预警技术和基于 V2X 的风险防控技术，建立了针对道路测试的风险预警防控效果评估方法，并结合实际数据选取三个典型场景开展了案例分析。

9.1　道路测试安全风险短临预测技术

安全风险有效预警防控的前提是对交通事故风险的短临预测。短临预测的核心是构建描述交通场景与事故发生概率关系的模型。目前，国内外已开展了大量针对交通事故风险短临预测的研究，且在模型预测精度及验证方面取得了丰硕的成果。C.Zegeer 等[1]根据平面曲线中的曲率、曲线长度及缓和曲线，预测特定交通量水平下所对应的交通事故数。平曲线路段预测事故数的基本规律是随着曲线长度、曲率的增加，事故数增多，随着缓和曲线的设置，以及行车道宽度的增加，事故数减少。J.C.Glennon[2]认为，平曲线路段的预测事故数是平直线路段预测事故数与曲线特征系数的组合，与道路曲率、交通量成正比。刘兆惠[3]将灰色理论弱化数据序列波动性的优点和神经网络特有的非线性适应性信息处理能力相结合，提出了基于灰色-径向基函数神经网络的多元道路交通事故预测模型。赵学刚[4]研究得到了区域路网交通安全风险动态预警综合指数预警指标法，建立了预警技术模型、系统结构模型、管理运作模型和管理体系模型。张晨琛和贾利民[5]鉴于运营风险测度之间的相互作用关系，提出了基于网络分析法和 Choquet 积分的路网运营风险评估算法。张晨琛[6]将灰色动态建模和小波神经网络模型相结合，提出了基于灰色-小波神经网络的多因素组合预测模型。该方法同时考虑了多个测度指标对路网安全性预测的影响，深化了对系统演化规律的认识，提高了预测精度，为多因素预测提供了一种新的实用方法。张静萱[7]提出了一种基于相关性分析的特征选择方法，并将其与改进网格搜索法的支持向量机算法相结合，构建了基于特征选择的实时交通事故风险预测模型。该模型在危险状态的预测准确率上均高于 K

近邻算法和 BP 神经网络算法。高珍等[8]对比了基于全样本和抽样样本构建的常用事故风险预测模型（逻辑回归、随机森林）的整体预测能力，结果表明，在连续数据环境下，采用全样本数据建模使得模型的整体预测能力提高了 13.06%。叶颖婕[9]选择贝叶斯网络作为构建交通事故风险预测模型的基本模型，以所获得的事故风险因素为基础，通过计算各影响因素间的条件概率来计算事故发生的概率，从而达到事故风险预测的目的。杨艳芳[10]将复杂网络社区结构分析和长短期记忆网络相结合，提出了一种基于社区发现和长短期记忆网络的交通流短时预测模型。张兰芳和赵焜[11]利用支持向量机建模预测货车比例高且货车事故率高的高速公路短期交通流风险，使用遗传算法进行参数调优，结果表明，事故发生前 5~10 min 的模型预测精度最高；当加入货车因素时，模型总体预测精度提高了 7.1%。张延孔等[12]针对现有城市交通事故风险预测算法中预测区域划分规则不合理的问题，将道路路段作为预测单位，采用图卷积和长短期记忆网络，构建了一种基于路网结构的城市交通事故短期风险预测方法，并使用杭州市西湖区的交通事故数据对模型进行了训练，结果表明，与已有的计量经济学模型和深度学习算法相比，该算法在准确率、正确率和漏报率方面都表现出极大的优势。

9.2 基于智能车载设备的风险预警技术

智能车载设备预警系统中研究较多的有激光雷达支持的防撞预警、基于视觉的防撞预警以及车道偏离预警。解云和徐彬[13]根据激光雷达的工作原理设计了基于自适应障碍物识别和目标跟踪的汽车防碰撞系统，车体改装实验证明该系统能及时预警并在安全距离内制动车辆。阳路等[14]针对车辆前方碰撞和追尾，开发了一种基于激光雷达的车辆辅助防撞预警系统。该系统以激光雷达为探测源，准确测量与前方障碍物之间的距离、相对速度以及本车车速，以此判断障碍物的运动状态，并通过安全距离模型来判断是否会对本车产生危险，最终根据设定的报警规则将车辆安全状态分为三级：安全、非安全和危险，并实行多级安全报警机制。李霖等[15]在自主紧急制动系统避撞策略的研究中提出，针对不同危险级别的险态场景需要实施不同级别的预警防控措施，从而将事故影响降至最小。J.Hillenbrand 等[16]以预碰撞场景为例，随着危险等级的逐渐升高，预警防控动作以"无动作—基于图像的提示性预警—基于图像和声音的碰撞预警—部分制动—全制动"顺序介入。Z.L.He 等[17]总结了 23 种重要的驾驶辅助功能，如表 9-1 所列。采用最大差异测量法设计问卷，收集受访者关于最重要以及最不重要功能的选择，分析了不同驾驶辅助功能的重要性。结果表明，超速预警、前向碰撞预警和前方事故预警被认为是最重要的三个驾驶辅助功能。此外，受访者的驾驶年龄、性别等特征对排名结果会有显著影响。

表 9-1　　　　　　　　　　　多种重要的驾驶辅助功能

序号	类别	功能
1	避险预警	交叉口碰撞预警
2		紧急制动
3		行人检测预警
4		超车预警
5		匝道进入预警
6		盲点预警
7		躲避紧急车辆
8		前向碰撞预警
9		控制损失预警
10		天气预警
11	车辆状态监控	车况异常预警
12		车内交通标志显示
13		车内交通信号状态显示
14		拥堵预警
15		路侧障碍物预警
16	特殊事件	弯道预警
17		超速预警
18		弯道超速预警
19		绿波速度建议
20		道路建设区域提示
21		前方事故预警
22		自适应巡航状态
23		导航

9.3　基于 V2X 的风险防控技术

基于 V2X(Vehicle to Everything)的风险防控主要依托车用无线通信技术，以实现各交通参与要素(如"人-车-路-云"等)的有机联系，是实时事故风险预警与管控的主要研究内容。V2X 信息交互模式包括车与车之间(Vehicle to Vehicle，V2V)、车与路之间(Vehicle to Infrastructure，V2I)、车与人之间(Vehicle to Pedestrian，V2P)和车与网络之间(Vehicle to Network，V2N)的交互。车辆通过 V2X 技术对道路环境进行实时感知、分析和决策，对行驶过程中有潜在安全风险的情况进行预警,从而减少交通事故发生率或降低事故伤亡率。

9.3.1 C-V2X概述

V2X早期主要是基于专用短距离通信技术（Dedicated Short Range Communication, DSRC）。随着5G技术的发展,5G时代万物将互联,人与人、人与物、物与物均可通过无线网络进行连接,C-V2X车联网技术也逐渐成了主流。C-V2X的全称是Cellular Vehicle-to-Everything,是基于蜂窝网络的车用无线通信技术。C-V2X是基于3GPP全球统一标准的通信技术,包含LTE-V2X和5G-V2X及后续演进。

C-V2X包含了两种通信接口:一种是车、人、路之间的短距离直接通信接口（PC5）;另一种是蜂窝通信接口（Uu）。当支持C-V2X的终端设备处于蜂窝网络覆盖内时,可在蜂窝网络的控制下使用Uu接口;无论是否有网络覆盖,均可采用PC5接口进行V2X通信。

9.3.2 C-V2X系统组成

C-V2X车联网解决方案架构总体可以分为四个部分:通信标准、车载终端、路侧设施和数据平台[18]。

1. 通信标准

C-V2X通信标准主要分为各个层（包括消息层、网络层和接入层）的协议规范、安全标准以及对应的技术要求规范。目前,国内的C-V2X通信标准已经覆盖了接入层、网络层、消息层和安全等核心技术,标准体系已初步形成,而正在进行的相关标准工作有待进一步完善。未来,我们需要在C-V2X应用功能安全、C-V2X与ADAS系统融合相关标准等方面开展研究工作。此外,还应积极开展下一阶段针对更高级别应用的技术研究,并制定相关标准。

2. 车载终端

车载终端主要包括通信芯片、通信模组、车载终端设备、V2X协议栈、V2X应用软件和安全芯片。

（1）通信芯片:提供支持C-V2X的通信芯片。如华为的双模通信芯片Balong（巴龙）765、大唐的PC5 Mode 4 LTE-V2X自研芯片和高通的9 150 LTE-V2X芯片组。

（2）通信模组:提供将通信芯片及外围器件集成的通信模组。如华为基于Balong（巴龙）765芯片的LTE-V2X商用车规级通信模组ME959、大唐基于自研芯片的PC5 Mode 4 LTE-V2X车规级通信模组DMD31、移远通信联合高通发布的LTE-V2X通信模组AG15以及高新兴推出的支持LTE-V2X的车规级通信模组GM556A。

（3）车载终端设备:提供安装在车辆中,将通信模组以及其他电路集成的设备。这块产业竞争者众多，国内企业如大唐、德赛西威、东软、华为、金溢科技、千方科技、三旗通信、万集科技、星云互联、中兴、高新兴等都投身其中。此外，还包括国外企业如大陆、博世、哈曼、德尔福、LG等。

（4）V2X协议栈：提供实现终端设备之间互联互通的V2X协议软件，使得不同厂商之间在通信上实现可靠的互联互通。目前，国内企业如东软、星云互联、ASTRI及国外企业如Cohda Wireless、Savari等均可提供这项服务。

（5）V2X应用软件：提供V2X应用软件开发和测试服务。V2X协议栈或者车载终端设备供应商可以对V2X应用场景进行程序开发，涵盖安全类、效率类和信息类的应用。

（6）安全芯片：LTE-V2X通信对安全要求高，需要采用安全证书和加密机制来保证在PC5接口上通信的安全性，国内标准要求支持国密算法。目前，国内如华大电子、华大信安、信大捷安等公司均可提供国密安全芯片。

3. 路侧设施

路侧设施主要包括V2X系统所定义的路侧单元（Road Side Unit，RSU）、感知单元和计算决策单元。路侧设施可以与道路子系统中的电子交管设施、中心子系统、车辆子系统和个人子系统进行数据交互。

路侧单元是集成C-V2X功能的路侧网联设施，用以实现路与车、路与人、路与云平台之间的全方位连接。目前，RSU供应商主要来自自主企业，如大唐、华为、东软、星云互联、金溢科技、千方科技、万集科技等。

路侧感知单元可由一系列路侧感知设备与处理设备构成，以实现对本地交通环境和状态的实时感知，包括信号灯信息、交通参与者信息、交通事件信息和定位信息等。

路侧计算决策单元在设备端有多种实现方式，既可以融合到RSU内，又可以是本地的边缘计算单元，还可以是区域的计算中心，主要负责对本地数据或区域数据进行处理、存储，以及应用、服务的计算与发布。

路侧电子交管设施主要包含交通信号控制、交通视频监视、交通流信息采集、交通违法监测记录和交通信息发布等多种类别。

4. 数据平台

随着车联网的快速发展，针对C-V2X的数据平台搭建不可或缺。数据平台可以汇聚多源数据，将V2I/V2V/V2P等各类应用数据进行深入分析、挖掘，以提取关键信息，做出决策，并将决策指令及时推送至车载单元和路侧单元，为C-V2X系统的高效运行提供必要支撑。此外，C-V2X数据平台能够实现对接入网络的所有路侧设施、感知设备和智能网联汽车的监管，从全局角度掌握整体的车、路运行态势，及时发现异常行为并提前预警。

目前,车联网数据平台可以分为以下五类:

(1) 交通行业数据平台。主要围绕交通监测与信息服务,致力于交通管理、道路运输和应用服务。

(2) 示范区数据平台。致力于解决智能驾驶技术和道路交通环境的适应性发展问题,基于车路协同、交通大数据等新技术与新产品应用示范,实验验证与测试评估而研究开发的智能驾驶大数据一体化平台。

(3) 整车制造企业数据平台。整车企业联合系统平台开发商结合 V2X 技术共同建设大数据分析平台,充分利用更多的车联网数据进行分析、决策,提供智能辅助驾驶服务,并为其他系统提供获取模型分析结果的数据接口,以满足车联网数据使用的各需求方,从而将车联网数据价值达到最大化。

(4) 网络运营商数据平台。网络运营商与通信设备商、汽车厂商深度合作,致力于推动远程驾驶、智能调度等云网端协同的场景应用。

(5) 科技企业数据平台。百度、华为、阿里、滴滴等科技企业同国内外的车企、运营商等相关合作伙伴一起致力于基础数据平台的研究和探索。

9.3.3 C-V2X 典型交通安全应用

基于 C-V2X 的应用场景可分为三类:

(1) 交通安全类,包括前向碰撞预警、交叉路口碰撞警告、超车警告和行人横穿预警等。

(2) 交通效率类,包括限速提醒、车速引导、电子不停车收费和自适应巡航等。

(3) 信息服务类,包括兴趣点提醒、自动停车引导及控制、车辆远程诊断和按需保险业务等。

C-V2X 典型交通安全类应用场景[19,20]包括前方事故预警、盲区监测、道路突发危险情况提醒等,如表 9-2 所列。

当前主要从两方面进行预警防控:

(1) 通过 V2X 技术实现测试车辆车载设备的实时风险等级推送。

(2) 研发车道级动态管控、智能路标、路侧动态限速等路端智能设施,实现面向测试车辆和社会车辆的运行安全风险等级实时防控技术的构建。

表 9-2   C-V2X 交通安全类应用场景

应用场景	实现方式	应用场景	实现方式
前向碰撞预警	V2V	限速/限高/限宽/限重预警	V2I
跟车过近提醒	V2V	疲劳驾驶/注意力分散提醒	V2V

(续表)

应用场景	实现方式	应用场景	实现方式
RSU 提醒碰撞	V2I	超载/超员告警	V2N/V2P
碰撞不可避免告警	V2V/V2I	火车靠近/道口提醒	V2I/V2P
交叉口碰撞预警	V2V/V2I	闯红灯预警	V2I
左转辅助	V2V/V2I	弱势交通参与者碰撞预警	V2P/V2I
盲区预警/变道辅助	V2V	协作式变道	V2V
逆向超车预警	V2V	协作式匝道汇入	V2I
紧急制动预警	V2V	协作式交叉口同行	V2I
异常车辆提醒	V2V	感知数据共享/车路协同感知	V2V/V2I
车辆失控预警	V2V	道路障碍物提醒	V2I
道路危险状况提示	V2I	慢性交通轨迹识别及行为分析	V2P

9.3.4 基于 C-V2X 的风险防控技术研究

国内外研究人员开展了大量基于 C-V2X 的风险防控技术研究。朱淑亮等[21]提出了一种基于机器视觉与信息共享的全局域内的道路交叉口交通安全预警系统，如图 9-1 所示。该系统基于车路通信技术，利用路端摄像机获取路口实时视频，通过机器视觉技术计算车辆和行人的运动状态，以碰撞时间（TTC）预测监控目标继续通行的安全程度，进而向危险车辆传递报警信息。G.S.Aujla 等[22]针对移动终端的数据处理挑战，提出了一种基于区块链的 V2X 系统框架，如图 9-2 所示。仲崇波等[23]针对高速公路"两客一危"车辆和普通社会车辆的安全驾驶应用场景，设计了一种面向移动互联的高速公路智能终端系统。该系通过卫星定位和无线通信技术实时跟踪车辆，并具备自动播报语音提示功能。蔡创新等[24]提出了一种车路视觉协同的高速公路防碰撞预警算法。该算法通过图像处理技术将车道线和自车的行驶速度作为输入来构建安全距离模型，并在当前车辆前方形成预警安全区域，结合前车位置信息对可能发生的追尾碰撞事故进行预测。杜凯等[25]针对公路异常停车导致的安全隐患问题提出并设计了基于 V2V 的公路异常停车预警系统。王勤龙[26]提出了基于路侧设备的车辆定位和交叉口防撞预警的实现方案，并以此建立实验环境，通过现场实验验证了车辆定位效果以及 DSRC 无线网络性能和车辆交叉口防撞预警等功能。杨允新[27]针对传统安全距离模型中存在的驾驶人反应时间量化不合理等问题，设计了一种基于 V2X 通信技术的车路协同防撞预警方案。该方案设计改进了安全距离模型和隐马尔可夫模型（Hidden Markov Model，HMM）以实现不同场景下的防撞预警功能。

9 道路测试安全风险防控

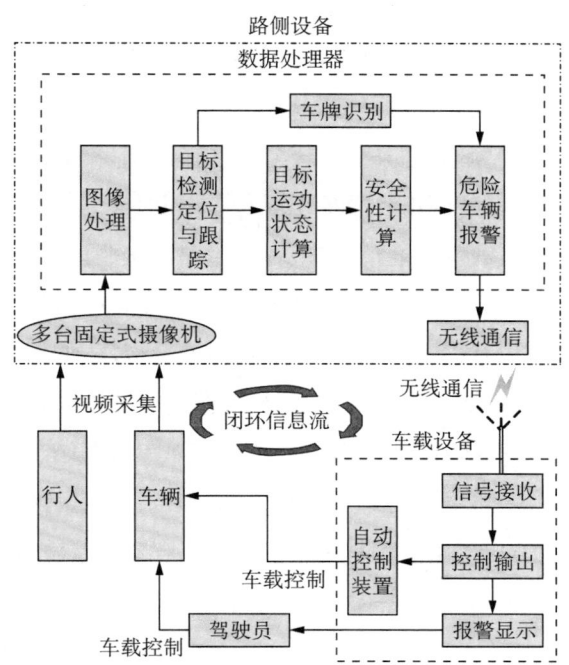

图 9-1　道路交叉口交通安全预警系统框架[21]

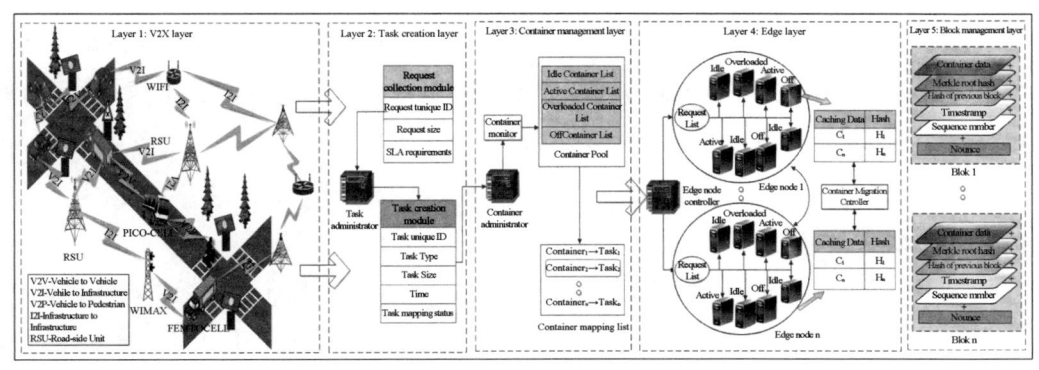

图 9-2　V2X 系统整体设计[22]

世界各国也在大力推进基于 V2X 的风险防控技术应用。韩国自 2014 年开始在全国范围内部署智能交通试点,期望可以在高速公路上提供前向碰撞及拥塞预警、慢行和静止车辆预警、隧道内高精度定位、危险货车及超载车辆处理、施工区域及施工车辆预警、路面破损预警、道路天气预警和应急车辆预警等业务。美国车路协同系统(Vehicle Infrastructure Integration,VII)[28]发展计划源自智能车辆先导计划,研究主要朝着车辆自动、辅助驾驶技术、驾驶员瞌睡预警技术、碰撞预警技术等方向发展。日本搭建的车路协同系统 Smartway 的发展重点是以日本已较为成熟的各种 ITS 技术及已建立的车载单元为基础,整合后形成

221

的一个共同平台,使道路与车辆可以进行信息交互,完成车路协同技术的智能化建设,并通过车路协同系统的建设及使用减少交通事故和交通拥堵[29]。欧洲对于车路协同系统的主要研究成果表现在欧洲车路协同系统(Cooperative Vehicle Infrastructure Systems,CVIS)及相关信息平台的发展上。CVIS的相关平台融合了包括GPS和欧洲伽利略卫星导航系统在内的多种定位技术、无线局域网以及传感器等技术[30],同时建立交叉口和路侧接收服务器,在路网中行驶的车辆利用车载智能通信设备,在经过路侧接收服务器时就可以快速获得实时路况信息,使道路交通体系形成一个完整的网络结构,从而为车辆营造出一个可靠的行车环境。相关技术的主要应用有:基于车车通信的道路安全应用,如前车紧急刹车报警、摩托接近报警;基于车路通信的交通管理应用,如信号灯路口车速控制、路侧动态信息车载显示等。我国国家智能网联车(上海)试点示范区已部署GPS差分基站、LTE-V2X通信基站、路侧单元、智能红绿灯以及各类摄像头,该试点示范区将为C-V2X车路通信应用的研发与测试评估提供环境支撑和资源保障。国家智能汽车与智慧交通(京冀)示范区在2017年9月正式启动了智能网联车潮汐试验道路,并完成多种路侧交通设施改造,实现了行人碰撞预警等应用。

9.4 风险预警防控效果评估案例分析

本节选取了三个典型场景,采用仿真开展基于智能车载设备和V2X的道路测试安全风险预警防控效果评估,选择PreScan为仿真平台。防控效果评估指标参考图6-4所示的指标体系。

9.4.1 仿真场景介绍

场景设置选用本书8.5.1节中构建的三个典型场景,分别为低速行驶场景、变道切入场景和恶劣天气影响场景。前两个场景中的道路为城市主干路,道路限速为40 km/h,自动驾驶车辆的车型为SUV;第三个场景中的道路为快速路,道路限速为80 km/h,自动驾驶车辆的车型为智能集卡。

9.4.2 仿真模型参数设置

自动驾驶模拟仿真的重点在于车辆动力学模型和决策控制模型的选取与参数设定。

1. 车辆动力学

对于场景一(低速行驶场景)和场景二(变道切入场景),首先进行车辆动力学参数设计标定,由于实际自动驾驶道路测试中选取数据来源的车辆为SUV车型,车辆动力学模型同样选用SUV车型,其各参数标定参考本书8.5.2节中的设定。对于人工驾驶车辆,选取普通轿车模型,其车辆动力学参数以PreScan默认设置为主。

对于场景三恶劣天气场景,自动驾驶车辆类型为智能集卡,故车辆动力学模型采用卡车模型,其各参数标定依然参考本书8.5.2节中的设定。同样地,对于人工驾驶车辆,选取普通货车,其车辆动力学参数以PreScan默认设置为主。

2. 决策控制模型

在本示例中自动驾驶汽车跟驰模型采用自适应巡航模型(ACC),具体决策流程如图8-16所示。具体参数参考本书8.5.2节中基于实际数据标定的结果。在场景一中,人工驾驶车辆的速度设为22 km/h;在场景二中,人工驾驶车辆的速度设为39 km/h;在场景三中,人工驾驶货车的速度设为69 km/h。

9.4.3 评估结果分析

仿真输出结果为各场景下所有车辆的轨迹数据,包括位置、速度和加速度等。本节基于图6-4的评估指标体系,从"安全度""舒适度""融合度"三个维度对自动驾驶险态场景仿真结果进行评估。

1. 场景一:低速行驶场景

场景一中,前方人工驾驶车辆保持低速行驶,当自动驾驶车辆识别到与前车距离较近时,迅速采取了制动措施,从而避免了与前方行驶车辆的碰撞。图9-3和图9-4分别给出了场景一在采取车端输出制动压力的预警防控措施前后的速度、加(减)速度变化情况。

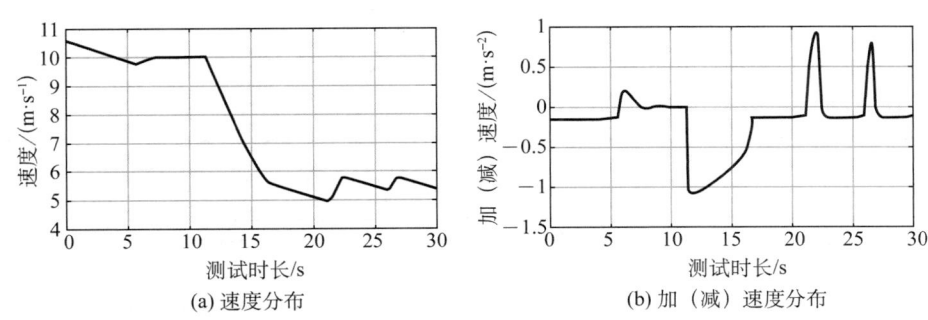

图 9-3 预警防控前场景一仿真结果

"安全度""舒适度""融合度"这三个维度指标的评估结果表明,采取车端预警防控后自动驾驶车辆的制动策略表现为更及时、更平稳地减速,减速度平均值和标准差较防控前均有所下降,同时减速度中位数(绝对值)却上升了约10%,如表9-3所列。防控后,自动驾驶车辆的速度整体下降,且实现了更小的速度波动,如表9-4所列,但加速度整体小幅上升,如表

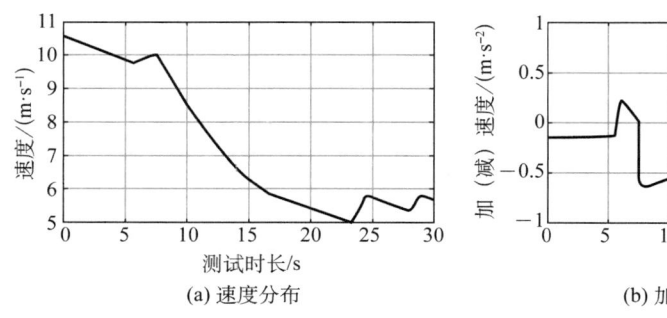

图 9-4　预警防控后场景一仿真结果

9-5 所列,舒适度轻微降低。融合度指标即平均车速与设计车速差从 12.81 km/h 升至 13.72 km/h,如表 9-6 所列。

表 9-3　　　　　　　场景一预警防控前后安全度指标结果(减速度)

减速度	平均值/$(m \cdot s^{-2})$	标准差/$(m \cdot s^{-2})$	中位数/$(m \cdot s^{-2})$
预警防控前	−0.292	0.386	−0.133
预警防控后	−0.244	0.172	−0.146

表 9-4　　　　　　　场景一预警防控前后舒适度指标结果(速度)

速度	平均值/$(m \cdot s^{-1})$	标准差/$(m \cdot s^{-1})$	中位数/$(m \cdot s^{-1})$
预警防控前	7.550	2.180	6.500
预警防控后	7.301	1.987	6.302

表 9-5　　　　　　　场景一预警防控前后舒适度指标结果(加速度)

加速度	平均值/$(m \cdot s^{-2})$	标准差/$(m \cdot s^{-2})$	中位数/$(m \cdot s^{-2})$
预警防控前	0.212	0.288	0.062
预警防控后	0.353	0.295	0.207

表 9-6　　　　　　　场景一预警防控前后融合度指标结果

融合度	预警防控前/$(km \cdot h^{-1})$	预警防控后/$(km \cdot h^{-1})$
平均车速与设计车速差	12.81	13.72

2. 场景二:变道切入场景

场景二中,自动驾驶车辆后方人工驾驶车辆突然从左侧车道并入自动驾驶车辆行驶的车道,且超越自动驾驶车辆,故自动驾驶车辆采取了紧急制动措施,与前方人工驾驶车辆拉开距离,避免了碰撞。图 9-5 和图 9-6 分别给出了场景二在采取车端输出制动压力的预警防控措施前后的速度、加(减)速度变化情况。

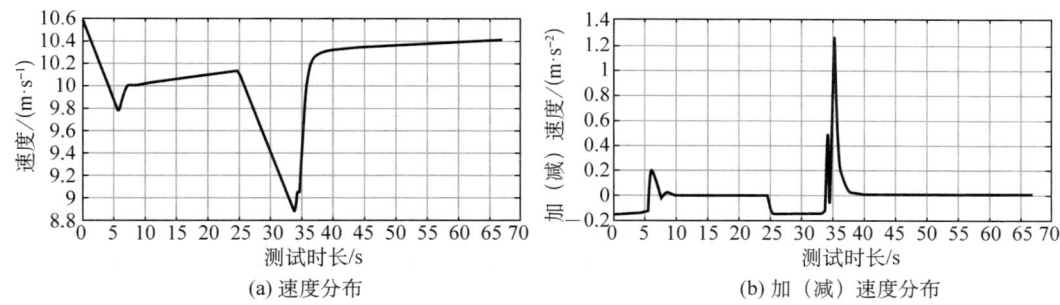

图 9-5 预警防控前场景二仿真结果

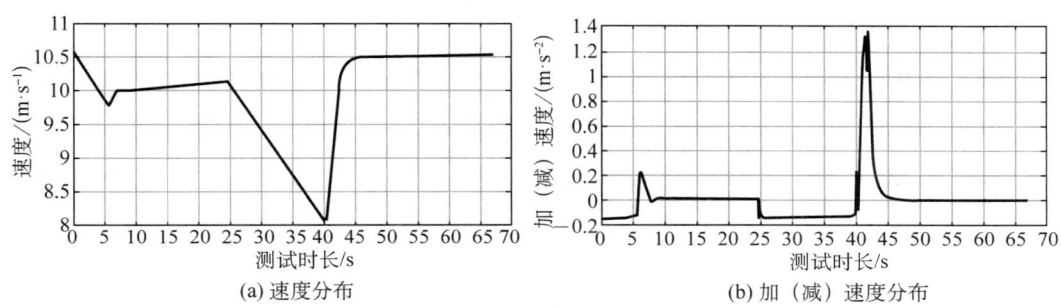

图 9-6 预警防控后场景二仿真结果

"安全度""舒适度""融合度"这三个维度指标的评估结果表明,采取车端预警防控后自动驾驶车辆的制动策略表现为更及时、更平稳地减速,减速度平均值和标准差较防控前均有所下降,如表 9-7 所列。防控后,自动驾驶车辆速度整体下降,但波动性较大,如表 9-8 所列,说明应对其他车道车辆临时并入本车车道的场景,该制动策略偏于保守,如表 9-9 所列,虽保障了安全度,但舒适度较差。自动驾驶车辆待与前车距离在安全范围内后才慢慢加速,加速度整体略有提升。融合度指标即平均车速与设计车速差从 3.60 km/h 升至 4.11 km/h,如表 9-10 所列。

表 9-7   场景二预警防控前后安全度指标结果(减速度)

减速度	平均值/(m·s^{-2})	标准差/(m·s^{-2})	中位数/(m·s^{-2})
预警防控前	−0.133	0.033	−0.142
预警防控后	−0.130	0.028	−0.139

表 9-8   场景二预警防控前后舒适度指标结果(速度)

速度	平均值/(m·s^{-1})	标准差/(m·s^{-1})	中位数/(m·s^{-1})
预警防控前	10.111	0.357	10.179
预警防控后	9.969	0.672	10.100

表9-9　　　　　　　　场景二预警防控前后舒适度指标结果(加速度)

加速度	平均值/(m·s^{-2})	标准差/(m·s^{-2})	中位数/(m·s^{-2})
预警防控前	0.037	0.137	0.005
预警防控后	0.063	0.221	0.007

表9-10　　　　　　　　场景二预警防控前后融合度指标结果

融合度	预警防控前/(km·h^{-1})	预警防控后/(km·h^{-1})
平均车速与设计车速差	3.60	4.11

3. 场景三:恶劣天气场景

场景三中,团雾天气下设置人工驾驶车辆能见度为50 m,自动驾驶集卡在快速路上以较高的速度行驶,通过路端实时限速预警防控技术(60 km/h)和自身雷达传感器,在低能见度环境中识别前方车辆,并保持一定安全距离完成跟驰。图9-7和图9-8给出了场景三在采取路端预警防控前后自动驾驶车辆的速度、加(减)速情况。

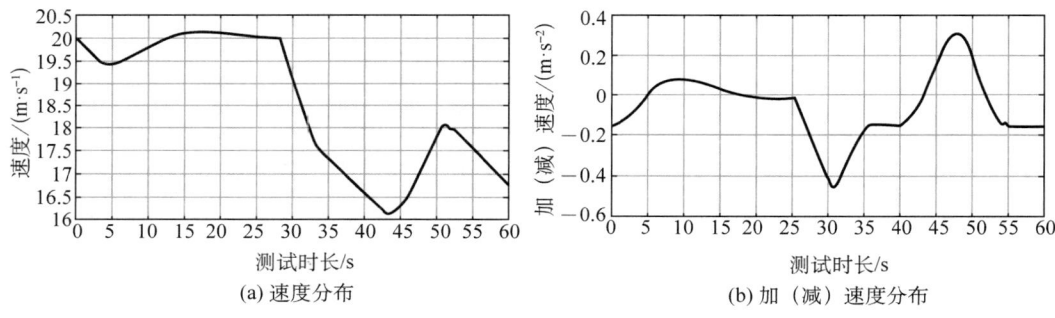

图 9-7　预警防控前场景三仿真结果

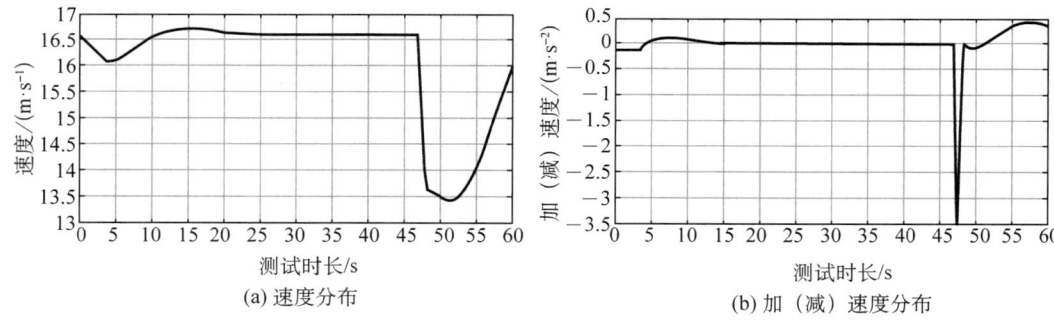

图 9-8　预警防控后场景三仿真结果

"安全度""舒适度""融合度"这三个维度指标的评估结果表明,采取路端限速预警防控后自动驾驶车辆能获取当前道路、环境、交通组成的综合情境下的建议车速,并对本车车速进行相应调整。路端实时限速预警防控后,自动驾驶车辆减速度有较大幅度地下降,说明安全度有所提高,如表 9-11 所列;自动驾驶车辆速度(表 9-12)与加速度(表 9-13)也整体下降,并实现了更小的速度和加速度波动,舒适度进一步提高。融合度指标即平均车速与设计车速差从 13.24 km/h 降至 0.38 km/h,说明融合度有所提高,如表 9-14 所列。

表 9-11　　　　　　　场景三预警防控前后舒适度指标结果(减速度)

减速度	平均值/(m·s^{-2})	标准差/(m·s^{-2})	中位数/(m·s^{-2})
预警防控前	−0.151	0.148	−0.141
预警防控后	−0.022	0.044	−0.003

表 9-12　　　　　　　场景三预警防控前后舒适度指标结果(速度)

速度	平均值/(m·s^{-1})	标准差/(m·s^{-1})	中位数/(m·s^{-1})
预警防控前	18.545	1.418	19.097
预警防控后	16.561	0.139	16.560

表 9-13　　　　　　　场景三预警防控前后舒适度指标结果(加速度)

加速度	平均值/(m·s^{-2})	标准差/(m·s^{-2})	中位数/(m·s^{-2})
预警防控前	0.126	0.115	0.081
预警防控后	0.022	0.035	0.002

表 9-14　　　　场景三预警防控前后融合度指标结果(平均车速与设计车速差)

融合度	预警防控前/(km·h^{-1})	预警防控后/(km·h^{-1})
平均车速与设计车速差	13.24	0.38

参考文献

[1] ZEGEER C, STEWART R, REINFURT D, et al. Cost-effective geometric improvements for safety upgrading of horizontal curves [R]. Federal Highway Administration, 1991.

[2] GLENNON J C. Effect of alignment on highway safety[J]. Transportation Research Board, 1987(6):48-63.

[3] 刘兆惠.高等级公路交通安全综合评价及多元事故预测模型研究[D].长春:吉林大学, 2007.

[4] 赵学刚.区域路网交通安全风险动态预警关键技术研究.[D].西安:长安大学, 2010.

［5］张晨琛,贾利民.基于 ANP 和模糊积分的高速公路网运营风险评估方法[J].复旦学报（自然科学版），2018，57(4)：527-534.

［6］张晨琛.高速公路网风险评估理论[D].北京：北京交通大学，2014.

［7］张静萱.基于特征选择的城市快速路实时交通事故风险预测[D].北京：北京交通大学，2018.

［8］高珍,高屹,余荣杰,等.连续数据环境下的道路交通事故风险预测模型[J].中国公路学报，2018,31(4)：280-287.

［9］叶颖婕.基于关联规则的交通事故风险因素挖掘及预测模型构建[D].北京：北京工业大学，2018.

［10］杨艳芳.城市路网交通流分析预测及事故预警方法研究[D]. 北京：北京交通大学，2017.

［11］张兰芳,赵锟.考虑货车因素的高速公路短期交通流风险预测[J].同济大学学报（自然科学版），2018，46(2)：208-214.

［12］张延孔,卢家品,张帅超,等.基于路网结构的城市交通事故短期风险预测方法[J].智能系统学报，2020，15(4)：663-671.

［13］解云,徐彬.基于自适应障碍物识别的汽车主动防撞系统[J].机械设计与制造，2018(4)：165-167,171.

［14］阳路,罗世祥,周正义.基于激光雷达的汽车防撞报警系统的设计[J].科技视界，2014(32)：9,26.

［15］李霖,朱西产,董小飞,等.自主紧急制动系统避撞策略的研究[J].汽车工程，2015，37(2)：168-174.

［16］HILLENBRAND J, SPIEKER A M, KROSCHEL K. A multilevel collision mitigation approach: its situation assessment, decision making, and performance tradeoffs[J]. IEEE Transactions on Intelligent Transportation Systems，2006,7(4)：528-540.

［17］HE Z L, ZHENG Y R, ZHONG H, et al. Subjective importance of advanced driver safety assistance technologies ［C］//20th COTA International Conference of Transportation Professionals，2020.

［18］新智驾.一文带你看透 C-V2X 行业现状、产业化部署与演进路线[EB/OL]. [2021-10-14]. https://mp.weixin.qq.com/s/Fv6-NUTA_lf_ED_krsV6FQ, 2020.

［19］田思波,郭润清,樊晓旭,等.智能网联汽车测试场景三维评价模型研究[J].汽车科技，2020(1)：46-50.

［20］RSENER C，HENNECKE F，SAUERBIER J，et al. A traffic-based method for safety impact assessment of road vehicle automation[C]//Proceedings of the 12 Uni-DAS e V Workshop Fahrerassistenz und Automatisiertes Fahren，2018.

[21] 朱淑亮,于涛,李峻.基于机器视觉与信息共享的交叉路口交通安全预警[J].汽车安全与节能学报,2018,9(2)：156-163.

[22] AUJLA G S, SINGH A, SINGH M P, et al. BloCkEd：blockchain-based secure data processing framework in edge envisioned V2X environment[J]. IEEE Transactions on Vehicular Technology，2020，69(6)：5850-5863.

[23] 仲崇波,李建民,石雅庚,等.面向移动互联的高速公路车路协同智能终端系统[J].公路交通科技(应用技术版),2019,15(4)：270-273.

[24] 蔡创新,高尚兵,周君,等.车路视觉协同的高速公路防碰撞预警算法[J].中国图象图形学报,2020,25(8)：1649-1657.

[25] 杜凯,卢泳君,宋京妮,等.基于车车通信的公路异常停车预警系统设计与实现[J].电子设计工程,2019,27(9)：149-155.

[26] 王勤龙.基于路侧设备的车辆定位和交叉口防撞预警方法研究[D].北京：北京交通大学,2013.

[27] 杨允新.基于 V2X 的车路协同系统防撞预警研究与实现[D].重庆：重庆邮电大学,2019.

[28] 吴玮.美国车路协同系统和智能交通[J].全球科技经济瞭望,2012,27(11)：19-21.

[29] 蒋新华,陈宇,朱铨,等.交通物联网的发展现状及趋势研究[J].计算机应用研究,2013,30(8)：2256-2261.

[30] 孔庆杰.信息融合理论及其在交通监控信息处理中的应用[D].上海：上海交通大学,2010.

10 车路协同环境下道路测试风险管控

随着以单车智能为主的自动驾驶进入发展瓶颈期以及新型基础设施建设的大力投入,我国车路协同行业进入了快速发展期,同时,在标准制定和示范应用等方面也取得了显著进展。但是,车路协同技术支撑下的自动驾驶道路测试,由于先进新兴技术的应用等原因,在车端设备、通信环境、路侧设施及云控平台等方面存在诸多风险。本章总结了单车智能道路测试挑战,介绍了车路协同技术的概念、系统架构和风险要素,提出了针对车端设备、通信环境、路侧设施及云控平台等的风险管控建议。

10.1 单车智能道路测试挑战

自动驾驶领域主要的技术路线有单车智能和车路协同两种,如图 10-1 所示。其中,以

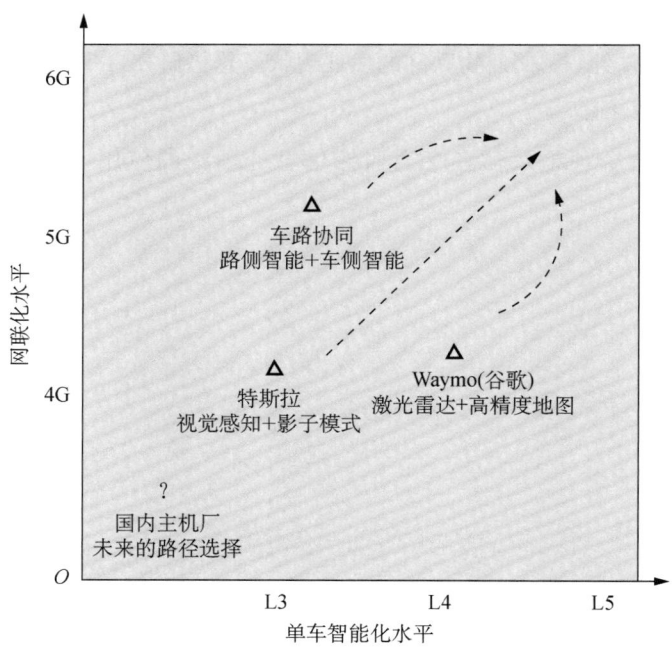

图 10-1 自动驾驶技术路线图[1]

Waymo(谷歌)和特斯拉为代表的大多数企业主要采用单车智能技术路线[1]。自动驾驶单车智能是通过在车辆上加装感知设备和运算单元来提高车辆本身的感知、决策和控制能力,使其达到甚至超越人类的驾驶水平,部分实现甚至全部实现自动驾驶。但是,道路测试中单车智能挑战主要包括四个方面:测试场景复杂度低、测试结果可信度低、测试设备交互性弱和测试云端数字化难,如此便滞缓了自动驾驶车辆商业化落地的步伐。

1. 测试场景复杂度低

为了验证自动驾驶的可靠性,N. Kalra[2,3]曾提出自动驾驶需要 110 亿 mile(1 mile = 1 609.347 m)的道路测试。而单车智能由于技术和成本方面的局限性,难以满足测试里程及测试时长不断增加的要求,更难以应对测试场景复杂度的提升。因此,我们应大力推动车路协同来提升测试路段的规模,并在道路测试过程中重点聚焦商用车货运场景、港口园区车辆编队场景和市区自主停车场景等优先级应用场景[4],寻求对高快速路测试场景的突破,加快自动驾驶的商业化落地。

2. 测试结果可信度低

目前,单车智能发展面临感知定位、计算能力、协同控制等方面的技术发展瓶颈[5],道路测试结果并不能保证自动驾驶汽车的实际行驶安全。在高速行驶的快速路场景下,单车智能的感知距离较短,且存在视角盲区,现有技术很难看到道路障碍物后面的情况,因此测试结果的可信度不高。在流量较大的主干路场景下,自动驾驶汽车每天产生的原始数据体量庞大且操作繁杂,仅靠单车智能的车载计算单元难以处理全部结果,故在实际行驶中存在安全隐患。在复杂多变的道路交叉口场景下,现有单车智能很难实现实时的动态信息交互,并且车与车之间的信息交互也受到通信距离的限制,在部分紧急路况下难以保证测试过程的可行性。

3. 测试设备交互性弱

近年来,我国大力推进交通新基建和传统基础设施融合示范应用,而单车智能无法做到与路端设备等交通新基建的数据传递,故车端与车端、车端与路端之间的信息交互与融合受到了极大影响。随着车辆自动驾驶能力的不断提升,高速公路、国道、省道、乡道等道路如何推进与自动驾驶车辆相匹配的交通新基建建设,将成为单车智能道路测试的又一瓶颈[6]。车路协同应用可较大程度地破解自动驾驶汽车的交互困境,实现传统基础建设和交通新型建设的深度融合,从而满足未来网联与非网联、有人驾驶与无人驾驶的车辆混合交通模式常态化阶段的不同需求。

4. 测试云端数字化难

面对"交通+自动驾驶"的城市数字化转型契机,在未来的自动驾驶道路测试过程中,单车智能难以全部串联起自动驾驶全链条的测试数据生态圈。考虑到云端数字化的实时性要求,为实现自动驾驶汽车测试数据的全周期管理,引领高水平的城市数字化转型,加快我国的自动驾驶技术的发展应用,车、路、云一体化的自动驾驶车路协同是必经之路[7]。

综上所述,从道路测试的技术角度来看,单车智能存在测试场景和里程不足、驾驶技术发展受限、实际行驶安全难以保障、车端与路端设备交互困难等问题。在面对复杂多变的道路交通情况时,仅靠单车智能难以实现高效的感知、控制和决策。因此,车路协同的技术路线有望给自动驾驶发展提供新的思路,并辅助单车智能有效解决上述四类测试瓶颈,加速推动自动驾驶的商业化进程。

10.2 车路协同技术

10.2.1 车路协同技术概念

根据公安部交通管理科学研究所2020年4月发布的《道路交通车路协同信息服务通用技术要求(征求意见稿)》,车路协同被定义为"通过车与路、车与车的无线信息交互共享,实现车辆与路侧基础设施之间、车辆与车辆之间的协同控制"[8]。车路协同是以路侧系统和车载系统为基础进行构建,通过无线通信设备实现车、路信息交互和共享,从而在协同交通环境中实现信号控制和数据共享的目的。目前,我国正在大力推进"人-车-路-云"的车路协同技术发展,在国家政策层面、技术推进层面及示范应用层面均取得了显著进展。

1. 国家政策层面

车路协同对于促进我国汽车、交通、通信等产业的转型升级及实现科技革命具有极大的战略意义。目前,我国正在加快5G、数据中心等新型基础设施建设,而车路协同是交通运输中将新型基础设施与传统基础设施融合发展的重要领域。2016—2020年,中共中央、国务院及政府部委等集中发布了多个与车联网、车路协同相关的政策,指出要进一步完善车路协同标准体系建设和示范项目的试点应用[9]。表10-1梳理总结了车路协同相关政策或项目的时间和主要内容。

表10-1 我国车路协同相关政策或项目及其主要内容(2016—2020年)

主体	政策或项目名称	时间	主要内容
中共中央、国务院	《交通强国建设纲要》	2019年9月	强调大力发展智慧交通,加强智能网联汽车(智能汽车、自动驾驶、车路协同)研发,形成自主可控完整的产业链
国家发展改革委	《智能汽车创新发展战略》	2020年2月	结合5G商用部署,推动5G与车联网协同建设;开展特定区域智能汽车测试运行及示范应用,验证车辆"人-车-路-云"系统的协同性等,支持优势地区创建国家车联网先导区

(续表)

主体	政策或项目名称	时间	主要内容
工信部	《车联网(智能网联汽车)产业发展行动计划》	2018年12月	2020年后,智能网联汽车和5G-V2X逐步实现规模化商业应用
工信部、公安部、交通运输部	《智能网联汽车道路测试管理规范(试行)》	2018年4月	对测试主体、测试驾驶人及测试车辆提出要求,明确省、市级政府相关主管部门可自主选择测试路段、受理申请和发放测试号牌
工信部、国家标准化管理委员会	《国家车联网产业标准体系建设指南(智能网联汽车)》	2017年12月	2020年和2025年分别建立低级别和高级别的自动驾驶智能网联汽车标准体系
公安部交通管理科学研究所等	LTE-V2X城市级示范应用	2017年9月	围绕无锡国家传感网创新示范区建设及智慧城市、智能交通发展需求,应用物联网、通信、智能交通等技术,旨在建成全球首个车联网LTE-V2X城市级示范应用
中国信息通信研究院	C-V2X安全认证机制课题	2016年10月	进行LTE-V2X和5G-V2X的技术研究、试验验证和产业与应用推广等工作
交通运输部	《数字交通发展规划纲要》	2019年7月	推动自动驾驶与车路协同技术研发,开展专用测试场地建设。鼓励物流园区、港口、铁路和机场货运站广泛应用物联网、自动驾驶等技术,推广自动化立体仓库、引导运输车(AGV)、智能输送分拣和装卸设备的规模应用
交通运输部	《自动驾驶封闭测试场地建设技术指南(暂行)》	2018年7月	自动驾驶封闭测试场地建设技术的规范性文件,认定北京、西安、重庆三家封闭测试基地
交通运输部	《交通运输部办公厅关于加快推进新一代国家交通控制网和智慧公路试点的通知》	2018年2月	提出重点发展交通控制网和智慧公路,主要包括基础设施数字化、路运一体化车路协同、北斗高精度定位综合应用、基于大数据的路网综合管理、"互联网+"路网综合服务及新一代国家交通控制网等6个方向主题。该通知决定在北京、河北、吉林、江苏、浙江、福建、江西、河南、广东9个省(市)加速智慧公路试点
国家发展改革委、交通运输部	《全面推进智能交通发展战略合作协议》	2017年5月	加强交通运输数据跨部门、跨地区、跨行业共享融合
中国汽车工程学会标准(CSAE)	《基于车路协同的高等级自动驾驶数据交互内容》	2019年8月	该标准规定了基于车路协同的L4级和L5级高等级自动驾驶数据的交互内容,重点涉及消息层数据集,所涉及的数据交互内容是指道路子系统和车辆子系统之间的数据交互
中国公路学会自动驾驶工作委员会、自动驾驶标准化工作委员会	《智能网联道路系统分级定义与解读报告》(征求意见稿)	2019年9月	报告从交通基础设施系统的信息化、智能化、自动化角度出发,结合应用场景、混合交通、主动安全系统等情况,把交通基础设施系统分为I0~I5共6级,并进行了明确定义和详细解读

2. 技术推进层面

车路协同的基础技术包括通信技术、感知技术、计算技术、定位技术、云网技术和安全隐私技术等[10]。在通信技术方面,现阶段我国关于 5G-V2X 的技术研究工作正在进行中,根据中国智能网联汽车产业创新联盟等机构联合发布的《C-V2X 产业化路径和时间表研究白皮书》,预计到 2025 年前形成 C-V2X 产业可推广的商业化运营模式,在全国典型城市和道路进行推广部署[11]。在感知技术方面,目前较常见的车路协同传感方案为"摄像头+毫米波雷达+激光雷达"的融合方案。摄像头能进行视频图像采集,毫米波雷达具备全天时全天候测距的能力,激光雷达可实现三维环境建模,三者在功能上形成互补。在计算技术方面,边缘计算可将云端的计算负荷下沉至边缘层,并通过 LTE-V、5G 等传输手段,满足车路协同的超低时延需要。在定位技术方面,我国大力推进北斗导航与车路协同的融合应用,实现高精度地图数据的静态全覆盖、局部高动态。在云网技术方面,为满足自动驾驶的高质量服务需求,云控应用平台应实现"人-车-路-云"信息的有效整合和运营全链路精细化管理。在安全隐私技术方面,政府及行业机构大力推动相关信息安全技术要求和标准规范的制定,促进车路协同数据的安全隐私保护。

3. 示范应用层面

目前,我国车路协同处在行业的导入期和发展的分割点,各地试点项目主要还停留在示范应用阶段,部分大型城市正在建立示范区,并逐步解决场景的适应性问题[12]。但随着自动驾驶技术的不断提高,未来 3~5 年我国车路协同行业将从示范应用阶段逐步向规模应用阶段跨越。表 10-2 整理了近年来我国部分智能网联汽车测试示范区,并对场景设计和系统特色进行了归纳与总结。

表 10-2　　　　　　　　我国智能网联汽车测试示范区(部分)

名称	启用时间	场景设计	系统特色
国家智能网联汽车（上海）A NICE CITY 示范区	2016 年 6 月	200 多个场景,包含模拟隧道、林荫道、加油站、室内停车场等场景	GPS/北斗、DSRC、LTE-V、城市化道路网
杭州云栖小镇	2016 年 7 月	设有小微站、宏站、车联网指挥中心等	LTE-V、5G 车联网指挥中心、互联网汽车
重庆 i-VISTA 智能汽车集成系统试验区	2016 年 11 月	设有直道、弯道、隧道、桥梁、淋雨道、林荫道、ABS 低附路等	覆盖 90％中国西部地形特征,是中国首个"i-VISTA"智能网联汽车评价体系框架示范区
武汉"智慧小镇"示范区	2016 年 11 月	封闭测试区+智慧小镇进行"新能源+智能网联轿车/客车/专用车"自动驾驶测试	DSRC/LTE-V、通信网+物联网+智慧网、无人驾驶示范小镇

(续表)

名称	启用时间	场景设计	系统特色
长春智能网联示范测试基地	2017年8月	智能驾驶、智慧交通技术，拥有冰雪天气条件	专注LTE-V、5G高速试验网络功能测试
国家智能交通综合测试基地（无锡）	2017年9月	智能交通管理技术综合测试平台、交通警察实训平台、智能网联汽车运行安全测试平台	构建实际道路测试场景和管理平台推动解决智慧交通、车联网等交通问题
国家智能汽车与智慧交通（京冀）示范区	2017年9月	"潮汐车道＋公交车道"相结合的场景形式	封闭测试（高速＋城市交通＋乡村交通）与实际道路测试相结合，京冀地区联动
北京顺义北小营镇智能网联汽车示范区	2018年10月	无人驾驶全封闭测试场	中国首个开放式5G商用智慧交通车路协同项目

10.2.2 车路协同技术系统架构

面向道路测试的车路协同系统架构由网联式智能汽车与其他交通参与者、公路主体及路侧设施、配套服务设施、云控平台、保证系统发挥作用的相关支撑平台以及贯穿整个系统各个部分的通信环境等6个部分组成[13]，如图10-2所示。

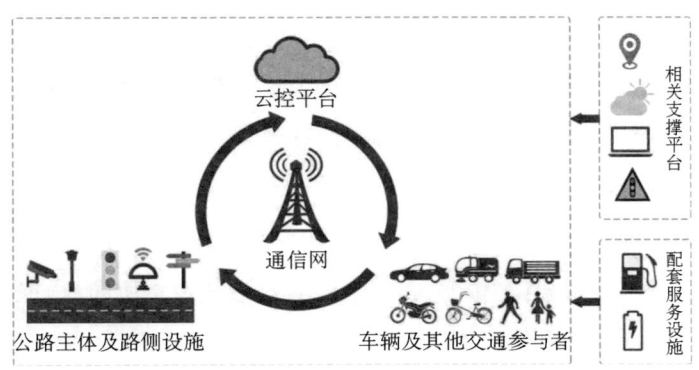

图10-2 车路协同系统架构

1. 车辆及其他交通参与者

车路协同系统中的车辆包括网联辅助信息交互（1级）、网联协同感知（2级）和网联协同决策与控制（3级）这三种不同级别的网联化车辆，以及应急辅助（0级）、部分驾驶辅助（1级）、组合驾驶辅助（2级）、有条件自动驾驶（3级）、高度自动驾驶（4级）和完全自动驾驶（5级）等不同驾驶自动化等级的车辆[14]。

不同网联化和智能化等级的车辆是车路协同系统云控平台的数据采集对象和服务对

象。在数据采集方面,对于具有联网能力的车辆,云控平台既可以直接通过车辆网联设备采集车辆的动态基础数据,也可以间接通过路侧智能感知设备获得车辆的动态数据;对于不具有网联能力的车辆,则间接通过路侧智能感知设备获得车辆的动态数据。在车路协同云控服务方面,对于3级及以上驾驶自动化等级的车辆,可以直接接收云控平台输出的协同决策与控制数据,再由其车载智能计算平台或控制器做出响应;对于2级及以下驾驶自动化等级的车辆,则间接接收云控平台输出的协同决策数据,再由其车载人机交互平台接收决策,并由单车或驾驶员完成控制。

与车辆类似,车路协同系统的其他交通参与者包括行人、骑行人等。云控基础平台可以通过路侧智能系统采集其他交通参与者的位置与速度信息,也可以通过在云控平台已注册的其他交通参与者所携带的定位设备来采集其位置与速度信息,并基于云端融合感知向这些已注册的其他交通参与者提供安全预警服务。

2. 公路主体及路侧设施

车路协同系统的路端包括智慧公路主体及路侧设施。路侧设施通常布置于路侧杆件上,主要包括路侧单元(Road Side Unit,RSU)、路侧计算单元(Roadside Computing Unit,RCU)、路侧感知设备(如摄像头、毫米波雷达、激光雷达)和交通信号设施(如红绿灯)等,以实现车路互联互通、环境感知、局部辅助定位、交通信号实时获取等功能。

3. 配套服务设施

车路协同系统的配套服务设施主要包括车辆换乘场站和后勤服务场地等,如公交枢纽、公交站台、智慧停车场、加油站、充电站等,为不同等级和类型的自动驾驶车辆或驾驶员等交通参与者提供配套服务。

4. 云控平台

云控平台由边缘云、区域云与中心云三级云组成,形成逻辑协同、物理分散的云计算中心。云控平台以车辆、道路、环境等实时动态数据为核心,结合支撑云控应用的已有交通相关系统与设施的数据,为智能网联汽车与产业相关部门和企业提供标准化的共性基础服务。其中,边缘云主要面向网联汽车,提供增强行车安全的实时性与弱实时性云控应用基础服务。区域云主要面向交通运输和交通管理部门,提供弱实时性或非实时性交通监管、执法等云控应用的基础服务,并面向网联汽车提供提升行车效率和节能性的弱实时性服务。中心云主要面向交通决策部门、车辆设计与生产企业、交通相关企业及科研单位,提供宏观交通数据分析与基础数据增值服务[13]。

5. 相关支撑平台

相关支撑平台是提供车路协同应用运行所需其他数据的专业平台,包括高精动态地图、地基增强定位平台、气象预警平台以及交通路网监测与运行监管平台等。

6. 通信环境

车路协同系统的通信环境包括路侧基础设施网络、无线接入网、核心网、城域网和骨干网等。车路协同系统集成异构通信网络,使用标准化通信机制,实现智能网联汽车、路侧设备与三级云的广泛互联通信。无线接入网包括车路通信网络与车间直连通信网络(V2I与V2V),以实现车辆互通与车辆接入边缘云;路侧设备与车路协同基础平台各级云由多级有线网络承载。车路协同系统利用5G、软件定义网络、时间敏感网络、高精度定位网络等先进通信技术手段实现互联的高可靠性、高性能与高灵活性[13]。

10.2.3 车路协同技术风险概述

面向道路测试的车路协同系统架构中存在四类安全风险隐患:①由车辆内部物理接口安全风险、近源无线电通信接口安全风险、自动驾驶汽车接入服务接口安全风险和自动驾驶汽车传感器安全风险导致的车载设备风险;②由物理环境风险、通信安全风险、区域边界风险和计算环境风险等导致的路侧设施风险;③由越权访问风险、数据传输与共享风险导致的云控平台风险;④由数据接口风险、车内外通信安全风险和通信中继安全风险导致的通信环境风险等,如图10-3所示。

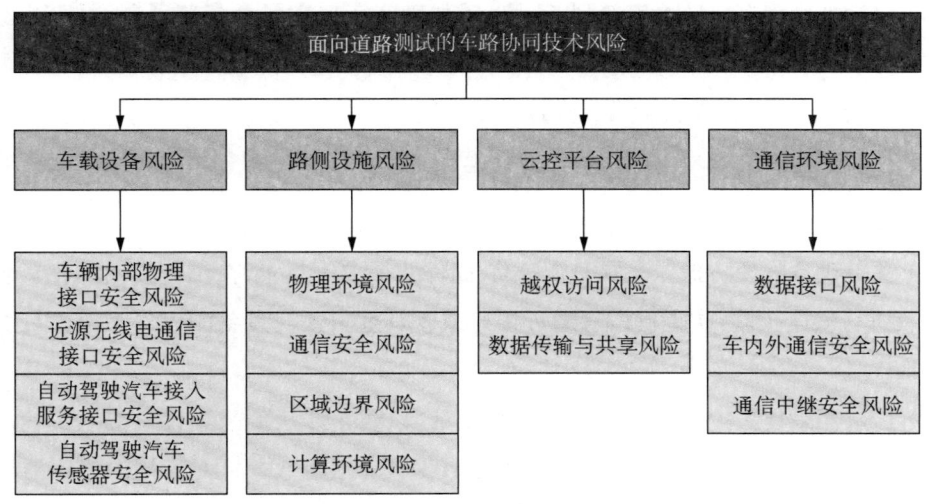

图10-3 面向道路测试的车路协同技术风险

四类安全风险交织叠加在一起,使车路协同环境下的道路测试具有了新的风险特征。为此,亟需有效的风险管控手段,以保障车路协同环境下的道路测试安全。

10.3 车载设备风险管控

1. 自动驾驶车辆车载设备可能涉及的风险

车路协同技术在实际应用中,自动驾驶车辆车载设备可能涉及的风险主要有以下四类[15]:

(1) 车辆内部物理接口安全风险。在车辆内部常见的物理接口有 OBD 诊断接口、AUX 接口以及一些被简单隐藏起来的维修接口。虽然,OBD 接口通常会通过网关进行访问防护,但依然可能存在由于保护策略不充分导致无法阻拦对车辆发送恶意控制指令的风险。

(2) 近源无线电通信接口安全风险。自动驾驶汽车上的无线车载设备越来越多,常见的带有近源无线电功能的有遥控钥匙、蓝牙电话、车载应用以及 V2X 通信等。近源无线电通信接口可能面临如阻塞攻击、电子欺骗或中继攻击等恶意攻击,这些攻击会导致自动驾驶汽车面临失窃、失控等安全威胁。

(3) 自动驾驶汽车接入服务接口安全风险。自动驾驶汽车为了实现丰富的网联功能,开放了很多云端和后台管理接口。这些接口一旦遭到攻击,会对用户隐私数据安全构成威胁。

(4) 自动驾驶汽车传感器安全风险。自动驾驶汽车搭载了众多传感器,限于开发和制造成本的约束,传感器的安全冗余本身就存在局限性。同时,针对传感器的电子欺骗可能会导致系统功能失效,对行驶安全构成威胁。

2. 自动驾驶车辆车载设备安全风险防控措施

针对这四类可能存在的车载设备安全风险,常用的防控措施包括[16]:

(1) 关键设备物理防护。采取安全启动、固件防提取等技术,在设备启动的各个阶段对启动过程进行安全校验,防止攻击者通过接口或者其他方式对设备的固件系统进行篡改或直接提取。

(2) 传感器采集防护。对采集设备进行认证,以防止非法的采集设备接入车辆。建立针对采集数据进行完整性验证的机制,以防止数据被非法篡改。针对不同的传感器设备开发相应的精确感知识别技术,以防止传感器欺骗和干扰。

(3) 数据安全存储。采用安全的硬件设备进行存储。另外,可采用安全芯片、硬件安全模块(HSM)等技术来确保敏感数据在车端的存储安全,以防止证书密钥被非法获取。同时,开发针对自动驾驶算法的固件防提取、代码保护等技术,以防止算法被非法窃取而导致核心商业秘密泄露。

(4)应用加固。把加固技术集成到应用客户端,以防止针对移动应用的反编译、二次打包、内存注入、动态调试、数据窃取、交易劫持和应用钓鱼等恶意攻击行为,从而全面保护应用软件的安全。

10.4 路侧设施风险管控

1. 车路协同路侧设施可能面临的风险

在实际应用中,车路协同路侧设施可能面临的风险主要包括以下四类[17]:

(1)物理环境安全风险。由于网络周边环境和物理特性引起路侧设备或线路不可用,从而造成车路协同功能失效,如设备被盗、设备老化、意外故障和无线电磁辐射干扰等。

(2)通信安全风险。路侧设备在与自动驾驶汽车或云控平台进行数据传输通信的过程中,大多采用短距离的无线通信技术。此类通信所采用的协议大多主要考虑通信性能,而在信息的机密性、完整性、真实性和不可否认性等方面考虑不足,缺少加密、认证等措施,易于被窃听和篡改[18]。

(3)区域边界安全风险。为了方便车路协同场景内的用户与云服务交互,路侧设备需要开放一系列用户接口或 API 编程接口。而这些复杂接口给攻击者提供了数量可观的攻击面,增加了攻击向量维度。同时,路侧设备高度动态的网络环境使网络变得更加脆弱和不受保护,从而带来隐私泄露、权限升级和服务被操纵等安全问题[19]。

(4)计算环境安全风险。在车路协同场景中,路侧设备通常数量庞大,若攻击者取得了管理员权限,就有可能重放、记录、修改和删除任何网络数据包或文件系统。所以,路侧设备的计算环境安全对管理员身份识别和管理员安全审计提出了更高要求。同时,由于路侧设备位于网络边缘,可能缺少有效的数据备份、恢复以及审计措施,导致数据安全面临新的挑战。

2. 车路协同路侧设施安全风险防控措施

针对这四类可能存在的车路协同路侧设施安全风险,常用的防控措施有以下四种[17]。

1)物理环境安全风险管控

路侧设施应部署在具备防盗、防破坏条件的环境中。同时还应具备硬件防盗设计,可通过电子门锁、视频监控、设备状态监测等手段对室外机柜的开启情况进行监控记录,以便及时发现设备丢失、损坏等异常状态。

路侧设施的部署应远离强电磁干扰环境,或实施电磁屏蔽措施,从而避免电磁干扰。路侧设施的室外机柜应采用防尘、防水、防潮设计。室外机柜内部应安装防雷接地保护装置和防火监测设备,使其具备防火、防雷击和防浪涌冲击的能力。

2) 通信安全风险管控

路侧设施的通信应根据业务职能、信息重要性等因素划分不同的网络区域,并单独划分测试区域。同时,应采取有效措施对各网络区域进行网络安全技术隔离,并按照便捷管理和集约管控的原则为各个网络区域分配地址。路侧设施的对外通信传输应提供链路冗余,关键通信设备应采用双机备份,以避免出现单点故障。路侧设施应灵活采用密码技术来实现网络通信的机密性、完整性、可认证性和可追溯性等,并满足我国密码应用相关法律、法规和标准规范的要求。

3) 区域边界安全风险管控

(1) 边界防护:路侧设施应设置防火墙等边界防护设备来保证跨越网络区域边界的访问和数据流能通过边界设备提供的受控接口进行通信。应能够对非授权设备私自联到内部网络的行为进行检查或限制,能够对终端或用户非授权连接到外部网络的行为进行检查或限制,阻止非授权访问。应在关键网络节点处检测网络攻击行为,当检测到攻击行为时,记录攻击源IP、攻击类型、攻击目标和攻击时间;当发生严重入侵事件时,应立即报警。

(2) 边界访问控制:路侧设施的边界应根据访问控制策略设置访问控制规则,且访问控制规则的数量需优化到最小,在默认情况下,除允许通信以外,受控接口拒绝所有通信。路侧设施应能根据会话状态信息为数据流提供明确的允许/拒绝访问的能力,控制粒度为传输层端口级,对源地址、目的地址、源端口、目的端口和协议等进行检查,从而确定是否允许数据包进出该区域边界。

4) 计算环境安全风险管控

(1) 身份识别:路侧设施应采用数字证书、数字签名等密码技术进行身份鉴别,加强对账号和口令的管理,并对远程管理通信进行加密保护。

(2) 安全审计:路侧设施应具备安全审计功能,审计覆盖到每个远程连接管理的用户,对重要的用户行为和安全事件进行审计。

(3) 入侵防范:路侧设施应从最小化系统安装、漏洞管理、恶意代码防范和外来设备接入等层面严格控制计算环境的安全性。

(4) 数据保密:路侧设施应采用密码技术来保证重要数据在采集、传输和存储过程中的保密性、完整性和可用性。

10.5 云控平台风险管控

1. 车辆协同云控平台可能面临的风险

在实际应用中,车路协同云控平台可能面临的安全风险主要包括以下两类[16]:

(1) 越权访问风险。由于云控平台的管理员对平台拥有访问权,因而可能存在恶意管理员直接访问主机数据,并对平台数据进行恶意修改的情况。除恶意管理员之外,还可能存在恶意用户发起远程攻击,并利用平台监控程序漏洞以获得平台的访问权,从而进行数据盗窃或是拒绝其他用户服务等活动。

(2) 数据传输与共享风险。自动驾驶汽车数据的共享应用是促进产业发展的必然要求,但数据共享的同时又会带来数据失控风险,并且难以追责。同时,云控平台的自动驾驶数据在存储、分析、下发使用过程中,可能会携带用户隐私等敏感数据,这可能会对用户的隐私安全构成威胁。

2. 车路协同云控平台安全风险防控措施

针对这两类可能存在的车路协同云控平台安全风险,常用的防控措施包括以下四点[17]:

(1) 安全域边界隔离。在云控平台网络入口、重要网络域入口处部署防火墙等安全设备,对所有流经网络边界的自动驾驶感知类、业务类数据进行严格的安全规则过滤,屏蔽所有不符合安全规则的数据,严格控制区域间的数据访问权限。

(2) 基于标记的访问控制。针对不同安全等级的自动驾驶数据需要设计不同的访问权限,因此根据自动驾驶数据应用场景的多样性、多方参与等特点,在建立完善的分级分类基础上,应针对不同级别、不同类型的数据根据用户角色进行标记,并设置精细的访问控制规则,以控制不同类型数据的访问权限,从而适应复杂的数据应用场景。同时,设置不同等级的鉴权条件,控制不同优先级数据的开放范围,在保障自动驾驶汽车不同场景下的业务需求得到满足的同时,做好数据安全工作。

(3) 数据脱敏。云控平台的自动驾驶数据在存储、分析、下发使用过程中,均需要采用数据脱敏技术来有针对性地去除数据中携带的与平台业务无关的敏感信息,包括可能出现的图片、地理位置、用户隐私和关联信息等。数据脱敏技术对所采集和存储的自动驾驶数据进行扫描,形成敏感数据的分类、分级分布视图,从而对不同种类、不同级别的敏感数据进行脱敏处理;同时,保持数据属性和数据间的依赖关系,以确保脱敏后数据的有效性。

(4) 基于区块链的安全数据共享。结合区块链技术实现对数据共享过程的全生命周期管理,采用智能合约对数据共享过程进行细粒度管控,同时保障数据操作的可追溯性,解决数据所有者的共享数据"谁在用、在哪用、怎么用"等问题,以便在发生数据安全事件后可以有效追责。通过引入动态安全许可技术,实现协同场景下数据的动态访问控制和授权;通过标签标记技术,实现数据可溯源;使用基于区块链的分层访问控制机制,对数据全生命周期过程中的访问信息、授权信息进行记录,以保障数据操作的可追溯性,解决协同共享数据的安全失控问题。

10.6　通信环境风险管控

1. 车路协同通信环境可能面临的风险

在实际应用中,车路协同通信环境可能涉及的风险主要有以下四类[20]:

(1) 数据接口安全风险。用于车路协同的数据接口原理、接口带宽(上行带宽、下行带宽)等通常都是对外公开的。攻击者可能会假冒真实用户占用或耗尽网络资源,从而使真实用户无法进行正常操作。具体的数据接口安全风险包括伪基站、DDOS 攻击、假冒攻击、内容更改或重放、信息监听或截取、信令监听或截取以及信息或信令的伪造等。

(2) 车外通信安全风险。数据信息在由自动驾驶汽车向外传输的过程中,面临着被截取、监听、篡改、延误和重放等多种风险。

(3) 车内通信安全风险。自动驾驶汽车的车内通信主要包括 CAN 总线通信、车载以太网通信等。其中,由于 CAN 总线协议设计简单,且没有复杂的分层以及加密扩展协议支持,易被窃取和伪造。

(4) 通信中继安全风险。在整个车路协同场景的信息传输过程中,信息会经过多次放大、中继,也会经过多个路由器,甚至可能会经过多个传输机房。而每一个中转环节都可能存在风险点,典型的攻击就是信息截取与重放等。

2. 车路协同通信环境安全风险防控措施

针对这四类可能存在的车路协同通信环境安全风险,常用的防控措施包括以下四种:

(1) 入侵检测与防护[21]。为了防止在自动驾驶汽车通信传输过程中,攻击者通过流量监控来分析、获取数据信息,就需要采用多层网络防护和多重检测技术相结合的理念,对自动驾驶汽车数据传输的流量进行实时深度检测,从而快速准确地判断出攻击行为和异常行为,并对传输中的异常报文进行阻断或对行为异常的总线节点进行通信阻断,具体包括自动驾驶汽车车内网络 CAN 总线入侵检测(CAN 帧深度检测,行为状态机检测,上下文分析检测,DOS 攻击基于负载率、信息熵、帧间隔的检测等)和自动驾驶汽车车内以太网入侵检测(以太网报文深度检测,车载以太网 SOME/IP、DOIP、AVB 应用协议检测)等。外部网络接口入侵检测,包括对 OBD 接口、蓝牙低功耗(Bluetooth Low Energy,BLE)、Wi-Fi 热点、USB、其他主流近场无线通信、5G 等接口输入的流量提供检测及防护功能。

(2) 车内通信数据认证加密[21]。对于自动驾驶汽车的 CAN 总线通信,目前主流的技术是采用 Auto SAR 标准组织制定并实现的 Sec OC 技术,在发送端和接收端对报文进行验证,以抵御第三方的入侵。依据车载以太网遵循的 OSI 分层结构,可通过 IPSec 和 MACSec

技术等进行设备验证及数据加密,以保证车内网络通信数据的安全。

(3) 车外通信数据认证加密[16]。自动驾驶汽车车外通信安全主要考虑基于DSRC与LTE-V2X两种路线的V2X通信数据安全。为了保护车主隐私并提高网络的安全系数,V2X设计了匿名密钥体制,并周期性地变更标识和信息签名,为此需要在车辆中安装几百甚至几千个证书,以完成V2X所需的每秒上千次的签名和验签要求。基于LTE移动通信技术形成的V2X车联网无线通信技术,包括蜂窝Uu和直接通信PC5两种工作模式,在已制定的通信标准中这两种模式均已定义了通过TSL加密、SSL加密技术来保障承载层和V2X应用层安全的认证加密实现机制。但是,针对V2V的数据广播对于敏感数据的保护需要在现有的广播加密技术基础上进行改进,以适应广播车辆随机的情况。

(4) 大数据实时安全传输[16]。自动驾驶汽车在道路测试时会产生大量数据,如何安全地将这些数据以接近零延迟的速度、超高的带宽上传至云端计算平台,是自动驾驶汽车即时产生正确决策控制的关键。对于自动驾驶功能的某些应用程序,短暂的时延对于其功能实现没有太大影响,但会影响整体性能和效率。在某些情况下,汽车内部应用程序响应的时延会造成巨大的安全风险。因此,针对大数据的实时安全传输除应用当前较为成熟的技术以外,还应从解决大流量高速安全传输、传输设备认证、资质监管等问题的角度出发,研发并应用相应的实时安全高速传输技术。

参考文献

[1] 德勤.新基建下的自动驾驶:单车智能和车路协同之争[EB/OL].[2021-01-27]. https://www2.deloitte.com/cn/zh/pages/consumer-business/articles/autonomous-driving-under-new-infrastructure.html.

[2] KALRA N. Challenges and approaches to realizing autonomous vehicle safety[EB/OL].[2021-01-17].https://www.rand.org/multimedia/video/2017/02/14/autonomous-vehicle-safety.html.

[3] KALRA N. Challenges and approaches to realizing autonomous vehicle safety and mobility benefits[EB/OL].[2021-01-17].https://www.rand.org/pubs/testimonies/CT475.html,2017.

[4] 上海市交通委员会.上海市智能网联汽车开放道路测试年报(2020年)[EB/OL].[2021-03-11].http://jtw.sh.gov.cn/tzgg/20210311/c01c4178110447ca9cceecac8e244d7d.html.

[5] 智车行家ITS.院士李骏:自动驾驶所需技术突破及单车智能五大瓶颈(附稿件)[EB/OL].[2020-10-12].https://mp.weixin.qq.com/s/BopjgnAuuCh4e2B0obV0Tw.

［6］王志勤.推动 5G 协同应用，助力交通运输新基建［EB/OL］.［2020-09-01］.https://www.zgjtb.com/2020/09/01/content_248 699.htm.

［7］梁晓峣.车路协同：智能交通领域的升维谋划［J］.人民论坛·学术前沿，2021(4)：56-65.

［8］公安部交通管理科学研究所.道路交通车路协同信息服务通用技术要求（征求意见稿）［EB/OL］.［2020-04-16］.https://www.doc88.com/p-16416962789854.html.

［9］头豹研究院.2020 年中国车路协同行业精品报告［EB/OL］.［2021-03-18］.http://pg.jrj.com.cn/acc/Res/CN_RES/INDUS/2020/7/24/97524dbb-0cbf-4a1b-a1e4-e897104e060a.pdf.

［10］杜豫川，刘成龙，吴荻非，等.新一代智慧高速公路系统架构设计［J/OL］.中国公路学报，2021.［2021-03-16］.https://kns.cnki.net/kcms/detail/61.1313.U.20210316.1415.004.html.

［11］中国智能网联汽车产业创新联盟，IMT-2020(5G)推进组 C-V2X 工作组，中国智能交通产业联盟，等.C-V2X 产业化路径和时间表研究白皮书［EB/OL］.［2021-04-06］.http://www.china-icv.cn/upload/2019/11/05/157294763015566 mfvl.pdf.

［12］贺安欣，高立志，朱芬，等.车路协同发展阶段及路径［J］.时代汽车，2020(24)：189-192.

［13］中国智能网联汽车产业创新联盟.车路云一体化融合控制系统白皮书［EB/OL］.［2021-02-17］.http://123.127.164.58:25490/upload/at/file/20200928/1601274380800804kDI6.pdf.

［14］国家市场监督管理总局，国家标准化管理委员会.汽车驾驶自动化分级（报批稿）［EB/OL］.［2020-03-18］.http://gxt.jl.gov.cn/xxgk/jwwj/202003/t20200318_6909240.html.

［15］陈宁，张磊.汽车信息安全测试评价可行性研究［J］.中国汽车，2020(2)：43-46.

［16］国家工业信息安全发展研究中心，中国社会科学院大学，北京航空航天大学，等.自动驾驶数据风险及安全防护技术［J］.智能网联汽车，2020(5)：54-63.

［17］交通运输部公路局.关于征求《公路工程适应自动驾驶附属设施总体技术规范（征求意见稿）》意见的函［EB/OL］.［2020-04-26］.https://xxgk.mot.gov.cn/jigou/glj/202004/t20200426_3367226.html.

［18］边缘计算产业联盟，工业互联网产业联盟.边缘计算安全白皮书［EB/OL］.［2021-01-18］.http://www.ecconsortium.org/Uploads/file/20191126/1574772963483806.pdf.

［19］刘利军，柏洪涛，谭飞越，等.移动边缘计算安全风险分析及解决方案［J］.电信工程技术与标准化，2019.32(11)：42-46.

［20］李理，郭卫芳.5G 车路协同安全风险研究［J］.信息通信，2019(12)：38-39.

［21］邵亚萌.车联网物理层认证方法及测试技术研究［D］.长春：吉林大学，2020.

11 自动驾驶交通新模式出行风险管理

为了充分挖掘自动驾驶交通新模式的优势,需要辨识交通新模式出行中的风险,解析各类风险要素对于出行者心理态度与行为决策的影响机理。本章从交通新模式中的自动驾驶接驳巴士新型交通方式入手,从安全、效率、舒适、社会、环境5个维度梳理自动驾驶接驳出行过程中的风险要素;采用5级李克特量表的形式,基于效度与信度分析方法,提出自动驾驶接驳出行风险态度表征方法,并阐述自动驾驶技术、出行舒适、尝试新事物三类风险态度的定义与内涵;构建结构方程模型,挖掘影响出行者自动驾驶技术、出行舒适风险态度的关键个人属性;基于ICLV(Integrated Choice and Latent Variable)模型框架,对比多组效用方程,解析自动驾驶技术、出行舒适风险态度对出行者行为决策的影响。

11.1 交通新模式概述

交通模式是城市交通系统中不同交通方式所承担的交通量的比例关系,反映了不同交通方式在交通系统中的功能与地位,标志着城市交通系统中一定交通需求在一定供给平衡下的本质特征[1]。近几年,自动驾驶技术与智慧交通逐步成为全球各国抢占的科技创新战略制高点。中共中央、国务院印发的《交通强国建设纲要》中提到,加强智能网联汽车(智能汽车、自动驾驶、车路协同)研发,加速新业态新模式发展,大力发展共享交通,实现出行即服务[2]。在自动驾驶道路测试如火如荼开展的同时,国内外正在逐步加快自动驾驶的商业化应用进程[3]。围绕不同场景的需求与定位,自动驾驶技术催生了多种新型交通方式,如出行场景下的自动驾驶接驳巴士、物流场景下的无人配送车等。新型交通方式的商业化应用程度、公众对不同方式的选择偏好都将影响各交通方式所承担交通量的比例变化,并衍生出交通新模式。因此,自动驾驶交通新模式可认为是各类新型交通方式商业化应用的产物,是自动驾驶道路测试的补充与发展。

现阶段,受制于未成熟的车辆技术、未完善的法律法规以及未解决的伦理问题等多方面因素,自动驾驶难以大规模地推向市场。在产业发展前期,针对特定的新型交通方式开展商业化应用尤为重要。其一,特定新型交通方式的先行先试为自动驾驶技术的安全性、可靠性提供针对性的应用场景,且测试与应用示范目的性更强,使得技术验证与迭代的效率更高。例如,末端物流场景下的无人配送车对道路环境识别能力的要求相对不高,但需加强车辆与周边环境自动化设备的网联化耦合性及智能管理平台的控制、协调能力。其二,自动驾驶汽车本身高昂的成本及其商用所需基础设施搭建的投入都需要一定的商业模式来消化,否则难以实现大规模应用,因此前期商业化应用探索将有助于形成可持续的商业化运行模式。其三,自动驾驶汽车的普及将会带来政策、法律法规、伦理道德、数据监管、隐私及信息安全、公众认知等多方面的社会性影响,针对特定新型交通方式的商业化应用,可持续追踪公众态度与社会问题,从而为宏观政策引导、顶层设计、制定战略任务提供方向性的参考[4]。

考虑到载运对象的不同,交通新模式中的新型交通方式可分为载人和载物两类。用于载物的新型交通方式包括干线物流场景下的智能重卡、末端物流场景下的无人配送车、环卫场景下的自动驾驶环卫车等。用于载人的新型交通方式包括"最后一公里"接驳场景下的自动驾驶接驳巴士、自动驾驶出租车等。凭借着自动化、网联化的特点,这些新型交通方式在降低成本、减少事故、提升效率、缓解污染等方面发挥了巨大效用[3],交通新模式可在一定程度上改善现有出行结构。由于自动驾驶技术尚未迭代成熟,因此在新型交通方式的商业化应用过程中,各类风险逐渐涌现。除了技术实现上的难点,与载物相比,用于载人的新型交通方式可能会给公众的生命及财产安全带来严重的负面影响,例如,在自动驾驶接驳巴士运营过程中可能会出现网络安全、隐私泄露、共享私密性等问题。公众往往是"有限理性人",在考虑新型交通方式可靠、舒适等优势的同时,各类风险会在很大程度上影响着他们的潜在心理态度,进而影响其出行行为决策[5, 6],学术界常用风险态度来表征决策者对各类风险的态度与看法[7]。

为了充分发挥新型交通方式的优势,促进交通新模式产生积极影响,就需要梳理交通新模式出行中的各类风险要素,探究公众面向交通新模式的风险态度内涵与表征方法,挖掘公众的出行选择行为决策,最终完善交通新模式出行的风险管理,并为交通新模式中各类新型交通方式的规划设计、运营管理提出合理化的建议。

交通新模式中的交通方式范围较广,本章将重点围绕"自动驾驶接驳巴士"这一新型交通方式,详细阐述决策者风险态度及其行为决策的建模与分析方法。

11.2 交通新模式出行风险要素

11.2.1 安全风险要素

影响自动驾驶接驳出行的安全风险要素主要包括黑客入侵、设备或系统故障、隐私泄露、交互适应性、应急管理表现、恶劣天气与不良地形和主观感知安全等。这些要素反映了自动驾驶接驳出行中不同类型的安全隐患,除恶劣天气与不良地形以外,其余均为自动驾驶接驳出行场景下的新兴风险要素。

1. 黑客入侵

自动驾驶凭借自动化、网联化的特点可以带来许多优势,但同时由于对通信技术、网络传输等的依赖,会存在黑客入侵的风险隐患。自动驾驶接驳出行过程中,黑客入侵会导致系统崩溃、网络安全等问题发生,由于车内无人接管,会使正常接驳运行失效,严重时甚至会威胁出行者的生命及财产安全[5, 8-16]。

2. 设备或系统故障

设备或系统故障主要指在没有黑客入侵的情况下,自动驾驶接驳车辆自主出现软/硬件功能失效的情况,包括硬件故障(如传感器、摄像头发生故障)、系统失效(如未执行正确指令)、数据库或系统不能及时更新等。设备或系统故障反映出自动驾驶技术的不可靠性,由于车内没有驾驶员人工接管,因而极易导致事故的发生[5, 8-14, 17-19]。考虑到自动驾驶接驳出行中"人-车-路"之间的关系,T. Holstein 等[19]将车辆设备或系统故障的概念扩展至出行者通信设备故障。

3. 隐私泄露

在自动驾驶接驳出行中,车辆调度与接驳运行需依赖出行者的预约信息、车辆实时定位信息和周边交通网络信息等,但海量数据背后蕴藏着隐私泄露的风险隐患,而网联化的条件可能导致出行者与接驳车辆的位置被跟踪、信息被获取,进而对生命与财产安全造成威胁[6, 8, 10-13, 15, 16, 19-21]。

4. 交互适应性

交互适应性主要反映了自动驾驶接驳车辆的兼容性问题,一方面指自动驾驶接驳车辆与周边非自动驾驶机动车辆、非机动车辆、行人等不同类型道路使用者交互的适应性;另一方面指道路环境(如基础设施、通信设备等)能否支持自动驾驶接驳车辆的正常运行。交互适应性会影响区域交通运行状况,是事故发生的潜在风险隐患[6, 8-12, 17, 18, 22]。

5. 应急管理表现

应急管理表现是指在自动驾驶接驳过程中遇到难以预期的突发状况(如事故、火灾、恐怖袭击等)时,整个系统的即时反映情况(如预警系统、紧急出口、火灾警报的设置)。良好的应急管理能使出行者有效发现、确定优先级并在事故发生时做出反应[23]。经验丰富的驾驶员往往具有较好的应急管理能力,对于无驾驶员接管的自动驾驶接驳车辆而言,应急管理表现的优劣将直接影响事件发生后出行者的生命及财产安全[10, 11, 23]。

6. 恶劣天气与不良地形

与传统交通出行类似，恶劣天气与不良地形是影响自动驾驶接驳出行事故发生的关键要素。车辆对恶劣天气与不良地形的适应性及其自身的驾驶能力直接影响着事故的发生概率[6,10,12,17]。

7. 主观感知安全

上述因素均从客观视角反映了不同的安全风险隐患，主观感知安全则是从出行者的主观感受出发对安全进行评价，在不同出行者中具有异质性。技术接受模型（Technology Acceptance Model，TAM）与计划行为理论（Theory of Planned Behavior，TPB）等模型中的感知风险与主观感知安全的概念类似[24-26]。在自动驾驶接驳出行中，主观感知安全包括主观交通安全（对车外事故的恐惧）、主观车内安全（对车内黑客入侵、恐怖袭击的担忧）[23]等，主要影响因素包括出行者的社会经济属性、接驳服务特性（如是否保留人工接管设备）以及对自动驾驶的态度（如认为车辆驾驶技术不如人类驾驶员、对新兴技术的信任感、对自动驾驶渗透率的态度[9,26]等）。即便自动驾驶技术客观上十分成熟，但由于出行者主观感知会直接影响其对安全的担忧，进而影响出行者的选择，因此主观感知安全已然成为关键的新兴风险要素[9-11,23,24,27]。

11.2.2 效率风险要素

影响自动驾驶接驳出行的效率风险要素包括感知有用性、感知易用性、延误、可获得性和电力性能等。这些要素从出行者与车辆服务两方面考虑，反映了在不同的效率问题中，自动驾驶接驳实际出行与期望效果差异的不确定性，其中感知有用性和感知易用性为新兴风险要素。

1. 感知有用性

TAM模型、UTAUT模型[28,29]中均提及了有关感知有用性的概念。在自动驾驶接驳出行中，感知有用性是指出行者认为选择该新型出行方式可以带来的优势。感知有用性的高低与否，反映了自动驾驶接驳能否满足出行者的接驳需求，若出行者感觉难以满足预期需求，则可能不会选择这种新方式，因此存在一定的风险隐患[15,22,24,30-33]。

2. 感知易用性

同样地，TAM模型、UTAUT模型[28,29]中也提及了有关感知易用性的概念。在自动驾驶接驳出行中，感知易用性是指出行者选择这种方式出行的轻松程度，包括需要额外学习哪些知识、掌握哪些技能（如学习使用新的预约App）等。感知易用性的高低反映了采取自动驾驶接驳方式的便利程度，若出行者感觉预约流程比期望的烦琐，则可能不会选择这种新方式,因此存在一定的风险隐患[6, 8, 10, 11, 15, 22, 24, 30-33]。

3. 延误

在传统交通出行中,延误风险极大地影响着出行者的选择。自动驾驶凭借优势可以极大地提升出行时间的可靠性,但受道路交通环境影响,自动驾驶接驳还可能由于拥堵、突发事件而产生延误,因此存在一定的风险隐患[18]。

4. 可获得性

可获得性体现了出行者作为需求方,在自动驾驶接驳站点规划、车辆规模方面,与供给方的不平衡关系。若站点规划不合理、车辆规模较少,则可获得性低,从而难以满足出行者的需求,进而影响其出行选择[8, 18]。

5. 电力性能

与新能源汽车类似,使用电力能源的自动驾驶接驳汽车更具环境友好性。但同时有学者指出,电力性能的不足将对正常接驳运行产生影响,在运行效率上存在一定的风险隐患[18]。

11.2.3 舒适风险要素

影响自动驾驶接驳出行的舒适风险要素包括享乐动机、心理所有权、共享舒适性、行驶舒适性和室内环境舒适性等。舒适性主要包括客观环境舒适与主观心理舒适两类。这类要素反映了在出行舒适方面,自动驾驶接驳实际提供的服务与期望效果差异的不确定性,各要素虽在传统出行中均存在,但相对来说,享乐动机、心理所有权和共享舒适性在自动驾驶接驳场景下作为新兴要素研究广泛。

1. 享乐动机

UTAUT2模型[34]提出了享乐动机的概念。在自动驾驶接驳出行中,享乐动机又称为驾驶乐趣,是指出行者因驾车出行所得到的乐趣与喜悦感,是一种主观心理舒适的体现。由于接驳中出行者享乐动机的变化会直接影响其舒适体验,因此存在一定的风险隐患[5, 11, 12, 18, 29, 30]。

2. 心理所有权

心里所有权是指从私家车到共享出行的心理状态转变。在自动驾驶接驳中,出行者可能更倾向于拥有自动驾驶车辆来满足心理需求,而不愿意采用共享形式,因此,心里所有权的变化会影响出行者选择自动驾驶接驳方式时的心理转变,影响其主观心理舒适度[24]。

3. 共享舒适性

与心理所有权类似,共享舒适性也表征主观心理舒适度,是指出行者在接驳过程中是否倾向于接受与陌生人共享合乘这种形式。共享舒适性的变化影响着出行者对自动驾驶接驳方式的选择，可能导致不舒适的体验，故存在一定的风险隐患[6, 17, 18, 21, 35]。

4. 行驶舒适性

行驶舒适性是指自动驾驶接驳车辆的不同驾驶策略（如速度、加减速的设置）对行驶舒适性（如晕车）的影响。车辆能否合理地控制行驶舒适性将对出行者的客观舒适产生影响[36]。

5. 室内环境舒适性

室内环境舒适性表征典型的客观环境舒适程度，包括车内整洁性、座椅设计舒适性等，直接影响出行者的舒适体验[18]。

11.2.4 社会风险要素

影响自动驾驶接驳出行的社会风险要素包括社会影响、法律责任、伦理道德、失业问题和机器依赖性等。这类要素着眼于与自动驾驶相关的新兴社会问题与现象，反映了潜在风险隐患对于出行者出行选择的影响。

1. 社会影响

TPB模型[37]、UTAUT模型[28,29]和创新扩散理论[38]均提及了社会影响的概念。在自动驾驶接驳出行中，社会影响反映了在面对这种新型交通方式选择时受周围社会关系（如家人、朋友等）影响的程度。社会影响指标会受到社会经济属性、心理态度等因素的影响，并间接地影响出行者对该新型接驳方式的选择[8, 15, 18, 22, 28-31]。

2. 法律责任

自动驾驶接驳出行中涉及的法律责任问题包括事故责任分配、信息安全和保险制度等多方面[39, 40]。就事故责任分配而言，一方面，由于自动驾驶车辆是由智能系统控制，而智能系统由汽车制造方、软件提供方等多主体组建，因此责任主体难以确定；另一方面，犯罪主体难以确定，驾驶员和乘客的行为与事故之间没有因果联系且将承载不同的法律责任，这些因素将与现行交通肇事罪相冲突[41,42]。同时，在信息安全、保险制度等方面的法律法规也尚未成熟[39]，而法律法规的成熟与否会极大地影响出行者对自动驾驶的信任与担忧，故存在一定的风险隐患[6, 8, 10-14, 17, 20, 39]。

3. 伦理道德

与法律责任类似，伦理道德也是自动驾驶接驳出行中十分关键的风险要素，体现在对于新型生命权的考虑等方面[39, 40]。尽管自动驾驶车辆可以提升道路安全，但仍有可能存在极端情况:①面对前方不同方向突然出现行人的情况,自动驾驶车辆该如何决策?②当即将发生事故时,人工驾驶车辆往往优先保护车内人员,但自动驾驶车辆凭借主动安全保障能力,可以通过权衡伤害来抉择是优先保障车内乘客还是车外行人[39]。当前伦理道德问题尚未有定论,其问题解决的优劣将会极大地影响出行者的出行选择。

4. 失业问题

自动驾驶接驳出行降低了司机成本,但是其广泛投入使用可能会导致失业问题加剧。对失业问题的关注与担忧会影响管理者的决策,因此存在一定的失业问题风险隐患[11]。

5. 机器依赖性

自动驾驶接驳出行解放了出行者的双手,从而使出行者可以更高效地利用出行时间,但同时对机器的依赖性会导致其各种相关能力的退化,例如出行中涉及的驾驶能力、路况预判能力和事故风险规避能力,机器依赖性的消极影响不仅体现在自动驾驶出行中,甚至会渗透到其他领域,从而对感知风险、规避风险的整体能力产生影响[41]。

11.2.5 环境风险要素

影响自动驾驶接驳出行的环境风险要素包括绿色出行态度和能源消耗。这类要素在传统绿色出行选择中影响较大,研究指出自动驾驶可以减少温室气体排放、提高燃油经济性,但行驶里程的增加可能会产生更多能耗。研究表明,绿色出行态度[17]和自动驾驶采用的能源类别[43]对出行者的出行选择有较大影响。

本节从安全、效率、舒适、社会和环境五个维度梳理了自动驾驶接驳出行中的关键风险要素,形成了自动驾驶接驳出行风险要素知识库,如表 11-1 所列。

表 11-1　　　　　　　　　　　　　风险态度量表

类别	风险要素
安全	黑客入侵*;设备或系统故障*;隐私泄露*;交互适应性*;应急管理表现*;恶劣天气与不良地形;主观感知安全*
效率	感知有用性*;感知易用性*;延误;可获得性;电力性能
舒适	享乐动机*;心理所有权*;共享舒适性*;行驶舒适性;室内环境舒适性
社会	社会影响*;法律责任*;伦理道德*;失业问题*;机器依赖性*
环境	绿色出行态度;能源消耗

注: * 表示该类要素为自动驾驶接驳场景下关注的新兴风险要素。

11.3 交通新模式出行风险态度表征方法

11.3.1 表征方法构建总体流程

图 11-1 给出了交通新模式出行风险态度表征方法构建的总体流程,其中包括三个重要部分为:风险态度问卷设计、数据采集与预处理和效度与信度分析。风险态度问卷设计部分主要包括:确定研究问题与调查目的、说明页设计和风险态度量表问卷设计。其中,风险态度量表问卷设计需综合关键风险要素与相关领域研究,围绕传统交通出行、新兴技术与自动驾驶接驳三个重点进行陈述及设计。数据采集与预处理部分主要包括调查方法确定、最小样本量确定及数据预处理。在效度与信度分析部分,通过探索性因子对采集数据进行迭代检验,并参考信度分析、因子可解释性等进行微调,最终确定风险态度表征方法。

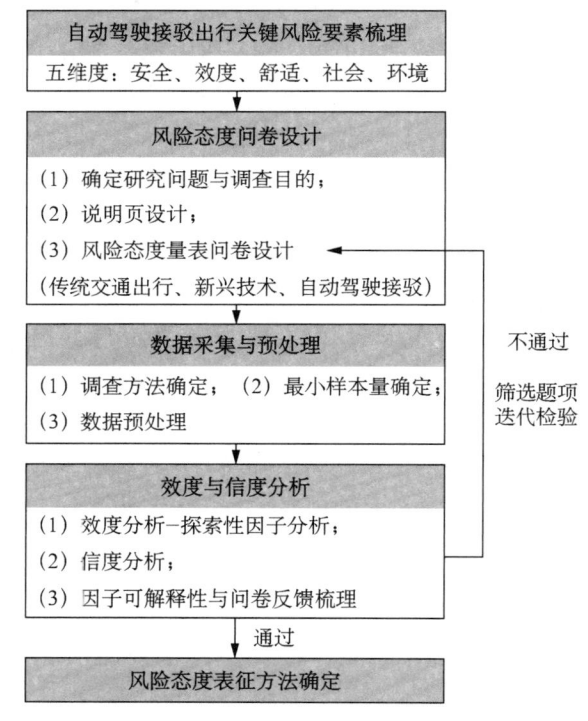

图 11-1 交通新模式出行风险态度表征方法构建总体流程

11.3.2 风险态度问卷设计

1. 研究问题与调查目的确定

研究问题:假设自动驾驶接驳巴士已经完成测试,可开展运营,容量 8~12 人,定义场景为从居住地到附近地铁站的通勤接驳。

调查目的：获取出行者在通勤接驳出行过程中，自动驾驶接驳巴士的出行风险态度数据。

2. 说明页设计

问卷说明页介绍了调查目的、调查场景和调查单位等信息，并阐述了自动驾驶接驳巴士的出行特点与乘车操作流程，这使得被调查者在问卷填写前能更清晰地了解调查所涉及的对象，从而提高问卷填写质量。

问卷调查中设置自动驾驶接驳巴士具有"两非两短""新颖舒适"的特点。"两非"指非固定班次与非固定站点。其中，非固定班次指自动驾驶接驳巴士凭借"自动化"的优势，可实现24小时预约；非固定站点指出行者在道路条件允许的情况下，可根据需求动态地选择上/下车位置。"两非"的特点打破了传统公交固定班次、固定站点的局限性。"两短"指步行时间短与等待时间短。由于具有非固定站点的特点，出行者可以自行选择最近的上/下车位置，从而减少步行时间。同时，自动驾驶接驳巴士能够"网联化"，可通过优化调度算法来减少出行者的等待时间、提升行程时间的可靠性。"两短"的特点突出了自动驾驶接驳巴士实现"点"到"点"接驳的便利性。"新颖舒适"指自动驾驶接驳巴士出行方式新颖且座位宽松舒适。

乘车操作流程主要包括以下步骤：①手机预约上/下车位置、接驳时间与座位；②步行至预约上车点；③等待自动驾驶接驳巴士到达；④出行者上车并用手机支付费用，同时自动驾驶接驳巴士根据既定规则接送其他乘客；⑤到达预约下车点。图11-2给出了说明页设计示意图。

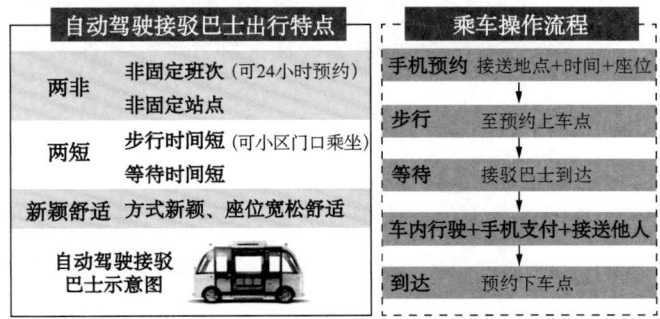

图 11-2　说明页设计示意

3. 风险态度量表问卷设计

风险态度解析采用李克特量表问卷表征方法。李克特量表可以表征不同的风险要素以及较好地区分被调查者的风险态度差异,且容易阅读填写、易于调查实施。

参考心理学中成熟风险态度问卷[44,45]及自动驾驶态度调查问卷[9,12,22,24,46]的陈述形式,在设计问卷时,考虑五方面因素:①量表问卷设计能充分反映安全、效率、舒适、社会与环境五个维度关键风险要素的影响,并在五个维度外增设总体风险态度题项;②参考现有问卷陈述形式,量表在陈述题项时着眼于传统交通出行、新兴技术及自动驾驶接驳三个重点,而不仅仅局限于对自动驾驶接驳巴士的描述;③采用5级李克特量表的形式,即让被调查者判断各题项与自身看法的符合程度,在"完全不符合-基本不符合-中立-基本符合-完全符合"这5级中勾选;④为了提升问卷填写质量,问卷设计时保证所有题项的陈述方向不一致,如针对部分题项,越符合表示态度越激进,针对另一部分题项,越符合则表示态度越保守;⑤控制总题项以提升问卷的实施可行性,并设置验证性问题用于筛选有效问卷。

11.3.3 数据采集与预处理

1. 调查方法确定

通过问卷调查的形式采集风险态度数据。调查分为预调查与正式调查。通过线下一对一访谈的方式开展预调查,整理不同群体对题项陈述的反馈建议。通过线上电子问卷开展正式调查,考虑被调查者对自动驾驶了解程度的样本均衡,选择不同群体调查对象发放问卷。

2. 最小样本量确定

基于量表问卷的形式,考虑信度分析、效度分析等问卷分析方法,确定样本量最好为量表题项数的5倍及以上。当样本量达到量表题项数10倍时,结果更具可靠性和稳定性。当题项间的相关性越小,或是题项数越多,则需要的样本量就越大[47]。不考虑验证性问题的影响,问卷调查最小样本量为180。

3. 数据预处理

风险态度调查共采集问卷421份。为提升问卷分析质量,需进行数据预处理来筛选出有效问卷。其一,剔除填写时间过短的问卷(小于90 s),即认为对自动驾驶非常熟悉的被调查者在90 s内也难以完成问卷填写;其二,剔除风险态度验证性问题不通过的样本,即认为被调查者在填写过程中没有仔细阅读和思考。数据预处理后,共得到274份有效问卷,符合最小样本量要求。表11-2给出了个人属性统计结果。

表 11-2　　　　　　　　　　　　个人属性统计结果

个人属性		百分比	个人属性		百分比
性别	男	51%	年龄	18岁以下	0
	女	49%		18~25岁	32%
受教育程度	本科以下	19%		26~30岁	24%
	本科	43%		31~40岁	23%
	硕士	32%		41岁及以上	21%
	博士	6%	职业	政府、企事业单位党政机关等领导者	6%
公交频次	从不	5%		专业技术人员	39%
	一周1~2次	48%		职员	17%
	一周3~4次	28%		产业工人	1%
	几乎每天	19%		私营企业主	1%
对自动驾驶了解程度	完全没听过	1%		失业或其他	0
	听过但不熟悉	31%		服务人员	3%
	有一点了解	37%		学生	19%
	比较了解	21%		商务人员	4%
	非常熟悉	10%		农林牧渔业	0
—	—	—		离退休人员	3%
—	—	—		其他	7%

11.3.4　效度与信度分析

确定风险态度表征方法,即评价在自动驾驶接驳出行场景中,选取哪些题项可以更好地反映被调查者的风险态度。通常采用效度(validity)分析与信度(reliability)分析的方法来筛选合适的题项。效度主要针对问卷设计者,用来评价量表的准确度、有效性和正确性,意在反映问卷是否有效地调查出了它所表达的内容。信度又称可靠性,主要针对问卷填写者,用来评价量表的精确性、稳定性和一致性,即反映问卷的结果是否可靠、被调查者有没有真实作答。

为确定风险态度的表征方法,重点通过探索性因子分析的方法来解析量表的结构效度,并辅以信度分析、因子结构的可解释性综合判断,最终确定表征方法。在探索性因子分析中,基于主成分分析与特征值大于1的原则提取公因子,并基于最大方差法输出旋转后的成分矩阵,并通过KMO值(Kaiser-Meyer-Olkin)及Bartlett's球形检验、反映像矩阵MSA值(Measures of Sampling Adequacy,取样适当性量数)、公因子方差、累积总方差解释率、旋转后的成分矩阵[47]等几个评价指标筛选出有效题项。对初始量表中18个题项进行探索性因子分析,逐项剔除不满足评价指标标准的题项,再次进行探索性因子分析,循环迭代直至满足所有评价指标标准,并参考信度分析、因子可解释性和调查反馈结果进行题项微调,最终确定风险态度表征方法,构建流程如图11-3所示。

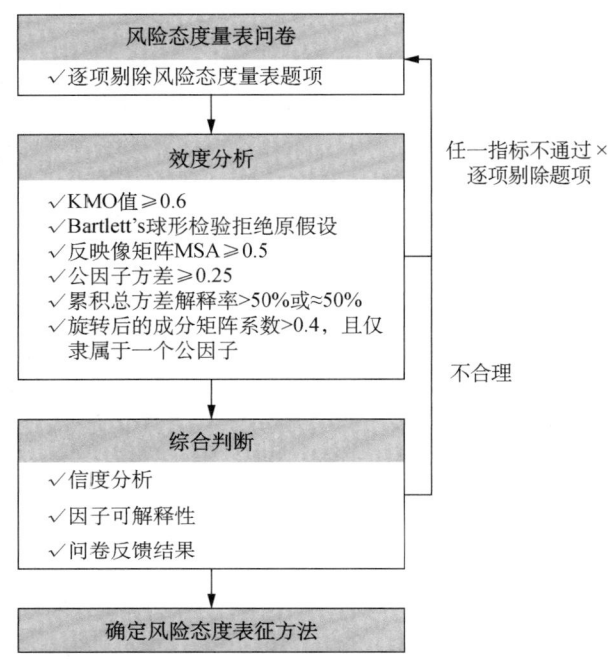

图 11-3　表征方法构建流程

11.3.5　风险态度表征方法确定与内涵解析

基于分析结果共提取出3个公因子,KMO值为0.744,Bartlett's球形检验拒绝原假设,其余指标均符合标准。表11-3确定了风险态度表征方法,采用5级李克特量表("完全不符合-基本不符合-中立-基本符合-完全符合")的形式,其中编号Q1与Q10互为验证性问题,用于筛选有效样本,在分析时以Q10表征出行者对尝试新路径的态度。

表 11-3　　　　　　　　　　　风险态度量表问题

因子	编号	风险态度描述
验证	Q1	出行途中如果遇到堵车,我通常不会想去尝试其他不熟悉的新路径
自动驾驶技术	Q2	只有当自动驾驶涉及的伦理道德问题完全被解决,我才会选择自动驾驶接驳巴士
	Q3	如果我周围的人都对新技术持反对态度,我也不会去尝试

(续表)

因子	编号	风险态度描述
自动驾驶技术	Q4	我担心个人信息被过多获取,因此即便自动驾驶接驳巴士非常便利,我也不会选择
	Q5	我很容易担心自动驾驶接驳巴士难以满足我的个性化出行需求
	Q6	只要我感觉新技术不安全,无论多便利我都不会选择
出行舒适性	Q7	和陌生人一起拼车,我很容易感到不舒服
	Q8	我更享受自己开车的乐趣,因此我对选择自动驾驶接驳巴士持谨慎态度
	Q9	尽管偶有出现设备故障、网络安全等问题,但为了享受自动驾驶接驳巴士的灵活预约服务,我会选择这种方式
尝试新事物	Q10	在出行过程中,我会尝试不熟悉的新路径来避开当前的拥堵路段
	Q11	我愿意尝试使用一款全新的App

在自动驾驶接驳巴士出行场景中,提炼出三类风险态度:对自动驾驶技术的风险态度、对交通出行舒适性的风险态度、冒险尝试新事物的态度[48]。

(1) 自动驾驶技术风险态度。自动驾驶技术风险态度被定义为因考虑自动驾驶新兴技术的不确定消极影响,出行者在选择自动驾驶接驳出行时的心理状态。自动驾驶新兴技术的不确定消极影响主要包括隐私泄露、主观感知安全、感知有用性、社会影响和伦理道德这五个风险要素的影响,即受这些要素影响,出行过程可能会发生不确定的安全、效率和社会问题,进而影响出行者的选择。

(2) 出行舒适风险态度。出行舒适风险态度被定义为因考虑出行过程中可能发生的不舒适事件,出行者在选择自动驾驶接驳出行时的心理状态。这里的不舒适事件是指由共享舒适性、享乐动机和车辆可获得性造成的出行体验降低,出行者可能会担心这些风险要素的不确定消极影响,从而产生不同的选择行为意图。

(3) 尝试新事物风险态度。尝试新事物风险态度被定义为出行者愿意冒险尝试新事物的态度,尽管新事物可能会带来不确定的消极影响。这里的新事物通过选择新的出行路径和尝试新的 App 两个场景来表征,与出行场景及自动驾驶接驳预约有关。

11.4 交通新模式出行选择行为建模分析方法

11.4.1 出行行为数据获取方法

自动驾驶接驳巴士这种新型交通方式目前尚未完全投入运营使用,因此考虑采用 SP 调查方法来采集自动驾驶接驳出行行为数据。

1. SP 问卷设计

采用 SP 调查方法需进行问卷设计,主要包括以下四个步骤。

1) 研究问题及调查目的确定

本调查旨在获取出行者在从家到附近地铁站的通勤接驳过程中,面对传统公交和自动驾驶接驳巴士这两种交通方式时的选择行为数据,进而分析出行者的选择行为规律,从而为自动驾驶接驳巴士的规划设计与运营管理提供参考。

2) 属性及其水平值确定

影响自动驾驶接驳巴士出行选择的因素有很多,主要包括行程时间、出行费用和步行时间等。为突显自动驾驶接驳巴士可靠、舒适的特点,本研究最终考虑步行时间、行程时间、行程时间可靠度、出行费用和车内拥挤程度五个属性进行 SP 问卷设计。为了获得出行者对属性的感知差异,对属性的水平数和取值进行设定,如表 11-4 所列。

表 11-4 属性及其水平值设计

接驳方式	属性	水平数(水平)
自动驾驶接驳巴士	步行时间/min	3(1, 3, 5)
	行程时间均值/min	3(8, 10, 12)
	行程时间可靠度/min	3(1, 2, 3)
	出行费用/元	3(5, 7, 9)
	车内拥挤程度/(人·m^{-2})	1(0)
传统公交	步行时间/min	3(3, 5, 8)
	行程时间均值/min	3(11, 14, 17)
	行程时间可靠度/min	3(2, 4, 6)
	出行费用/元	2(1, 2)
	车内拥挤程度/(人·m^{-2})	3(0, 3, 6)

3) 试验设计方法选择

在常用的部分因子设计中,正交设计是以属性水平的正交性为原则,设计出相互独立、不重复且有代表性的属性组合,具有"均匀分散、整齐可比"的特性。正交设计保证了属性之间相关性为 0,能够避免属性之间多重共线性问题导致的模型标定结果错误,且有效减少了全因子设计需要的场景数。然而,较多的属性及水平数会导致属性组合场景数量明显增加,从而难以有效地实施调查及分析数据。正交设计中的"整齐可比"特性使得场景数量增加,但均匀设计不考虑这一特点,而是让属性水平充分"均匀分散",故所需场景数较少,从而弥补了正交设计的不足,数据代表性较强。然而,从行为信息获取角度来看,正交设计、均匀设计并不是最有效的方式,在 SP 问卷中可能出现某个选项比另一个选项显著更好的情况。相较而言,有效设计在发挥正交设计、均匀设计优势的同时,提升了问卷设计的效率以及数据采集的有效性。因此,本调查采用有效设计中的 D-efficient 有效试验设计方法来进行 SP 场景组合设计。

4) 问卷表现形式设计

参考国内外研究结果,本调查中针对行程时间可靠度指标,采用柱状图分布与时间范围相结合的形式,并给出了简洁清晰的可靠度解释说明。针对车内拥挤程度指标,采用文字与图形相结合的形式。最终形成的正式问卷包括五部分:说明页、风险态度问卷、SP 调查场景说明、SP 场景选择问卷和个人属性问卷。

2. 问卷采集与数据预处理

1) 问卷采集

本调查采用预调查与正式调查结合的方式。考虑到问卷内容的创新性,故采取线下一对一采集方式可以更好地向被调查者解释问卷中难以理解的部分并及时答疑解惑,然而线下调查成本较高;线上发放问卷具有受众广、发放率高、实施方便等优势,但难以保证被调查者完全理解问卷或出现胡乱填写的情况。综合考虑,本调查采取线上线下相结合的方式。调查对象的选择则综合考虑了"对自动驾驶了解程度""接驳经历差异""基本个人属性"这三方面的相对均衡。

2) 数据预处理

正式分析前需进行问卷数据录入与预处理,从而筛选出有效问卷,以保证问卷质量与分析结果的可靠性。针对线上电子问卷,一是剔除填写时间过短(小于 120 s)的问卷;二是剔除风险态度验证性问题不通过的样本或对同一维度问题作答差异较大的样本。针对线下纸质问卷,一是与线上电子问卷类似,剔除风险态度验证性问题不通过的样本或对同一维度问题作答差异较大的样本;二是剔除选项存在缺失的样本,这主要体现在被调查者认为收入、是否有私家车等问题存在一定的敏感性而拒绝填写。

最终获取有效问卷 659 份(线上 420 份,线下 239 份),SP 问卷共计 3 954 条记录(线上 2 520 条选择记录,线下 1 434 条选择记录),满足最小样本量要求。

11.4.2 风险态度分析方法

1. 总体分析流程

本节重点分析自动驾驶接驳出行场景中的出行者风险态度特征。其一,通过宏观描述统计方法分析出行者对三类风险的态度以及对各个风险要素的态度。其二,针对自动驾驶技术风险态度和出行舒适风险态度构建结构方程模型,解析两类风险态度与性别、年龄等个人属性的关系,挖掘出影响出行者风险态度的关键属性。其三,基于出行选择数据,将所有出行者分为三类:仅选择自动驾驶接驳巴士、仅选择传统公交和无明显倾向,运用非参数检验方法对比仅选择自动驾驶接驳巴士和仅选择传统公交这两类出行者的风险态度差异。

2. 风险态度宏观描述统计

图 11-4 给出了三类风险态度因子量表统计结果,可以看出,出行者对自动驾驶技术风险和出行舒适风险持中立态度,但对尝试新事物风险呈中立偏激进态度。在自动驾驶接驳出行场景中,出行者最担忧自动驾驶技术风险带来的负面影响,其次是出行舒适风险。不过,出行者也可能愿意为新事物去做尝试。

另外,分析 10 个风险要素的影响,从图 11-4 可以看出出行者整体持中立态度,但对不同风险要素影响的态度差异较大。出行者对主观感知安全持最保守态度,即最担忧主观感知安全风险带来的负面影响,之后依次是伦理道德、可获得性、感知有用性和共享舒适性;出行者对享乐动机、社会影响和隐私泄露问题持中立偏激进态度。与风险态度因子结论相似,出行者愿意尝试选择新路径和使用新 App,也更能承担由于尝试新事物所带来的风险后果。

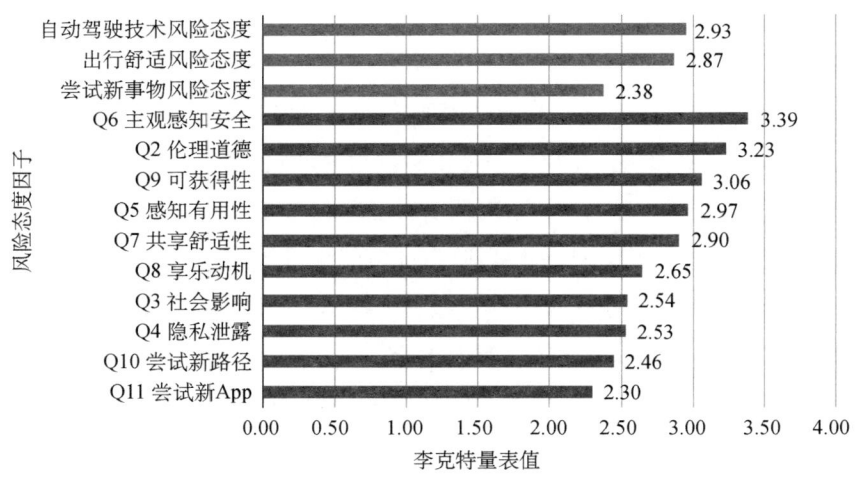

图 11-4 风险态度量表统计结果

3. 基于潜变量的风险态度分析

1) 自动驾驶技术风险态度

如表 11-3 所列,通过信度分析剔除反馈质量较差的题项,最终将 Q2,Q3,Q4 和 Q6 作为测量方程来表征自动驾驶技术风险态度,所构建的结构方程见式(11-1)。

11 自动驾驶交通新模式出行风险管理

$$RISK_{AV} = \beta_{AV} + \beta_{gender} \times gender + \beta_{knowAV} \times knowAV + \\ \beta_{education} \times education + \beta_{pt2work} \times pt2work + \\ \beta_{owncar} \times owncar + \beta_{family} \times family \tag{11-1}$$

式中 $RISK_{AV}$ ——自动驾驶技术风险态度潜变量；

β_{AV} ——常数项；

$gender$ ——性别；

$knowAV$ ——对自动驾驶的了解程度；

$education$ ——受教育程度；

$pt2work$ ——公共交通通勤频次；

$owncar$ ——家庭有无私家车；

$family$ ——家庭人口数；

β_{gender}，β_{knowAV}，$\beta_{education}$，$\beta_{pt2work}$，β_{owncar}，β_{family} ——待估计的参数。

采用 Python 的 Biogeme 库进行结构方程模型的参数估计，表 11-5 给出了变量解释及参数估计结果。

表 11-5 自动驾驶技术风险态度模型变量解释及参数估计结果

变量	属性	0-1 变量分类解释	参数	估计值	t-test
$gender$	性别	0—男性；1—女性	β_{gender}	0.187***	3.47
$knowAV$	对自动驾驶的了解程度	0—从未听过＋听过但不熟悉；1—有一点了解＋比较了解＋非常熟悉	β_{knowAV}	−0.091**	−1.99
$education$	受教育程度	0—本科以下；1—本科及以上	$\beta_{education}$	−0.346***	−4.17
$pt2work$	公共交通通勤频次	0——周 2 次及以下；1——周 3 次及以上	$\beta_{pt2work}$	−0.11**	−2.24
$owncar$	家庭有无私家车	0—否；1—是	β_{owncar}	−0.087 9**	−1.99
$family$	家庭人口数	0—1~2 人；1—3 人及以上	β_{family}	0.189***	2.98

注：(1) *** 表示显著性水平为 0.01，** 表示显著性水平为 0.05，* 表示显著性水平为 0.1。
(2) 估计值为正表示风险态度更保守。

结果表明，性别、对自动驾驶的了解程度、受教育程度、公共交通通勤频次、家庭有无私家车和家庭人口数都是影响自动驾驶技术风险态度的关键属性。其中，女性、家庭人口数较多的群体对自动驾驶技术持保守态度；对自动驾驶较为了解、受教育程度较高、公共交通通勤频次较多、家庭有私家车的出行者对自动驾驶技术持积极态度，更愿意选择自动驾驶。

2) 出行舒适性风险态度

如表 11-3 所列,通过信度分析剔除反馈质量较差的题项,考虑研究问题为两种无须个人驾驶的接驳方式,不考虑 Q8 享乐动机的影响,确定 Q7 作为测量方程来表征自动驾驶技术风险态度,所构建的结构方程见式(11-2)。

$$RISK_{comfort} = \beta_{comfort} + \beta_{education} \times education + \beta_{pt2work} \times pt2work \tag{11-2}$$

式中 $RISK_{comfort}$ ——出行舒适风险态度潜变量;

$\beta_{comfort}$ ——常数项;

$education$ ——受教育程度;

$pt2work$ ——公共交通通勤频次;

$\beta_{education}$、$\beta_{pt2work}$ ——待估计的参数。

采用 Python 的 Biogeme 库进行结构方程模型的参数估计,表 11-6 给出了变量解释及参数估计结果。

表 11-6　　　　　出行舒适风险态度模型变量解释及参数估计结果

变量	属性	0-1 变量分类解释	参数	估计值	t-test
$education$	受教育程度	0—本科以下; 1—本科及以上	$\beta_{education}$	-0.25^{**}	-2.19
$pt2work$	公共交通通勤频次	0—一周 2 次及以下; 1—一周 3 次及以上	$\beta_{pt2work}$	-0.154^{*}	-1.79

注:(1) *** 表示显著性水平为 0.01,** 表示显著性水平为 0.05,* 表示显著性水平为 0.1。
(2) 估计值为正,表示风险态度更保守。

结果表明,受教育程度和公共交通通勤频次均是影响出行舒适风险态度的关键属性。受教育程度越高的群体,出行舒适风险态度越激进,即并不倾向于自己开车出行。这可能是由于与受教育程度相对低的群体相比,其具有更丰富的教育经历,出行容忍性更高,相对来说对共享出行、环境友好等理念的接受度就更高。公共交通通勤频次越低的群体,对出行舒适风险态度越保守,即并不倾向于共享形式。这可能是由于该群体经过长期通勤形成了一定的习惯。

4. 基于行为意图的风险态度分析

在 659 份有效样本中,92 位被调查者(约 14%)仅选择自动驾驶接驳巴士,113 位被调查者(约 17%)仅选择传统公交,454 位被调查者(约 69%)则表现出无明显倾向性。表 11-7 给出了个人属性统计结果。

11 自动驾驶交通新模式出行风险管理

表11-7 个人属性统计结果(659份有效样本)

个人属性	性别		有驾照		有私家车		对自动驾驶了解程度				通勤时间				
	男	女	是	否	是	否	完全没听过	听过但不熟悉	有一点了解	比较了解	非常熟悉	20 min以内	20~40 min	40~60 min	60~80 min	超过80 min
百分比	55%	45%	81%	19%	62%	38%	1%	41%	35%	17%	6%	49%	27%	13%	7%	4%

个人属性	月收入					受教育程度				公交频次				开车频次				
	3 000元以下	3 000~6 000元	6 000~10 000元	10 000~20 000元	20 000元以上	本科以下	本科	硕士	博士	从不	一周1~2次	一周3~4次	几乎每天	从不	一周1~2次	一周3~4次	几乎每天
百分比	21%	20%	26%	24%	9%	15%	43%	36%	6%	30%	34%	14%	22%	64%	13%	6%	17%

个人属性	年龄					家庭人口			交通补贴			
	18岁以下	18~25岁	26~30岁	31~40岁	41~50岁	50岁以上	1~2人	3~4人	5人及以上	无	有一定补贴	补贴充足
百分比	0	45%	24%	16%	8%	7%	18%	65%	17%	68%	27%	5%

个人属性	职业							
	政府、企事业单位、党政机关等领导者	专业技术人员	职员	产业工人	私营企业主	商务人员	农林牧渔业	服务人员	离退休人员	学生	失业或其他
百分比	5%	31%	20%	4%	1%	4%	0	2%	3%	25%	5%

采用非参数检验中的 Mann-Whitney U 检验方法对比仅选择自动驾驶接驳巴士和仅选择传统公交这两类出行者的风险态度差异，结果如表 11-8 所列。

表 11-8　　　　　　　　基于不同行为意图类别的风险态度差异分析

题项	题项平均得分（分数越大越保守）		显著性
	偏好自动驾驶接驳	偏好传统公交	
Q2 伦理道德	3.23	3.47	0.128
Q3 社会影响	2.40	2.84	**0.005*****
Q4 隐私泄露	2.35	2.70	**0.021****
Q5 感知有用性	2.62	3.17	**0.000*****
Q6 主观感知安全	2.91	3.58	**0.000*****
自动驾驶技术风险态度	**2.70**	**3.15**	**0.000*****
Q7 共享舒适性	2.84	2.93	0.525
Q8 享乐动机	2.66	2.84	0.291
Q9 可获得性	3.32	2.83	**0.000*****
出行舒适风险态度	**2.94**	**2.87**	0.428
Q10 尝试新路径	2.43	2.60	0.221
Q11 尝试新 App	2.28	2.45	0.223
尝试新事物风险态度	**2.36**	**2.53**	0.143

注：*** 表示显著性水平为 0.01，** 表示显著性水平为 0.05，* 表示显著性水平为 0.1。

如表 11-8 所列，与偏好自动驾驶接驳的出行者相比，偏好传统公交的出行者在自动驾驶技术风险方面持显著的保守态度。除伦理道德风险要素以外，表征自动驾驶技术风险态度的各项要素均呈现出显著差异。在出行舒适风险态度中，偏好自动驾驶接驳的出行者显著更加保守，即对于可获得性、可灵活预约车辆的要求较高。而两类出行者在尝试新事物风险态度上未有明显差异，整体都愿意尝试新鲜事物。

11.4.3　风险态度对出行行为的影响分析与建模

1. 总体分析流程

本节基于离散选择模型中的 ICLV 模型，通过构建多组效用方程，解析自动驾驶技术风险态度、出行舒适风险态度对出行行为决策的影响。假设自动驾驶技术风险态度解释了出行者对自动驾驶接驳巴士、传统公交方式自身特点的考虑，与时间、费用等属性水平无关，因此在构建效用方程时，风险态度作为时间、费用的并列项。针对出行舒适风险态度，一方面与自动驾驶技术风险态度的假设相同,作为并列项放入效用方程;另一方面,假设出行舒适风险态度解释了出行者对自动驾驶接驳巴士与传统公交方式的行程时间、步行时间、车内拥挤程度和费用属性的考虑,即不同的出行舒适风险态度会影响出行者对不同方式属性的感知,进而影响其方式选择,因此在原效用方程各属性中加上潜变量交叉项进行建模分析。ICLV 模型框架如图 11-5 所示。

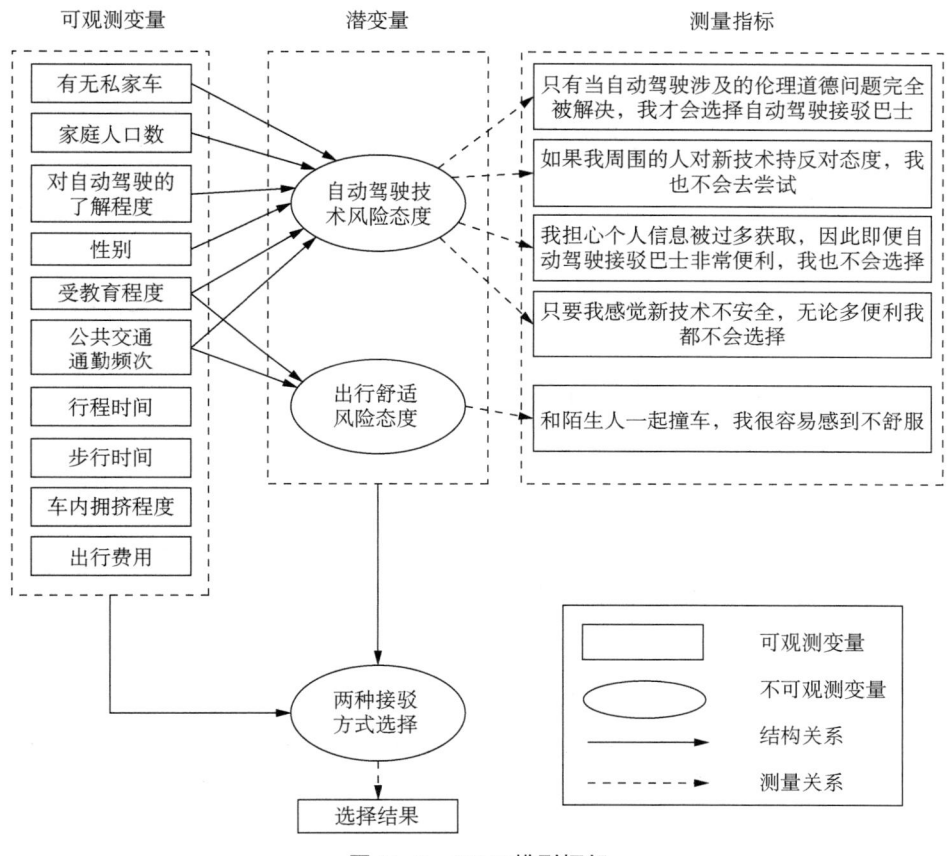

图 11-5 ICLV 模型框架

2. 结果分析

以 Log-likelihood、Adjusted R^2 和模型可解释性为指标,对比多组 ICLV 模型,选择较佳的模型开展进一步分析。式(11-3)、式(11-4)给出了最佳 ICLV 模型的效用方程。

$$U_{\text{BUS}} = \beta_{\text{tt}_{\text{BUS}}} \times tt + \beta_{\text{walk}_{\text{BUS}}} \times walk + \beta_{\text{crowd}_{\text{BUS}}} \times crowd + \beta_{\text{cost}} \times cost + const \quad (11\text{-}3)$$

$$\begin{aligned} U_{\text{AV}} = &\beta_{\text{tt}_{\text{AV}}} \times tt + \beta_{\text{walk}_{\text{AV}}} \times walk + \beta_{\text{crowd}_{\text{AV}}} \times crowd + \beta_{\text{cost}} \times cost + \\ &\beta_{\text{RISK1}_{\text{AV}}} \times RISK_{\text{AV}} + \beta_{\text{RISK2}_{\text{AV}}} \times RISK_{\text{comfort}} \end{aligned} \quad (11\text{-}4)$$

式中　U_{BUS} ——选择传统公交的效用；

U_{AV} ——选择自动驾驶接驳巴士的效用；

$RISK_{AV}$ ——自动驾驶技术风险态度潜变量；

$RISK_{comfort}$ ——出行舒适风险态度潜变量；

$\beta_{RISK1_{AV}}$ —— $RISK_{AV}$ 对选择自动驾驶接驳巴士的影响参数；

$\beta_{RISK2_{AV}}$ —— $RISK_{comfort}$ 对选择自动驾驶接驳巴士的影响参数；

tt ——行程时间；

$walk$ ——步行时间；

$crowd$ ——车内拥挤程度；

$cost$ ——费用；

$const$ ——常数项；

$\beta_{tt_{BUS}}$ ——传统公交行程时间参数；

$\beta_{walk_{BUS}}$ ——传统公交步行时间参数；

$\beta_{crowd_{BUS}}$ ——传统公交车内拥挤程度参数；

β_{cost} ——费用参数；

$\beta_{tt_{AV}}$ ——自动驾驶接驳巴士行程时间参数；

$\beta_{walk_{AV}}$ ——自动驾驶接驳巴士步行时间参数；

$\beta_{crowd_{AV}}$ ——自动驾驶接驳巴士车内拥挤程度参数。

结合结构方程模型结果，基于 Python 的 Biogeme 库，采用蒙特卡洛算法进行参数估计。表 11-9 给出了变量解释及参数估计结果。

表 11-9　　两个潜变量组合影响下 ICLV 模型变量解释及参数估计结果

变量	变量解释	参数	估计值
tt	行程时间	$\beta_{tt_{BUS}}$	−0.137***
		$\beta_{tt_{AV}}$	−0.157***
$walk$	步行时间	$\beta_{walk_{BUS}}$	−0.045 5**
		$\beta_{walk_{AV}}$	−0.123***
$crowd$	车内拥挤程度	$\beta_{crowd_{BUS}}$	−0.241***
		$\beta_{crowd_{AV}}$	0
$cost$	费用	β_{cost}	−0.285***
$const$	常数项	$const$	−0.52
$RISK_{AV}$	自动驾驶技术风险态度（潜变量）	$\beta_{RISK1_{BUS}}$	—
		$\beta_{RISK1_{AV}}$	**−0.302***

(续表)

变量	变量解释	参数	估计值
$RISK_{comfort}$	出行舒适风险态度（潜变量）	$\beta_{RISK2_{BUS}}$	—
		$\beta_{RISK2_{AV}}$	0.712***

注：*** 表示显著性水平为 0.01，** 表示显著性水平为 0.05，* 表示显著性水平为 0.1。

如表 11-9 所列，自动驾驶技术风险态度给出行者选择自动驾驶接驳巴士带来负效用，即越对自动驾驶技术持保守态度的出行者越不倾向于选择自动驾驶，该潜变量揭示了出行者对自动驾驶新兴技术中伦理道德、社会影响、隐私泄露和主观感知安全等风险要素的顾虑，与性别、对自动驾驶了解程度、受教育程度、公共交通通勤频次、家庭有无私家车和家庭人口数属性密切相关，反映了出行者在决策时对接驳方式自身特性的偏好；出行舒适风险态度给出行者选择自动驾驶接驳巴士带来了正效用，即越追求共享舒适性的出行者越愿意选择自动驾驶接驳巴士，该潜变量捕捉到了出行者对共享私密性、舒适体验的要求，与出行者的受教育程度、公共交通通勤频次密切相关，反映了出行者进行行为决策时对接驳方式自身特性的偏好。

11.4.4　小结

通过开展自动驾驶接驳出行选择行为的建模与分析，量化自动驾驶接驳出现风险态度潜变量，剖析风险态度与个人属性的关系，解析出行者风险态度对自动驾驶接驳出行选择行为的影响，可以得出以下结论：

（1）总体来看，出行者对自动驾驶技术风险持相对保守态度，但愿意冒险去尝试自动驾驶接驳巴士这一新型交通方式。针对不同风险要素，出行者对主观感知安全、伦理道德的态度更偏保守，即从主观上认为安全、伦理道德问题会对自动驾驶接驳出行产生负面影响；对于尝试新 App、尝试新路径这两个风险要素的态度更偏激进，即愿意去尝试新鲜事物。为提升自动驾驶接驳巴士的分担率，一方面，建议相关部门加强自动驾驶安全性模块的研发与维护，积极解决涉及到的伦理道德等问题；另一方面，建议从多渠道加强宣传与教育，积极开展商业试运营项目，引导不同群体公众参与，通过实际体验来提升公众对自动驾驶接驳出行的认知与信任。

（2）考虑自动驾驶技术与出行舒适风险态度潜变量组合影响，且两个潜变量均反映出行者对接驳方式自身特性的偏好时，研究表明风险态度对自动驾驶接驳出行选择行为产生显著影响。其中，自动驾驶技术风险态度潜变量对自动驾驶接驳巴士选择产生显著负向影响，表明对自动驾驶技术持保守态度的出行者倾向于不选择自动驾驶接驳；出行舒适风险态度潜变量对自动驾驶接驳巴士选择产生显著正向影响，表明追求共享舒适性的出行者更愿意选择自动驾驶接驳巴士。在开展新型交通方式出行行为解析时,应充分考虑新型交通方式所带来的风险对选择行为的影响。

（3）就对自动驾驶了解程度低、受教育程度低、公共交通通勤频次低、无私家车、女性、家庭人口数多的出行者而言,其对于自动驾驶技术风险态度相对更保守,更在意自动驾驶接驳出行中涉及到的伦理道德、社会影响、隐私泄露、主观感知安全等技术风险带来的负面影响。就受教育程度低、公共交通通勤频次低的出行者而言,其对于出行舒适风险态度相对更保守,更追求出行过程中的共享舒适性。因此,在自动驾驶接驳巴士的规划设计与运营管理过程中,应考虑不同出行群体风险态度差异的影响,并采取有针对性的措施。例如,增设女性专用小巴,通过加强安全防护措施来增强女性出行者对自动驾驶技术的信心;针对不同出行目的或公交通勤频次的个性化出行需求,设计不同类型的车身容量,以拓宽车内私密空间,提升共享舒适体验。

（4）与传统公交相比,自动驾驶接驳巴士的行程时间价值、步行时间价值相对更高,表明出行者对自动驾驶接驳巴士可以灵活预约、非固定站点服务特性的期待。同时,自动驾驶接驳巴士的行程时间价值大于步行时间价值,表明即便在接驳场景中,出行者也更关注车内的行程时间。因此,建议在自动驾驶接驳出行调度规划中重点体现自动驾驶接驳巴士非固定站点、步行时间短等优势,从而发挥出其灵活预约服务特性的效用。

参考文献

［1］陆锡明.亚洲城市交通模式［M］.上海：同济大学出版社，2009.

［2］新华社.中共中央 国务院印发《交通强国建设纲要》［EB/OL］.［2019-09-19］.http://www.gov.cn/zhengce/2019-09/19/content_5431432.htm.

［3］中国电动汽车百人会.自动驾驶应用场景与商业化路径（2020）［EB/OL］.［2020-10-02］.https://max.book118.com/html/2020/1002/5232024041003003.shtm.

［4］搜狐.自动驾驶商业化应用研究［EB/OL］.［2019-02-21］.https://www.sohu.com/a/296247431_560178.

［5］HABOUCHA C J，ISHAQ R，SHIFTAN Y. User preferences regarding autonomous vehicles［J］. Transportation Research Part C：Emerging Technologies，2017，78：37-49.

［6］梁亚林.考虑合乘的共享自动驾驶汽车选择行为分析［D］.大连：大连理工大学，2019.

［7］HILLSON D，MURRAY-WEBSTER R. Understanding and managing risk attitude［C］//Proceedings of the 7th Annual Risk Conference，2004.

[8] BANSAL P, KOCKELMAN K M, SINGH A. Assessing public opinions of and interest in new vehicle technologies: an Austin perspective[J]. Transportation Research Part C: Emerging Technologies, 2016, 67: 1-14.

[9] HULSE L M, XIE H, GALEA E R. Perceptions of autonomous vehicles: Relationships with road users, risk, gender and age[J]. Safety Science, 2018, 102: 1-13.

[10] 杨洁, 沈梦洁. 中国自动驾驶汽车消费市场接受度调查[J]. 长安大学学报(社会科学版), 2017, 19(6): 34-42.

[11] KÖNIG M, NEUMAYR L. Users' resistance towards radical innovations: the case of the self-driving car[J]. Transportation research part F: Traffic Psychology and Behaviour, 2017, 44: 42-52.

[12] 杨润. 高度自动与完全自动驾驶汽车的公众接受度研究[D]. 天津: 天津大学, 2018.

[13] PIAO J N, MCDONALD M, HOUNSELL N, et al. Public views towards implementation of automated vehicles in urban areas[J]. Transportation Research Procedia, 2016, 14: 2168-2177.

[14] ACHEAMPONG R A, CUGURULLO F. Capturing the behavioural determinants behind the adoption of autonomous vehicles: Conceptual frameworks and measurement models to predict public transport, sharing and ownership trends of self-driving cars[J]. Transportation research part F: Traffic Psychology and Behaviour, 2019, 62: 349-375.

[15] PANAGIOTOPOULOS I, DIMITRAKOPOULOS G. An empirical investigation on consumers' intentions towards autonomous driving[J]. Transportation research part C: Emerging Technologies, 2018, 95: 773-784.

[16] LIU N, NIKITAS A, PARKINSON S. Exploring expert perceptions about the cyber security and privacy of connected and autonomous vehicles: a thematic analysis approach[J]. Transportation research part F: Traffic Psychology and Behaviour, 2020, 75: 66-86.

[17] NAZARI F, NORUZOLIAEE M, MOHAMMADIAN A K. Shared versus private mobility: Modeling public interest in autonomous vehicles accounting for latent attitudes[J]. Transportation Research Part C: Emerging Technologies, 2018, 97: 456-477.

[18] YAP M D, CORREIA G, VAN AREM B. Preferences of travellers for using

automated vehicles as last mile public transport of multimodal train trips[J]. Transportation Research Part A: Policy and Practice, 2016, 94:1-16.

[19] HOLSTEIN T, DODIG-CRNKOVIC G, PELLICCIONE P. Ethical and social aspects of self-driving cars[J]. arXiv:1802.04103, 2018.

[20] BERNHARD C, OBERFELD D, HOFFMANN C, et al. User acceptance of automated public transport: valence of an autonomous minibus experience[J]. Transportation research part F: Traffic Psychology and Behaviour, 2020, 70: 109-123.

[21] GURUMURTHY K M, KOCKELMAN K M. Modeling Americans' autonomous vehicle preferences: a focus on dynamic ride-sharing, privacy & long-distance mode choices[J]. Technological Forecasting and Social Change, 2020, 150.

[22] DEB S, STRAWDERMAN L, CARRUTH D W, et al. Development and validation of a questionnaire to assess pedestrian receptivity toward fully autonomous vehicles [J]. Transportation research part C: Emerging Technologies, 2017, 84:178-195.

[23] SALONEN A O. Passenger's subjective traffic safety, in-vehicle security and emergency management in the driverless shuttle bus in Finland[J]. Transport Policy, 2018, 61:106-110.

[24] LEE J, LEE D, PARK Y, et al. Autonomous vehicles can be shared, but a feeling of ownership is important: examination of the influential factors for intention to use autonomous vehicles[J]. Transportation Research Part C: Emerging Technologies, 2019, 107:411-422.

[25] 黄浩. 基于扩展计划行为理论的自动驾驶汽车方式选择行为研究[D]. 镇江: 江苏大学, 2019.

[26] HA T, KIM S, SEO D, et al. Effects of explanation types and perceived risk on trust in autonomous vehicles[J]. Transportation research part F: Traffic Psychology and Behaviour, 2020, 73:271-280.

[27] ZHANG T R, TAO D, QU X D, et al. The roles of initial trust and perceived risk in public's acceptance of automated vehicles[J]. Transportation research part C: Emerging Technologies, 2019, 98:207-220.

[28] MADIGAN R, LOUW T, DZIENNUS M, et al. Acceptance of Automated Road Transport Systems (ARTS): an adaptation of the UTAUT model[J]. Transportation Research Procedia, 2016, 14: 2217-2226.

[29] MADIGAN R, LOUW T, WILBRINK M, et al. What influences the decision to use automated public transport? Using UTAUT to understand public acceptance of automated road transport systems[J]. Transportation research part F: Traffic Psychology and Behaviour, 2017, 50: 55-64.

[30] NORDHOFF S, DE WINTER J, MADIGAN R, et al. User acceptance of automated shuttles in Berlin-Schöneberg: a questionnaire study[J]. Transportation Research Part F: Traffic Psychology and Behaviour, 2018, 58:843-854.

[31] JING P, XU G, CHEN Y X, et al. The determinants behind the acceptance of autonomous vehicles: a systematic review[J]. Sustainability, 2020, 12(5):1-26.

[32] DAVIS F D. Perceived usefulness, perceived ease of use, and user acceptance of information technology[J]. MIS Quarterly, 1989, 13(3): 319-340.

[33] VENKATESH V, MORRIS M G, DAVIS D B, et al. User acceptance of information technology: toward a unified view[J]. MIS Quarterly, 2003, 27: 425-478.

[34] VENKATESH V, THONG J Y L, XU X. Consumer acceptance and use of information technology: extending the unified theory of acceptance and use of technology[J]. MIS Quarterly, 2012, 36(1):157-178.

[35] WANG S C, JIANG Z Q, NOLAND R B, et al. Mondschein, Attitudes towards privately-owned and shared autonomous vehicles[J]. Transportation research part F: Traffic Psychology and Behaviour, 2020, 72: 297-306.

[36] PADDEU D, PARKHURST G, SHERGOLD I. Passenger comfort and trust on first-time use of a shared autonomous shuttle vehicle[J]. Transportation Research Part C: Emerging Technologies, 2020, 115.

[37] AJZEN I. The theory of planned behavior[J]. Organizational behavior and human decision processes, 1991, 50(2):179-211.

[38] LILJAMO T, LIIMATAINEN H, PÖLLÄNEN M. Attitudes and concerns on automated vehicles[J]. Transportation research part F: Traffic Psychology and Behaviour, 2018, 59:24-44.

[39] 赛迪研究院政策法规研究所(工业和信息化法律服务中心).2019智能网联汽车政策法律研究报告[EB/OL].[2019-10-25].https://max.book118.com/html/2019/1025/7066035005002066.shtm.

[40] 谭鑫.自动驾驶汽车交通事故侵权责任主体及责任分配[D].南昌:江西财经大学,2020.

[41] 张玉洁.论无人驾驶汽车的行政法规制[J].行政法学研究,2018(1):68-77.

[42] 陈晓林.无人驾驶汽车对现行法律的挑战及应对[J].理论学刊,2016(1):124-131.

[43] SHABANPOUR R, MOUSAVI S N D, GOLSHANI N, et al. Consumer preferences of electric and automated vehicles[C]//Proceedings of the 5th IEEE International Conference on Models and Technologies for Intelligent Transportation Systems (MT-ITS), 2017.

[44] ROHRMANN B. Risk orientation questionnaire: attitudes towards risk decisions (pre-test version)[D]. Australia: University of Melbourne, 1997.

[45] ZALESKIEWICZ T. Beyond risk seeking and risk aversion: personality and the dual nature of economic risk taking[J]. European Journal of Personality, 2001, 15(S1): S105-S122.

[46] KAYE S-A, LEWIS I, BUCKLEY L, et al. To share or not to share: a theoretically guided investigation of factors predicting intentions to use fully automated shared passenger shuttles[J]. Transportation research part F: Traffic Psychology and Behaviour, 2020, 75:203-213.

[47] 吴明隆.问卷统计分析实务:SPSS操作与应用[M].重庆:重庆大学出版社,2010.

[48] 崔航.自动驾驶接驳出行行为风险态度分析[D].上海:同济大学,2021.